2021年 第1辑

城市学研究

URBANOLOGICAL STUDIES

《城市学研究》编委会 编

ZHEJIANG UNIVERSITY PRESS
浙江大学出版社

《城市学研究》编委会

目　录

以人民为中心
推进城市规划、管理、建设、运营

徐光春

中共河南省委原书记

一、"以人民为中心推进城市规划、管理、建设、运营"的理论依据

（一）从城市建设管理的角度来说，以人民为中心推进城市规划、管理、建设、运营的理论符合马克思主义的基本原理与重要思想

它建立在马克思主义历史唯物论的基础之上，建立在共产党人全心全意为人民服务的宗旨之上，建立在习近平新时代中国特色社会主义思想之上。马克思主义的基本原理和重要思想指出，人民群众是历史的创造者，人民群众作为社会生活、生产活动的绝大多数，是科学社会主义、历史唯物主义的重要概念，也是马克思主义思想形成和发展的根本出发点和归宿。让人民获得解放、获得自由是马克思主义所追求的根本目的。

（二）从城市管理运营角度来说，以人民为中心推进城市规划、管理、建设、运营的理论符合以人民为中心的习近平新时代中国特色社会主义思想的核心理念，也是马克思主义的核心思想

中国共产党始终坚持马克思主义的人民思想，把人民立场作为自己的根本立场，把全心全意为人民服务作为根本宗旨。中国共产党人的初心和使命是谋求民族的独立和复兴、国家的繁荣和富强、人民的解放和幸福。

（三）从马克思主义中国化的进程来说，以人民为中心推进城市规划、管理、建设、运营的理论，符合人民至上、人民为中心的核心价值理念

要进一步发展当代的马克思主义，就是要高举习近平新时代中国特色社会主义思想。坚持人民至上是马克思主义政党的根本价值立场，是中国共产党的性质宗旨和初心使命的集中体现，是对我们党百年历史经验的科学总结。

在当前城市规划、管理、建设和运营的过程中，就是要坚持以人民为中心推进城市规划、管理、建设、运营。要学习贯彻习近平新时代中国特色社会主义思想，坚持人民是历史的创造者，人民是创造历史的动力，人民也是一切成果的享受者。

二、"以人民为中心推进城市规划、管理、建设、运营"的实践路径

（一）始终坚持以人民为中心推进城市规划、管理、建设、运营的工作方向

要坚持和加强党对城市工作的全面领导，始终与人民群众同呼吸、共命运、心连心。城市建设和治理需要不断提高领导人民城市建设的能力本领，不断完善领导人民城市建设的工作格局。健全党委统一领导、党政齐抓共管、全社会共同参与的城市工作格局。要强化党建引领，扎紧织密党在城市基层的组织体系，探索走出一条符合超大城市特点和规律的基层党建新路径。

（二）牢固树立一切为人民、一切依靠人民的思想意识

以人民为中心推进城市规划、管理、建设、运营的主张和实践是建立在党全心全意为人民服务的根本宗旨之上，是建立在党坚定相信群众、密切联系群众、坚决依靠群众的群众路线的基础之上。真正实践、落实以人民为中心推进城市规划、管理、建设、运营的主张，把为人民谋幸福、让生活更美好作为鲜明主题，切实将人民城市建设的工作要求转化为紧紧依靠人民、不断造福人民、牢牢植根人民的务实行动。

（三）要切实转变政府作风和职能

切实转变政府职能，深化行政体制改革，创新行政管理方式，增强政府公信力和执行力，建设法治政府和服务型政府。要健全宏观调控体系，全面正确履行政府职能，优化政府组织结构，提高科学管理水平。要坚持党的群众路线，不忘初心、牢记使命，面对面听取群众意见，推动解决群众反映强烈的突出问题，真正做到为了群众、依靠群众。

（四）科学制定城市规划，确立城市项目，实施管理方案，充分听取人民意见

城市建设、管理和运营要破除形式主义，切实加强制度建设。要提升制度执行力，把新病症和老问题结合起来谋划、把攻坚战和持久战组合起来整治、把当下改和长久立统筹起来推动，以刀刃向内的自我革命精神，与形式主义作坚决、彻底的斗争。

（五）提高人民群众的主人翁意识，提高公民的文明素养，充分调动人民群众参与城市建设和管理的积极性、主动性、创造性

城市建设和管理离不开城市的主体——人民，把握人民的主体力量，打造共建、共治、共享的社会治理共同体。紧紧依靠人民推进城市建设，充分激发人民群众的主人翁精神，强化人民群众参与的制度化保障。

（六）切实解决好老百姓关心的民生问题

增进民生福祉是我国发展的根本目的，也是我党坚持立党为公、执政为民的本质要求。多谋民

生之利、多解民生之忧，在发展中补齐民生短板。促进社会公平正义，在更高水平上实现幼有所育、学有所教、劳有所得、病有所医、老有所养、住有所居、弱有所扶。其中尤其是教育问题。教育是国之大计、党之大计。教育强国是中华民族伟大复兴的基础工程，必须把教育事业放在优先位置，深化教育改革，加快教育现代化，办好人民满意的教育。要坚持优先发展教育事业，坚守为党育人、为国育才，在加快推进教育现代化的新征程中培养担当民族复兴大任的时代新人。要坚持社会主义办学方向，把"立德树人"作为教育的根本任务，把促进学生身体、心理、人格健康作为新时代中国特色社会主义教育的出发点和落脚点，发展素质教育，推进教育公平，不断增强人民群众获得感、幸福感、安全感。

关于疫情的启示

潘云鹤

中国工程院原常务副院长、中国工程院院士

一、数字赋能，科学防疫

在2020年新冠肺炎疫情之下，浙江省杭州市新冠肺炎疫情防控工作取得了优异的成绩。当全国都在严防死守之时，杭州市上线了"杭州健康码"，运用数字化公共治理手段防控疫情，监测市民群众的健康状况，方便市民群众出行。在大数据、互联网、人工智能越来越普及的今天，疫情防控阻击战体现出许多新特点、新趋势。

杭州市创造性地建设了网上申报复工平台，并诞生了健康码管理理念，在疫情防控和有序复工等关键时刻，支撑了社会稳定运行与政府公共治理。据相关统计数据，浙江省取得了前三季度GDP同比增长2.3%的成绩，杭州市取得了前三季度GDP同比增长3.2%的成绩，这充分反映出浙江省和杭州市在统筹推进疫情防控和经济社会发展方面取得了显著成效。

二、全球疫情下的新变化

（一）工作与生活方式之变

在新冠肺炎疫情的背景下，世界发生了很多变化。世界重大的变化首先是工作和生活方式的变化。其次，越来越多的人都在讨论全球化，其中包括全球化会收缩、全球化会发展、全球化会脱钩，不乏有些观点是希望中国从全球化中间脱钩出去。党中央提出双行法，一是我们始终要坚决地在全球化的道路上奋斗，二是同时也应推动国内大平台的发展。

疫情必然会对我国的产业结构产生深远影响。部分产业受损严重，这是不可避免的。广大中小企业受疫情冲击产业会收缩，而一些产业会发展。例如数字化产业一定会发展。但最重要的是哪一些产业要重组。我们认为重组的面会很大，我们要看到哪一些产业要重组，并且做好重组的准备工作。

同时，生活方式也会产生很多变化，其中包括哪些生活方式会删减，哪一些会增加，哪一些会转变。我们看到有非常多的新变化，只有洞察和引领这些新变化，才能在今后的一二十年中占领制高点，因此2020年和2021年这两年，对于中国来讲是至关重要的两年。

在数字经济快速发展的同时，围绕数字经济的全球化分工正在形成，催生出了一个新的全球化概念——数字贸易。因此次疫情对需求的激发，数字贸易相关产业以其线上化的优势在新冠肺炎疫情期间对疫情管控和人民生产生活发挥了重要作用，同时也迎来了新的发展机遇。当前，杭州加快智慧城市建设，提升"城市大脑"能级、倒逼政府改革、资源整合、社会治理方式变革，用政府改革、经济社会变革推动"城市大脑"技术升级，加快把"城市大脑"打造成为城市治理体系和治理能力现代化的重要平台，让城市更聪明一些、更智慧一些。浙江省正在抓用人工智能的方法推动产业链的发展、升级和优化，把产业链转化为产业网。数字创意这一新的文化涌现，将会成为中国第一大战略新兴产业。数字创意不仅包括电影、电视，还包括很多新的数字化技术，我们现在看到的"抖音"就是数字创意里重要的一个产品。抖音不但能够输出很大的经济效益，而且能产生很大的文化影响，这些文化影响会震动全世界。

（二）信息流向之变

除了数字经济加快、数字创意产业涌现这些趋势以外，全球还出现了许多新的趋势。第二个很重要的变化是要明确感到信息的流向可能会发生巨大的变化，原来的人和人接触的事情已经开始变成人和信息、信息再和人接触。这是一个重要的流向，而且我们还会看到很多人和物接触的事情到最后也会发生变化。

世界正在大变，从过去的二元结构（物理空间和人类社会空间转化为CPH，就是信息环节）转为三元结构。而疫情后的世界研究方向将加速变化，整个世界的信息流会发生一个巨大的变化（见图1）。这就意味着各个学科的研究方式、各个部门的生产方式、行政管理领域的工作方式都会发生必然的变化，所以我们对此一定要做好前瞻性和战略性的研判和准备。

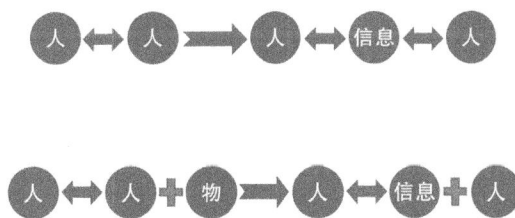

人↔人➡人↔信息↔人

人↔人+物➡人↔信息+人

图1　信息流向之变

（三）发展理念之变

整个世界的发展理念在持续变化。随着中国科学技术的发展，我国在提出人工智能2.0的概念的同时，也在开拓一个新的跑道。在这个跑道上，我们与全世界人工智能科学家站在同一起跑线上。我们应当勇敢地进入这个"无人区"进行科学探索。

三、延伸数字化，创领未来

浙江杭州作为"数字政府"标杆，从数字医疗、全链路的数字信息技术到数字办公，为这座城市构筑了一套全新的"数字防疫系统"。杭州市在很早之前就提出要"建设数字经济第一城"，并成为人工智能的实验区。现在证明这是非常有远见的。

因此，我们相信这一次疫情将促使世界加快走向新的经济学。我相信这个新的经济学会逐渐地出现，而且会出现新的社会学、新的城市学！

城市建设需要有定力

叶小文

第十八届中共中央委员

全国政协文化文史和学习委员会副主任

近年来，杭州国际城市学研究中心以破解城市病、推动城市发展为己任，搭建城市学研究平台，聚焦土地、住房、教育、医疗、交通等热点民生问题开展研讨，城市学智库在全国影响力日益显现。2020年是全面建成小康社会和"十三五"规划收官之年，也是谋划"十四五"规划的关键之年。作为城市学智库的一大品牌，这次城市学年会突出了"人民城市人民建，人民城市为人民"这个主题。这个主题是个办大事、干大事的大题目。面对百年未有之大变局，在中国共产党的坚强领导下，我们确立了滋养、凝聚锐气的定力，我们全党不忘初心，全民万众一心。这个心无比的稳固、坚韧、强劲，这个心到处都可以看到，从王国平先生身上，从一代一代杭州人身上，从天元公学少年学子的身上都可以看得到。为了建设新时代人民满意的城市，当然也一定要有、一定会有这种一以贯之的定力。我想天元公学从幼儿园一直办到高中，也是想在孩子们身上锲而不舍地培养这种一以贯之的定力。

从城市建设方面来说，这种定力我认为源于三点：一是源于对城市历史文脉的敬畏；二是源于对城市发展规律的尊重；三是源于对"一张蓝图绘到底"的坚持。这也是我学习王国平先生主编的《探索城市治理现代化重要窗口》这部学术专著的一点体会。

一、城市建设的定力源自对城市历史文脉的敬畏

习近平总书记2019年在看望慰问基层干部群众时曾强调："一个城市的历史遗迹、文化古迹、人文底蕴，是城市生命的一部分。文化底蕴毁掉了，城市建得再新再好，也是缺乏生命力的。"历史文化是城市的灵魂，它以各种方式保留在城市的肌体里，沉淀为独特的记忆和标识。八朝古都开封千年以来一直延续了城市中轴线，从未变动，而作为南宋首都的杭州，其"三面云山一面城"的传统城市格局在"保老城，建新城"的建设理念下也存续至今。最忆是杭州，最美是西湖，最贵是文脉，最富

是精神。单霁翔先生的演讲也体现了这种精神，贯穿了这股文脉。我们今天的城市建设，也应该延续传承这种精神、这股文脉，而不是辜负这种精神，切断这股文脉。以真实的历史文化遗产为载体，城市的文脉才能得到有效的传承。

城市建设离不开城市文脉的传承，城市文脉的传承更离不开城市的有机更新。所谓城市的有机更新就是把城市作为一个有机体和生命体，引入城市更新，突出"有机"二字。城市有机体更新的实践，要强化保护地域的理念，要落实守护城市历史文化的使命，这既有助于恢复城市文化的底蕴，也有助于广大市民坚定文化自信，增强家国情怀，这种文化自信和家国情怀正是城市建设定力形成的精神源泉。

二、城市建设的定力源于对城市发展规律的尊重

做好城市工作一定要认识、尊重和顺应城市发展规律。契合城市发展客观规律的事情，就要保持战略定力，坚定不移地去做。而对城市发展规律的认识在很大程度上源于对城市历史的解读。大家看到随着2019年申遗成功，良渚古城遗址作为人类早期城市文明的杰出范例与中华5000年文明史的圣地，在国际上得到进一步的认可。它赢在哪儿？就赢在水上。水是万源之物，海纳百川，上善若水。在江南水乡的大环境中，良渚先民们充分尊重水的自然规律，通过建造大型水利系统，实现了依水建城，傍水而居，湿地建城技术达到人类文明的高峰。良渚古城遗址可以说是"最古老的杭州"。历史中的杭州更是一座和水密不可分的城市。杭州有江、有河、有湖、有海、有溪，杭州的历史就是一部因水而生、因水而立、因水而兴、因水而名、因水而强的历史。正因为充分尊重自身的发展规律，在水上下功夫，在水上做文章，杭州才变成了一座"五水共导"、极富个性的城市。

三、城市建设需要"一张蓝图绘到底"

习近平总书记曾指出：一张好的蓝图，只要是科学的、切合实际的、符合人民愿望的，大家就要一茬一茬接着干，干出来的都是实绩，广大干部群众都会看在眼里、记在心里。城市是先民们留给我们的遗产，也是今天生活其间的人们的家园，更是明天子孙后代赖以生存的载体。无论是城市规划还是城市建设，都不能一锤子买卖，都不能只有一日千里的热情，而要有"一张蓝图绘到底"的执着和坚持。如此，才能有利于我们打造绿色美观的宜居城市，才能有利于我们城市历史文脉的传承。

关于当前天元公学建设与发展若干问题的思考

王国平

中共浙江省委原常委、杭州市委原书记

杭州城市学研究理事会理事长

浙江省首批新型重点专业智库

浙江省城市治理研究中心主任、首席专家

浙江大学兼职教授、兼职博士生导师

中央美术学院客座教授、客座博士生导师

浙江省大运河文化保护传承利用暨

国家文化公园建设工作专家咨询委员会主任

天元公学改革建设领导小组组长

天元公学要实现"探求教育本源，树立学校标杆，践行因材施教，破解大师之问"的办学宗旨，就要从传统学校管理模式提升转变为现代学校治理模式，彰显"学校发展为大家，学校发展靠大家；学校发展成果由大家共享，学校发展成效由大家检验"的现代治校理念。

一、坚持"以人为本"的现代治校理念

党的十九届四中全会审议通过的《中共中央关于坚持和完善中国特色社会主义制度、推进国家治理体系和治理能力现代化若干重大问题的决定》，是对党的十八届三中全会提出的"全面深化改革、推进国家治理体系和治理能力现代化"的具体深化。所谓"国家治理体系现代化"，就是通过系列的制度安排和宏观顶层设计，使国家的治理体系日趋系统完备、不断科学规范、愈加运行有效的过程。所谓"治理能力现代化"，就是将制度优势转化为现代治理效能并逐渐强化的过程。在国家把治理体系和治理能力现代化作为改革目标的时候，学校也一定要将过去的传统管理观念提升为现代治理

理念才行。

（一）学校建设为大家，学校建设靠大家；学校建设的成果由大家共享，学校建设的成效让大家检验

我国的现代治理理念来源于党的群众路线，即一切为了群众，一切依靠群众，从群众中来，到群众中去，办好任何事情，都要调动方方面面的积极性，发挥好方方面面的作用。实际上，杭州是最早对治理问题开展研究的城市之一。迈入21世纪以来，杭州走了三步，抓了三方面的工作：第一，社会复合主体的建设；第二，推出民主促民生的工作机制，落实"四问四权"，即通过"问情于民"落实人民群众的知情权，"问需于民"落实选择权，"问计于民"落实参与权，"问绩于民"落实监督权；第三，加强基层民主建设，特别是发挥社区的基层作用。实际上，杭州的事情要办好，这三步缺一不可。

学校作为城市重要的基层单位，传统的管理理念在于强调"学校建设为大家，学校建设的成果由大家共享"，其理念基础是传统的为民做主的"清官意识"。这种理念已经过时，不能片面突出。现代治理则强调另外两句话，就是"学校建设靠大家，学校建设的成效让大家检验"。学校办得好不好，不仅是学校领导、行政主管部门、专家学者、新闻媒体说了算，还要通过中考升学率、高考升学率、大师成才率这些指标，由学生培养的质量说了算、由家长的认同说了算。学生是否成才，还必须接受社会和市场的检验，这是最终的评价标准。升学率之所以是一个重要衡量指标，就是因为这是开放、竞争的系统中的一个比较尺度。我们不能唯升学率，但不能不看重升学率，因为学生看重、家长看重、社会看重。同时，在培养"大师"的命题下，还要满足学生和家长，特别是超常儿童和其家长的期盼，他们的目标未必是考上名牌大学，而是成为各专业性领域的顶尖级人物、大师人才。这部分群体的需求，天元公学也会努力兼顾，把自身打造成为"大师摇篮""冠军摇篮"。

"学校建设为大家，学校建设靠大家；学校建设的成果由大家共享，学校建设的成效让大家检验"，这四句话是现代学校治理的精髓。天元公学一定要倡导、彰显和落实好这四句话。

（二）做好事业、感情、待遇"三个留人"，以一流的人才队伍打造一流的学校

目前看来，要将"人才投入是收益率、回报率最高的投入"的理念转化为实际行动，就要真正做好"三个留人"。第一，做好"事业留人"。天元公学每一位教职员工的个人梦想，与学校的发展梦想是完全一致的。只有每一位教职员工实现自己的教育梦想，学校才能实现一流标杆梦、大师摇篮梦。推进用人体制机制改革，在公开、公平、公正的前提下，在用人制度上体现任人唯贤、一视同仁，加强干部队伍的革命化、年轻化、知识化、专业化，彰显现代治理的理念。第二，做好"感情留人"。通过党组织、团组织、工会、妇委会等群团组织，进一步营造学校的人文环境和人际环境，真正使学校成为一个大家庭，教职员工与学校成为利益共同体和命运共同体。第三，做好"待遇留人"。目前，我们将学校教职员工的实际生活困难总结为两类：一是住（租）房问题。天元公学要从人才房、公租房、住房补贴、教师公寓等多个层面解决教师的住（租）房问题，特别是住房补贴要实现全覆盖。二是孩子"上学难"问题，我们将在政策允许的情况下，尽力帮助教职员工解决子女"上学难"的问题。

二、明确理念，完善制度，强化执行力

我们发现大家对开展"献一计"活动，或多或少存在着一些疑虑，主要体现在以下几个方面：第一，为何要花如此之多的时间、如此之多的精力来搞"献一计"活动，"献一计"活动是不是在搞形式主义？第二，为何要制定如此之多的制度，这些制度到底管不管用，能不能落实？第三，为何要提出"三个留人"的目标，天元公学能否真正做到事业留人、感情留人、待遇留人？第四，目前天元公学初创，任务重、要求高、时间紧，我们能否完成历次领导小组会议布置的任务？

以"棋院"和"城研中心"为例，经过"献一计"活动，整个单位的面貌发生了很大变化。过去，"棋院"和"城研中心"的工作任务没人愿意干；现在，"棋院"和"城研中心"的工作任务大家都抢着干，从"要我干"变成了"我要干"。过去几年杭州棋类运动和城市学研究各项工作取得了全面突破，得益于始终坚持"现代治理理念"，通过内部治理，全面激发全体人员的主人翁意识，充分发挥全体人员的积极性、主动性和创造性，充分彰显了"以人为本"的理念。之所以会发生这样的变化，就是靠"改革"二字。如何搞好"献一计"活动，如何推进教育改革创新，确实需要平衡管理者与被管理者的关系，但管理者和被管理者只是分工不同，绝没有高低贵贱之分。当然，由于角度不同，大家对有些问题可能会有不同的判断。这就需要及时沟通，需要解决信息不对称问题。就管理者而言，最大的责任就是服务，就是把自己的想法告诉被管理者。从某种意义上说，领导班子成员都是为全体教职员工服务的。所以，我们要寓管理于服务之中，真正解决管理者与被管理者之间的信息不对称问题，进而实现同心同德、和衷共济。领导班子成员和被管理者之间必须要同心同德、风雨同舟、和衷共济。正如《红楼梦》中所说的"一损俱损、一荣俱荣"，管理者与被管理者之间就是这样一种关系。我从一个管理者的角度，再提三点希望。

（一）坚信理念的力量

管理者与被管理者在理念上一定要保持高度一致，如果在理念上都不一致，那一切都将无从谈起。大家在工作中可能会感到困难重重，甚至经常挨批评，感到无所适从。这些问题人都是由理念上的不一致造成的。我认为，工作就是在共同的理念指导下，实现共同的奋斗目标，如果有人经过大讨论还无法接受天元公学的理念，唯一的选择只能是离开。在"献一计"的汇编成果中，我们深感大家都非常关心和支持天元公学的发展，收集到的意见建议，其中很多都非常有价值、非常有针对性。如果有一些好建议不落实，可能会成为学校发展的"致命伤"。理念认同是解决所有问题的关键，解决理念认同问题首先要解决信息不对称问题。开展"献一计"活动首先要解决理念问题。杭州的发展就是从解决理念问题开始的。杭州曾是一座"四无"城市，一无地矿资源，杭州没有任何地下资源，没有铁矿、煤矿、石油；二无政策资源，杭州不是计划单列市，不是沿海开放城市，更不是特区；三无港口资源，杭州最大的码头规模不超过1000吨级；四无项目资源，十几年来国家没有在杭州安排一个工业项目。但杭州不仅没被兄弟城市超越，反而将优势不断扩大。其中的关键因素就是杭州转变了发展理念、找准了比较优势、打造了竞争优势、构筑了产业优势。我们实施"保老城、建新城"，不仅保护了老城区的历史文化遗产，而且推动了新城区的经济社会发展，以前荒凉的城乡接合部现在都已是高楼林立。西湖的免费开放、西溪湿地的开发与保护、工业企业的搬迁都是理念转变的成果，都取得了很大成功。

1. 天元公学的理念

天元公学的办学宗旨是"探求教育本源、树立学校标杆、践行因材施教、破解大师之问"，要实现这四句话非常困难。我们希望以落实办学宗旨为载体，大力实施"名校集团化"战略，经过10年努力，通过"自办""合办""联办"三种模式，建成10～20所每所规模5000人左右的15年制学校，来为更多老百姓提供优质教育的资源。相信这样的目标一定能实现。

天元公学自筹建之初就被社会寄予厚望，市委市政府、区委区政府对学校给予了关心和大力支持，天元公学既要力争中高考升学率在全市名列前茅，圆满完成"规定动作"，拿到"高分"；又要凸显特色教育，解决培养"大师"的问题，高效完成"自选动作"，拿到"满分"。完成"规定动作"的任务需要校长团队带领同志们去完成教育主管部门交给中小学和幼儿园的所有目标、任务、要求、举措。完成"自选动作"需要在领导小组的统一领导下，以领导小组办公室作为一个具体的执行机构加以落实。而领导小组办公室首先要抓的一个典型就是天元公学本部，落实好办学宗旨这四句话的目标和要求。我们现在是在寻找一条天元公学的发展之路，或者说我们是在寻找一条破解天元公学如何实现办学宗旨问题的发展之路。在发展之路的破解过程中，首先要解决格局问题。

格局决定眼界，眼界决定理念，理念决定思路，思路决定出路。"不谋万世者，不足谋一时；不谋全局者，不足谋一域。"格局问题千万不能仅仅理解为是校领导班子要解决的问题，我认为所有天元公学的教职员工，都要解决格局问题，这样才能解决眼界、理念、思路和出路的问题，进而共同为天元公学做出重要贡献。我以杭州国际城市学研究中心和中国棋院杭州分院的发展例子来说明。杭州国际城市学研究中心成立至今不过短短10年，其自成立之初提出了"打造国内领先、世界一流的城市学智库"的奋斗目标，甚至要建立一个城市学的"杭州学派"。10年过去了，上述目标的实现指日可待，"城研中心"的社会认同度越来越高、影响力越来越大。同样，8年前，中国棋院杭州分院提出要打造成为"中国棋类冠军的摇篮"，成为世界规模最大的棋院，不少人也持怀疑态度。而今天，分院共拥有6支围棋、象棋、国际象棋甲级队，2019年包揽了国内最高水平的男子围棋甲级联赛冠亚军，取得了优异的成绩，杭州也成为新中国成立70年以来唯一一座拥有如此数量和规模三棋甲级队的城市。分院每年培养出的围棋职业棋手占据全国围棋定段赛成功定段人数"半壁江山"以上，在2020年全国围棋定段赛上，更是创造26人成功定段的历史新纪录（占总定段名额的87%），历年已累计培养出围棋职业棋手121人、象棋大师6人、国际象棋大师3人，累计获得国际冠军12项、国内冠军295

项。分院全力打造国内梯队建设最完善、水平最高的三棋专业运动队（围棋、象棋、国际象棋），已拥有连笑、谢科、丁浩、王天一等一批具备世界最高水平赛事"夺金"实力的青年棋手，将为杭州本土棋手在2022年亚运会上实现棋类金牌数量"保三争五"做出积极贡献。等到2022年，分院新大楼落成时，新老大楼合计面积将高达18.6万平方米，还将承担亚运会和亚残运会围棋、象棋、国际象棋以及桥牌的比赛。下一步分院还要承担全国智力运动会所有项目的比赛，我们希望中国的智力运动会能够永久落户在杭州。回顾杭州国际城市学研究中心与中国棋院杭州分院的创业和发展史，更加证明"格局、眼界、理念、思路、出路"之间的深层联系，更加证明"有作为才有地位"是颠扑不破的真理。如果不从大的格局、眼界、理念、思路、出路上来考虑问题，就无法实现天元公学的办学宗旨。正如哈佛大学校训所说："一个人的成长不在于经验和知识，更重要的在于他是否有正确的理念和思维方式。"

2. 天元公学领导的理念

一要一马当先，就是要做到解放思想、敢为人先、敢闯敢试、开风气之先。阿联酋副总统兼总理、迪拜酋长谢赫·穆罕默德·本·拉希德·阿勒马克图姆写的《我的构想》一书，就讲到了所谓一马当先的寓言故事。该书跋文这样写道："在非洲，每天清晨，羚羊醒来就知道，它一定要比狮子跑得快，否则，灭亡就是它的命运；在非洲，每天清晨，狮子醒来就知道，它一定要跑得比最慢的羚羊快，否则，就会饿死。不管你是狮子还是羚羊，随着每天第一缕晨曦的到来，你就必须要超过别人，才能实现成功。"假如我们是羚羊，停下脚步就会被狮子吃掉；假如我们是狮子，停下脚步就会饿死。城市之间的竞争是如此，学校之间的竞争也同样如此。比如，天元公学今天也面临着杭州、浙江乃至全国同类学校的竞争，必须高度重视、认真研究。二要一抓到底，就是要锲而不舍、披荆斩棘、一往无前，要有这样的勇气、胆识和理念。一抓到底既是一种勇气、胆识，更是一种理念。学校各项工作都要抓好落实，对领导小组的要求更要有一抓到底的理念，认真抓好落实。三要一视同仁，就是所谓的团结问题。对校领导而言，务必要做到一视同仁。一座城市能否搞好，与领导能否做到一视同仁，能否做好用人的文章有直接关系。一个学校也是如此，只有校领导特别是主要领导做到了一视同仁，整个单位才能真正做到"心往一处想、劲往一处使"，才能出现"同心同德、和衷共济"的良好局面。就天元公学而言，我们一定要做到"六个一视同仁"：一是对年纪大的和年纪轻的一视同仁。二是对学历高的和学历低的一视同仁。当然，我们还要想方设法帮助学历低的同志"补课"，不仅要补硕士学历，甚至要补博士学历。三是对进学校早的和进学校晚的一视同仁。四是对与领导熟悉的和与领导不熟悉的一视同仁。五是对不同性质、不同身份的教职员工一视同仁。六是对不同学部、不同部门的教职员工一视同仁。我认为，切实做到上述"六个一视同仁"，是保护和调动天元公学全体教职员工主动性、积极性和创造性的根本之策。今后，我们绝不会因某个人而制定特殊政策，学校所有用人政策一定要做到百分之百地公开、公平、公正，一定要做到任人唯贤、公道正派、德才兼备、一视同仁，这也是我们对大家的承诺。

（二）坚信制度的力量

这次"献一计"活动提交的意见建议，含金量都很高，值得充分肯定。我认为，绝大部分意见建议都能转化为学校的制度、文件、政策、计划、任务、活动、项目。目前学校面临时间紧、任务重、要求高、年纪轻、人手少的现状，我希望同志们能继续发扬特别能战斗、特别能吃苦、特别能奉献的精神，"献一计、用一计、成一计"。怎么从"献一计"做到"用一计"最后"成一计"，关键在于坚信制度的力量，建议由分管校领导牵头，各有关学部负责，围绕制度建设认真研究，积极探索。对制度的一般解释是：全体成员共同遵守的规章和准则，是国家、机关、社会团体、企事业单位为维护正常的工作、劳动、学习、生活的秩序和各项工作的正常开展所制定的具有法规性的、指导性的约束力文件。任何一个单位和机构，都必须要有制度。没有制度，一个单位正常的工作、学习、生活秩序就无法建立起来。吴敬琏先生在杭州曾经讲过一句话：中国不缺人才，缺的是使用人才的制度。同样，学校缺的不是人才，而是缺少使用人才的制度。如果没有好的使用人才的制度，同志们的作用就难以全部发挥出来，再好的苗子、再好的人才都有可能夭折，因此天元公学一定要抓好制度建设。没有制度不成方圆。天元公学不算大，但"麻雀虽小、五脏俱全"，制度肯定非常多。对此，大家要予以理解，不要有"厌战"情绪。

（三）坚信执行力的力量

天元公学要搞教育改革创新，就必须要学习企业管理理论。过去20多年，企业管理理论的发展可以说是突飞猛进，包括"蓝海理论""精细化管理理论""执行力理论"，等等。其中，影响力最大的就是执行力理论。2003年，富士康科技集团董事长郭台铭曾送给我一本《执行力》的书。他认为，当时杭州市委、市政府的管理团队还是很有执行力的。大家都知道，官场往往有两大弊端：一是所谓的"中梗阻"的毛病。我们之所以要抓机关作风建设，说到底就是要解决"中梗阻"问题，机关效率不高很大程度上都是由"中梗阻"造成的。"中梗阻"问题的背后就是执行力不足；二是所谓的"歪嘴和尚把好经念歪"的问题。经是好经，但歪嘴和尚把它念歪掉、念走样了。这一问题的背后同样也是执行力的问题，是在执行过程中走偏了方向造成的。我们在杭州市直单位搞满意单位、不满意单位评选活动，搞综合考评，搞市民中心，搞行政服务中心等，都是为了解决执行力不足问题。所谓执行力，就是贯彻战略意图、完成战略目标的操作能力，不是具体目标、部门目标、个人目标，而是战略目标以及战略意图的实现。从某种意义上说，执行力是单位战略意图、战略目标转化为效益、成果的关键所在。对个体而言，执行力就是办事能力。衡量执行力的标准，就是能否按时、按质、按量完成工作任务。对团队而言，执行力就是凝聚力、战斗力。衡量执行力的标准，就是能否在规定时间内实现既定的战略目标和战略意图。当前，天元公学就是要围绕四句话的目标，衡量一下我们的执行力到底如何。执行力看似很简单，但真正实施起来却非常不易。对照执行力理论和学校实际工作，我们发现目前还存在以下十个方面的问题，亟待改进。

1. 解决发展方向迷茫、向心力不足的问题

解决的办法就是制定战略目标和规划。天元公学战略目标和规划的制定，要从眼前开始，从每一个部门、每一名教职员工开始。要围绕"探求教育本源、树立学校标杆、践行因材施教、破解大师之问"的目标，制定战略目标和实施方案。从执行力理论来说，这是首先需要解决的问题。如果没有实现目标的规划方案以及具体的实施方案，执行力就无从谈起。

2. 解决岗位不清、分工不明的问题

学校要抓紧设计组织架构。目前，学校在组织架构方面存在不同程度的岗位不清、分工不明的问题。要分以下几个步骤，逐步解决这一问题：一是明确领导分工，明确校长团队的分工；二是按照战略目标的设定，对学校内部机构进行调整、优化、明确和落实；三是早日完成部门定岗，各部门要按照实际需要设岗；四是开展中层干部选拔、交流工作；五是岗位设置完毕后，开展教职员工双向选择工作。

3. 解决岗位职责不清、考核无据的问题

解决的办法就是编制岗位说明书。学校要抓紧编制出台各岗位说明书，岗位说明书编制完毕后，全体教职员工都要重新签订劳动聘用合同。新的聘用合同中将明确考核内容，包括"黄牌"警告及解聘的情况。通过考核，我们就能进一步解决人员进出的问题。当然，人员进出并不是最终目的，最终的目的是要促进工作作风转变。

4. 解决部门各自为政、不相配合的问题

解决办法就是梳理管理流程。要抓紧梳理学校所有的管理流程，并将其作为一个特殊类型的制度建立起来。目前学校可能存在工作边界还不够清晰、学部（部门）之间的配合还不够密切的问题。其中最主要的原因就是管理流程缺乏、制度一般化、制度缺乏可操作性。因此，学校要根据工作任务，重新梳理管理流程。实践证明，工作边界清晰和互相配合不但不矛盾，而且相辅相成。下一步，学校还要签订年度工作目标分解任务书。通过签订任务书，加快梳理管理流程，一揽子解决各自为政、不相配合的问题。

5. 解决效率不高、工作被动的问题

解决办法就是制定工作计划体系。任何一项工作除了要梳理管理流程外，还要有一个计划体系。计划体系是跨学部（部门）来协调、合作的基础，是提高效率、让工作摆脱被动局面的保证。天元公学要实现的工作计划，绝对是一个庞大的系统工程，不依靠"系统论"的方法绝对解决不了这些问题。

6. 解决工作无结果、分配不公平的问题

解决办法就是进行绩效考核。绩效考核是执行力理论中非常重要的一项内容。从某种意义上说，绩效考核就是所谓的"论功行赏"。绩效考核首先要从考核出勤、加班情况开始，再到考核工作任务完成情况，最后考核"费效比""性价比"和"投入产出比"。学校要全面引入"费效

比""性价比"和"投入产出比"的理念,办任何事都要坚持"少花钱、多办事、快办事、办好事"的标准,都要在认真计算"费效比""性价比"和"投入产出比"是否最佳之后,再考虑投入、立项等问题。

7. 解决报酬大锅饭、苦乐不均的问题

解决办法就是设计好薪酬激励机制、考核奖励机制等,让每一位教职员工围绕工作目标,各尽所能、创先争优。

8. 解决共同理念、共同价值观缺失的问题

解决办法就是创建校园文化。天元公学应学习借鉴市委市政府的单位文化,即"甘于吃苦、敢于负责、善于解难、乐于奉献、勇于创新",创建自己的文化,在学校内部形成共同的目标追求,共同把握新使命、创造新业绩。

9. 解决人员素质不高、能力不足的问题

解决办法就是打造人才梯队。目前,学校教职员工业务能力参差不齐,有老教师也有新教师,但学校还是要按100分的标准来要求大家。古人云:"取法乎上,仅得乎中。"因此,要求不能降低,"响鼓也要重锤敲"。学校一定要打造一支人才梯队,实现人才队伍革命化、年轻化、专业化、知识化的转变。要加快选拔优秀的中青年干部,充实到学校各级领导岗位。需要指出的是,学校目前的人才队伍与目前的任务相比,可能还有一定差距,但绝不能降低目标,而是要通过提升队伍素质和能力来实现目标。

10. 解决人员执行不力、推诿扯皮的问题

坚持执行力导向是坚持制度导向的必然结果,是落实制度的前提和保证。一定要"一级抓一级,一级带一级,一级对一级负责",层层抓好制度的落实,不要打混仗,不要越级指挥。越级指挥只能是在下一级解决不了问题的情况下,由上一级出面协调解决。下一级能解决的事要依靠下一级去解决,特别是依靠每一个教职员工根据所签订的聘用合同和已制定的岗位责任制去做好各自的工作,这样才有执行力。同时,要强调:"领导抓,抓领导,重点抓,抓重点,反复抓,抓反复。"有很多的问题不是普通教职工能解决的,甚至不是分管校领导能解决的,必须由领导小组集体研究来解决。我讲过多次,不论单位大小、级别高低,制度建设几乎是差不多的,政府部门的制度体系和学校的制度体系也是大同小异,特别是在办文、办事、办公上是大同小异,而且这个制度体系必须坚持。若学校没有办文、办事、办会制度,就会矛盾百出,什么事都办不成。我再次强调一下,执行力之所以如此重要,是因为它能有效地落实各项制度。

以上十个问题都是亟须解决的问题,以上10项工作都是基础性工作。现在,学校要整体谋划、通盘考虑,要补课、完善和提高,在前进中继续发展。当务之急是围绕"献一计、用一计、成一计"抓整改、补短板、促发展,争取2020年底前画上一个圆满句号。开展"我为天元献一计"活动是践行现代治校理念的有效载体。同志们才是学校真正的"当家人",办好天元公学的事寄希望于大家。实

际上，管理就是服务。领导小组要扮演的就是"后勤部长"的角色，就是要解决整个学校运转过程中的一些条件、保障方面的问题。

三、坚持问题导向，研究解决当前教育领域存在的7个问题，探索教育改革创新的天元模式

围绕实现天元公学的发展目标，即基于杭州"名校集团化""国有民办""EOD模式""教育综合体""杭州棋类学校"等5项成功实践，在同一物理空间内，遵循教育经济学、教育技术学、教育组织学理念，同步建设15年连贯制学校、老年大学、青少年活动中心，并创新实施"两馆一院"工程，即建设天元世界教育博物馆、天元教育图书馆、天元超常儿童教育研究院，闯出一条中国教育改革的新路子。为此，当务之急是要坚持问题导向，研究解决当前教育领域存在的七个问题。

（一）研究如何破解教育的目标和定位问题

可能有人认为这个问题很奇怪，"什么是教育"还需要回答吗？这个问题不是不言自明吗？那请问大家，教育的目标和定位是什么？教育的目标和定位有标准答案吗？这个问题，不同的专家可能会有不同的解读，每一位校长可能会有各自不同的把握。

1. 何谓教育

（1）《辞海》与百度百科的解释。《辞海》上对教育的解释为："广义指影响人的身心发展为直接目的的社会活动。狭义指由专职人员和专门机构进行的学校教育。"百度百科上的解释与《辞海》的解释大同小异："教育广义上指影响人的身心发展的社会实践活动；狭义上指专门组织的学校教育。"不论是《辞海》还是百度百科，都把教育定义为一种社会实践活动。对教育的解读，现在能够认同的"最大公约数"，就是教育实际上是一种培养人的工作，是一种影响人的身心发展的社会实践活动。

（2）教育经济学角度的解释。我从教育经济学角度，以教育的客体，即学生和家长的角度对"何谓教育"进行了解读。当然，实际上教育的主体和客体会相互转化。我认为对教育的目标定位的界定，一定要在允许探索的基础上与时俱进，千万不能把教育的概念固化。我认为，教育的本质是要解决人的生存和发展问题，具体来说，就是要让每一位受教育者过上与自己经过教育以后产生的能力相适应的、相匹配的、有尊严的现代化幸福生活。这个解读看起来有点拗口，但是一个字都不能缺少。它指向的对象首先是学生，最终的指向是所有的受教育者。其次，过上有尊严的现代化幸福生活，是因人而异的，需要与自己经过教育以后产生的能力相适应、相匹配。如果能认同何谓"教育"的以上解释的话，那么教育部门的领导、教育界的专家学者、学校校长和老师，对学生和家长对教育的期盼和要求就完全能够理解了。现在教育的各相关方往往与学生和家长的期盼和需要不同，甚至对立。教育质量最终要体现在人才和人力资源的市场竞争力上，否则就失去了衡量标准，就不能满足家长和学生的期盼和需要。有人说，教育的目的就是就业。我认为从教育经济学的角度而言说得很有道

理，可能有人认为这种说法"不正确"，但也不得不承认这是一个"不正确的真理"。少数学生家庭条件好，就业压力不大，但大多数学生都有就业的压力。教育资源特别是优质教育资源是有限的、稀缺的，且将始终处于一种竞争状态下。随着教育全球化时代的到来，教育资源不仅要在全国甚至要在世界范围内进行配置。我们要牢记"竞争"两字，尽最大努力，让杭州本地学生和外来务工创业人员子女在全省全国乃至世界获得更多更好的教育资源，特别是高教资源，这是我们的职责。做到了这一点，就是称职；做不到这一点，就是失职。在这个问题上，我们决不能"温良恭俭让"。这也是一个城市的教育部局长与教育部部长最大的区别。教育的评价观要有一个逻辑起点，对于中国来说，这个逻辑的起点之一就是高考，高考是一个重要的尺度，在没有能够取代它的更好的办法之前，只能围绕这个"指挥棒"转，任何人都否定不了高考"指挥棒"的作用。因此，教育工作者在高考问题上绝对不能有任何的误读和误判。换言之，教育工作者特别是地方的教育工作者必须高度重视高考和高考升学率。如果从追求教育公平进而追求社会公平的角度出发，我们就能够真正理解学生和家长为什么如此重视高考和高考升学率了。

2. 何谓教育的功能

（1）教育消除贫困代际转移。教育的功能之一是消除贫困代际转移。在社会科学研究领域里，"马太效应"反映的社会现象是两极分化，富的更富，穷的更穷。如果用学术的语言来表达，就是贫困是有代际转移规律的。人类花了至少一两百年的时间，包括很多社会革命家想研究一种办法破解贫困的代际转移，最终发现教育是唯一的解决之道。

本世纪初，杭州的一所农民工子弟学校——运河小学有一位学生家长叫柳遵省，老家在金华兰溪，20世纪80年代中期到杭州打工，当时每个月收入1000多元，住的是月租金200多元的出租房。他在老家的生活状况并不差，自己也是高中毕业，读书时成绩很好，但由于历史原因失去了接受更高教育的机会。他之所以要背井离乡到杭州来打工，就是希望自己的独生女能够接受更好的教育。2006年，他的女儿柳敏考上了杭州外国语学校，并专门写了一封信向我报喜，令我十分感动。在此之前我第一次去运河小学调研时，柳师傅讲了一段很有哲理的话。他说：一个人就像一棵树苗，而且都是好树苗，关键看长在哪里，如果长在沙漠里，树苗就可能枯萎；如果长在'天堂'里，说不定就能长成像运河小学大门口的大樟树。"他说他就是为了让女儿能够成长、成才，才背井离乡到杭州打工的。柳师傅还说："现在是孩子跟着家长走，家长在哪里打工，孩子就跟到哪里；今后将是家长跟着孩子走，哪里有好学校，孩子就在哪里上学，家长就跟到哪里。"他的认识非常朴素，但非常有哲理。

教育公平是社会公平的基础，经济上的贫富差距是由教育上的贫富差距造成的，只有缩小教育上的贫富差距，才能缩小经济上的贫富差距，这一点已被众多的相关研究成果所证明。人力资源理论创始人、诺贝尔奖获得者、美国经济学家舒尔茨曾经讲过："发达国家与欠发达国家的差距是由人的能力造成的。要缩小人的能力差距，唯一的途径就是教育。"

（2）教育打破社会板结。为什么有这么多家长要孩子考重点学校，甚至不惜花重金考重点学校？教育公平是社会公平的基础，社会公平是社会稳定的基础。教育的不公平是人生起点的不公平，是最大的社会不公平。这个问题我多次在会上讲过，也举过很多例子。

我正在准备写一本新书《城市教育论》，论"政产学研资用"六位一体的城市教育，试图从城市决策者的角度来研究教育的有关问题。我在准备过程中看了很多资料，其中有一份资料令我非常震惊，某知名大学从20世纪80年代一直到90年代中期，农村学生的占比一直稳定在30%左右，而近些年比重降到了10%～15%，农村学生占比越来越低，这种现象不仅在这所大学存在，其他比较好的大学也都普遍存在。从社会学研究的角度来说，这是很有研究价值的一种现象。中国社会最怕的就是社会板结，板结到一定的程度，在封建社会农民就会揭竿而起，例如历史上的陈胜、吴广。在今天如果有社会板结的情况，可能会出现社会不稳定等大问题，可能会使政府在维稳上支付的成本远远超过本应该在教育上的投入。

维护社会稳定，从根本上来说，就必须坚持教育优先发展。美国"公立学校之父"贺拉斯曾说过："教育是实现人类平等的伟大工具。"教育公平是社会公平的基础，社会公平是社会稳定的基础。教育的不公平，是人生起点的不公平，是最大的社会不公平。研究表明，经济上的贫富差距是由教育上的贫富差距造成的，受教育程度不仅与劳动生产率正相关，而且与个人收入、发展机会正相关。教育的重要性只有提高到社会公平、社会稳定的高度来认识才能真正彰显其价值。

（3）教育是最廉价的国防。任正非在回答央视记者提问时提出，在整个国民教育序列中必须要拥有一套完整的创新教育体系，这样才能够培养出拔尖创新人才。他还举了普法战争的例子，1870年普法战争胜利后，有人问普鲁士的毛奇元帅是什么原因让普鲁士赢得了战争，毛奇元帅说："普鲁士的胜局早在小学教师的讲台上就已经确定了。"早在20世纪80年代，我在余杭担任县委书记时，就曾经在全县教育大会上引用过毛奇这段话。在任正非看来，教师尤其是基层基础教育工作者是一个国家未来发展的基石，"教育是用优秀的人培养更优秀的人"。今天的教育，将决定科技、产业和国家的未来。

（4）教育是实现富民强国的现实途径。现在对国有民办教育持批判和否定态度，我认为是误读和误解造成的。在21世纪初，杭州的公办学校根本满足不了当时200万的农民工子女的入学需求，杭州只能拿出闲置的国有仓库、国有厂房包括国有土地兴建一些特殊的学校，采取民办的体制来办学，满足数量庞大的农民工子弟受教育的需求，这是所谓农民工子弟学校出现的初衷。今天看起来不公平，但在当时实在是无奈之举。今天的运河教育集团就是最早的一所农民工子弟学校。

第二次世界大战以后日本之所以能迅速得到恢复和发展，很大程度上得益于明治维新以后对国民教育的重视和投入，以及于二战后断然决定实施九年制义务教育。立国于中东最贫瘠、最荒芜地区的以色列，之所以能跻身世界20个最发达国家之列，也正是基于素质精良的人才群体。当今世界，国与国、城市与城市间的竞争，归根到底是人才的竞争、教育的竞争。人才是强市之本，教育是立市之基。进入21世纪以来，杭州实现了又好又快的发展。我认为关键就在于我们找准了比较优势、打造了竞争优势、构筑了发展优势，闯出了一条具有杭州特色的发展之路。其中，找准比较优势是前提，只有找准比较优势才能打造竞争优势、构筑发展优势。杭州的比较优势就是环境和人才，要以一流的环境育一流的人才，以一流的人才创一流的业绩。说到底，杭州的优势是人才，特别是一流的人才，而一流的人才必须靠一流的教育。从这个意义上说，人才资源是杭州的第一资源，教育优先发展战略是杭州的第一战略。教育不仅关系着整个国家、整个民族的兴衰，也关系着杭州的兴衰。"杭州最大的优势是教育，杭州最大的品牌是教育，杭州最大的后劲是教育，杭州最大的希望是教育"，这是从杭州实际情况出发得出的结论。可以说，在杭州，不抓教育的领导，就不是清醒的领导；不会抓教育的领导，就不是称职的领导。杭州要打造与世界名城相媲美的"生活品质之城"，就必须在发展战略中明确"教育优先"导向，以最大的决心、最强的合力、最优的政策、最高的品质、最快的速度、最大的效益来落实"教育优先"战略。

21世纪初，杭州市的年财政总收入仅100亿元左右，土地出让金仅10亿元左右，但依然高标准建设了下沙、滨江、小和山三大高教园区。杭州还与浙江大学签订了市校战略合作协议，规划建设了总占地面积5856亩的浙江大学紫金港校区。建设中国美院象山校区，邀请中国美院参与大量杭州新建大型公共建筑、城市雕塑等城市设计，与杭州市一起做好城市美学文章。市委市政府为支持杭州师范大学改善办学条件，帮助解决杭师大硬件滞后的问题，投入130亿元专项资金帮助杭师大"创一流"，并在余杭仓前划出约3500亩土地支持杭师大创一流综合性大学。通过以上一系列举措，杭州大学生的在校总人数在短短十年中翻了两番，即增加了四倍。

同时，21世纪以来市委市政府做出一系列鼓励名校集团化的举措，截至2011年，在全市组建了210个教育集团，如支持学军中学到拱墅区建立分校（即如今的文澜中学），动员杭二中到滨江建立新校区，安排杭四中到下沙办学，布置杭十四中到城北康桥建立分校，最后杭州高级中学在钱江新城建成新校区。名校集团化战略以名校为龙头，整合资源，采取"电梯式"发展模式。把名校当成一部"电梯"，把弱校、新校、民校作为电梯里的"乘客"，搭上名校这部"电梯"。名校集团化战略有三大优势：第一，以管理求质量。通过名校理念、品牌、管理、文化、人才的输出，提升教育质量。第二，以质量上规模。在高质量的前提下，逐步扩大办学规模。第三，以规模增效益。以最佳的办学规模来降低办学成本，真正做到让更多的孩子接受更好的教育。

在教育上，如果我们的理念、思路和政策出了偏差，就会造成极其严重的后果，影响的绝不仅仅是一座城市三五年的发展，而有可能是一座城市的一代人甚至几代人。

3. 何谓人民满意教育

举了以上几个例子，我希望每一位教育工作者要切身认识到、体会到今天为什么学生和家长这个教育的客体，某种意义上说也是教育的主体，对高考如此重视，对高考升学率有如此之高的要求，也就能理解为什么每年有近万人在毛坦厂中学补习后参加高考。要懂得感同身受，要懂得换位思考。

吉田茂在《激荡的百年史》一书中写道：二战让日本丧失了一切，但日本最可贵的资源——人的能力没有丧失，正是"教育立国"的方针挽救了日本。一个国家、一个民族是如此，一个家庭、一个孩子同样是如此。现在许许多多经济条件并不宽裕的家庭之所以要节衣缩食、不惜一切代价让子女接受优质教育，说到底是这些家长在追求一种社会公平，他们希望通过自己的努力，使自己的孩子不输在人生的起跑线上。我们无法保证杭州孩子人生终点的一致，但必须尽最大努力保证他们人生起点的公平。

联合国教科文组织在20世纪50年代出台过一系列文件，这些文件重点关注教育公平；自20世纪80年代开始，联合国教科文组织又在教育公平基础上，提出了优质教育。如果从这一角度理解教育，说到底教育最终是为了解决什么？就是要解决老百姓的生存和发展问题。从这个角度去考量，那么教育主管部门、校长、老师、学生和家长之间就没有任何矛盾。所以我一再说，学生减负不能以牺牲高考升学率为代价，否则就是对老百姓不负责。总而言之，教育要破解教育的目标和定位的问题，要提供包容和公平的优质教育，让全民享有终身学习机会，努力办好人民满意的教育。在教育的目标和定位的问题上，我们要与时俱进，特别要结合我们天元公学的目标和定位，进一步理解和把握教育目标的定位。

（二）研究如何破解教育综合体问题

"教育综合体"是指在学校的规划红线区域内，以教育为主题，以多业态的教育、文化、艺术、体育、科技等优质资源聚合的教育复合体。天元公学教育综合体是杭州首个真正意义上的教育综合体，学校占地10万平方米，总建筑面积15.9万平方米，其中地上建筑面积11.5万平方米，地下面积4.4万平方米，可容纳在校学生4500人，同时承担老年大学培训500人、青少年活动中心500人、国际部500人，合计6000人左右。天元公学打造以基础教学、社会培训功能为主，兼具文创、商务、旅游、会展、人居等多种功能，除了15年国民序列教育，学校还有效整合利用了棋、琴、书、画、外文、数学教学培训资源，满足"从3岁到83岁"终身教育需求，拥有青少年活动中心、老年大学、国际学校等教育业态，兼容天元世界教育博物馆、天元教育图书馆、天元超常儿童教育研究院等社会功能，满足周边市民运动、教育、培训、交流需要。要高度重视教育综合体的规划、建设和管理，提高教育投入产出比、性价比和费用效益比，实现在同样投入的前提下，产出更多的优质教育资源，满足社会对优质教育的需求。当前，建筑材料、技术、工艺发展日新月异，各级各类学校的建设标准也要与时俱进。以教学、培训功能为主，兼具多种功能于一体的教育服务综合体，被学界视为素质教育在未来10年正确的"打开方式"，能够顺利迎接即将来临的中国素质教育红利期。天元公学除了15年国民序列教育外，还把学校建设成为有效整合利用"棋琴书画""数学""外文"教学培训资源的教育综合体，既是六艺学校，也是终身教育学校，既考虑到了实行市场化经营的青少年宫、老年大学的培训需求，还兼容了开放式体育运动馆的功能，可以满足周边市民多元、多层次教育、培训、运动需要。

（三）研究如何破解教育组团问题

我们常讲，打造新型城镇化2.0要坚持从TOD模式拓展到XOD模式，坚持"XOD+PPP+EPC"发展模式，推动城市基础设施建设，破解城市发展中面临的"钱、地、人从哪里来和去以及手续怎么办"问题。"XOD"模式是借鉴"TOD"模式的理念，以城市基础设施为导向的城市空间开发模式。我们认为，广义的城市基础设施由三部分构成：一是经济类基础设施，二是社会类基础设施，三是生态类基础设施。按照基础设施类型的不同，"XOD"模式可具体划分为"EOD模式"（educational facilities oriented development，以学校等教育设施为导向）、"COD模式"（cultural facilities oriented development，以博物馆、图书馆、文化馆、歌舞剧院等文化设施为导向）、"HOD模式"（hospital oriented development，以医院等综合医疗设施为导向）、"SOD模式"（stadium and gymnasium oriented development，以体育场馆等体育运动设施为导向）、"POD模式"（park oriented development，以城市公园等生态设施为导向）等。

"XOD+PPP+EPC"的理论基础是"地租理论"，特别是"级差地租理论"。在当今中国，千万不能将土地问题污名化，更不能将"地租理论"污名化。马克思在《资本论》中全面论述了"地租理论"特别是"级差地租理论"，"地租理论"特别是"级差地租理论"是马克思政治经济学的重要组成部分。

"地租"，简而言之即指土地所有者依靠土地所有权从土地使用者那里获取的报酬。"级差地租"，简而言之即指由于土地优劣等级不同（在当今的中国，造成土地优劣等级不同的因素，包括土地的性质、土地的用途、土地的功能、土地的投入等诸多因素）而形成的具有差别性的地租。当然，马克思是在土地私有制的背景下，研究地租特别是级差地租问题的。而今天，我们是在土地公有制〔农村土地以集体所有制为主，城市土地以全民（国家）所有制为主〕的背景下，研究地租特别是级差地租问题的。换言之，今天的中国亟须研究并创新具有中国特色、时代特征的马克思主义"地租理论"特别是"级差地租理论"，进而在基础理论层面阐明：在今天的中国，各级政府作为城市全民（国有）所有制土地所有者的代表，依法向土地使用者收取"土地出让金"是完全合理的、必须的。因为从本质上而言，"土地出让金"就是各级政府作为城市全民（国有）所有制土地所有者的代表，向全民（国有）所有制土地使用者收取的"地租"和"级差地租"。各级政府只要严格依法做到将所收取的地租特别是级差地租"取之于民、用之于民"，其彰显的必然是全体人民所期盼的马克思主义的公平正义！反之，各级政府自觉不自觉地任全民（国有）土地的地租特别是级差地租流失到极少数人手中，才是真正的失职渎职！

当前，在三大类的基础设施建设中，PPP模式应用已经较为普遍。EPC（engineering procurement and construction）是对工程项目的设计、采购、施工等实施总承包，即"交钥匙工程"。所谓"PPP+EPC"模式，是指采用PPP模式建设运营的项目，政府部门在选择社会投资人的同时确定项目的工程承包方，避免了工程建设"二次招标"。特别是要积极探索以设计为主导的EPC模式，因为

EPC项目的盈利空间主要集中于"E",即通过设计优化与统筹管理,实现合理降造,实现设计、采购、施工阶段的合力交叉,节约工期。首先,从EPC项目价值链来看,设计阶段对项目投资的影响是决定性的,工程造价的90%在设计阶段就已确定,施工阶段对项目投资的影响仅占5%左右。设计机构通过方案优化、材料替代、新工艺应用,能最大限度地降低EPC项目的成本。其次,从设计单位的资源优势来看,凭借自身的专业优势和技术特长,设计单位作为EPC总承包具有明显的人力资源优势和设备供应资源优势,对各环节的重点、要点能充分把握,对工艺设备的参数要求、技术条件能熟练掌握,进而使整个工程达到技术先进、质量优良、效益可观的建设效果。

实践证明,只有在坚持"XOD"模式的基础上,广泛应用"XOD+PPP+EPC"模式,对城市基础设施和城市土地进行一体化开发和利用,形成土地融资和城市基础设施投资之间自我强化的正反馈关系,通过城市基础设施的投入带动土地的增值,通过土地的增值反哺城市的发展,才能有效破解新型城镇化"钱从哪里来和去、地从哪里来和去、人从哪里来和去、手续怎么办"等四大难题。

教育投入是回报率最大的生产性投入,教育需要大量投入,同时教育也会带来大量的产出。要深入研究并通盘谋划学校建设与周边区域发展之间的互动关系,从而认识到学校建设将带动整个周边区域土地的增值,并对提升城市品质产生重大影响。比如,仅仅对天元公学东侧6号地块实行优地优用,提高容积率,获得级差地租。目前该地的规划用地性质为二类居住用地/商业金融业用地,用地面积仅为48亩,容积率≤2.0、绿地率≥30%、建筑密度≤28%、建筑高度≤50米,正在等待出让。根据测算,如果该地块容积率提高至2.4,则可获得级差地租3.4亿元;如果容积率提高至2.6,则可获得级差地租5.1亿元;如果容积率提高至3.1,则可获得级差地租9.5亿元,几乎相当于整个天元公学建设的投资。

浙江省《关于高质量加快推进未来社区试点建设工作的意见(浙政办发〔2019〕60号)》提出:"集约高效利用空间。按照公共交通导向开发(TOD)理念,有效进行疏密有致、功能复合开发。加大城市存量用地盘活利用力度,打破一刀切模式,科学合理确定地块容积率、建筑限高等规划技术指标。允许试点项目的公共立体绿化合理计入绿地率,鼓励和扶持建立社区农业等立体绿化综合利用机制,推行绿色建筑。支持试点项目合理确定防灾安全通道、架空空间和公共开敞空间不计费容积率。支持试点项目空中花园阳台的绿化部分不计入住宅建筑面积和容积率。对符合条件的土地高效复合利用试点项目,纳入存量盘活挂钩机制管理,按规定配比新增建设用地计划指标。允许依法采用邀请招标方式、评定分离办法选择设计、咨询单位。在建筑设计、建设运营方案确定后,可以'带方案'进行土地公开出让。"这些规定理念正确、力度空前,是对21世纪以来杭州实施的"一调两宽两严"方法和政策的肯定。要认真研究上述政策和"教育综合体""EOD模式"、教育组团的关系,真正做到教育用地的集约节约,优地优用。

(四)研究如何破解教育经济学问题

《国务院办公厅关于深化产教融合的若干意见》指出:"将产教融合作为促进经济社会协调发

展的重要举措，融入经济转型升级各环节，贯穿人才开发全过程，形成政府企业学校行业社会协同推进的工作格局。""深化产教融合，促进教育链、人才链与产业链、创新链有机衔接，是当前推进人力资源供给侧结构性改革的迫切要求，对新形势下全面提高教育质量、扩大就业创业、推进经济转型升级、培育经济发展新动能具有重要意义。"国家关于"产教融合"的系列改革，是提高教育的"生产性"效率，为社会创造巨大经济效益，促进生产力发展的有力举措。

20世纪80年代，由国家专门成立课题组，比较了我国与全球其他市场经济大国的公共教育支出和GDP统计数据，计算出国家财政性教育经费支出占国内生产总值的比例到2000年末应达到4%以上。以此为依据，党中央、国务院先后多次提出"国家财政性教育经费支出占国内生产总值比例达到4%"的目标，并先后多次写入党和国家重要文件。经过中央和地方各级政府共同努力，2012年首次实现了4%这一目标，成为我国教育发展史上的一个重要里程碑。但是相比美国教育总支出占GDP约7%，中国和发达国家的教育资本投入仍有差距。

教育经济学有三大指标，即教育的投入产出率、教育的性能价格比、教育的费用效益比。坚持教育经济学理念，既要重视教育的"生产性"，算大账，也要坚持教育的"效益性"，算细账，进而通过"教育的投入产出比、教育的性能价格比、教育的费用效益比"的最优化，回答"教育倍增"的问题。当前，在教育的三大指标上是一本"糊涂账"。比如，教育用地的成本控制问题。教育用地容积率被强制要求控制在1以下，极其不科学。如果没有容积率的突破，没有教育综合体的扩容，没有"EOD"级差地租的反哺，教育经济学的三大指标根本不可能实现最大化和最优化，不但解决不了"钱从哪里来"的问题，更解决不了老百姓"上学难"，特别是"上好学难"的问题。

（五）研究如何破解教育技术学问题

教育技术学是现代教育学发展的重要成果，教育技术参与教育过程，是对教育过程模式的优化提升，使得教育过程的组织序列更具逻辑，系统优化了分析和处理教育、教学问题的思路。教育是一个开放的复杂巨系统，教育工作者必须以系统论、系统工程为手段，科学系统地解决教育问题。当我们进入人工智能、物联网、虚拟现实时代，更要全面系统地研究教育技术学，与时俱进、改革创新，力求实现教育效益和效率的最大化。要坚持教育技术学理念，以智慧校园建设为依托，大力推进OTO教育新模式（即线上线下相结合的教育新模式），高效开发和使用人员、资料、设备、活动和环境等各种学习资源，并与未来社区的"未来教育"场景深度融合，追求教育效率的最优化。

习近平主席在向国际人工智能与教育大会致贺信中提到："中国高度重视人工智能对教育的深刻影响，积极推动人工智能和教育深度融合，促进教育变革创新，充分发挥人工智能优势，加快发展伴随每个人一生的教育、平等面向每个人的教育、适合每个人的教育、更加开放灵活的教育。"未来总有一天，人工智能的教育会占主导地位，到了那个时候，就出现了教育主体和客体的转化，此时学生成了教育的主体。前阵子，菲尔兹奖获得者、华裔数学家丘成桐先生参观中国棋院杭州分院，在参观途中一直强调"computer（计算机）"，他提出既然如今围棋人工智能的水平早已超过人类，为什么还有人在下棋。我向邱院士解释，棋类运动不仅是智力竞技运动，更是开发人类智力的一种必备且高效的工具。浙江大学原校长、中国工程院原常务副院长潘云鹤院士的外孙女，从三岁开始就学习围棋。潘院长是计算机和人工智能领域的领军人物，他让外孙女学习下围棋，就是因为围棋已然成为一种人类智能开发的工具。潘云鹤院士在参观棋院时建议我们："不应该仅仅强调围棋是一门竞技运动，而应该强调围棋是人类智力开发的工具。"

围绕未来人工智能定制化的教育，我们要提前布局，提前准备。清华大学经济管理学院原院长钱颖一提出："人工智能将使中国教育仅存的优势荡然无存。"美国的高等教育走在中国前面，但由于疫情影响，在线教育也飞速发展，美国的常青藤高校都开设了在线课程，为学生提供量身定制的内容。

天元公学开学之后，我们要以人工智能、虚拟现实、物联网技术为载体，组织专班重点研究PAD为主的移动终端在校园内的智慧应用与管理，通过制定校园移动终端使用办法，界定移动终端使用范围，加强学生自律与他律相结合管理，促进教育模式改革、提高学生学习的效率。争取把学生广泛使用移动智慧终端，打造成天元公学的创新和亮点，从而使天元公学成为"国内领先、世界一流"的"OTO学校"的典范。

（六）研究如何破解教育若干制度问题

1. 关于教育的产权制度

结合国内外教育研究的最新成果，我们认为，探求基础教育领域做蛋糕与分蛋糕的辩证统一关系时，公办教育要不惜代价做，民办教育则要解放思想做。广义的"公"与"民"概念间，根据举办者及经费来源，至少存在六种结合模式，需要旗帜鲜明地摆明立场，并确立相应的指导思想。

（1）做强"公有公办"。所谓公办，主要是指由各级政府举办，资金基本全部来源于政府财政性资金的事业。依据《民办教育促进法》第二条："国家机构以外的社会组织或者个人，利用非国家财政性经费，面向社会举办学校及其他教育机构的活动，适用本法。本法未作规定的，依照教育法和其他有关教育法律执行。"根据上述法律条文，公办教育是指国家机构利用国家财政性经费举办学校及其他教育机构的活动。公办经费在中国至少有三种来源，一是利用从税收转化的财政预算教育经费；二是根据《财政部、教育部关于从土地出让收益中计提教育资金有关事项的通知》（财综〔2011〕62号）利用土地出让金收益计提的10%教育经费；三是土地出让金计提10%以外的，但属于建设工程中按照政府的有关法则必须配建的项目。"公有公办"是各级政府承担教育责任、确保教育公平的主要载体，是我国基础教育配套资源的主体，自然要不惜代价做大做强。

（2）探索"公有民办"。20世纪90年代，美国出现了特许学校（charter school），我们可以称其为"公有民办"学校。这种学校的具体做法是地方教育委员会与某教育公司或个人组合签订合同，将办得较差、学生家长不满意的公有学校委托它们管理运营，教育部门按当地生均费用向承包者提供办学经费，并提出办学的绩效要求；承包者提出具体质量指标，并全权负责学校的管理运作包括选聘教师，确定课程、教学内容、方法以及日常管理等，其目的是提高公立学校管理水平和办学效益。这种学校的特点是学生就近入学，不收学费，采用政府购买服务的方式，由民办组织或个人输出品牌、管理、文化和师资等，但学校的性质还是公立学校。虽然特许学校还存在一些问题，但从美国全国来看，目前43个州通过了特许学校法案，2017—2018年覆盖了320万左右的学生，也有调查显示约17%的家长会选择把自己的小孩优先送入特许学校就读。因而，这种模式称得上是成功的，也为我国的各级政府在更好地承担基础教育责任方面提供了有益视角。

（3）杜绝"公有私办"。所谓"私办"，专指高收费、跨学区招生甚至是以营利为目的的民办教育业态。当前，各地多有出现"公有私办"现象，即把公办学校包括公办配建学校交由民办机构收费运营，呈现私有化倾向。这是对公办教育资源的严重侵蚀，将大大减少公办教育的资源，对教育公平产生极大伤害，必须坚决予以杜绝。

（4）鼓励"国有民办"。"国有民办"是21世纪以来杭州在基础教育领域的一大创新。所谓"国有"，与"公有"相区别，是指由国家机构以外的国有组织利用国家非财政性资金和资产举办的学校。比如，杭州把闲置的国有厂房、仓库、办公楼用来开办农民工子女学校。国有学校如果按民办机制运作，政府通过补贴来购买服务，则可以称为"国有民办"。广义的美国特许学校也包括"国有民办"。这种教育业态实现了资源的有效利用、提供了多元的教育选择、有助于教育公平的落实，应该受到鼓励和政策支持。严格意义上讲，国有民办学校也要坚持就近入学，政府通过购买服务的办法，确保其在义务教育阶段不能收费，在其他学段可按普惠性标准收费。但现在各地的实践过程中也出现了一些偏差，需要教育部门给予足够重视。

（5）尝试"民有民办"。所谓"民有"，是指由民营机构或社会个人所提供资产创办的学校。在公有学校及国有学校资源紧缺的地方，尝试利用民间社会资金建设由政府购买服务，学生享受公办教育或者普惠性教育待遇的模式办学。这种教育形态，可称之为"民有民办"。

（6）规范"民有私办"。民有学校按照"私办"的模式来运营，在"民办教育促进法"中是允许并鼓励的。但是当前，"民有私办"学校也出现诸多问题，例如掐尖招生、搅乱教育秩序；学费过高、增加学生负担；滥用教育自主权，超出国家教学大纲等，这都需要教育部门予以规范。

2.关于教育的招生制度

基础教育阶段的招生制度必须坚持公开、公平、公正的原则，首先确保适龄儿童就近入学的需要。在此基础上，要努力探索孔子在2000多年前提出的"因材施教""有教无类"的教育思想。天元公学要回答"钱学森之问"，前提就是"因材施教""有教无类"。一些有特长、偏长的人，按照学校现在的标准评价，未必能够达标。其根本原因就在于，成为大师的前提是其必须在某一领域有超出常人的天赋。而这种具有天赋的孩子往往被人视为"偏才"，如有些超一流的棋手如果拿教育部门统一标准衡量甚至是不及格的。所以招生制度怎么在大稳定的基础上小调整，是必须研究的。

习近平总书记在全国教育大会上强调："要加快建成适合每个人的教育，努力使不同性格禀赋、不同兴趣特长、不同素质潜力的学生都能接受符合自己成长需要的教育。"2019年5月16日，习近平总书记向国际人工智能与教育大会致贺信，指出："加快发展伴随每个人一生的教育、平等面向每个人的教育、适合每个人的教育、更加开放灵活的教育。"这正是总书记对"因材施教"理念的现代性解读。新创建的杭州天元公学，将实行幼儿园、小学、中学"一条龙"办学模式，是"超常"教育、"每个人"教育的示范学校。期盼这一新型学校在新的教育理念指导下，为我国"超常"教育、为杰出人才选拔培育，注入新的元素，探索新的路子。

3. 关于教师制度

《义务教育法》明确："国务院和地方各级人民政府用于实施义务教育财政拨款的增长比例应当高于财政经常性收入的增长比例，保证按照在校学生人数平均的义务教育费用逐步增长，保证教职工工资和学生人均公用经费逐步增长。"

《民办教育促进法》提出："民办学校应当依法保障教职工的工资、福利待遇和其他合法权益，并为教职工缴纳社会保险费。国家鼓励民办学校按照国家规定为教职工办理补充养老保险。民办学校教职工在业务培训、职务聘任、教龄和工龄计算、表彰奖励、社会活动等方面依法享有与公办学校教职工同等权利。"

《教师法》强调："教师的平均工资水平应当不低于或者高于国家公务员的平均工资水平，并逐步提高。建立正常晋级增薪制度，具体办法由国务院规定。""地方各级人民政府和国务院有关部门，对城市教师住房的建设、租赁、出售实行优先、优惠。"

《中国教育现代化2035》指出："提高教师社会地位，完善教师待遇保障制度，健全中小学教师工资长效联动机制。"

当前，最重要、最紧迫的事是各级地方政府及教育主管部门正确解读并切实落实"教师平均工资收入水平不低于或高于当地公务员平均工资收入水平"这一法规性政策，对所有学段教师一视同仁，对公办、民办教师一视同仁，真正让教师成为全社会最令人羡慕的职业。我认为只要有教师资格上岗证，且从事教师职业，都应该享受公务员待遇，无论是公办教师还是民办教师，无论是学校教师还是幼儿园教师，无论是专业教育机构的教师还是业余培训机构的教师都应该一视同仁，享受国家法律规定的"教师待遇"。

4. 关于教育的考试制度

（1）素质教育绝不是不要考试考核。考试考核是任何教育都不可缺少的环节，分数是对教育质量、教育效果和学生知识水平、实践能力的一种检验和反馈。问题不在于要不要考试考核，而在于进行怎么样的考试考核；问题不在于要不要分数，而在于要什么样的分数，以及怎样看待分数。革新"应试教育"的考试办法，建立全新的、一体化的考试考核评价体系，使考试考核具有综合性、全面性、经常性，使考试考核能更全面准确地反映学生的整体素质，才是正确的做法；既讲分数，又不唯分数，防止把卷面考试分数作为评价学生优劣、决定能否升学的唯一依据，才是正确的态度。在客观、公正的考试考核和分数面前人人平等，以分数择优升学，总比"以权取人""以钱取人""以关系取人"公正得多。如果说高升学率不是素质教育的刻意追求，那也是素质教育的必然结果。一个高素质的学生，必定能考出好成绩；一个全面发展的学生，必定会有更多机会升入高一级学府。

（2）减轻学生负担绝不是撒手不管。60多年前，陶行知先生专门就儿童创造力的培养提出了"六大解放"：解放儿童的头脑，使他们能想；解放儿童的双手，使他们能干；解放儿童的眼睛，使他们能看；解放儿童的嘴，使他们能谈；解放儿童的空间，使他们能到大自然、到社会上去扩大视野；解放儿童的时间，使他们多学一点感兴趣的东西，多干一点高兴干的事。从某种意义上说，这正是对素质教育最好的诠释。现在有人把素质教育等同于"减负"，把"减负"等同于放松要求、撒手不管，这是对素质教育的一大误解。我们是要给学生"减负"，但我们要减掉的是那些违反学生成长规律的不合理、不必要负担，是那些过重的课业负担；我们所要改变的是让我们的孩子死读书、背答案、打疲劳战，扼杀孩子天性和学习兴趣的做法，让学生有更多的自由时间，使学生的天赋、个性、特长得以充分发挥，让能飞的孩子飞得更高，让能跑的孩子跑得更快，让能走的孩子走得更远。如果我们把素质教育等同于"减负"，把"减负"等同于放松要求、撒手不管，最终必然走向素质教育的反面。2000年，我在采荷中学调研时，看到一位学生家长送给学校的一面锦旗，上面写着"轻负担、高质量"。这六个字非常的正确，非常的经典。推行素质教育，就是要做到"轻负担、高质量"，两者缺一不可。只有在坚持教育高质量前提下的"减负"，才是正确的"减负"，才是可持续的"减负"，才是真正意义上的"减负"。

（3）素质教育绝不是不要智育。做任何事情都要防止走极端，办教育也一样。片面强调智育，片面强调分数，片面强调升学率是走极端；以为素质教育可以忽视智育，甚至以为素质教育可以不要智育，同样是走极端。要坚决防止从一个极端走向另一个极端。智育是素质教育的应有之义，知识是学生综合素质的重要组成部分。实施素质教育，首先要解决好培养什么人、怎样培养人的问题。要坚持人为本、德育为先，把立德树人作为教育的根本任务，引导学生树立正确的世界观、人生观、价值观、荣辱观，增强学生热爱祖国、服务人民的使命感和责任感。同时要把智育作为素质教育的应有之义，提高学生的知识水平，增强学生的创新精神和实践能力。正如陈毅同志所说的，飞行员只红不专，飞机就会掉到海里头，只专不红就会把飞机开到敌人那边去了。实施素质教育，既要重视学生的道德情操和身心健康，又要重视学生的学业知识，两者不可偏废。

（4）遵循发现培养天赋儿童的六个要素。"钱学森之问"已提出多年，但至今未能被真正的破解。重要原因在于没有认真研究回答"钱学森之问"所必须解决的六大前提。这六大前提，正是杭州智力运动学校多年来探索棋类大师培养的经验所得。天元公学与普通学校最大的不同，在于肩负探求破解"钱学森之问"的重任。而且从棋类天赋儿童发现和培养的经验来看，会涉及幼儿园、小学、中学各学段。因此，天元公学特别要在解决六大前提上继续做出扎实的努力：

第一，天赋。大师一定有天赋。没有天赋的孩子是不可能成为大师的。第二，童子功。大师一定有童子功，要从小就进行培养。第三，名师指点。大师必须依靠"名师带高徒"的教育方式来培养，而且要从小进行指导。第四，勤奋。大师一定刻苦勤奋，并且对行业充满热爱。第五，理解。大师在成才过程中走的是一条非常艰难的路，家长和社会要尽全力支持和理解。第六，社会投入。大师的培养需要巨额资金的投入，仅仅依靠政府财政的安排是远远不够的，必须依靠社会资金的投入。对于天元公学的绝大多数学生，要力争培养其全面发展，从而能够进入"985""211""双一流"等大学。高考是最公平、成本最低的选拔人才的方式。有一位老师在黑板上写了一句话，"你与官二代、富二代相比，除了高考以外，还有什么？"这句话令我感触很深，对我冲击很大。对于少部分在某一领域具有天赋的学生，要提供一套发现、选拔、培养、输送的体制机制等系列保障举措。今天几乎所有的大师前面都要加一个定语，比如说音乐大师，例如大提琴大师马友友、钢琴大师郎朗。那么有没有通才型大师？五六百年以前，文艺复兴时代的达·芬奇就是通才型大师，他是艺术家、工程师、科学家。他在绘画、雕塑、建筑、科学、音乐、数学、工程、文学、解剖学、地质学、天文学、植物学、古生物学和制图学等领域都有极高的造诣和成就。那为何现在没有通才型大师？因为我们的社会分工越来越细、专业水平越来越高，实际上没有一个人可以靠自己的天赋，跨界成为两个、三个专业以上的大师。杭州智力运动学校有一位征战女子围甲的运动员叫吴依铭，她是2006年11月出生的，尚未满14周岁。在2018年，她未满12周岁的时候就以全国女子第一名的成绩定段成为职业棋手；在2019年，她在未满13周岁的情况下，就代表分院征战中国女子职业棋手最高竞技场——女子围棋甲级联赛，被中国国家围棋队总教练俞斌称为"不世出的天才"。所以对于专才型大师的发现、选拔、培养、输送制度也要进行深入研究。

中共中央办公厅、国务院办公厅印发《关于全面加强和改进新时代学校体育工作的意见》和《关于全面加强和改进新时代学校美育工作的意见》，提出探索将艺术类科目纳入中考改革试点，纳入高中阶段学校考试招生录取计分科目，将体育科目纳入初、高中学业水平考试范围，为学校体育美育工作明确了改革方向。天元公学建立"以学生发展为本"的新型教学关系，构建"兴趣班、预备班、重点班"三个专业教学层次。兴趣班、预备班不限定人数，专业重点班总量控制在750人，棋类250人，其他门类各100人。对于重点班学生，学校以专业特长学习、发展为主，努力将学生输入不同专业的高等院校，例如音乐类输送目标是中央音乐学院、上海音乐学院等，美术类输送目标是中央美术学院、中国美术学院等，外语类输送目标是北京外国语大学、北京大学外语学院等。对于其他大部分学生，要求其在保证基础学业的前提下，选修一门或几门"六艺"专业课程，作为一项特长来提升自我，最终进入"985""211""双一流"等大学。这个教学体系的最终目的，就是要让每一位学生都能成才。

学生在参加兴趣班、预备班时，由学校进行择优选拔，挑选有天赋的学生接受专业培训。对于在专业重点班中潜能表现欠佳、发展后劲不足的学生，可以回流到天元公学的预备班、兴趣班，在天元公学的初中部和高中部（或转入其他普通中学）参加中考和高考。总之，建立发现、选拔和培养特殊人才的机制，使就读学生参加兴趣活动和参加专业培训实现良性的双向互动，是天元公学不同于一般中小学的最大特点。

5. 关于教育的投融资制度

要不断探索"政产学研资用"相结合的教育创新体系，2017年，国务院办公厅发布《关于深化产教融合的若干意见》，意见提出："逐步提高行业企业参与办学程度，健全多元化办学体制，全面推行校企协同育人，用10年左右时间，教育和产业统筹融合、良性互动的发展格局总体形成，需求导向的人才培养模式健全完善，人才教育供给与产业需求重大结构性矛盾基本解决。"2018年，教育部、工业和信息化部、中国工程院联合印发《关于加快建设发展新工科实施卓越工程师教育培养计划2.0的意见》，意见指出："推进产教融合、校企合作的机制创新，深化产学研合作办学、合作育人、合作就业、合作发展。"要依托"政、产、学、研、资、用"六个要素的有机融合，使教育投入的经济效益、社会效益、生态效益实现最大化。

（七）研究如何破解教师和学生精神状态的问题

文化是团队发展的内在动力。文化作为一种软实力，对一个单位、一座城市甚至一个国家都具有不可替代的重要作用。人是文化的存在，文化是团队的共同财富，文化不是自然生成的。一般来说，团队成员的文化程度越高，团队文化的形成难度就越大。成员文化程度相对较低的团队，如企业，在文化上容易形成自身的特色，而全是高学历知识分子的团队，如大学，反倒往往难以凝练出自身的文化。天元公学是知识分子扎堆的单位，要用简短的语言概括"何为天元文化"，同样不是一个能够轻易回答的问题。

近年来，习近平总书记对中国传统文化，以及中国传统文化在今天的作用和地位，做了一系列重要的阐述，发人深省，令人深思。他指出："要加强对中华优秀传统文化的挖掘和阐发，努力实现中华传统美德的创造性转化、创新性发展，把跨越时空、超越国度、富有永恒魅力、具有当代价值的文化精神弘扬起来，把继承优秀传统文化又弘扬时代精神、立足本国又面向世界的当代中国文化创新成果传播出去。"他还强调："一个国家的文化软实力，从根本上说，取决于其核心价值观的生命力、凝聚力、感召力。培育和弘扬核心价值观，有效整合社会意识，是社会系统得以正常运转、社会秩序得以有效维护的重要途径，也是国家治理体系和治理能力的重要方面。"中国传统文化中很突出的，也是世界各国文化所不及的一个亮点，就是中国独特的知识分子文化。因此，对知识分子扎堆的天元公学来说，要回答何为天元文化，也可以从中国传统文化，特别是传统知识分子文化、士大夫文化层面来提炼总结。我们要大力弘扬中国传统文化中以下五个方面的知识分子文化，承前启后，继往开来，打造古为今用、特色鲜明、生生不息的天元文化。

1. 坚持"修齐治平"的境界

修齐治平，指的是修身、齐家、治国、平天下，经过中国知识分子千百年来的追求实践，已经成为一个成语，彰显的是一种境界。中国知识分子有个突出的特点，就是坚持"修齐治平"的境界，以"修身"为中心，强调个人道德修养与齐家、治国、平天下的一致性，主张由近及远、由己及人，把"格物""致知""诚意""正心"作为修齐治平的基础，把个人的命运和家庭的命运、国家的命运、天下的命运紧紧联系在一起。天元公学建立之初，就要实现破解"钱学森之问"和实证"教育倍增计划"这两大办学目标，更应该积极倡导坚持"学校发展为大家，学校发展靠大家；学校发展成果由大家共享，学校发展成效由大家检验"的理念。

2. 坚持"立德、立功、立言"的志向

中国知识分子历来有一种志向，就是"三不朽"：立德、立功、立言。"立德"就是要树立高尚的道德，"立功"就是要为国、为民建立功业，"立言"就是要提出具有自己特点的真知灼见。"三不朽"就是做人、做事、做学问，是中国知识分子的传统美德，直到今天仍然具有重要的价值，完全吻合天元公学的文化追求。学校要以"三不朽"志向为激励，培养一支能够担当起实现天元公学今后10年乃至20年奋斗目标的教育队伍。

3. 坚持"知其不可而为之"的精神

《论语·宪问》有一则典故，说孔子的得意门生子路在石门过夜，早晨要进城，守门人问他从哪里来，子路说从孔子那里来。守门人问，就是那个"知其不可而为之"的人吗？这则小小的典故，以最简练的语言对孔子一生的个性和精神做了最好概括，那就是："知其不可而为之"，它已成为中国知识分子千百年来用生命去积极践行的共同精神。"知其不可而为之"，千万不要理解成不按客观规律办事，不是尽干不碰南墙不回头的蠢事。"知其不可而为之"，本质上是要有扭转乾坤的精神、转危为安的精神、逢凶化吉的精神、力挽狂澜的精神，就是要有"死棋肚里出仙招"的精神。"知其不可而为之"，对实现天元公学的奋斗目标具有重要的价值。

4. 坚持"虽千万人吾往矣"的勇气

这句话出自《孟子·公孙丑上》，意思是：纵使千万人阻挠，也要勇往直前。众所周知，孟子是主张"养浩然之气"的，但在他看来，"志"比"气"更具根本性。所以在孟子的思想中，"虽千万人吾往矣"并不是在描绘一种任侠的霸气，而是建立在理性和道义基础上的大勇。这样的勇气不是好勇斗狠，而是站在真理一边，只要是真理之所在，即使面对巨大困难，即使千万人阻挠、反对和不理解，也决不气馁，决不改变自己的志向。实现天元公学的奋斗目标就需要我们拿出这样的勇气。

有两句杭州的老百姓对市委市政府的评价非常到位：一是在杭州只有想不到要办的事，没有想到而办不成的事。2012年，我从市级领导岗位上退下来后，自告奋勇地提出担任杭州国际城市学研究中心主任和中国棋院杭州分院院长。当时，我确定的奋斗目标分别为"打造国内领先、世界一流的城市学智库"和"打造中国棋类运动的冠军摇篮"。当时不少人认为这是两个不可能实现的奋斗目标，但实践证明，今天我们离这两个奋斗目标的实现已越来越近了。换言之，杭州国际城市学研究中心和中国棋院杭州分院的两大奋斗目标的实现，已经成为不争的事实！

二是在骂声中起步，在掌声中画上句号。过去20多年，杭州的发展之路并不平坦，困难不可谓不大，挑战不可谓不多，但我们靠发扬"干"字当头的精神，克难攻坚，迎难而上，破难前行，战胜了一个又一个困难，干成了一件又一件大事。习近平总书记提出的"空谈误国，实干兴邦"，正是对"干"字最铿锵有力的诠释。"实干"才能成就中国梦。"实干"二字的深意，既在于"埋头苦干"，更在于"认准了就干"。我们认为今后20年，杭州的发展之路同样不会平坦。我们仍然要大力发扬"干"字当头的精神，要有在骂声中奋斗、在骂声中成长的思想准备，正确处理"骂一阵子"与"骂一辈子"的关系。干要被人骂，不干也要被人骂；宁可干了被人骂，不可不干被人骂；干了被人骂是骂一阵子，不干被人骂是骂一辈子。我们要想干、愿干、敢干、会干、拼命干，干别人不想干不愿干的事，干别人不敢干不会干的事，力争在今后20年中，再干成一批要事、大事、实事、好事。天元公学的建设就是其中的一件要事、大事、实事、好事，其成功的关键在于大家要发扬"虽千万人吾往矣"的一往无前的勇气。

5. 坚持"凡事预则立、不预则废"的远见

"不谋万世者，不足谋一时；不谋全局者，不以谋一域。"中国的文化、中国的知识分子历来都强调这种远见的重要性。有一次我请乔石委员长题字，题写的正是这句话。这句话的意思，就是不论做什么事，事先都要有充分准备，充分准备是成功的前提和保证，反之则必然失败。"预"，还不仅仅是预备，更是预想、预测，在此基础上形成预谋。要预先有所作为，就必须要有预备、预想、预测、预谋，也就是要"先人一拍、快人一步、高人一等"，要登高望远、未雨绸缪，要因势利导、扬长避短。天元公学要高质量地推进和引领教育改革创新，就必须坚持"高起点规划、高标准建设、高强度投入、高效能管理、高水平经营、高层次研究"的"六高"方针；满足个性化、艺术化、品质化的教学需求，推进教学活动秩序化、规范化、科学化的"六化"理念。同时要坚持研究先行，要以研究带规划、带建设、带保护、带治理、带经营。

以上这五句话，很难想象竟然全部出自春秋战国时期的先贤之口，经过2000多年的薪火传承，直到今天仍然充满哲理，充满生命力。天元公学必须大力弘扬"五个坚持"的文化：坚持"修齐治平"的境界，坚持"立德、立功、立言"的志向，坚持"知其不可而为之"的精神，坚持"虽千万人吾往矣"的勇气，坚持"凡事预则立、不预则废"的远见。"上下同欲者胜、同频共振者兴。"只有认同"五个坚持"的文化，才能实现学校发展和个人发展的双赢，真正做到志同道合、众志成城。只有弘扬"五个坚持"的文化，学校才能在激烈的竞争中脱颖而出，立于不败之地，实现破解"钱学森之问"和实证"教育倍增计划"这两大办学目标。

我从1985年担任余杭县委书记后就开始抓教育，当时有几件事对我触动很大。一是星桥乡校舍倒塌，压伤了教师和学生。80年代中期，在余杭这样的鱼米之乡，在星桥乡这样的紧邻县城经济较发达乡镇，学校校舍居然还是危房，危房倒塌居然还压伤了教师和学生，让我感到非常震惊。二是在1986年的教师节庆祝大会上，我感到余杭的教师对办好教育完全没有信心，对改善自己的生活状况完全没有信心，他们认为教师节只是搞形式，教师提出的问题根本解决不了。这使县领导感到非常尴

尬。三是余杭山区的一些学校的教室都没有完整的玻璃窗，而且白天是教室，晚上是宿舍。四是当时余杭每年考上大学的人数是"一车厢"，也就是说只有仅仅数十人；而同时期诸暨和东阳每年考上大学的人数是"一列车"，也就是说多达数百人。为此，我带队专程赴诸暨和东阳进行考察，回到余杭县召开了全县教育大会。为什么那时候诸暨和东阳考上大学的人数是余杭的10倍？说到底就是因为教师和学生的精神，我把当时诸暨和东阳的教师精神总结为"布衣精神"，其彰显的是一种奉献精神。30多年前，东阳和诸暨的学生每周要学习6天，每周带一罐霉干菜，每天的伙食是霉干菜＋米饭，我把当时诸暨和东阳的学生精神总结为"霉干菜精神"，其彰显的是一种吃苦精神。现在教师们确实压力很大，但是作为天元公学的教师必须首先具备上述的"布衣精神"，只有天元公学的教师彰显了"布衣精神"，天元公学的学生才能彰显"霉干菜精神"，只有彰显了这两种精神，天元公学的奋斗目标才能真正实现。

以上我回顾了20世纪80年代中期，余杭这样一个经济较发达地区教育的基本状况。也正是在那个时候，我偶然看到了一本书，就是日本前首相吉田茂的《激荡的百年史》。这本书是吉田茂于1967年根据自己给《大英百科全书》写的关于日本的卷首论文润色而成的。当时日本经济迅猛发展，"日本模式"为大家所羡慕。这本书就讲到了为什么日本在明治维新以后，通过短短二三十年的努力就能打败中国；为什么1945年日本战败以后，用了不到20年时间就能重新崛起。吉田茂在书中两次讲到，就是因为教育。吉田茂在书中写道："英明的明治领导者们一致认为只有提高国民的教育水平，才能使国家富强。""到了1912年（明治末年），日本的就学率已经超过95％，如今，当人们到乡村旅行，可以看到村中最好的建筑依然是小学的校舍，由此可以强烈地感觉到日本人民对于教育的尊重。"在20世纪80年代的中国教育界盛传两句话。第一句话是：一个地方，最好的建筑应该是校舍。第二句话是：教师应该是社会上最受尊重的职业，即"最好的建筑是校舍，最好的职业是教师"。可以说，直到今天这两句话仍然是中国教育界最大的期盼。1945年日本战败以后，日本又实行了"教育改革"。日本在战前推行的是六年制义务教育。战败以后，日本国内对要不要实行九年制义务教育争论很大。当时日本政府就要不要实行教育改革特别是九年制义务教育征求了国民的意见。吉田茂在书中写道："结果，国民热烈拥护这一建议，纷纷写信给文部省、教育革新委员会、国会和占领军表示赞同和支持。这些信件反映了同样的心情：'只有教育能够复兴日本。战争使我们的国家遭到破坏，直至荒芜，子孙后代在我们这里继承不了任何的东西，只有教育，我们能够给他们的只有卓越的教育。'在来信的人当中，有来自各个阶层的人，有人字迹清秀，有人字迹潦草，文章有好有坏，但基本思想和内容却是相同的。盟军总部的美国人看完这些信，非常感动，这使他们更加坚信他们理想主义的教育改革。"正是九年制义务教育的实施，提高了日本国民的素质和本领，从而实现了日本的再一次崛起。这本书给我留下了非常深刻的印象。余杭县委县政府就是从抓学校危房改造和解决学校无教室、无课桌椅、无课本"三无"问题入手抓普及九年制义务教育的。为此，我们专门召开了全县教育大会，动员全社会力量来改变当时余杭的教育状况，普及九年制义务教育。我国提出实施九年制义务教育是20世纪80年代中期，比日本整整晚了30年。当时争论也很大，有不少人认为当时中国的国力根本无法承受九年制义务教育的负担。余杭也有这种争论。我在那次大会上就引用了《激荡的百年史》中的以上这几段话来说明教育的极端重要性，进而凝聚了全县干部的思想。

最后希望天元公学能成为"最好的建筑是校舍，最好的职业是教师"的实证。

在城市化的新时代，
做好城市学研究的道与术

朱善璐

中国李大钊研究会会长
北京大学原党委书记

一、城市化的新时代

党的十九届五中全会有重要历史意义，开启了全面建设社会主义现代化国家新征程。在这个时刻，在杭州天元公学，这么大规模的领导嘉宾、学者专家，济济一堂，围绕城市化、城市建设的问题进行讨论和交流，这本身就是对城市本意的一个诠释。

在王国平同志的领带下，杭州国际城市学研究中心的同志们在城市学、城市化研究上如此执着，如此有定力，坚守初心，并取得了很重要的成就，令人很震撼。如此众多的人员从四面八方聚集，本身应该与千百年来人类城市的发展建设历史进程及其形成的智慧成果连在一起，也是新时代在中国热土上启动新型城镇化进程的一个缩影。

二、城市是文化的成果

到底什么是城市？什么是城市化？在新的历史条件下，怎样建设和发展城市，如何研究城市，我觉得今天给我很多重要的启示。2014年，习总书记在北京考察工作时提出，历史文化是城市的灵魂。城市学年会是充分展现中国当代城市文化，特别是杭州城市文化的平台。在党的十九届五中全会之后，关于城市和城镇化的研究将进入新阶段，在高质量大跨越的历史阶段，像杭州国际城市学研究中心这样的单位的发展也将进入新阶段。

我曾在南京工作过，南京和杭州都是历史文化名城，杭州是南宋的首都，南京是明朝的贤学之地，是大明王朝前59年首都所在地。文化是杭州和南京真正标志性的特色品牌。城市本身就是文化的成果，它开辟今后文化的道路。文化是人作为主体，在主动创造的实践中对人的对象化世界的成果。这是文化的本质。文化离开了人就不存在了。

三、城市学研究的道与术

无论研究什么问题，就中国文化的表述而言，无非是道与术，从道上把握或者从术上把握，形而上是道，形而下是术。城市是形，往上走是城市之道，往下走是城市之术。城市学学科的建立与发展，研究的推进，要从道与术两方面着手。道具有引领性、根本性的作用，涉及初心、使命与灵魂；术很重要，没有术，道就是空的，难以支撑。

要研究城市学之道，研究城市发展、城市化之道，在新的发展理念指导下，形成城市学研究和城镇化发展的新城市观。我觉得中国李大钊研究会和杭州国际城市学研究中心在这方面可以合作，特别是在道的研究上。在新形势、新时代和新阶段，城市理念的更新与创新，城镇化思路和城市观念如何做到守正创新，是一篇大的文章。北京和杭州两地的学者、全国的学者要组织起来，研究在新的历史条件下，中国新的城镇化之道。人类文明走到今天的世界城市化之道，都在一个十字路口，面临着巨大的机遇和严峻挑战。这种研究应该不是虚名和空泛的，应该建立在实践经验的总结基础上，进而在新的条件下，在新的发展阶段，建立中国新的城市观和城市发展观。

要有科学与正确的研究城市学的方法论。我看了王国平理事长的一些著作和成果，他对方法论进行了很好的总结，创造出很多新的理念和概念。新的城市发展观和方法论，对整个研究的深化、质量的提升与引导有重要的意义。

我再向大家简单介绍一下中国李大钊研究会。它是1989年经过党中央批准的，研究和宣传我们党建党前后早期重要领导人的全国性学术机构，致力于研究和宣传李大钊同志的生平、思想、实践和党的早期理论工作。在党的十九大之后，中国李大钊研究会寻找初心与使命，进一步回顾和发扬这段历史和精神，以期在新的时代条件下与时俱进，真正使马克思主义中国化的进程能够向前推进。

双循环新格局下的数字贸易

张大卫

河南省人大常委会原副主任

中国国际经济交流中心副理事长兼秘书长

一、"双循环新格局"提出的背景和意义

（一）全球供应链的形成与重塑

经济全球化、自由贸易和跨国公司推动的国际产业分工促进形成了全球供应链体系。全球供应链遇到的困难、挑战和冲击主要体现在以下四个方面：一是全球经济治理体系的软弱；二是全球供应链负效应外溢；三是单边主义、贸易保护主义、地缘政治、民粹主义的抬头和流行破坏了全球供应链的正常运行和自我修复能力；四是新冠肺炎疫情的冲击，暴露了有关行业供应链的短板。

（二）中国消费市场的成长

改革、开放、创新促进了中国经济的持续健康发展，形成了增长强劲的内需市场。

（三）完整内需体系的构建

供给侧结构性改革持续发力，更有针对性，更加重视提升有效供给能力，满足有效需求，更加注重依靠内需拉动经济增长。

习总书记在中央财经委员会第七次会议上点明了实现以国内大循环为主题、国内国际双循环相互促进的新发展格局的内涵：一是更多依托国内市场实现良性循环；二是拉紧与国际供应链的依存关系；三是打造自主可靠、安全可控的供应链；四是推动经济的数字化转型。

二、"双循环新格局"与数字贸易

（一）供应链与数字贸易

双循环新格局，是指由于贸易行为的变化所引起的供应链结构和空间布局的优化调整。贸易行

为的变化主要体现在贸易内容、贸易对象、贸易技术上。随着信息和通信技术的快速迭代发展，数字革命正在全球范围兴起，并开始深刻重塑全球经济格局。数字经济发展生成强大的数据流，正改变传统经济与贸易形态，数字产品和服务日益成为重要的交易产品，人们也更多通过数字化手段完成交易行为，这就是数字贸易。

（二）关于数字贸易

（1）数字贸易的基本分类：数字服务贸易和数字货物贸易两大类。

（2）以美国为主导的数字贸易概念：数字贸易强调数字服务贸易、数字货物贸易和数据本身的跨境流动。

（3）我国尚未形成清晰、明确、统一的数字贸易概念。从政府部门监管的角度，倾向于把数字贸易等同于数字服务贸易；从企业和市场的角度来讲，往往倾向于把数字贸易等同于数字货物贸易，即跨境电子商务。事实上，数字货物贸易与数字服务贸易正呈融合化发展趋势。数字贸易是利用互联网平台和现代信息数据技术，提供有形的实体商品和无形的服务商品的一种新型贸易形态。

三、全球数字贸易基本格局与规则体系

（一）全球数字贸易基本格局

在数字货物贸易方面，2019年全球网络零售交易额为3.535万亿美元；网络零售额占全球零售总额的比重也不断上升，2020年达到16.1%；新冠肺炎疫情后，全球电商强势崛起，2020年增长率达到16.5%。在数字服务贸易方面，2005年全球数字服务贸易规模为2.4万亿美元，2019年快速增长至6.4万亿美元，年均增长率达到6.7%。中国在数字货物贸易领域具有突出优势，在数字服务贸易领域相比发达国家还有一定差距，但潜力很大。

（二）全球数字治理与国际规则

（1）规则之争。模式和规则在很大程度上决定了竞争的走向。由于各国产业基础、技术水平、安全关切、价值理念、政策主张、利益诉求等各不相同，各国也就相应形成了不同的数字治理模式。不同模式在数据主权、数字安全、数字流动、数字监管等方面表现出不同的特点。美国和欧盟各自主导了全球最主要的两大数字治理体系，即美式模板和欧式模板，双方都致力于将各自的治理方式推广成全球的规则和标准。

（2）美式模板。美国数字治理的核心是数字市场的自由开放，强调数据跨境自由流动、高标准市场准、源代码开放、政府的数据要开放，反对数据的本地化，强调数字知识产权保护，但同时强调产品管辖，在境外其他的国家的市场也要接受检查。

（3）攻守兼备的欧式模板。在"守"方面，欧盟通过强化个人数据隐私保护、征收数字税等方式，意图建立起抗衡美国数字进攻的制度壁垒，用"单一市场"战略做大欧盟数字市场规模；在"攻"方面，积极推动《通用数据保护条例》(General Data Protection Regulation，GDPR)等成为全球数字治理规则。

（4）美欧日数字流通圈。日本力图推动与欧美数字治理模式的分别对接，推动"基于信任的跨境数据流动（DFFT）"，力图打造美欧日数字流通圈。

（5）跟随型的数字治理方式。加拿大、澳大利亚、新西兰、韩国、新加坡等发达国家和地区的数字经济发展总体上也较为领先，但由于数字经济总体规模有限，在全球数字规则制定中并不占有主导权，其数字治理方式主要表现出跟随型的特点，特别是表现在对美式数字治理规则的跟随。

（6）中国的危机。中国虽然具有庞大的数字经济市场，在数字经济发展的实践中并不落后，但在全球数字治理中没有话语权，需要制定自己的基本理念与基本模式。

四、中国数字贸易的突围与发展

（一）中国数字贸易发展需要处理的五大关系

（1）主权与治权的关系。数字主权包括数据管理权、数据控制权、数据人格权、数据财产权。要参与大国博弈，参与塑造国际规则，首先要明确数字主权；要加强数字治理，通过强化治权来保护主权。

（2）开放与安全的关系。数字安全是建立在掌握数字核心技术、掌控国际市场份额、完善数字治理体系、主动参与国际规则制定的基础上。

（3）创新与监管的关系。要坚持包容审慎的监管原则，针对新经济特点不断创新管理方式。

（4）发展与治理的关系。在数字治理领域制度建设应抓紧补上严重缺乏的制度短板，例如个人数据隐私保护制度、数据分级分类管理制度、数据跨境流动管理制度、数字市场准入制度、数据确权与交易流转制度、重要数据信息的出口管制制度等。发展与治理要相互协调、相互促进、双轮驱动，没有良性治理的发展是粗放、混乱的发展，高质量发展要有高水平治理。

（5）政府、平台与个人的关系。政府应和平台企业积极合作，给予平台企业一定授权。平台企业也要承担一定的监管责任，共同保护好消费者利益。

（二）建立支撑e贸易的区域e-WTP平台

（1）中国数字贸易发展的创新主要在于六点：一是通过互联网平台，实现了市场消费者（需求）和生产者（供给）的高效对接；二是将数字化的货物贸易与数字服务贸易紧密融合，又进一步出现了与数字产品贸易融合的倾向；三是"电子商务＋快递物流"的模式，压缩了中间的流通环节，大大降低了流通成本；四是利用信息的可追溯原理，政府实现了监管创新，保证了安全监管；五是维护了消费者主权，突破了多种贸易壁垒；六是构建了基于全球供应链的国内国际双循环体系。

（2）建设若干区域电子世界贸易平台（e-WTP）平台，打造全球性和面向全国的供应链枢纽城市。可以从以下十二个方面进行建设发展：强大的国际性综合交通枢纽和运输能力；强大的服务于数字贸易的互联网平台；功能完备的进出口口岸和高效的通关能力；与全球供应链体系及国际性枢纽的对接能力；覆盖主要中心城市及供应链节点城市的交易和物流网络；强大的国际、国内市场物流集成和分拨能力；强大的金融服务与保障能力；数据管理与应用开发能力；供应链管理能力；建设数据跨境流动自由贸易港；服务于数字贸易和"双循环"各种业态健康发展的政府监管体系；国际化营商环境和法律、法规、政策保障体系，人力资源支撑能力。

打造一座永恒的人民之城

杨 卫

国家自然科学基金委员会原主任

中国科学院院士

杭州城市学研究理事会顾问

一、众需之城——城市功能之初显

城市是人类发展的一个历史范畴，既为群居的人类提供安全屏障，又为达到临界质量的人群提供居住、商贸和文化交流的平台，是满足众居住者生活、生产、文化、创新需求的场所。不同的城市具有不同的地理地貌和资源禀赋，也有特有的满足这些需求的方式。这些差异性的诠释体现了城市的标识性。作为一座动态发展的现代化城市，其基本特征应为开放式、包容性、自适应与成长型。比如，杭州申报世界文化遗产，由"1"到"2"到"3"，将来还会到"N"，这就是一座名城的自我进阶过程。

"众需之城"体现在五个基本维度。一是基本建设方面，体现为骨架强韧的人民之居。比如，震撼人心的天际线，充裕的人居资源，绿色的环境韵味。二是便民建设方面，体现为"四流通畅"意义下的人民之行。比如，大力推进"最多跑一次"改革，以优化营商环境为重点推进政府数字化转型。三是产业振兴方面，体现为六业兴旺意义下的人民之盛。比如，我们现在所处的杭州城西科创大走廊，拥有舒适优美、宜居宜业的自然环境，致力于打造全球领先的信息经济科创中心，建设成为国际水准的创新共同体、国家级科技创新策源地和浙江创新发展的主引擎。四是上层建筑方面，体现为法制健全意义下的人民之治。比如，有良法善治的城市治理，有高执行力的网格贯彻，有民享民管的互动制衡。五是人民福祉方面，体现为服务大众的人民之托。比如，打造国际一流的教育机构链。"天元公学"就是集幼儿园、小学、初中、高中十五年一贯制的教育链，既服务有超常才能的儿童、少年，也服务于广大居民的普通孩子。此外，还应有引领区域的医疗链，有厚重坚韧的社保、医保链等，这些都是走向人民之城的必备物质基础。

二、众智之城——凝聚众生的大智慧

城市不是仅为了居民物质需求而存在的，它的存在还在于凝聚众生的大智慧。作为一座众智之城，还应发挥集众智、理万机、慎决策、自增强的功效。常规意义上的智慧城市仅代表城市寄托于上游空间的存在，今后30年的众智之城应在以下六方面有所建树：第一，人民城市应有人民之魂，它代表城市的神经中枢。比如，杭州已初具雏形的城市大脑。第二，人民城市应有人民之魄，它是有生命的智流网格，代表城市的管理和成长的共生。第三，人民城市应有人民之眼，它是以物联网和务联网为载体的人或物互动感知，体现了在物理空间、信息空间与生命空间的三元互动。第四，人民城市应有人民之器，它指在新基建意义下的标志性的城市信息重器，乃城市居民精神生活的寄托平台。第五，人民城市应有人民之脉，它代表城市中瞬时完成跨层次互动的智慧构架。这里既有自上而下的演绎性信息流，又有自下而上的归纳性信息流。第六，人民城市应有人民之强，它代表各种"1＋1≥2"的智慧加持器，显示了城市智慧的规模效应，这些都是走向智慧之城的信息基础。

三、互惠之城——展现城市命运共同体境况

城市也不是仅为了满足单方面的物质和信息的需求而存在的，它的存在还在于展现城市命运共同体的大境况。作为互惠之城，要能够实现人人互惠、人城互惠和邻里互惠的三重目标。

"人人互惠"指城市居民之间的融洽关系，是城市具有凝聚力的基本要义。一座城市必然要满足其得以凝聚的凝结力量，在保家卫城、公共活动与文体比赛时一定要有群体效应，热心、热闹、热度就是对城市凝聚效应的写照。"人城互惠"指人与自然的和谐共生、共荣关系，即"城因人而兴，人因城而名"。例如，杭州有一条道路被命名为"钱学森路"，这就是"城因人而兴，人因城而名"的典范。"邻里互惠"指城市中居民之间、自然与物质单元之间不同组元、不同区域之间的互动。正是这一互惠关系才导致城市地貌图的形成、城市功能的健全、城市服务链的完备及城市区域间竞合关系的形成。总之，人人、人城、邻里之间的互惠是走向和谐之城的催化剂。

四、共荣之城——人民城市为人民的最高境界

人与城的共同信念就是塑造城市的品牌，达到共筑品牌为之骄傲的目标。在这一品牌体系下，人与城共沐荣光，共同享受城市所提供的最大方便：物质之极、智慧之巅、创新之都、王道乐土。共荣之城有三座里程碑：一是生活品质之城，即达到彰显民意、精致大气、尽符众意、映衬众生的程度。二是震古烁今之城，即达到守正创新的意境，尽显上下五千年之风流。三是独具风骚之城，即达到辉映五洲、万方来仪的魅力，这样的城市也可称之为"伟大之城"。

众所周知，"伟大之城"是一座城市的终极追求，是永垂世界城市之林的丰碑。比如，古希腊

的雅典城、罗马帝国的罗马城、盛唐时代的长安城、文艺复兴时代的佛罗伦萨城、拿破仑时代的巴黎城、大英帝国时期的英国伦敦城等，都是这样的伟大城市。"伟大之城"要体现亚里士多德意义上的百科全书式的宏大叙事、康德意义上的真善美的极致追求、钱学森意义上的与复杂科学共融的城市构架。城市的宏观成像要体现哲理之城和大美之城，城市的发展要有永垂不朽的地标和知识殿堂的标志，城市的文化要有精神震撼的陶冶和孕育伟人的厚土，城市的治理要有良法善治的标志。

毋庸置疑，杭州是一座特色之城、活力之城、生态之城。在几十年如一日的接续奋斗下，杭州已逐步彰显其众需之城、众智之城、互惠之城的风貌，正走向一座共荣之城。期待不久的将来，杭州能重现民富国强版的南宋临安城风貌，真正成为一座群贤毕至、万方来仪的伟大之城！

传承文化薪火
做杭州走向世界遗产的见证人

单霁翔

故宫博物院原院长
中国文物学会会长

1972年《保护世界文化和自然遗产公约》诞生，我们国家直到1985年才加入世界遗产公约。1987年中国有了第一批世界遗产——长城、周口店、秦始皇陵兵马俑、敦煌莫高窟和泰山，这些巨型的遗产进入世界遗产名录以后，完全改变了我们传统的对于文化遗产的理念和态度。比如泰山，之前世界遗产只有文化遗产和自然遗产，文化和自然共同生成的双遗产，第一次进入了世界遗产名录，这完全改变了我们对文物保护的认知。

1997年山西平遥和云南丽江进入世界遗产名录，引发了申报世界遗产的热潮。2002年在苏州召开的世界遗产大会规定，每个国家每年只能申报一项文化遗产。这个规定虽然对我们中国很不利，但是出于平衡文化多样性的考虑，帮助更多的国家有机会进入世界遗产大家庭，这无疑是正确的。

全球每年有130多个国家申报世界遗产项目，申报成功的不到30项。在这种形势下，中国城镇化加速进程的历史阶段，我们保护每处世界遗产都有抢救性。我们不断跟国际组织沟通，不断地向他们阐述中国的国情、中国申报世界遗产的意义，为了把长长的名单申报进去，进行了艰苦卓绝的申报行动。

一、世界文化遗产——西湖

2004年高句丽王城、2005年澳门历史城区、2007年开平碉楼与村落、2008年福建土楼、2009年五台山、2010年登封"天地之中"历史建筑群申遗成功。2008年召开了世界遗产保护的杭州论坛，当时一系列的申遗工作实际上已经具备了申遗的条件，但是在蓬勃发展的大城市核心的地段、广阔的区域申报世界遗产是一项非常艰巨的任务。西湖的文化景观特色是"三面云山一面城"，就是三面云山里面不能出现侵入文化景观的新建筑群。虽然国际社会对西湖申遗有很多不同的议论，但是西湖申遗在杭州市委市政府的领导下最终成功了。

西湖的成功给我们带来了什么样的启发？给世界带来什么样的经验？我认为两点最重要：第一点就是如何保护历史性城市。杭州的地价与房价在全国来说是比较高的，但是在西湖的三面云山里没有一个新建筑，这真正实现了梁思成先生当时的主张，历史性城市要保护老城，建设新城。从西湖申遗这个时期，杭州坚定不移地从西湖时代走向钱塘江时代，在钱塘江两侧建立了新的杭州城。第二点就是一座蓬勃发展的大城市如何走向文化城市。杭州做出了表率，西湖就是一个杰出的案例。

二、世界文化遗产——大运河

大运河的申遗从杭州开始，全国政协在杭州召开了京杭大运河保护申遗研讨会，启动了大运河申遗项目。大运河连接了35座城市，是一个大型的遗址，如何才能成为世界遗产？经过不断地深入研讨、编制保护规划、世界遗产申报规划，大运河在2014年成功进入世界遗产名录。那么大运河保护什么？我认为它保护了这些方面：保护大运河沿线的自然景观、历史景观、建筑景观、工程景观、运输景观、河道景观、街区景观、园林景观、宗教景观、商业景观、民居景观、生活景观、生产景观、艺术景观和各具特色的城镇景观。

通过大运河沿线的保护，我们给世界提供了什么样的经验？首先，过去的保护局限于一个桥、一个塔、一个古建筑群，后来扩大到历史街区、历史村镇、历史城市，现在我们还要保护那些文化廊道、线性文化遗产，这给世界提供了突出的案例。其次，我们保护的内容，已不再是那些寺庙建筑、宗教建筑、皇家建筑等纪念性建筑，而是要保护普通人所留下的那些传统的社区、传统的民居、传统的商业、传统的生产地点。最后，就是今天文化保护不再是政府的专利，也不再是文物的专利，是亿万民众都能参与的事业。在保护过程中要给予广大民众文化遗产保护的知情权、监督权和收益权，这是我从大运河申遗中所得到的体会。

三、世界文化遗产——良渚古城

2019年良渚古城遗址申报世界遗产成功，意义重大。我们虽然有5000年文明史，但是走向世界的步伐比较慢。良渚古城遗址开辟了先例。过去良渚古城也是村村点火、户户冒烟的景状，有酒家、废品回收站、工业企业、水塔、印刷厂、居民住宅、山体等，现在来看这些都是文物重要的组成部分。杭州市委市政府坚定不移地要保护这项世界遗产，把它公布为国家考古遗址公园，并喊出口号"中国的考古遗址要像公园一般美丽"。现在良渚古城成为世界遗产，它走向了世界，向世界诉说公元前5300—前4300年中国古老的文明。

现在新冠肺炎疫情虽然还没有完全消除，但每天仍有数以千计的观众走入良渚古城。他们在遗产里面拍照、享受大自然、享受5000年文明。特别是5G新技术的应用，增加了人们文化体验的丰富感。除此之外，遗产里还有很多互动活动，比如民谣乐队、国风民乐、家庭聚会等，遗址成为人们社会教育的生动课堂。好的考古遗址，不能远离今天的社会，而应该是人们能够共享的生存空间，人们能够在实践中、在感受中了解真实的中华传统文化。

　　杭州还会有奇迹！杭州在2011年启动了临安城遗址申报工作。杭州作为古都并不是因为西湖，是因为南宋的临安城。临安城不同于开封城，不是平地，是丰富的丘陵地带，丰富多彩。南宋的科技、艺术是中国最辉煌的一段时期。所以临安城的申遗，将是我们杭州下一个走向世界的亮点！

深化教育评价改革　创建立德树人标杆

钟秉林

国家教育咨询委员会委员
国家教育考试指导委员会委员
国务院学位委员会委员
暨学科发展战略咨询委员会委员
中国教育学会原会长
北京师范大学原校长、教授

"人民满意的教育"是"美好生活"的应有之义，是落实新发展理念的必然要求。进入新时代，特别是"十四五"时期，中国教育到了一个从数量发展到质量提升的转折点，实现教育现代化遇到了多层次的问题，教育改革发展也面临着更多新的挑战。从根源上讲，出现的问题跟教育评价直接相关。它就像一个指挥棒，指挥着师生的行为与学校的办学方向。

为此，中共中央、国务院印发了《深化新时代教育评价改革总体方案》（以下简称《总体方案》），明确提出要完善立德树人的体制机制，扭转不科学的教育评价导向，坚决克服唯分数、唯升学、唯文凭、唯论文、唯帽子的顽瘴痼疾，到2035年基本形成富有时代特征、彰显中国特色、体现世界水平的教育评价体系。这是新中国成立以来，首次以党中央名义印发的教育评价改革文件，是指引新时代教育评价改革的纲领性文献。

党的十九届五中全会明确了"建设高质量教育体系"的要求。基础教育改革是中国教育改革的重点，教育评价是基础教育改革的难点。落实《总体方案》，要紧扣"五唯"问题，围绕五类主体，推进"四个评价"，鼓励多元参与，不断提高基础教育评价改革的系统性、整体性和协同性，确保改革取得实质突破。

一、破除"五唯"弊病，扭转不科学的教育评价导向

党的十八大以来，我国教育改革取得了显著成效，但仍然存在许多薄弱环节，其中一个突出问

题就是教育的功利化和短视倾向仍然严重。教育工作要改变简单以升学率评价学校办学绩效和水平的导向和做法，尊重教育规律，引导学校以促进人的全面发展为导向，落实立德树人根本任务。学校发展要改变重智育轻德育、重分数轻素质等片面办学行为，探索建立学校分类发展、分类管理、分类评价的动态评价体系和机制。教师发展要转变片面以学生的考试成绩来评价教学绩效和水平的导向，注重教师师德素养的评价，促进教师专业发展和育人水平的提升。学生发展要转变"唯分数""唯升学"的应试教育倾向，遵循人才成长规律，促进学生全面而有个性的发展，实现个人发展与社会发展目标的统一。人才选拔与评价要改变"唯文凭""唯论文""唯帽子"的单一评价标准，建立基于综合评价的人才评价机制，建立以品德和能力为导向的人才选拔与使用机制。

二、围绕五大主体，增强基础教育评价改革的系统性

深化新时代教育评价改革，要做好改革的系统设计和整体谋划，着力构建符合中国实际、具有世界水平的教育评价体系。新时代教育评价体系涵盖党委和政府、学校、教师、学生、用人单位五大评价对象，五类改革相互关联、相互支撑，全面构建党委和政府提升履职水平、各级各类学校落实立德树人根本任务、促进教师潜心育人、促进学生全面发展、促进社会科学选人用人的系统协调的教育评价体系和机制。

三、推进四个评价，增强教育评价改革的整体性

深化新时代教育评价改革，要从整体上创新评价模式、要素和手段。《总体方案》首次明确提出，改进结果评价，强化过程评价，探索增值评价，健全综合评价。改进结果评价，要全面界定教育目标，为学校教育教学提供科学依据与信息支撑。强化过程评价，注重在教育教学过程中从发展性的角度科学判断评价对象教育目标的实现程度，提高教育评价有效性。探索增值评价，关注教育目标实现程度的纵向比较和改善提高，进一步评价教育教学和办学绩效。健全综合评价，注重对评价对象进行全面、综合、整体的教育要素的评价，全面考量和判断评价对象教育目标的达成度。

四、鼓励多元参与，增强教育评价改革的协同性

深化新时代教育评价改革，要鼓励多元参与，最大限度汇聚改革的合力。完善教育评价制度和机制的关键是构建政府主导，学校、专业机构、社会组织等多元参与的教育评价体系，形成各方共同支持改革的合力。加强各级党委和政府对教育评价改革的组织领导，强化学校的办学主体责任，鼓励和引导专业机构、社会组织的参与，提高教育评价的专业化、科学化水平，完善民主管理和问责制度，推进教育治理体系的优化和教育治理能力的提升。

天元公学是一所崭新的学校，"探求教育本源、树立学校标杆、践行因材施教、破解大师之问"的目标正是对新时代教育评价改革的积极探索。我希望学校能够始终秉持立德树人导向，把握新时代基础教育改革精神实质，创新新时代基础教育的体制机制，成为新时代中国教育改革发展、拔尖创新人才特色培养的标杆。

办好"两宋论坛" 共塑城市品牌

秦保强

中共开封市委副书记

近年来，开封抢抓黄河流域生态保护和高质量发展、中部地区崛起、大运河文化保护传承利用、郑州大都市区建设、宋都古城保护与修缮等重大战略机遇，充分运用独特的文化资源优势，大力推进文化产业发展，着力打造国际文化旅游名城、黄河文化核心展示区。文化已成为"黄河明珠、八朝古都"——开封最厚实的家底、最亮丽的主色。2020年国庆节、中秋节"双节"叠加，开封市累计接待游客531.46万人次，同比增长2.67%，实现旅游综合收入30.26亿元，同比恢复97.24%，达到新冠肺炎疫情之后新的高峰。央视6次报道开封旅游盛况，开封旅游市场实现了社会效益、经济效益双丰收，也充分展现了新时代"宋文化"的独特魅力和巨大潜力。

习近平总书记2014年10月出席文艺工作座谈会时指出："中华优秀传统文化是中华民族的精神命脉，是涵养社会主义核心价值观的重要源泉，也是我们在世界文化激荡中站稳脚跟的坚实根基。"历史上的开封、杭州，北宋、南宋，一脉相承，渊源至深。两宋时期的物质文明和精神文明所达到的高度，在中国整个封建社会历史时期内是空前的，为中华民族经济文化社会发展做出了极大贡献。如今，开封与杭州缔结为友好城市已有14个年头，两座城市的友谊之花愈发灿烂，友谊之果愈加丰硕。

2016年以来，以传承弘扬发展两宋优秀传统文化为主旨的"两宋论坛"分别在杭州和开封轮流举办，今年已是第五届。历届"两宋论坛"很好地展示了开封、杭州城市文化，提升了城市形象，打造了城市品牌，不仅在弘扬两宋优秀文化做出了积极贡献，在学术研究上也取得了丰硕成果，更为汴杭两地、豫浙两省的合作搭建了桥梁，成为开封与杭州、河南与浙江乃至中原与沿海及南北区域之间经济文化交流发展的新平台。近年来，杭州在传承弘扬宋文化、提升文化产业成果转化等方面，做了大量的、卓有成效的工作，取得了斐然的成绩。通过"两宋论坛"这个良好载体，开封要继续向杭州学习取经。一是以服务城市发展、做大"朋友圈"、提升城市影响力为目标，进一步拓宽视野、深化对接、增强合作。二是进一步为两宋论坛"赋能"，深入挖掘、提炼、展示活动内涵，吸引更多群众参与。三是探索加强成果转化，努力让更多更好的成果服务两市经济社会发展。

坚持以人民为中心的发展理念
让城市更智能、更智慧、更温暖

缪承潮

杭州市人民政府副市长

党的十九届五中全会审议通过了《中共中央关于制定国民经济和社会发展第十四个五年规划和二〇三五年远景目标的建议》，提出"十四五"时期经济社会发展必须遵循以人民为中心的原则，始终做到发展为了人民、发展依靠人民、发展成果由人民共享。这次城市学年会在杭州举办，全国城市学研究方面的领导和专家、学者齐聚一堂，共同聚焦城市治理和民生改善，这为杭州深入学习贯彻十九届五中全会精神、高质量谋划好"十四五"规划、加快推进重要窗口建设提供了强大动力。借此机会，我谈三点想法。

一、持续优化升级城市大脑，打造全国新型智慧城市建设重要窗口

2020年3月底4月初，习近平总书记到浙江杭州考察，赋予了浙江努力成为新时代全面展示中国特色社会主义制度优越性的重要窗口的新目标、新定位。考察期间，总书记高度肯定杭州在数字赋能城市治理方面的探索和实践，要求杭州在建设城市大脑方面继续探索创新，加快建设智慧城市，为全国创造更多可推广的经验。6月28日，中共杭州市委十二届九次全体（扩大）会议审议通过《关于做强做优城市大脑打造全国新型智慧城市建设"重要窗口"的决定》，要求加快打造直达民生、惠及社会治理的丰富应用场景和数字驾驶舱，不断完善城市治理现代化数字系统解决方案，奋力打造"全国数字治理第一城"。

杭州城市大脑自2016年创立以来，在"三化融合"的有利推动下，逐步实现了由交通治堵的局部探索向全面治城的重大跨越，初步探索出以数字技术支撑、城市治理精细化现代化的新路子。目前城市大脑已建成48个应用场景和204个数字驾驶舱，日均协同处理数据1.2亿条。其中，"数字治堵"应用场景使杭州在三年来净增近120万人口和40万辆汽车、总路面通行面积因地铁等重点工程施工减

少20%的情况下，道路平均通行速度反而提升15%。根据《中国城市数字治理报告（2020）》，杭州数字治理指数位居全国第一。

下一步，杭州将深入学习贯彻总书记在浙江杭州考察时的重要讲话精神，持续做强、做优杭州城市大脑，以技术手段创新为支点，强化城市全周期管理，让城市大脑深入融入市民群众日常生活生产，努力成为全国新型智慧城市建设的重要窗口。

二、坚持人民城市为人民，不断提高人民群众的幸福感、获得感和安全感

2019年11月，习近平总书记在上海考察时提出"人民城市人民建，人民城市为人民"的重要理念，强调要让城市成为老百姓宜业宜居的乐园，这为我们深入推进人民城市建设提供了根本遵循。21世纪以来，杭州以人民的立场把握使命担当，走出了一条由党政界、行业界、知识界、媒体界、市民界等不同社会主体共同治理城市公共事务的路径，不断丰富"民主促民生"的内涵和外延，更好满足了群众多层次多样化的美好生活需求。

下一步，杭州将贯彻落实以人民为中心的发展思想，努力回答好"人民城市人民建，人民城市为人民"这一时代之问，提供杭州方案和杭州样板。

一是找准切入点，瞄准群众需求"靶心"。围绕人民群众对更优的公共服务、更有序的城市管理等美好生活需求，找准群众需求与城市建设的共同点，实现精准施策。

二是找准发力点，坚持人民城市人民建。坚持以人民为中心来考虑各项工作，问情于民、问需于民、问计于民、问绩于民，畅通参政议政平台，充分调动人民群众有序参与基层社会治理的积极性，在实现城市治理现代化方面有新的突破。

三是找准落脚点，坚持"人民城市为人民"。出台与社会治理、群众利益相关的公共政策，始终坚持尊重人民的主体地位，以群众满意不满意、答应不答应、高兴不高兴作为衡量城市治理实践的标准。用"绣花般"的功夫，打通服务群众"最后一厘米"，让市民充分体会到"人民城市"的温度，让杭州更加宜居宜游又宜业，持续擦亮最具幸福感城市的金名片。

三、加强双城互动交流，共同讲好两宋故事、中国故事

宋朝是中国历史上经济文化教育最繁荣的时代，达到了当时社会的顶峰，两宋对中国历史发展产生了深远影响，开封和杭州作为宋文化的两座代表城市，一脉相承，渊源至深。系统研究两宋历史，传承和弘扬两宋优秀文化，对推动"一带一路"倡议实施、讲好中国故事、增强文化自信有着重要的意义。四年来，杭州、开封两市已经共同举办了四届"两宋论坛"，论坛不仅搭建了一个学术交流的平台，也创造了一个贴近百姓生活，雅俗共赏，可感知、可触摸、可传播的文化展示交流盛会，引起了社会各界对两宋文化的重视，形成了复兴两宋优秀文化的热潮。

当前杭州正在大力传承和弘扬南宋优秀文化，加快实施南宋皇城大遗址综合保护工程，2020年年底前开工德寿宫遗址保护展示工程暨南宋博物院一期项目，在宋高宗赵构晚年所居住的德寿宫遗址上，重现南宋宫廷园林、民间坊巷历史风貌，使之成为杭州展示南宋历史文化的重要载体和窗口。

下一步，杭州将继续携手开封，共同打好两宋牌，讲好两宋故事、中国故事，推动两座古城丰富的历史内涵和深厚的文化积淀，交相辉映，共续华章，努力将两宋论坛打造成为传承交流宋代优秀文化的重要载体，成为杭州国际化的"金名片"。

珠三角村改居社区的治理

——以深圳市NLC社区为例

杨小柳

中山大学社会学与人类学学院教授

改革开放以来，大规模的人口迁移推动中国进入了一个从乡土社会向城市社会转型的阶段。东南沿海地区是最早开始这一转型历程的地区，经过改革开放40多年的城镇化发展，基本完成了城市社会的转型。一是经济层面的转型。二是城乡关系的全面调整。城乡二元结构制度的调整和创新及在制度调整和创新的激发下地方社会的转变。三是移民城市的形成和成熟。移民城市治理体系的构建。自上而下的政策和制度引导是转型的第一步，而自下而上的文化变迁则需要一个相对长时段的转型过程。目前，正处于一个制度引导变革的关键节点，其变革的重点主要集中在通过一系列发展战略的实施和制度的调整和改革，推动城市社会转型。

一、城市社会转型视角下的社区治理

移民城市发展的一个重要表征就是形成一套成熟有效、能够最大限度地保持社会有序运行并呈现安稳和谐的社会治理体系。从地域城市到移民城市转变的过程，同时也是我国城市治理体系大调整、大转型的过程。移民城市治理体系和治理能力现代化的建设，是从制度转型的层面引领推动城市社会转型的重要路径。

（一）与中国特色社会主义市场经济发展相匹配

一方面是要推进城乡社会的发展与产业发展相协调，社会的治理与人民群众的需求相配套；另一方面要与经济发展结合开展社会建设，有效解决在现代经济体系建设中潜在的社会不平等、社会不信任、社会不稳定问题，实现城市经济发展与社会发展协调同步。

（二）与以流动性、异质性、复杂性为主要特点的现代城市社会的组织方式相匹配

其重点在于有效管理城市社会，服务好人民群众，特别是构建完备的应急管理体系，有效应对

自然灾害、事故灾害、公共卫生、社会安全等各类风险和突发事件;构建能够有效开展精细服务和及时服务的治理体系,满足人民群众日益增长的对美好生活的需要;推动公众参与,实现共建共治共享的社会治理格局——利益共享,服务精准到位;维护社会安全,有效应对各类风险。

(三)与城市社会的文化转型相匹配

文化转型是一个涉及精神和价值层面的文化涵化问题,是多元文化整合互动,形成新的社会意识、社会价值观的过程,其转型具有长期性和持续性。在这一方面,治理体系现代化的关键就是如何用社会主义核心价值观引导文化转型,在多元族群和文化的交流、交往、交融中铸牢共同体意识——强大的文化认同,多元文化和谐共处。

二、村改居社区经济结构的转变

珠三角作为最早改革开放的地区,经过改革开放40多年的城镇化发展,基本完成了向城市社会的转型,形成了广州、深圳两座人口超2000万的超大城市。珠三角的城市化起步于乡村都市化,在早期形成了大量城乡接合社区。如何对城乡接合社区开展有效治理,一直是珠三角地区城市治理面临的重要挑战。

学界和决策界长期以来将城乡接合社区作为一种半城市化的过渡阶段,试图通过各种路径,推动其成为完全的城市社区。最近20年来,随着珠三角地区城市发展模式的转变,一部分地处大城市中心的城乡接合社区通过村改居,转型为城市社区。村改居社区是珠三角城市社区的一种重要类型,从农村到城市社区的转变,可以帮助我们了解乡村都市化进程中城乡要素的整合机制,进而厘清中国移民城市的形成机制。

(一)村改居社区的集体经济形式

(1)宗族。人类学者认为宗族是一种控产组织。宗族的土地、墟市、店铺等产业,往往是与谋取利润的经济活动联系在一起的,宗族拥有财产、分配花红,具有明确的成员制度,并且有许多社会活动配合宗族对财产的控制。族产制是宗族的基本构成。在生产方面,族产大部分是农地,被用于家庭农业生产;在交易方面,族产的农地一般采用标租方式交易;在分配方面,一是将族田分配给各房支轮流管理,二是将族产收益均分给男丁。

(2)社队。新中国成立后,土地改革运动、合作化运动、人民公社化运动将农村全部土地、耕畜、大中农具等生产资料归并为"三级所有、队为基础"的集体资产,构造了多层级的集体组织及其产权。村民集合生产资料、组织集体劳动,形成了以工分制为主体的按劳分配原则,废除了族产制下的分配制度。在生产方面,也走向了农业种植与集体企业同时发展的道路。

(3)村委。改革开放后,村委会在促进当地工业发展中对于土地利用、资金支配、机构人员方面都具有自主权。各村纷纷以自营、三来一补、三资、内联等形式办起了实体经济。国家征地给村子划补的留用地与土地补偿费、安置补助费等必须用于集体事业的大量资金,促成了农村社区打破土地承包、集中土地进行开发的举措。各村成立了经济发展公司及其他企业形式，负责经营和管理集体经济，一些村子还出现了合股筹资办企业。

（4）公司。随着城市化发展，城中村集体经济转向商业化、高端化的发展方向，与城市经济的变化日益结为一体。集体资产公司化建制为集体经济组织提供了发展方向，提高了集体经济的效率，在集体物业开发、集体分配、组织结构等方面推动着集体资产的市场化运营。在物业开发方面，依赖社区资源自投自建自营的物业开发模式逐渐被淘汰，集体资产借由股份公司所提供的市场化行动框架，发展出了灵活多样的市场化路径。在集体分配方面，股权固化的做法排除了股份重新分配的可能性，社区福利分配进行"一刀断"的做法抑制了享有村民待遇的股东人数的增加，但并没有消除其社区福利分配支出持续增长的现象。在组织结构方面，集体资产公司化建制为股份合作经济组织引进了一套现代企业制度，以满足持续推进其市场化、现代化发展的基本要求。

（二）社区股份制经济资产的管理

社区股份制经济有很强的社会性，不是一个单纯的经济组织、经济体的概念，它有几个特点。

（1）经济特征方面，高度依赖土地资源的物业经济面对政府征地以及地产开发商的攻关，股份公司体现出强烈的守土意识和博弈思想。

（2）社会特征方面，股份公司既负责企业经营又承担社会管理职能，处于政企不分、政事不分状态。虽然政府财政逐步加大对股份公司承担社会管理服务的投入，但却是杯水车薪，卫生、安全、环境方面的管理服务易出现盲点。在部分村改居社区中，社区基础设施落后，政府在交通、能源、通信网络等基础设施、基础教育、公共医疗和文体设施上投入较少，致使社区股份公司承担大量基础设施的建设和改造资金，同时包括社会服务建设的资金。

（3）文化特征方面，由于股份合作公司是一种社区性集体经济组织，拥有股权就意味着拥有社区事务的话语权和决策权。"村籍"就意味着地位，与土地制度和管理制度相联系的村籍制度，区分了社区人群，凭借与集体经济的联系享受特殊的村民待遇，从而产生了城中村"二元社区"的文化特征。

珠三角的多元化和遍地开花的经济特征，吸收大量的廉价劳动力。大规模的廉价劳动力输入，为城中村最重要的经济来源——租房经济提供了基础。由于本地人和外地人在就业、地位、居住上形成了不同的体系，以致心理上产生隔阂互不认同，从而构成了所谓的"二元"。通过深化产权制度改革，流通股权，废除集体股和取消无偿配股，全面采取募集股份制，实行规范化管理，实现政企分开，解决股份公司的历史遗留问题等方式，从"种植房子"、拥有厂房的"土财主"升级为现代企业，由出租经济转向实体经济甚至虚拟经济，实现资本资产科学管理化。这种改革可以称之为完全意义上的转型和真正意义上的升级再造。

（三）从农村村委治理到城市社区治理

从改革开放前全村集体收入仅7000元到2019年集体固定资产35亿元、村民人均分红16万元，南岭村社区实现了集体经济的腾飞。党的十八大以来，社区着力转型升级，推动集体经济从"种地"到"种房子"转向"种高科技企业"，先后成立了全国首支村集体创业投资母基金、深圳首支社区集体经济产业投资基金和全省首家由村（社区）集体经济发起控股的基金管理公司，力争为深圳集体经济转型探出一条新路，在未来几年内，将有三个投资企业实现IPO，实现敲钟上市的梦想。2004年，深圳在宝安、龙岗等原特区外地区推动"撤镇设街""村改居"，全市218个村委会全部转为社区居委会，全市共设居委会612个，成为全国第一个没有农村行政建制的城市。

（1）治理结构由村委会转变为居委会，户籍上农民转变为城市居民。从农村到城市社区的转变是在社区股份制公司不断发展的基础上，社区政经分离的结果，形成了经济组织和社区治理两条发展路径。

（2）形成社区党委、居委会、工作站、股份公司四套班子。社区党委统筹，居委会负责居民自治，工作站负责具体事务执行，股份公司负责社区集体经济有全市最大、功能齐全的社区党群服务中心；66项政务服务、43项便民服务；"24小时自助服务站"，提供101项自助服务；日服务群众超过800人次。

（3）构建以疫情联防、隔离联管、信息联通、保障联动为特点的社区疫情常态化防控体系。信息技术也成为后疫情时代社区开展常态化治理的重要手段。人口流动等一系列信息都经过平台直达社区一线工作者，对随时掌握数据的统合、更新起到重要的作用。充分发挥深圳基层治理和社区网格管理优势，构建起社区工作人员、社康医生、社区民警"三位一体"时社区防控小组，人防、技防、制度防"三防合一"的防控网络。

（4）立足居民需求，形成了一套"急事立即办、难事兜底办、事事有回应、件件有落实"的居民服务工作机制。网格员、生活服务队实行24小时的响应机制。

（5）常态化、广泛化、制度化的志愿服务。该社区从2020年1月23日起，组成党员志愿者、村民志愿者、居民志愿者、老党员防疫卫生巡查等多个志愿队伍，志愿服务将身份、背景各不相同的居民们凝聚在一起，增强了彼此的联系，打破了隔阂。社区党委、新闻媒体、社区居民等对志愿者的充分肯定，更激发了其荣誉感、认同感。

城乡二元结构的调整贯穿了NLC社区的发展历程，一是社会管理体制转变，实现从农村到城市社区的转变；二是调整公共资源配置制度，实现本外关系的优化；三是围绕土地制度延伸出来的集体社区股份制经济走向是跟社区治理紧密相关的。

三、移民城市社区治理的重点是社会管理体制和公共资源配置制度的二元结构调整问题

由人口迁移推动的从以农村为中心的乡土社会到以城市为中心的城市社会，城市社区治理对于移民城市的形成和成熟来讲是至关重要的一部分。移民城市社区治理的重点是要与移民城市复杂的社

会组织形式相匹配，通过整合服务和管理的路径，保障社会的有序运作，有效防控各类风险。此外，一个移民城市治理体系的现代化应该与经济发展、与城市的组织结构的特点，以及文化转型城市文化构建的需要相匹配。

提升农民工的人力资本
促进经济高质量发展

张晓山

中国社会科学院研究员

我国近年来在制造业领域取得了很大成就，就规模而论，已构建了世界第一大制造体系，但在技术、工艺、材料、水平能力各个方面，尤其是高端制造业这部分，距发达国家差距还巨大。高端制造业需要高技能工人，他们是制造业强国的基础，是很难被替代的稀缺生产要素。根据《2019年农民工监测调查报告》提供的数据，2019年年末全国就业人员为77471万人，其中农民工的数量为29077万人，占就业人员的比重为37.5%。2019年第二产业从业人员总数为21304.5万人。2019年从事第二产业的农民工占农民工总数的比重为48.6%，数量为14131.4万人，占第二产业从业人员总数的66.33%，约为2/3。农民工已成为产业工人的主体和骨干力量，提升农民工的人力资本对中国制造业转型升级、高质量发展起到重要作用。

一、农民工人力资本提升在当前形势下的紧迫性和重要性

（一）劳动年龄人口减少和劳动力人口老化

劳动年龄人口的减少和劳动力人口老化的两大现实问题促使中国经济需要从追求人口红利向获取人力资本红利转化，从追求劳动力的数量向提高劳动力的质量转变。从长期趋势看，中国劳动年龄人口的数量及在总人口中占的比重逐年下降（见表1）。

表1　中国劳动年龄人口近5年数量和比重变动趋势

年份	16—59岁（含不满60周岁）人口年末数/万人	占总人口比重/%
2015	91096	66.3
2016	90747	65.6

续表

年份	16—59岁（含不满60周岁）人口年末数/万人	占总人口比重/%
2017	90199	64.9
2018	89729	64.3
2019	89640	64.0

资料来源：历年国家统计局统计公报公布的数据。

注：将16—59岁（含不满60周岁）人口界定为劳动年龄人口只是反映一个趋势，并没有区分男性与女性。中国现阶段规定男子16～60岁、女子16～55岁的人口为劳动年龄人口。

中国农民工近5年虽然数量还有所增加，但农民工平均年龄逐年上升，由2015年的平均年龄38.6岁，上升为2019年的40.8岁（见表2），农民工队伍的老龄化已成趋势。

表2　中国农民工近5年数量和变动趋势

年份	农民工数量/万人	与上年相比增加数量/万人	农民工平均年龄/岁
2015	27747	352	38.6
2016	28171	424	39.0
2017	28652	481	39.7
2018	28836	184	40.2
2019	29077	241	40.8

资料来源：历年农民工监测调查报告。

（二）双循环的新发展格局更需要提升农民工的人力资本

近年来，中国劳动力成本上升导致制造业的成本上升，促使一些企业转产到东南亚或印度，包括外资企业和一部分国内的企业。2020年由于新冠肺炎疫情蔓延，在更加复杂严峻的经济形势下，中国要加快形成以国内大循环为主体、国内国际双循环相互促进的新发展格局。为此要进一步深化供给侧结构性改革，促进产业结构调整升级，并需要对中国自身的产业链进行调整，在更高水平上形成一个相对独立、完整的产业结构，使中国从制造业大国转化成一个制造业强国。制造业是国民经济发展的重要基础，是科学技术得以应用的重要载体。除了基础教育的普及与改进外，更为重要的是加强对农民工的技能培训。

（三）新冠肺炎疫情下的"稳就业"及决战脱贫攻坚需要提升非正规就业农民工的人力资本

新冠肺炎疫情对我国经济社会发展带来前所未有的挑战，中央提出要实现"六保"的目标，第一位就是保居民就业，而为非正规就业农民工提供就业保障则是保就业的一个重要方面。

"非正规就业"这一概念是国际劳工组织在1972年首先提出的，主要指雇佣单位未经登记注册、未纳入官方统计，或劳动关系基于临时雇用、亲属关系等，具体包括非正规单位的雇工、正规单位的非正式雇工、自我雇用等。在中国，"非正规就业"的概念随着时代的变迁而变化，现在区别正规就业与非正规就业的标志转变为是否签订正式劳动合同。以有无正式劳动合同为标准，现阶段非正规就业农民工约占农民工总数的1/2。国家统计局流动人口动态监测调查结果显示，被调查的农业户籍流动人口中，2011年非正规就业的占比为54.2%，2016年非正规就业的占比为49.8%。根据国家统计局数据，2017年农民工总量为2.87亿人，按照非正规就业比例为50%估算，非正规就业的农民工数量约为1.44亿人，占全国就业人员总数的近1/5。本文研究中使用国际劳工组织的界定，非正规就业的农民工既包括没有正式劳动合同的受雇者，也包括自营劳动者和家庭帮工等自雇者。

非正规就业农民工已经成为一个庞大的社会群体，但与非正规就业相伴而生的是大量农民工缺乏劳动保障、无法逾越子女入学门槛等问题。非正规就业农民工多数生活在社会底层，新冠肺炎疫情使许多非正规就业的农民工失去就业机会，无就业收入直接影响到他们本人及家庭的基本生计。

这部分农民工当中很多是农村的贫困人口，需对其加强技能培训，以适应多样化的劳动需求，此外，还需织牢农村的社会保障网，为非正规就业农民工提供兜底的社会福利，在此基础上保障非正式就业农民工的就业能力及相应的收入，由此才能巩固脱贫攻坚的成果。

二、农民工人力资本提升存在的问题与障碍

（一）现行的用工体制和机制一定程度上阻碍了对农民工的技术培训

在社会主义市场经济发展的初级阶段，随着产业的发展，产生了复杂的企业生产组织方式和用工方式以及各种形式和多层级的承包关系。用工体制和机制有两种重要生产组织形式：劳务派遣和劳务外包。这两种生产组织形式为中国经济和产业的发展做出了重要贡献，但在运营中，体制和机制上的弊端也成为农民工人力资本提升的障碍。

1. 劳务派遣

劳务派遣工一般要与劳务派遣公司签订劳动合同，其中的农民工属于正规就业。劳务派遣的最显著特征就是劳动力的雇用和使用分离，构成三方法律关系。用工单位与派遣公司的关系是劳务关系；劳务派遣公司与用工单位之间签订劳务派遣协议，约定用工单位如何向劳务派遣公司支付劳务费用及其他相关事项。被聘用人员与劳务派遣公司的关系是劳动雇佣关系，与用工单位的关系是有偿使用关系。

《劳动合同法》自2008年1月1日颁布实施后，仅2012年修改过一次，主要修改劳务派遣部分，其余条款没有变动。修订前的《劳动合同法》第六十六条规定："劳务派遣一般在临时性、辅助性或者替代性的工作岗位上实施。"2012年，该法第六十六条修改为："劳动合同用工是我国的企业基本用工形式。劳务派遣用工是补充形式，只能在临时性、辅助性或者替代性的工作岗位上实施。"人社部2014年1月发布的《劳务派遣暂行规定》规定："用工单位应当严格控制劳务派遣用工数量，使用的

被派遣劳动者数量不得超过其用工总量的10%。"

青岛某大型船舶重工有限责任公司的人员分两部分：第一部分，本公司属下的工人（本工），约2700人，其中管理人员890人，技能人员350人；第二部分，两个劳务派遣公司提供的劳务派遣工，按照劳务派遣工占从业人员10%的规定，约300余人。从事辅助行业，如仓管工、护卫等，流动性大，年龄在35岁以下。

2. 劳务外包

劳务派遣与劳务外包的共同之处是，用工单位或发包单位都不与劳动者签订劳动合同。区别在于劳务外包中，从事外包劳务的劳动者由承包人直接管理，发包企业对劳务外包单位的员工不进行直接管理，其工作形式和工作时间由劳务外包单位自己安排确定。发包人的各种规章制度也并不适用于从事外包劳务的劳动者。

劳务外包中的核心要素是工作成果，承包人招用劳动者的用工风险与劳动风险与发包人无关；发包人与承包人自行承担各自的用工风险，各自的用工风险完全隔离；在劳务外包活动中，承包人在发包人支付的外包费用中向从事劳务外包工作的劳动者支付劳动报酬，劳务外包费用不纳入发包人的工资总额。劳务派遣工一般要与劳务派遣公司签订劳动合同，其中的农民工属于正规就业。劳务外包农民工的属性则依据劳务外包单位或承包人而定。劳务外包中对承包人一般都没有特别的经营资质要求，除非有特别法的规定。有的劳务承包单位较为规范，与农民工签订合同，则这部分农民工的就业属于正规就业。有的承包单位甚至包工头带一批人来完成业务工作，他们之间依据血缘、地缘而形成非正式的契约关系，这部分农民工的就业仍属于非正规就业。

劳务外包在建筑行业极为普遍。建筑集团的自有工人并不多，很多情况下是作为甲方，采取劳务外包的形式。作为乙方的劳务公司则把工程按照不同工种、不同技术环节分包给包工头，如瓦工、建筑工、打混凝土工、安装电梯工等的流动性很强，他们与建筑集团没有直接联系，即使进行技能培训后也不一定能留下来。

体制问题直接影响到建筑业技术工人的培训。在与某建筑集团相关部门座谈时，对方说："从事建筑的工人有老龄化问题。建筑集团也有自有工人，我们公司可以与工人签合同，但工人不一定愿意跟你干，跟着公司干有保险，工资高，但工人还是愿意跟着原来的包工头干。"在很多农民工看来，他们更愿意跟着包工头工作，虽然工资水平相对偏低，但可靠，不会出现上当受骗的事情，而自己直接找工作，则没有把握。包工头与手下的农民工往往是一个地方出来的，甚至是亲戚。这种血缘、地缘关系使得农民工愿意跟着包工头不断辗转于各个工地，妨碍了技术培训的正常进行。

劳务外包中，发包人关心的是工程完成的时间与质量，并不关心工人的培训。工程承包人由于要承担工程能否按时保质完成的经济风险，虽然也会关心工人的技术培训，但多是实用性和短期的。工程外包，造成工人的流动性很强，工人没有稳定感，传统的师徒关系不复存在，也影响了技术培训的正常进行。

制造业的现状涉及用工体制机制现存的弊端、社会上对制造业的舆论环境和政策导向以及新一代农民工的择业观念等问题，迫切需要体制机制的创新和政策的扶持。

（二）非正规部门就业的受雇农民工（打零工）首先关注的是生存问题而非技能培训

这部分人往往处于农民工底层或公权力的边界上，在社会危机下显露出极大的脆弱性。针对这部分群体的制度供给不足，最具脆弱性，最容易受到侵害，是农民工这个弱势群体中的最脆弱的群体。他们和体制内的人群最明显的差别是，在遇到社会风险时，体制内的人群是有组织依托并受保护的；而这部分农民工则没有组织可以依托或寻求帮助，他们作为一个个独立的个体，完全暴露在风险下，靠个人力量去抵御外在风暴。在出现极端事件情况下，他们的生存权和发展权很难得到保护。

我们在青岛一个非正规劳务市场访谈打零工人员，当问及从事什么样的工作时，得到的回答是："在工地上，做水泥工、盖房、绿化，都是最底层的活，人家不干，我们干。要好干，他们会让我们干吗？"

另一个受访者也是打零工的，他说一个月能有半个月有活干，只有又脏又累，长工不愿意干的活才找零工干，找工作的时候遇到过各种歧视。近3年遇到过工资拖欠或克扣的事，报警派出所不管，说是让找劳动局，但因为没有合同，劳动局也不管。关于未来没想那么多，走一步看一步。

对于非正规就业农民工中的打零工的人来说，首要面对的是生存问题，而非技能培训，也就成为合理的回应。

三、构建市场化导向的农民工技能培训机制，提升农民工的人力资本

2020年9月，教育部等九部门印发的《职业教育提质培优行动计划（2020—2023年）》（以下称文件）提出："把发展专科高职教育作为优化高等教育结构和培养大国工匠、能工巧匠的重要方式，输送区域发展急需的高素质技术技能人才。"对于目前工作在生产第一线的正规就业农民工和非正规就业农民工的技能培训，也应提上日程。

当前需要对农民工的就业现状、技能水平、产业结构转型升级对农民工技能要求技能培训的效果等有较为全面和深入的了解，对产业各种组织形式，尤其是劳务派遣和劳务外包这两种重要产业组织形式的历史、现状、对人力资本提升的利弊得失，以及其未来可供选择的不同发展前景，应在战略高度上做出研判，统筹规划，确立以技能培训来提升农民工人力资本的总体框架和战略部署。要按照正规就业农民工和非正规就业农民工来分类，有针对性地采取不同路径和不同方式，对不同的农民工类别落实不同内容的人力资本提升措施。应注重培训的效果，而不是培训的形式。

（一）以企业为农民工技术培训的主体力量，促使正规就业的一部分农民工成为潜在的高技能人才

新形势下，产业结构升级换代，从靠成本低廉取胜转为靠提升科技含量、产品质量取胜。一方面，劳动力从无限供给转为有限供给，非熟练劳动力的工资水平相应提高，成本上升；另一方面，劳动力的供给与需求严重不匹配，技能人才的缺口很大，需要深化体制机制改革，加速培养技能人才。

1. 为正规就业的农民工打通提升人力资本质量的渠道

正规就业的农民工工作往往比较稳定，基本生活有保障，应为他们创造培训、学习的机会，打通提升人力资本质量的渠道，把他们中的一部分人培养成熟练技术工人或高技能工人。现在社会媒体报道和宣传的往往是金字塔的塔尖（大国工匠），大量工人没有做出丰功伟绩，但对企业发展起的作用很大，他们是金字塔的底座与中部；应充分发挥他们的潜力，调动他们的积极性，使他们能安心在企业发展。

政府有关部门作为供给方提供的农民工培训流于形式，职业教育的内容脱离时代，与社会需求脱节，难以培养出企业真正需要的人。一般性人力资本的提升主要靠自身学习能力的提高和政府相关部门的培训。培养高技能人才是专用型人力资本的提升，这要靠用工单位有针对性的培训和投资。要破除这方面的制度瓶颈，企业应成为专用技术培训的主体。政府有关部门应与审计部门协调，把这部分经费以政府有关部门购买企业服务的形式，提供给企业，企业以工资形式支付农民工在岗培训的成本，政府只需做好专业人才到相关行业就业的引导。

2. 创造条件使一部分正规就业农民工从养家糊口过渡到安居乐业，推进新一代农民工从频繁流动到相对稳定的就业身份转型

一部分正规就业农民工工作相对稳定，但仍然易于流动、跳槽，往往是从建筑业、制造业转向服务业或物流业。除了通过体制机制的改革，使他们对职业的未来有较稳定的预期外，还要创造条件使一部分正规就业农民工从养家糊口过渡到安居乐业。有的学者提出，农民工的技术要经过长期工作以后慢慢积累起来，如果工作不稳定，人力资本的培养就没有可持续性。如果通过安居工程让农民工有稳定的居所，他们就有意愿将工作稳定，有意愿接受工作相关的培训，提升自身的人力资本，最终有利于提升各行各业的竞争力。

农民工作为一个规模庞大又高度分化的社会群体，决定了解决其住房问题的方式不可能一刀切，必须以多样化、分层次的方式提供住房保障。在不同城市，对不同行业、不同收入水平与就业身份的农民工应提供差异化的住房保障方式。就住房保障而言，集中建设的公租房等实物型保障房更适合制造业，而货币型的住房补贴则更适合服务业。政府未来需要为有定居意愿的农民工提供更为灵活多样的住房保障。

（二）对于非正规就业的农民工，要明确地方政府、企业和社会组织各自的职能，将灵活就业与灵活培训有效结合

疫情下要重点保障农民工中这部分群体的基本生计。政府和企业的首要任务不是把非正规就业的农民工纳入正规就业的队伍之中，而是通过灵活培训的方式适应他们灵活就业的形式，拓宽他们就业的渠道，培养他们获取更多就业机会的能力。我们在这里将灵活就业人员界定为未与相关企业或个人建立劳动关系的从业人员，相当于非正规就业人口中的受雇者和部分自雇者，主要是打零工的农村劳动者。

1. 发挥企业作为用工需求主体的作用，采取"以工代训"的方式，使农民工掌握就业所需的技能

"以工代训"就是在工作岗位上以实际操作的方式使农民工和其他劳动人口接受技能培训，实现"以训稳岗"。作为国家颁布的一项就业政策，可以让实行"以工代训"的企业领取一定的补贴。如广东省颁布的《广东省灵活就业人员服务管理办法（试行）》规定："灵活就业人员参加技能提升培训，按规定给予技能提升补贴。对生活确有困难的，培训期间可按规定给予一定生活费补贴。"

在全国共同抗击疫情的大环境下，以工代训、以训稳岗可以起到缓解就业压力、维护社会稳定的作用。企业可以吸纳更多的劳动者到岗进行实际操作，为企业带来了规模效益；增加了劳动者的就业机会，使他们能更好地掌握相应岗位的专业技能，减少了失业造成的生活困难的问题。这部分农民工的基本生计有保障，企业不支付成本就可培训出所需要的员工。政府有关部门要与审计部门通力协作，监督经费的使用，以确保这部分经费真正用在农民工的培训上。

2. 充分发挥政府有关部门、农村社会组织及农民自组织的作用，为灵活就业提供灵活的培训方式和就业机会

2020年5月28日，人社部印发的《农民工稳就业职业技能培训计划》提出："2020年至2021年，每年培训农民工700万人次以上，促进农民工职业技能提升，推动农民工稳岗就业和返乡创业，改善农民工就业结构，将农民工培育成为重要的人力资源。"贫困地区的农村劳动力，以及其他地区处于社会底端的农村劳动力，往往有具体困难和就业的具体需求，如家里有小孩或老人需要照顾的劳动妇女，对就业就有一些特殊的需求。

灵活就业，意味着就业时间要灵活，培训方式要灵活，就业场所要灵活。企业通过以工代训的方式，成为促使农村非正规就业劳动力技能提高的主体力量，但地方政府的相关部门和农村的社会团体及农民的自组织也有发挥各自作用的巨大空间。

地方政府有关部门除了保障非正规就业农民工的合法权益，为他们提供兜底的社会保障，保证这部分劳动力及其家庭的基本生计外，还要组织或协调有针对性的职业技能培训。职业技能培训要因用工单位对劳动者的不同需求而异。

农村劳动者的原生状态和资源禀赋不同，他们需要掌握的职业技能也不同。对于一些少数民族地区或高寒边远山区的农村劳动力，学会制作本民族或本地区的民间工艺品是技能。学会讲并能听懂普通话、学会使用家用电器也是技能，虽然是一般性人力资本的提升，但也有助于他们获得就业机会，增加收入。这种情况下就需要政府有关部门发挥组织协调功能，鼓励发展一些家庭工场、手工作坊、就业扶贫车间等，开办家政服务培训班等活动，通过灵活的以工代训方式，使打零工的需要灵活就业的农村劳动力，有能力获得更多的就业机会。

要充分发挥农民自愿组织和农村社会团体的作用。实践证明，在农村投资于社会资本、组织资本和人力资本而言往往能得到比投资于物质资本更高的回报。一些农村地区大力发展劳务合作社或劳

务派遣公司，同时也鼓励开展劳务经纪人的活动。一些农村地区农民自愿组织起来，成立农村民间工艺及制品合作社、乡村旅游合作社等，农民在实践中学，自我培训，自我提高，将人力资本的提升与社会资本的提升有效地结合了起来，获取了更多就业机会，增加了农村非正规就业农民工的收入。

农民工人力资本和社会资本的提升将使农民工的权利，尤其是生存权和发展权更有保障。农民工作为权利实现的主体，权利的实现与农民工可行能力的提升成正比。在提升农民工能力的进程中，要充分发挥市场在配置资源中所起的决定性作用，更好地发挥政府有关部门在农民工技能培训中应起的作用，同时重视并发挥社会力量（各类社会组织和团体）和农民自组织的作用。通过构建起市场化导向的农民工技能培训机制，促进劳动力供给与需求的有效对接，增强农民工的学习能力和实现权利的能力。只有赋能得以实现，赋权才有可能真正落实。

中国城市学年会·2020
"城市流动人口问题"论坛专家观点集萃

杭州国际城市学研究中心
浙江省城市治理研究中心

在城市化的浪潮下，巨量流动人口的涌入，增强了城市社区的异质性和原子化分散态势，提高了城市社区管理和服务的难度。此外，新冠肺炎疫情在中国和全球的暴发、蔓延也给社区治理带来不少值得反思之处。由杭州国际城市学研究中心（浙江省城市治理研究中心）主办的中国城市学年会·2020"后疫情时代人口流动背景下的社区治理"主题论坛于2020年11月8日在杭州举行，来自上海、广州、杭州、武汉等城市高校和科研机构的20余位专家学者参会，与会代表围绕"后疫情时代人口流动背景下的社区治理"这一议题，深入探讨了如何提高城市社区管理服务水平、如何寻找人口流动背景下社区治理的良策、怎样总结新冠肺炎疫情对改进社区和城市治理的经验等问题，现将主要观点综述如下。

一、从流动人口管理走向流动人口治理是必由之路

流动人口的管控是国家治理的重要任务，也是透视国家治理的重要窗口。在过去的流动人口管理行政中，包括行政理念、行政法规、行政架构、行政行为方式等在内，普遍存在落后滞后、灵活性主动性不强、手段单一、效果不显著等问题，严重影响了流动人口管理与服务的效果。主动科学地运用治理理论能够提高流动人口管理与服务的效率，而这需要构建以治理理论为基础的新的理论框架和制度设计，才能实现流动人口管理中的行政范式转型。

在人口大规模流动的倒逼态势、新型城镇化发展的催生机制和建设服务型政府的内在要求的共同作用下，从制度建设入手，着力推进流动人口管理和服务体制转型已成必然。在社会治理视域下，实现流动人口从政府"自上而下"的无限管控向政府、社会组织和流动人口三者互动的有限治理转变。按照有限治理的基本要求，现阶段要重点围绕流动人口登记、居住和落户三大制度，建立健全各项制度群。

流动人口的治理和秩序构建是城市社会治理的重要内容之一。流动人口的秩序构建应以中国社会治理的现代转型为方向，以流动人口的群体特征为基础，依托流动人口的权力赋予、服务保障等手段，构建流动人口治理的综合体系。而从长远来看，解决流动人口问题的根本在于推进公共服务均等化。

中山大学社会学与人类学学院教授杨小柳以深圳市NLC社区为例，介绍了珠三角村改居社区的治理经验。杨小柳指出，村改社区是珠三角城市社区的一种重要类型，其从农村到城市社区的转变，有助于了解乡村都市化进程中城乡要素的整合机制，进而厘清中国移民城市的形成机制。NLC社区管理人口多，社区服务精准化、精细化水平需要不断提高。在从宗族、社队、村委到公司的经济转型过程中，NLC社区表现出特殊的经济特征、社会特征和文化特征，并实现了资产资本的科学管理，从出租经济转向实体经济甚至虚拟经济。从NLC社区拓展到深圳全市，可以发现城乡二元结构的调整贯穿了村改居社区的发展历程；通过政经分离，NLC社区和深圳其他城市社区一样，实施的是一套统一的、标准化的城市社会治理体制；随着深圳高质量发展对土地及其空间效率的进一步要求，围绕土地的二元结构调整仍在持续，社区股份制经济的走向将会是影响村改居社区治理的关键因素。

二、探索以基层管理组织——社区为依托的，与城市政府互动管理的流动人口管理模式，是城市流动人口综合管理的有益尝试

社区是实现公民身份、促进社会融入的有效场所。如今，尽管政策上一再强调要推动农民工市民化，但他们在社区中却被差别对待，受到"外来者"和"底层者"的双重身份歧视，难以真正融入城市社会。真正落实农民工的"社区公民"权利，缩小与市民的公民权差异，充分实现其社区公民身份，是实现农民工融入城市的必然之举，且已经刻不容缓。

参会专家认为，社区理应是社会资本存在的基础和源泉。但中国的城镇化进程中，削弱了本已稀薄的社会资本，使"弱社会"更弱，这成为建构多中心网络状治理结构最大的短板。因此，流动人口社区治理问题的关键在于培育社会资本、经营社区共同体、改变社区"弱社会"的状态。以国家和社会的双向互动为基础，改变"强国家，弱社会"的基层格局，重塑政府—市场—社会的关系结构，才能有效实现社区的共同治理。

社会资本的核心要素包括网络、规范和信任。社会资本对社区治理至关重要，是分歧社会的黏合剂，可活化人与人之间的信任度，达到社区善治的目的。从社会资本的角度看，当前流动人口社区表现出社区关系网络弱化、社区规范缺失和社区信任不足的特征。而建构社会资本的社会工作实践是社会工作服务的核心内涵之一，是社会工作参与社会治理的重要介入行动，也是社会工作推动服务型社会治理的重要实践。

相关专家研究发现，针对流动人口的社会工作多以社区为主要平台开展服务，流动人口社会工作与社区治理相融合，主要目的是促进流动人口的社区融合、城市适应，进而推动流动人口在城市社

会的融入。目前，流动人口社会工作服务层次较为浅显，仅限于个体和社会关系层次，无力解决流动人口问题产生的制度性原因，相关政策倡导动能不足，无法从根本上改变流动人口的弱势地位。流动人口社会工作的本土化进程和长效发展任重道远。

三、在"后疫情时代"人口流动背景下提高社区治理水平，需要关注一些重要的新老问题

中国社会科学院学部委员、研究员张晓山指出，提升农民工的人力资本在当前形势下非常具有紧迫性和重要性，原因有三。其一，中国经济已经从追求人口红利向获取人力资本红利转化，从追求劳动力的数量向提高劳动力的质量转变。其二，在加快形成"双循环"的新发展格局背景下更需要提升农民工的人力资本。其三，新冠肺炎疫情下的"稳就业"和决战脱贫攻坚需要提升非正规就业农民工的人力资本。现实中提升农民工人力资本存在问题和障碍。一方面，现行的用工体制和机制（劳务派遣和劳务外包）一定程度上阻碍了对农民工的技术培训；另一方面，非正规部门就业的受雇农民工因为首先要生存，他们自身也很少关注技能培训。张晓山强调，构建市场化导向的农民工技能培训机制是提升农民工人力资本的根本途径。对于正规就业的农民工，要以企业为技术培训的主体力量，促使正规就业的一部分农民工成为潜在的高技能人才。对于非正规就业的农民工，要明确地方政府、企业和社会组织各自的职能，将灵活就业与灵活培训有效结合。

中山大学社会学与人类学学院教授、教育部长江学者特聘教授周大鸣指出，流动是人类学研究的经典命题，互联网和快速交通作为当今时代引起流动的诱因给人类学的研究对象带来了极大变化。同时，链接（物理世界与数字世界走向融合）对于人类学的机遇和挑战也日益加深。链接决定一切，链接是快速流动的基本保证，在流动与链接视域下人类学研究衍生出许多新话题。其一，新链接与城乡结构变迁。新链接（高速路网和数字基础设施）带来城乡结构的扁平化，改变了以往乡村社会的扁平化的串联式结构，取而代之的是以新链接实现的并联式结构。其中全球化的链接、区隔效应、中间点消除效应突出。其二，数字化与城乡感知的变迁。现在，以去中心化模式兴起的互联网及深度下沉的网络平台，与中国广大的小农天然融合，赋权个体，带来都市文化和乡土文化的融合及重构。其三，地方时空的涨缩效应。互联网催生了线下到线上的时空涨缩，基于地方性的传统文化同样经历了生存和表达空间的巨大转换，在这种转换过程中，文化承载的媒介和文化的观者都发生了悄然的变化。传统文化完全可以借助互联网的便利，打破时空的界限，建构一套新的话语空间和象征性的文化空间。其四，数字时代人际关系的新变革。数字时代改变了人与社会链接的方式，充斥着鼓励空间压缩带来彻底的无距离感，但这是否也导致了社交内卷化，同样值得思考。

周大鸣强调，互联网是一个全新的领域，人类学进入互联网研究是一个新的尝试。互联网人类学的发展不仅提供了一个更加具有前瞻性的学科视野，而且提供了一个能够整合包括学术、行业、政府等多方资源，并促成学科内部、学科之间乃至学界与商界及政府之间沟通、对话的平台。未来，中

国的互联网人类学将做出卓越的贡献。

武汉大学人口、资源、环境经济研究中心主任、教授刘传江把英文首字母是C，或者排序在A、B等重要问题之后的其他重要的问题统称为C问题。例如，城乡流动人口资本稀缺与资源配置渠道。资本要素禀赋（财力资本、人力资本、社会资本、权力资本）会直接影响（促进或阻碍）流动人口在目的地的社会融合。"双重户籍墙"、次属劳动力市场和非正规就业、二元社会保障网及社会保险的"便携式损失"等我国特殊的制度约束和结构性排斥导致流动人口四大资本要素的缺失，而资源禀赋约束和功能性排斥又直接导致流动人口生存状态的不断边缘化。推进农民工市民化进程，除了构建"四大资本"的投资和积累机制，网络社会资本已经成为农民工配置资源的C渠道。数字化自媒体的普及化，为社会资本不足的高流动性群体及时、便捷地获得所需社会信息、积累社会资本，并通过数字化社会资本配置社会资源打开了个体资源配置的C渠道和途径，也即网络社交媒体的使用对农业转移人口的城市融合具有正向作用，这已经在一定程度上得到实证。

再如，云数据（C）与流动人口治理。人口流动具有非均衡性规律，具体表现在空间维度、时间维度、年龄维度和网络维度等四个方面。基于云端大数据"用数赋智"，政府治理手段和治理方式更加数字化、网络化、智能化，推进流动人口服务管理决策的科学化、社会治理的精准化和公共服务的高效化，构筑协同共治新模式。云数据与流动人口治理在新冠肺炎疫情防控和复工复产期间已经得到了很好的实践，利用大数据信息实现疫情精准管控、复工复产稳步推进。另外，在流动人口从物理空间行为走向虚拟空间行为背景下，云数据可以拓展时空地理学研究的视野和应用场景。

刘传江认为，除了上述两个问题，流动人口及其他研究领域还存在许多C问题。如，中国城乡人口转移与城镇化的C道路、农民工市民化（C）动态升级的C矩阵、农民工市民化进程C环节推进：融城还是返乡、农民工市民化成本（C）及分摊、新冠肺炎疫情（C）后产业链重建升级与人口流动，等等。

四、社区是抗击疫情、斩断病毒传播链条的主战场，也是"后疫情时代"降低次生灾害、社会重建最关键的环节

新冠肺炎疫情所导致的复杂事态既暴露出我国城市社区治理能力的不足，也展现出社区组织转向合作治理模式的潜在可能性。为了打赢这场抗疫攻坚战，我国城市社区应当以社会合作的组织模型为应对。具体而言，可以通过等级制权威体系、临时项目小组以及组织与个体的互动协作将这种模型概念化。此外，治理主体的互动，使作为领导者的基层党组织、作为帮助者的职业者以及作为训练场的邻里组织能将这种模型现实化为社区合作治理的新模式。

城市社区在落实新冠肺炎疫情防控任务的过程中，面临着工作人手和防疫物资短缺、人员排摸困难、形式主义、表格抗疫等关键挑战。在接下来的城市社区疫情防控治理中，要做好门禁、网络、心理、分诊等重点领域的行动应对。为了综合提升社区治理能力和城市疾病防控能力，从城乡规划和

公共卫生视角来看，包括健康城市与韧性城市建设、公共服务设施规划与综合防灾减灾规划、15分钟生活圈构建与社区空间精细化设计等议题值得深入研究和思考。

新冠肺炎疫情既是一次重大突发公共卫生危机，也是一次综合性的社会灾害。"三社联动"＋防灾减灾救灾是新时代下我国综合减灾工作的一次有益探索，通过把三社联动模式纳入新时代中国防灾减灾救灾工作之中，实现社区、社会组织、社会工作者三者互联互动、分工协作，激发社会力量参与防灾减灾救灾工作，进而提高全社会抵御灾害的综合防范能力。

综上所述，社区是城市社会治理的"最后一公里"，是流动人口融入城市社会的组织载体和空间场域，如何在人口流动的背景下加强社区治理成为一个重要议题。新冠肺炎疫情引发的重大突发公共卫生危机，是对我国城市治理和社区治理的一次大考，依托社区加强公共卫生体系建设，提高基本医疗服务水平已经刻不容缓。在我国城市化进程尚未完成和大力推进流动人口市民化进程的背景下，继续探索人口流动背景下社区治理的新方法、新路径、新模式，建设人人有责、人人尽责、人人享有的社会治理共同体，构建基层社会治理新格局，推动社区治理体系和治理能力现代化，任重且道远。

2020 "城市流动人口问题"
钱学森城市学金奖获奖作品综述

杭州国际城市学研究中心
浙江省城市治理研究中心

党的十九届四中全会提出，建设人人有责、人人尽责、人人享有的社会治理共同体，构建基层社会治理新格局，推动社区治理体系和治理能力现代化。在城镇化的浪潮下，巨量流动人口的涌入，增强了城市社区的异质性和原子化分散态势，提高了城市社区管理和服务的难度。寻找人口流动背景下提高社区治理水平的路径方法是实现城市治理体系和治理能力现代化的应有之义，也成为关乎城市发展乃至整个社会稳定的重要命题。此外，新冠肺炎疫情在中国和全球的暴发、蔓延也给社区治理带来不少值得反思之处。

为探讨和寻找人口流动背景下社区治理的良策，总结新冠肺炎疫情对改进社区和城市治理的经验，2020年1月起，杭州国际城市学研究中心流动人口平台以"后疫情时代人口流动背景下的社区治理"为主题，开展了第十届"钱学森城市学金奖"征集评选活动。征集期间共收到国内外参评作品244部（篇），其中专著7部、论文237篇。经过初评、通讯评审等评选程序，有20部（篇）专业作品脱颖而出。在2020年11月7日召开的第十届"钱学森城市学金奖"专家评审会上，采取"两轮评议，两轮投票"的办法，评选产生了11篇"钱学森城市学金奖"候选作品，并最终确定"钱学森城市学金奖"作品1篇。现将部分优秀成果的主要观点综述如下。

坚持主体多元平等，运用治理理念和治理理论，从流动人口管理走向流动人口治理，是形成流动人口善治格局和实现公共利益最大化的必由之路。

李枭（大连民族大学经济管理学院讲师）：多元主体有效参与城市基层社会管理。社区治理的主体不仅包括国家和政府部门，还包括了企业、其他社会组织及公民，这种多元主体的参与合作治理方式就是协同治理，能够实现对国家、社会和市场三者力量配置的平衡，最大化发挥政府、私人部门、社区自治组织、社区志愿组织和社区居民等主体的作用，整合社区发展资源，促进城市社区的活力与和谐发展。

韩志明（南京信息工程大学气候变化与公共政策研究院）：流动人口的管控是国家治理的重要任务，也是透视国家治理的重要窗口。人口流动给国家治理带来了重要挑战，也促进了各种治理技术的发展。考察中国流动人口管控的历史实践，可以发现国家治理技术演进的内在逻辑，主要是治理技术随着社会变迁而出现存废和扬弃，治理技术的精密化程度越来越高，治理技术嵌入了更多福利化的内容，治理技术本身及其应用情景更趋复杂化。对流动人口管控技术的分析有助于理解国家治理技术的常态性、动态性和复杂性。

江立华（华中师范大学社会学院教授、博导）：流动人口作为中国现代化与城市化进程中的重要变量，其发展趋势以及同中国现代化结构的契合状况会直接对中国的社会结构及治理状况产生重大影响。流动人口的秩序构建既需要关注个体化社会与传统秩序相撞的现实国情，也需要关注流动人口的"脱嵌性"特征与实践生活场域。在治理向度上，应将流动人口权力赋予与城市秩序相结合、现代制度规范整合与价值整合相结合、流动人口多元分化的现实与不同的治理策略相结合。

唐有财（华东理工大学社会学系副教授）：破解流动人口治理难题的关键在于清楚地认识和判断当前中国流动人口治理困境的现实背景，具体包括"双重转型"和"双重张力"。转型之一是流动人口代际更替带来的群体特征大转变，之二是政府治理的行为逻辑从管控向服务与治理兼重转变。张力之一是流动人口的需求与社会治理体制回应之间的张力，之二是治理理念、管理体制与工作机制之间的张力。基于对治理困境的客观认知，才能创新流动人口的社会治理体制。

周学馨（重庆市委党校教授）：在过去的流动人口行政管理中，包括行政理念、行政法规、行政架构、行政行为方式等在内，普遍存在落后滞后、灵活性主动性不强、手段单一、效果不显著等问题，严重影响了流动人口管理与服务的效果。主动科学地运用治理理论能够提高流动人口管理与服务的效率，而这需要构建以治理理论为基础的新的理论框架和制度设计，最终实现流动人口管理中的行政范式转型。

顾东辉（复旦大学教授、博导）：中国流动人口的大规模出现与国家宏观场景的变化关系密切，人口流动是一个应时产物。由于流动人口的"人在场景"发生变化，特别是面临因政策体制而生的场景壁垒，他们原有的适应性平衡被打破，出现"权能"不足的状态，最终成为各界关注的特殊群体。在应对流动人口的问题中，可以融合"增能"和"治理"两个概念，提出"治理型增能"的基本架构，并在主体、对象、目标、伦理、方法等方面具体得以实现。

樊士德（南京审计大学经济学院教授）：首先，引导外出务工人员进入收入较高的行业，拓展家庭收入渠道，提高收入水平，最终缓解贫困。其次，教育扶贫是根本，但要处理好教育扶贫短期性和长期性的关系，通过教育扶贫既扶外流劳动力这一代人的贫困，又防止贫困的代际传播。不仅要加大对东部沿海地区欠发达县域农村下一代的教育投入，而且要为贫困家庭外流劳动力定期或不定期地提供直接的、有效的、动态的技术与技能培训，切实提高其人力资本水平。最后，建构和创新农村留守人员关爱扶贫体系，为劳动力流动、缓解农村家庭贫困提供保障机制。

王永志（天津城建大学社科部讲师）：在人口大规模流动的倒逼态势、新型城镇化发展的催生机制和建设服务型政府的内在要求的共同作用下，从制度建设入手，着力推进流动人口管理和服务体制转型已成必然。在社会治理视域下，实现流动人口从政府"自上而下"的无限管控向政府、社会组织和流动人口三者互动的有限治理转变。按照有限治理的基本要求，现阶段要重点围绕流动人口登记、居住和落户三大制度，建立健全各项制度群。

陈菊红（杭州电子科技大学马克思主义学院讲师）：流动人口合作治理是流动人口管理创新的一种重要且必然的探索，体现了国家力量向社会的回归，具体是指包括政府在内的多元主体基于资源互补优势，多向度共同参与流动人口管理和服务的过程。流动人口合作治理模式的关键在于构建起一个以政府为主导、社区为平台、流动人口为主体、社会力量协同参与的框架。另外，从流动人口管理走向流动人口治理，政府必须积极作为、创造条件、统筹协调。

江立华（华中师范大学社会学院教授、博导）：流动人口的治理和秩序构建是城市社会治理的重要内容之一。流动人口的秩序构建应以中国社会治理的现代转型为方向，以流动人口的群体特征为基础，依托流动人口的权力赋予、服务保障等手段，构建流动人口治理的综合体系。而从长远来看，解决流动人口问题的根本在于推进公共服务均等化。在城市流动人口政府管理模式收效甚微、市场管理调节低效的情况下，探索以基层管理组织——社区为依托的，与城市政府互动管理的流动人口管理模式，是城市流动人口综合管理的有益尝试。

周学馨（重庆市委党校教授）：流动人口治理应以社区为平台。社区治理是指在一定区域范围内，政府与社区组织、社区公民共同管理社区公共事务的活动。在流动人口治理过程中，要以社区为载体，充分发挥社区自治组织、社区中介组织、居民群众以及驻街企事业单位的多元主体作用，建立多元互助的社区组织网络和协调机制，并通过人口管理的信息化提高社区人口管理水平。

杨　勇（广西民族大学民族学与社会学博士后流动站研究人员）：目前，流动人口所在城市社区的管理力量和执行力量相对薄弱，无法与政府各职能部门进行管理上的对接，无法有效发挥城市社区对流动人口的管理作用。运用博弈论分析方法研究发现，在整个流动人口在城市社区停留的期间，流动人口与城市社区管理机构是非零和动态博弈，利益具有同向性和对向性；作为经济人，流动人口和管理机构的利益具有可转移性，可以使用卡尔多—希克斯效率标准；管理机构制定的流动人口管理政策和相关规定，应该符合帕累托上策均衡。

祝仲坤（华中农业大学经济管理学院副教授）：帮助农民工在进入城市后尽快实现社会身份的转换、重构是新型城镇化的重要议题之一，而社区状况会显著影响农民工的城市身份认同。应该利用好社区这一组织载体和空间场域，充分发挥社区在构建农民工城市身份认同中的抓手作用，夯实社区硬件基础，补齐低端社区短板；逐步转变社区管理模式，不断健全社区服务功能；加快消除对农民工的刻板印象，积极引导他们实现社区参与。

徐延辉（厦门大学社会学系教授、博导）：社区是实现公民身份，促进社会融入的有效场所。

如今，尽管政策上一再强调要推动农民工市民化，但他们在社区中却被差别对待，受到"外来者"和"底层者"的双重身份歧视，难以真正融入城市社会。真正落实农民工的"社区公民"权利，缩小与市民的公民权差异，充分实现其社区公民身份，是实现农民工融入城市的必然之举，且已经刻不容缓。

　　邱洪敏（西南政法大学政治与公共管理学院讲师）：社区理应是社会资本存在的基础和源泉。但在中国的城市化进程中，削弱了本已稀薄的社会资本，使"弱社会"更弱，这成为建构多中心网络状治理结构最大的短板。因此，流动人口社区治理问题的关键在于培育社会资本，经营社区共同体，改变社区"弱社会"的状态。以国家和社会的双向互动为基础，改变"强国家，弱社会"的基层格局，重塑政府—市场—社会的关系结构，才能有效实现社区的共同治理。

　　王海洋（东莞理工学院城市学院社会工作教研室讲师）：社会资本的核心要素包括网络、规范和信任。社会资本对社区治理至关重要，是分歧社会的黏合剂，可活化人与人之间的信任度，达到社区善治的目的。从社会资本的角度看，当前流动人口社区表现出社区关系网络弱化、社区规范缺失和社区信任不足的特征。建构社会资本的社会工作实践是社会工作服务的核心内涵之一，是社会工作参与社会治理的重要介入行动，也是社会工作推动服务型社会治理的重要实践。

　　陶霞飞（南开大学周恩来政府管理学院博士研究生）：社会工作是推动社会治理的重要社会力量，也在广泛、深入地参与到流动人口的治理中。针对流动人口的社会工作多以社区为主要平台开展服务，流动人口社会工作与社区治理相融合，主要目的是促进流动人口的社区融合、城市适应，进而推动流动人口的城市社会融入。目前，流动人口社会工作服务层次较为浅显，仅限于个体和社会关系层次，无力解决流动人口问题产生的制度性原因，相关政策倡导动能不足，无法从根本上改变流动人口的弱势地位。流动人口社会工作的本土化进程和长效发展任重道远。

　　文　雅（麦吉尔大学社会工作学院博士）：社会支持是影响外来人口社会融合的主要外部变量之一。探索以社会支持为本的社会工作干预模式，能够提升社会服务的有效性以及促进流动人口的社区融入和社会融合。对流动人口的正式和非正式资源进行整合，并把社会网络的干预按照社会支持的维度变化划分不同的层次，使干预更具有针对性，提高了社会服务的有效性，凸显了社会工作的专业性，以实现促进流动人口社会融合的目标。

　　柴　梅（新疆农业大学管理学院讲师）：社区认同是社区治理的核心。城镇化带来大规模的流动人口，这使传统意义上的同质性社区被现代异质性社区所取代，社区认同需要被重新塑造。社区已经成为我国居民重要的生活空间，但社区认同度并不高。其中，人口流动削弱了居民之间的交往沟通，弱化了社区认同，因此需要有序推进流动人口市民化，重塑我国城市社区认同。

　　刘　晔（中山大学地理科学与规划学院教授、博导）：作为新型城镇化的主力军，流动人口的幸福感备受关注。总体上流动人口的主观幸福感水平低于本地居民。流动人口的幸福感水平与所在社区邻里交往程度呈显著正相关，与社区的邻里剥夺指数呈显著负相关，并且没有证据表明，社区的邻里剥夺指数与流动人口幸福感的关系随邻里交往程度的不同会有所变化，即不存在邻里关系对其幸福感的缓冲效应。这对地方政府如何加强社区治理、提高流动人口的幸福感水平具有重要启示。

王　凯（中国城市规划设计研究院副院长）：当前社区公共空间的营造现状非常不利于非户籍人口的市民化。发现社区公共空间的营造对非户籍人口市民化意愿的提升作用明显。社区治理水平则是影响非户籍人口市民化意愿的社区软性力量。因此需要营造社区公共空间和优化规划管理，建立更加多元、精细和富有弹性的营造体系，实现社区公共空间由"排斥性粗放增长"向"包容性共享发展"转型，最终建设包容型共享社区，提升流动人口市民化意愿。在社区公共空间的规划建设之外，还应辅之以面向非户籍人口群体的社区治理组织，提高包容性共享社区的基层治理能力。

孙奎立（山东第一医科大学医药管理学院副教授）：社区参与对满足农村流动人口多样性需求具有重要意义，是他们融入城市社会以及完成市民化的前提条件。社区文化参与、社区公益参与、社区表达参与对农民工城市融入影响显著，可见农民工城市融入和完成市民化的过程中，社区因素无法绕开。因此，理应积极推动农民工社区参与，社区事务和社区活动要为他们敞开大门。

李佑静（重庆市社会科学院社会学研究所副研究员）：社区参与对增进社区治理绩效具有积极作用。农民工的社区参与行为表现出明显的代际差异。包括社区类型、社区参与机制、城市融入程度、个人因素、社会资本在内，均会对新生代农民工的社区参与产生影响，其中社会资本的影响力最高。当前，应将农民工纳入城市社区治理总体规划，对其社区参与的内容和机制进行整体政策规划及设计，尤其应通过多渠道、多平台的搭建充分调动新生代农民工社区参与的积极性。

唐有财（华东理工大学社会学系副教授）：目前流动人口总体性社区参与程度非常低，他们仍是漂浮在城市的陌生人。身份、场域、认同三个维度对流动人口的社区参与均具有影响。由于户籍制度而形成的制度性身份是影响流动人口社区参与的核心变量，流动人口的社区参与受其所居住的社区场域的影响，流动人口的城市融入意愿和本地人归属感对社区参与也具有显著的影响。因此，流动人口的社区参与需要宏观户籍制度变革、中观社区管理体制和微观专业社工介入等各个层面的干预措施联动实施。

陈亚辉（电子科技大学中山学院人文社会科学学院副院长、讲师）：广东省中山市村（居）实行特别委员制度，该制度的创新引发了社区利益相关者的角色变迁，形成了不同于传统村（居）民自治的社区合作治理结构。承认了农民工等边缘群体参与社区治理的权利，大大提升了农民工作为利益相关者参与社区治理的能力，尤其是在取得政府和社区的回应性方面取得了明显突破。村（居）特别委员制度虽然不能一蹴而就解决农民工参与社区治理的问题，但已经显示出优于以户籍为依托的村（居）自治的特点。

赵玉峰（中国人民大学社会与人口学院博士研究生）：国家在社区治理中，除提供给流动人口主动参与的机会，还存在为完成计划而将流动人口卷入社区治理的过程，如流动人口社区健康建档工作。实证表明，无论是主动参与，还是被动卷入，都能提高流动人口的城市归属感，并且二者分别独立地提高城市归属感。流动人口的被动卷入实际代表社区基本公共服务的强制性覆盖，那么流动人口社区治理工作的重心可以考虑从组织活动转向为提供公共服务为主，将流动人口纳入社区管理范围，加快他们的城市社会融合。

吴瑞君（华东师范大学中国现代城市研究中心教授）：外来人口在大城市的大规模聚居行为加大了统筹解决其随迁子女教育问题的难度。上海聚居区中外来务工人员随迁子女义务教育的资源供需存在结构性矛盾，聚居区的生活环境和空间隔离给部分孩子的社会融合造成不利影响，区域内甚至出现了新的"读书无用论"。必须通过制度创新，构建以"融合"为理念的外来人口服务管理政策体系，根据常住人口的需求，合理高效地配置义务教育等公共服务资源。

陈　光（大连理工大学公共管理与法学学院讲师）：社区软法具有重要的社区公共治理功能，也是进行流动人口社区管理的基本规范形式，它与流动人口的管理及权益保障密切相关。社区流动人口管理软法的创制应该采取一种"回应型"而非"单向度"的模式，但受体制惯性的影响，回应型社区软法的创制面临许多障碍。为了消除体制惯性的禁锢，推进回应型流动人口管理社区软法的创制，既要加快制度的构建和改进，也要积极转变管理者和被管理者主观意识。

袁　浩（上海大学社会学院副院长、副教授）：互联网的使用促进了社区治理工作的不断创新和完善。基于上海都市社区的数据调查和实证检验，发现互联网使用越频繁的上海居民越积极地参与社区治理活动。互联网应用的发展有助于将原本受到排斥的非上海户籍的租户群体（流动人口）纳入社区治理活动中，所以相关社区工作者和政策决策者应在社区治理工作中更积极地利用互联网来整合社会边缘群体，促进城市社区的和谐发展。

董敬畏（浙江行政学院社会学文化学教研部副教授）：我国的流动人口群体已经陷入在"进不去的城"和"回不去的乡"之间反复抽离和嵌入的循环状态。随着新媒体的盛行，网络社区为流动人口群体嵌入城市、融入都市生活提供了一种虚拟与真实矛盾并存的途径和方式。流动人口利用网络社区参与追求社会公共性的重构既是一种无奈，也隐藏了一定的社会风险，更映衬了建设具有中国特征的新的社会公共性的紧迫性。

侯东栋（中山大学南方学院综合素养学部讲师）：我国传统乡土社会的差序格局是农村居民有机互动的生活和价值共同体，流动人口是在差序格局环境下成长的能动性个体。人口流动导致差序格局日渐式微，流动人口成为孤立的原子化个人进入城市。在推动城市和社区治理现代化的背景下，要吸收差序格局中的合理内核，从流动人口自身的能动性融入和所处城市社区的主动性关怀出发，推动流动人口和城市社区的有机互动，从疏离到结缘，培育现代意义的社区精神，助力流动人口更好地融入城市社区。关注人口流动背景下的社区治理，除了将视角对准一般的城市社区、农村社区外，对于流动人口聚居区、边缘社区、混合社区、村改居社区、城中村等特殊的地域社会样态也必须给予足够的关注和研究。

孟颖颖（武汉大学社会保障研究中心专职研究人员）：虽然先天禀赋、家庭背景以及所拥有的社会资本网络都是影响个体参与社会流动竞争的重要因素。但是，只有社会流动渠道的畅通与否、社会流动机制的健全与否才是决定社会流动能否实现的关键与根本。当前，经济体制转轨与社会体制转型交织进行的中国，迫切需要建立一套科学、公平的社会流动机制，营造一个有利于向上流动的社会环境和氛围，减少向上流动的社会弱势群体与新环境的摩擦，避免社会冲突的发生、保证社会机制的正常运行，为每一个怀揣梦想、努力奋斗的"普通"公民创造一个能够实现"中国梦"的公平机遇！

冯晓英（北京市社会科学院社会学所研究员）：流动人口聚居区是指流动人口规模一般超过户籍人口规模的流动人口集中居住地，典型的如城乡接合部的"城中村"，这是有别于纯城市社区和纯农村社区的边缘化、过渡型社区。以北京为例，流动人口聚居区的存在对流入地政府和村民利大于弊，而通过城市改造和拆违等简单的解体方式无法从根本上解决流动人口聚居区的治理问题，由行政控制走向合作治理才是解决流动人口聚居区社会问题的根本之道。推进流动人口聚居区治理工作的关键之一是要积极探索符合流动人口聚居区特点的社区建设工作模式，实现"社区重建"。其一，重新界定社区地域范围，重构社区组织；其二，构筑无边界社会网络支持系统；其三，以社区服务为突破口，凝聚社区精神，实现利益共享、社会和谐。

王 亮（广州大学公共管理学院副教授）：对于我国大都市的涉外社区的治理，要围绕"以服务促管理"的理念，在外国人聚居社区，提供各类以融合为目的的社区服务，将社区作为向在华外国人提供基本生活信息的主要渠道，为其提供就业、住房、文化、医疗、餐饮等信息。通过服务来促进他们在流入地的融合，从而逐步解决涉外社区的问题。

高红云（哈尔滨工业大学人文学院博士研究生）：西方城市发展史的经验表明，对贫民窟（城市底层空间）的解决之道，不在于"消灭"而在于"缓和"。我国虽没有大面积通过非法占有而形成的贫民窟，但有城市底层群体在城市聚居的底层空间，如城中村、棚户区等流动人口聚居区。借鉴西方经验，立足我国的城镇化进程，我国底层空间的研究，必须转变对底层空间的想象与实践，并从底层空间与城镇的关系出发，认识其对城市底层群体生存与发展的不可替代的价值。另外，应该打破对城市底层群体"无差异"的认识，深化对其内部复杂性和分化的研究。

靳相木（浙江大学土地科学与不动产研究所教授）：进城落户农民"三权"问题的形成是一个不以人的意志为转移的自然历史过程，但其解决是一个可以发挥主观能动性予以促进的社会治理过程。进城落户农民"三权"问题是在改革开放后原来的剥削型城乡二元结构向当今保护型城乡二元结构转变的历史过程中形成的，是关乎未来很长一段时间内我国新型城镇化和农业农村现代化发展方向的重大课题，它涉及我国的户籍制度、城乡土地制度、社会保障、公共服务和社会福利制度，关联着不同群体利益的调整，影响着新时代中国特色社会主义发展的关键战略节点目标的实现。虽然"三权"问题的历史性和复杂性决定了我们无法在短期内将其彻底解决，但随着新时代中国特色社会主义现代化建设事业的发展，我们还是需要负起历史担当，积极主动顺应时代要求，通过制定相应的政策和法律，引导进城落户农民"三权"有序适时退出。

赵美风（中国科学院地理科学与资源研究所博士研究生）：从特征、成因、效应和治理模式四个方面来看国内外外来人口聚居区的成因完全不同，但在特征、效应和治理模式方面存在相似之处。对于我国的外来人口集聚区，仍然要积极探索最优的治理策略，例如选择拆除重建，还是保留提升；要制定促进流动人口市民化的公共服务设施合理配置策略，例如选择集中安置，还是分散安置。

万向东（中山大学社会学与人类学学院副教授）：中国各城市中的城中村可以说是外来流动人口和务工人员的"落脚城市"，是他们的聚居、生存、求职和希望之地。借鉴"落脚城市"的概念，中国城市可以尝试打造外来流动人口的"落脚社区"，这个问题的面对和解决的，对中国社会稳定和城市长远发展具有重要的现实性、历史性意义。

狄　雷（北京大学社会学系博士研究生）：沙村是北京郊区一个典型的异质性流动人口聚居区。透过沙村可以发现，本土居民和外来移民的交往停留在表面化、非人情化层次，双方没有发展出新的邻里社会资本；相反，本土居民间传统的邻里互动和社区交往减少了，本土居民对社区的认同感和归属感明显下降。传统社区整合机制遭到破坏，而新的社区整合机制尚未形成，这成为异质性社区治理的难点所在。

刘媛媛（首都师范大学资源环境与旅游学院）：在非首都功能疏解的背景下，北京市正加强流动人口的规模调控并清理非正规流动人口的聚居区。学历层次较低、就业欠稳定、在京居留时间偏短、家庭成员随迁特征不显著等特征可以预测流动人口有更高的概率选择租住在大都市区的村委会社区，栖居在村委会社区的流动人口居留意愿显著低于城市社区群体，这一定程度上验证了城中村整治政策对缓解流动人口过度集聚的合理性。

王海侠（清华大学中国农村研究院博士后、助理研究员）：大拆大建的物理消灭手段并不能真正解决城中村问题，反而造成巨大的资源浪费。在新型城镇化时期，城中村的治理应采用包容性治理理念，在村级治理体系不适应于治理规模之际，可用政府购买服务的形式，适当引入社会组织，完善城中村的社区治理体系，提高城中村的公共服务水平，以期做到现代化与城中村的适度平衡，创建"共享型"城市。

汪明峰（华东师范大学中国现代城市研究中心副教授）：作为一种中国特有的外来流动人口聚居空间，"城中村"备受国内外学者关注。各地城中村改造的推进使得其居民，尤其是外来人口正面临着失去住房的威胁。在城中村被消除殆尽的时候，为防止城市经济发展面临低端劳动力缺失的困境，政府必须考虑如何有效地为外来人口提供适宜的住房。

刘玉兰（常州大学瞿秋白政府管理学院社会工作系）：流动人口聚居区这一新的社会空间随着巨量乡城流动人口的涌入而被迅速生产出来。流动人口聚居区的高流动性给社区秩序和社区公共性带来诸多挑战，也在倒逼社区治理方式的革新。将"社区抗逆力视角"应用于流动人口社区治理服务，能够有效地突破高流动性给聚居区带来的治理困境，有利于形成我国本土化的边缘社区治理的新形式和新方法，创新社区治理体制，而在此过程中专业社会工作的嵌入是关键。

马晓玲（西南民族大学管理学院助理研究员）：民族互嵌式社区是一个具有中国特色和现实背景的概念。成都市浆洗街的民族社区中存有户籍人口比例低、人口流动性大、人员构成比较复杂的特点。城市民族互嵌式社区属于城市社区的范畴，需要找到适合其特点的社区治理模式。在公民参与的多元治理理念下，民族互嵌式社区应该由政府主导模式向构建政府、市场、社会三维框架下的参与式治理模式转变。

李俊良（广东省民族宗教研究院助理研究员）：新时期，要善于探索新路径，克服多元流动人口城市聚居社区治理出现的新问题。作为国内最为典型的多元流动人口聚居社区之一，广州市越秀区登峰街"宝汉社区"通过依法管理与人性化管理相结合，注重资源整合与优势互补，消除文化差异与误解，形成常态化的工作联动机制，促进社区经济与服务管理工作的双向互动等新路径，解决社区治理出现的国际移民组织管理适应难、共享数据平台缺失、多元流动人口服务管理制度设计不完善、社区服务投入不足、来华外国二代民族识别等问题。

谷玉良（湖南师范大学公共管理学院讲师、硕导）：通过混合居住促进社会融合，是解决城市居住隔离与新老居民融合困境的重要举措，但其本身也仍然是一个存在较大争议和待检验的命题。我国本土实践中的混合居住社区仍然存在较多未能有效发挥"邻域效应"而促进居民融合的现象，混合社区在促进本地居民和外来人口两个群体的融合方面仍旧面临诸多局限。对西方混合居住模式与本土混合居住实践的条件和限度进行梳理和比较，有助于探索更有效、更具本土化的混合居住实现方式。

薛　爽（哈尔滨工业大学人文社科与法学学院博士研究生）：城市外来老年人口聚居区正悄然形成。对外来老年人口聚居区应该引入积极的社会管理理念，探索显形管理、开放管理、小团体培育和智慧社区等实践方法和手段，满足老年流动人口的正当需要，使外来老年人口聚居区最终发展成为"宜老型"社区，真正实现社会和谐发展。

郎晓波（杭州市委党校文化与社会学教研部副教授）：社区化聚居是当前新生代农民工表现出的新特征，这为其城市融入问题提供了新背景。透过浙江省开展的地方探索，发现社区介入作为具体的研究路径和实践策略，从抽象理论与一般性政策建议回归到新生代农民工在城市中具体的生产与生活微观场域，更有益于挖掘和克服新生代农民工城市融入的非结构性障碍。因此，发挥社区优势，通过社区实践行动促进新移民的城市融入具有重要意义。

张　晨（苏州大学中国特色城镇化研究中心研究员）："过渡型社区"的生成与演变，正是这一特定历史发展模式的生动体现。失地农民与大量外来人口在社区中的共生引发了生产生活方式、行为习惯和价值观念的碰撞、冲突与交融，也给"过渡型社区"的治理与未来转型带来了巨大挑战。"过渡型社区"是走向善治的现代城市和谐新社区，还是堕入都市繁荣背后"被遗忘的角落"——贫民窟，影响着中国特色城镇化历史进程的未来，必须给予应有的关注。

邱国良（江西农业大学政治学院教授）：城郊社区位于城市边缘地带，有着半城市半村落的空间形态，属于正处于城镇化进程中的社区。城郊社区通常面临着人口结构转型，大量流动人口陆续在社区常住或暂住，社区的流动性、异质性增强。城郊社区治理面临的风险包括社区冲突明显加剧、社区权威持续弱化、社区结构性风险偏高等，而构建新型社会网络平台、厘清社区组织的权责边界、加强社区发展的制度建设则是防范治理风险的具体路径。

杨亮承（中国农业学人文与发展学院博士研究生）：城郊型农村社区是我国快速城市化进程中所产生的一种特殊的地域社会样态，具有人口结构复杂、人口流动性大、社会关系多元等特征。村集体利益分配、流动人口的管理与服务、多元主体间的利益冲突、城乡二元治理结构、社区归属感的淡化与缺失等问题与矛盾使城郊型农村社区治理陷入困境。应该在深入认识城郊型农村社区特殊性的基础上，通过制度改革与创新、融合性组织建设、多元主体协同参与治理格局的建构等方式，破解社区治理困境，实现城郊型农村社区的"善治"。

刘 红（中国科学院大学公共政策与管理学院副教授）：村改居社区是现代化和城市化的产物，是从农村社区向城市社区过渡的一种社区形态，通常也会成为流动人口的主要聚集区。立足于村改居社区的现状和治理困境，可以借鉴多中心治理理论，积极发挥基层政府在村改居社区治理中的主导作用，由基层政府引导社会组织和社区原住民、流动人口平等积极地参与社区治理，并发挥基层政府在村改居社区公共事务治理和公共产品供给上的主体作用。另外，通过亲情社会的维系来重构社区认同应成为村改居社区治理的突破口。

金太军（南京审计大学公共管理学院院长、教授）：在城镇化进程中，一些处于城乡交接的新型社区城乡二元体制纠缠、体制转型过渡色彩浓厚，同时一些传统社区治理体制落后、转型阻滞因素错综复杂，这些以新旧治理体制过渡、城乡二元体制交叉为特征的边缘社区，因其惯以施行的"边缘性"治理体制而诱发诸种社会矛盾与问题，故而面临着愈发艰难的治理体制创新过程和愈发艰巨的社会和谐稳定形势。针对边缘社区"边缘"治理体制在治理逻辑、治理主体以及治理机制等方面的困境表现，应以"多中心"治理作为边缘社区治理体制创新的路径取向，并基于政府、党委、市场以及社会视角的分别探析，寻求边缘社区"多中心"治理体制的全面建构。

刘培功（苏州大学政治与公共管理学院博士研究生）：边缘社区是在现代化过程中农村剩余劳动力大规模向城市转移并聚居的结果，是现代与传统杂糅的"第三社区"。边缘社区形成初期处于"制度真空"状态，之后随着社区不断壮大，控制性制度强势介入并占据主体地位。社区治理的有效性取决于相关制度的构建，边缘社区的制度供给必须从控制性制度向包容性制度变迁，这也是确保边缘社区融入城市、构建城市、分享城市的核心举措。

金太军（南京审计大学公共管理学院院长、教授）：如何实现边缘社区的善治，成为困扰当下我国社会治理现代化建构的重大难题。以政府意志的强制性和社区责任的边缘性为治理逻辑的社区管控模式增加了边缘社区的治理成本和治理难度，因此，需要积极构建包容性治理以力图建构一种柔性化、可持续的治理模式。但边缘社区积聚的诸多矛盾造成了创新发展中的现实困境，这就迫切需要从权力包容、机会包容、权利包容、体制包容等方面寻求有效的建构路径，以助推边缘社区包容性治理的实现。

马超峰（南京大学政府管理学院博士研究生）：产权是理解经济发展的关键因素，也是解释社区治理的重要视角。城市边缘社区内产权强度与社会黏合度的差异，形成了社区治理困境与治理绩效改进的路径依赖。产权强度与社会黏合度在社区内存在U型的互替与互补关系：产权强度稀释着社会黏合度的积累，而基于产权基础上的社会黏合度又强化产权的强度。因而，协调产权强度与社会黏合度之间的张力是政府实现其权能的关键，而协调三者间的关系是改进社区治理绩效的核心。

谷玉良（湖南师范大学公共管理学院讲师、硕导）：市民与农民工混合居住的新型社区——混合社区"公共性"的缺失给社区治理带来极大挑战，使社区处于公共政策制定与落实难、社区治理参与不足、多元合作治理流于形式等治理困境。重构混合社区"公共性"，必须建立新老居民共同参与的内生型社区组织，引入新居民，创新自助型社区服务与治理模式，建立修身学堂和多元文化融合平台，以激发混合社区"地方性共识"的再生产。健康的城市必须为全体市民提供安全的环境。在城市面临严重疫情危机时，社区从来就是作为抗击疫情、斩断病毒传播链条的最重要的主战场而存在的，也是"后疫情时代"降低次生灾害、社会重建最关键的环节。

文　军（华东师范大学中国现代城市研究中心教授）：20世纪末以来，人类进入了一个新的风险社会时代。新冠肺炎疫情的暴发是对风险社会中社区治理体系和治理能力的一次大检验。以社区基层组织为核心来构建社区疫情防控的基层（社区）治理共同体，并在实践中不断检验和提升其疫情防控能力，是一条很好的社区防控路径，具体可以按照"党委领导、政府负责、民主协商、社会协同、公众参与、法治保障、科技支撑"的架构进行部署和落实。

田毅鹏（吉林大学哲学社会学院教授、博导）：新冠肺炎疫情作为一次重大突发公共卫生事件，是对我国社会治理体系和治理能力现代化的一次大考。抗击新冠疫情中，常态意义上的社区网格迅速升级为社区抗疫的"超级网格"，具体由一张"主网"和多张"辅网"构成。超级网格在全面排查和及早发现疫情、切断病毒传播链、保持社区秩序和稳定方面发挥了巨大作用。在"后疫情时代"，如何通过社区抗击疫情体系构建（超级网格）切实提升国家社会治理体系和治理能力现代化，成为亟待解决的治理难题。

李　钊（华中科技大学公共管理学院博士研究生）：新冠肺炎疫情所导致的复杂事态既暴露出我国城市社区治理能力的不足，也展现出社区组织转向合作治理模式的潜在可能性。为了打赢这场抗疫攻坚战，我国城市社区应当以社会合作的组织模型为应对。具体而言，可以通过等级制权威体系、临时项目小组以及组织与个体的互动协作将这种模型概念化。此外，治理主体的互动，使作为领导者的基层党组织、作为帮助者的职业者以及作为训练场的邻里组织能将这种模型现实化为社区合作治理的新模式。

张　军（安徽大学社会与政治学院教授、博导）：社区中的社会组织和志愿力量是应对新冠肺炎疫情过程中重要的参与者，而"志愿者＋社区组织"的防控模式也成为基层社区抗疫的重要保障和时代选择。在实际运行中，该模式尚存在志愿者和社区社会组织工作人员的定位分化、志愿服务风险系数高、志愿者疫情防控能力不足等突出问题。为提高志愿服务参与社区社会组织的疫情防控效率，需明晰组织与志愿者之间的合作基础，实施志愿服务的成本收益分析，筛选合适的志愿服务模式，总结疫情防控的基本经验，推动志愿服务的制度化建设。

董幼鸿（上海市委党校应急管理培训中心教授）：根据城市精细化治理理论范式的内涵和要求，结合疫情治理的危机管理过程，可以构建城市社区疫情精细化防控的分析框架。以上海基层社区疫情防控为例，基于社区疫情防控工作实践中取得的成效和面临的问题，结合重大风险防控机制建设的要求，可以从文化、体系、制度和技术四个层面着力推进特大城市社区疫情防控机制建设，构建适合特大城市重大疫情精细化防控需要的机制和体系，持续提升基层社区疫情精细化治理的能力和水平。

唐　燕（清华大学建筑学院城市规划系副教授、博导）：城市社区在落实新冠肺炎疫情防控任务的过程中，面临着工作人手和防疫物资短缺、人员排摸困难、形式主义、表格抗疫等关键挑战。在接下来的城市社区疫情防控治理方面中，要做好门禁、网络、心理、分诊等重点领域的行动应对。为了综合提升社区治理能力和城市疾病防控能力，从城乡规划和公共卫生视角来看，健康城市与韧性城市建设、公共服务设施规划与综合防灾减灾规划、15分钟生活圈构建与社区空间精细化设计等议题值得深入研究和思考。

吴宗友（安徽大学社会与政治学院教授、博导）：空间重组背景下，城市社区在防控治理新冠肺炎疫情的过程中面临不少挑战，例如物理空间重组导致疫情扩散与异地传播的风险加大，社会空间重组导致疫情联控与人口结构的矛盾凸显，心理空间重组导致疫情恐惧与社会心态危机加深，网络空间重组导致疫情防控与信息管理更加复杂。严控物理空间的越轨行为，筑牢群防群治的社会基础，释放情绪压力，维护舆情健康和信息透明则是社区疫情防控具体的应对策略。

易外庚（江西省社会科学院社会学研究所副研究员）：社区治理的重要目标是提高治理的有效性。社区治理有效性的影响因素主要包括治理主体、制度规范、资源配置三个方面。从此次新冠肺炎疫情社区治理的实践来看，要提升社区治理有效性必须对城乡社区治理的主体性问题、非政府组织参与方式、社区居民主体意识提升、有效治理评估体系等方面进行反思和探讨。

朱海龙（杭州师范大学公共管理学院教授）：要转换思维、革新理念，将社区智慧化建设引入社区新冠肺炎疫情防控治理过程中去，推动工作作风由申令式向引导式转变，提高社区居民抗疫的主观能动性，推动社区防控从网格化向网络化转变，构建新型区块链与分布式的防控模式，提高社区疫情防控质量，最终为提升国家层面的重大疫情防控和治理效率提供基础。

罗帅虎（安徽大学马克思主义学院硕士研究生）：新冠肺炎疫情既是一次重大突发公共卫生危机，也是一次综合性的社会灾害。"三社联动"＋防灾减灾救灾是新时代下我国综合减灾工作的一次有益探索，通过把三社联动模式纳入新时代中国防灾减灾救灾工作之中，实现社区、社会组织、社会工作者三者互联互动、分工协作，激发社会力量参与防灾减灾救灾工作，进而提高全社会抵御灾害的综合防范能力。结合安徽省推进"三社联动"＋防灾减灾救灾运行模式的实践经验来看，此项工作任重道远。

吴　晓（东南大学建筑学院教授、博导）：流动人口是新冠肺炎的一大类易感人群，极可能从易感者成为新的受害者和传染源，故在疫情之下务必充分关注和重点保护我国数以亿计的流动人口。针对流动人口不同的就业方向和居住方式，可以通过社区治理水平的提升加强流动人口的有效保护和合理管控。这不仅有利于日后公共卫生危机的应对和"健康中国"的建设，更有助于实现新型城镇化背景下农业转移人口的市民化。

程名望（同济大学经济与管理学院教授）：智慧建设程度高的城市更有利于增强城市疫情防控效应，这表明智慧城市建设有利于城市应对突发公共危机。完善城市治理体系，提升城市治理能力，走出一条城市规模与治理水平相匹配的适合中国国情的城市发展模式，是中国城市化建设乃至经济可持续增长所面临的重要课题。

郭剑鸣（浙江财经大学公共管理学院教授、博导）：社区疫情防控中存在一个社区、物业、居民互动仪式链，其中人际冲突机制是影响社区疫情防控效能的关键因素。因此，从社区利益相关者三方视角构建自治体系、三位一体志愿者应急队伍、公共卫生知识宣导、应急临时空间配置和社区共同体文化平台，有利于改进社区疫情防控路径，进一步提高疫情防控效能。

王彦钧（广东省城乡规划设计研究院深圳分院规划师）：社区健康服务中心是基础医疗卫生服务的载体，其建设情况关系到全国整体医疗卫生的健康发展。以深圳市为例，全市社区健康服务中心的均衡性建设仍存在许多不足，在空间分布、设施配置和医疗服务方面呈现发展不平衡态势。尽快改善基础医疗卫生分布的均衡性，促进社康中心健康发展才能推动全国医疗卫生事业的持续进步。

综上所述，学术界对运用治理理念加强对流动人口的管理和服务已达成共识。社区是城市社会治理的"最后一公里"，是流动人口融入城市社会的组织载体和空间场域，如何在人口流动的背景下加强社区治理成为一个重要议题。流动人口的高流动性、强异质性给传统社区治理带来新难题，借助社会资本、社区归属感、社区公共性、社区参与、社会工作等社区研究的经典概念和理论可以发现人口流动背景下社区治理的新特征。另外，对区别于传统城市社区和农村社区的流动人口聚居区，如边缘社区、混合社区、村改居社区、城中村等，因其影响着中国特色城镇化历史进程的未来，也需要给予足够的重视和研究。新冠肺炎疫情引发的重大突发公共卫生危机，是对我国城市治理和社区治理的一次大考，依托社区加强公共卫生体系建设，提高基本医疗服务水平已刻不容缓。不难预见，在我国城市化进程尚未完成和大力推进流动人口市民化进程的背景下，继续探索人口流动背景下社区治理的新方法、新路径、新模式任重道远。

新时代进城落户农民"三权"问题
的战略解构及其路线

靳相木[1]　王永梅[2]

[1]浙江大学土地科学与不动产研究所教授
[2]浙江大学公共管理学院硕士研究生

摘要： 进城落户农民"三权"问题是关乎当今中国新型城镇化和农业农村现代化成败的重大理论和实践问题。将"三权"问题置于农村土地集体所有制的逻辑结构和城乡二元结构的历史变化中进行研究，发现进城落户农民"三权"问题是在剥削型城乡二元结构向保护型城乡二元结构转变的改革过程中产生的，成员权是其原因、本质，而"三权"则是成员权的结果、形式。在中国发展新的历史方位上，在成员权之得失与"三权"之变动的关系上应坚持缓和有因性主义。在新时代中国特色社会主义发展的不同战略阶段，"三权"问题所蕴含的矛盾的主要方面及政策取向将不断演变。由于"三权"中各项权利的诸多方面存在差异，进城落户农民有序适时退出"三权"的路线图呈现出复杂的时空差序格局。

关键词： 进城落户农民；"三权"问题；战略解构；时空差序结构

一、问题提出

计划经济体制时期，我国户籍制度承载着不同性质的土地权利及公共服务、社会福利待遇，也因此有了农业户口与非农户口之差异，这种差异塑造了由户口性质带来的农民和市民的身份性差别。改革开放以来，我国快速城镇化存在着户籍人口城镇化率低于常住人口城镇化率的突出问题。这就意味着有一部分人员已经生活在城市，却因为属农业户口而无法与城市户籍居民享受一样的公共服务和社会福利。推进这一群体在城里落户，使其平等享受城市公共服务和社会福利，是当前我国新型城镇化建设的首要任务。其中，进城落户农民在原农村享有的"三权"，即土地承包经营权、宅基地使用权、集体收益分配权的退出与否的问题，是我国新型城镇化中的重大理论和实践课题。与进城落户农民"三权"问题相关的政策、法律在我国城镇化过程中不断发展演变，在不同阶段呈现出不同的特点。

早在1984年，《国务院关于农民进入集镇落户问题的通知》（国发〔1984〕141号）就规定："凡申请到集镇务工、经商、办服务业的农民和家属，在集镇有固定住所，有经营能力，或在乡镇企事业单位长期务工的，公安部门应准予落常住户口，及时办理入户手续，发给《自理口粮户口簿》，统计为非农业人口。对到集镇落户的，要事先办好承包土地的转让手续，不得撂荒；一旦因故返乡的应准予迁回落户，不得拒绝。"这一规定向农民打开了进入集镇的通道，明确农民进城落户须退出承包地，但承包地不能置换完整的市民待遇，需要自理口粮，同时该规定仍为农民返乡迁回留下退路。

1997年，《国务院批转公安部〈小城镇户籍管理制度改革试点方案〉和〈关于完善农村户籍管理制度意见〉的通知》（国发〔1997〕20号）进一步规定："经批准在小城镇落户人员的农村承包地和自留地，由其原所在的农村经济组织或者村民委员会收回"，"经批准在小城镇落户的人员，与当地原有居民享有同等待遇。当地人民政府及有关部门、单位应当同对待当地原有居民一样，对他们的入学、就业、粮油供应、社会保障等一视同仁"。此即"以土地权换市民权"的政策逻辑之肇始，在小城镇落户的农民可以用承包地和自留地的退出来置换完整的市民待遇。

2001年，《国务院批转公安部〈关于推进小城镇户籍管理制度改革意见〉的通知》（国发〔2001〕6号）规定："对经批准在小城镇落户的人员，不再办理粮油供应关系手续；根据本人意愿，可保留其承包土地的经营权，也允许依法有偿转让。对进城农户的宅基地，要适时置换，防止闲置浪费。"由于此时国家粮油供应已名存实亡，进入小城镇落户的农民实际上既可与城镇居民享受同等待遇，又可保留农村土地承包经营权，这也为后来《农村土地承包法》中对农民进入小城镇落户的规定奠定了实践基础。2003年实施的《农村土地承包法》对在小城镇和设区的市落户的农民的土地承包经营权予以区别对待，明确规定，迁入小城镇落户的农民可保留其土地承包经营权，而进入设区的市落户的农民须退出土地承包经营权。

可见，在改革开放后很长一段时间内，我国农村人口城市化政策或隐或显地存在一条"以土地权换市民权"的逻辑红线，这一逻辑红线在实践中表现出不同的具体模式。比如，2008年浙江嘉兴的"两分两换"[①]、2010年广东的"积分制"[②]、陕西的"宅基地换城镇住房、土地承包经营权换取城镇社保"[③]。实践中，为了使农民在城市落户，住房、社保、基础设施建设等都需要投入大量公共资金，这主要依靠地方财政，而地方政府在没有足够资金的情况下，就会打农民手中土地的主意，以期用土地来换取资金。一些地方倾向强势推动农民以土地权换城市公共服务与社会福利。

---

① 张建华.嘉兴市开展"两分两换"试点工作的实践与探索[J].嘉兴学院学报，2010，22(04):29-35.

② 广东省人民政府网.关于开展农民工积分制入户城镇工作的指导意见[EB/OL](2010-06-23)[2019-04-03]，http://zwgk.gd.gov.cn/006939748/201007/t20100705_12024.html.

③ 陕西省人民政府网.陕西省人民政府关于加大力度推进有条件的农村居民进城落户的意见[EB/OL](2010-07-26)[2019-04-03]，http://www.shaanxi.gov.cn/gk/zfwj/47236.htm.

在"以土地权换市民权"过程中，农民的合法土地权利很可能受到侵害。同时，伴随着剥削型城乡二元结构的逐渐破除，附着在非农业户口上的利益逐渐被剥离，而附着在农业户口上的利益则相对得到强化，常住城市的农民工对"以土地权换市民权"做出了新的权衡，一些农民工宁可选择保留农村的土地权益而不选择进城落户。为遏制侵害农民的合法土地权利，加快农民工市民化进程，2011年2月，国务院办公厅发布的《关于积极稳妥推进户籍管理制度改革的通知》（国办发〔2011〕9号），叫停了"以土地权换市民权"的做法，明确规定"现阶段，农民工落户城镇，是否放弃宅基地和承包的耕地、林地、草地，必须完全尊重农民本人的意愿，不得强制或变相强制收回"。2012年的《政府工作报告》提出"土地承包经营权、宅基地使用权、集体收益分配权是法律赋予农民的财产权利，任何人都不能侵犯"。此后，农民"三权"的说法遂不胫而走，成为特定名词，并广为流传。

2014年7月，国务院《关于进一步推进户籍制度改革的意见》（国发〔2014〕25号）提出，"坚持依法、自愿、有偿的原则，引导农业转移人口有序流转土地承包经营权"，强调"现阶段，不得以退出土地承包经营权、宅基地使用权和集体收益分配权作为农民进城落户的条件"。2015年11月，中共中央办公厅、国务院办公厅印发的《深化农村改革综合性实施方案》；2016年1月，中共中央一号文件《关于落实发展新理念加快农业现代化实现全面小康目标的若干意见》（中发〔2016〕1号）；2016年2月，《国务院关于深入推进新型城镇化建设的若干意见》（国发〔2016〕8号）；2016年10月，《国务院办公厅关于印发推动1亿非户籍人口在城市落户方案》（国办发〔2016〕72号）等一系列政策安排，均坚持"现阶段不得以退出土地承包经营权、宅基地使用权和集体收益分配权作为农民进城落户的条件"这一基调，并进一步提出探索农户对土地承包权、宅基地使用权、集体收益分配权的自愿有偿退出机制，支持引导其依法自愿有偿转让上述权益。

第二次修正的《农村土地承包法》于2019年1月1日起实施，其中第二十七条规定："国家保护进城农户的土地承包经营权。不得以退出土地承包经营权作为农户进城落户的条件。承包期内，承包农户进城落户的，引导支持其按照自愿有偿原则依法在本集体经济组织内转让土地承包经营权或者将承包地交回发包方，也可以鼓励其流转土地经营权。"这意味着中央近年来叫停"以土地权换市民权"的政策最终以法律形式确定了下来。

回顾改革开放40多年，国家对于进城落户农民的土地承包经营权、宅基地使用权、集体收益分配权的政策及法律规定经过了多番变化。对于进城落户农民的土地承包经营权，前期的改革探索区分小城镇和设区的市，对于进入集镇、小城镇落户的，大致经历了"退出土地承包经营权、享受不完整的城镇居民待遇但可迁回农村"到"退出土地承包经营权、享受完整的城镇居民待遇"，再到"保留土地承包经营权、享受完整的城镇居民待遇"的发展过程；而对于进入设区的市落户的农民，则一直坚持交回土地承包经营权的政策。直到2011年才明确，农民进入城镇落户，无论是小城镇还是设区的市，都无须交回土地承包经营权。对于进城落户农民的宅基地使用权，国家在2001年之前并无明确的说法，2001年提出对于进入小城镇落户的农民要"适时置换"宅基地，此后到2011年各地的探索大都以"宅基地换城市住房"为政策取向。2011年起，国家才明确农民进入城镇落户无须交回宅基地使用权。对于进城落户农民的集体收益分配权，直到2012年才正式成为"三权"之一。也直到此时，国家才明确农民进城落户无须退出集体收益分配权，而之前进城落户农民的集体收益分配权通常随着集体成员身份的丧失而消灭。

目前，国家对现阶段进城落户农民"三权"问题的制度安排扭转了以往"以土地权换市民权"的农村人口城镇化逻辑，这个新政策里的限定词"现阶段"三个字是国家权衡现实和未来可能性而特别加上的时间状语，这意味着国家对进城落户农民"三权"问题的政策安排具有权宜性、策略性和阶段性。也就是说，"现阶段"的时间含义是模糊的，进城落户农民保留"三权"是有期限的，但到何时为止则又是不确定的。特别是，"现阶段"结束后，进城落户农民"三权"是否必须退出？对此，国家政策留下了很大的想象、探索和调整的空间。任何一项公共政策的成功实施，都不仅与其政策内容的可行性有关，也需要有一个明确的时间范围，这也是决定和检验其实施成效的关键点之一。再考虑2018年修正的《农村土地承包法》增加的"耕地承包期届满后再延长三十年"的规定，不免会让人联想农民进城落户后可以永久拥有土地承包经营权，再加上宅基地使用权无期限、可继承的特征原本就容易使得进城落户农民及其后代产生可以永久拥有宅基地使用权的预期，如果不适时明确"现阶段"的时间含义，很可能对未来进城落户农民"三权"政策调整埋下重大隐患。

国家提出现阶段进城落户农民"三权"政策后，四川、浙江、山东等多地随之进行改革探索和具体实践。在进城落户农民"三权"维护上，山东省探索以集体成员资格证明、转移备案证书来表达"三权"，将看不见的"三权"转化为看得见的权利凭证，给进城落户农民吃上了"定心丸"[①]。四川省内江市、重庆市梁平县开展了土地承包经营权有偿退出模式的探索，其中内江市龙门村土地承包经营权退出分为永久退出和长期退出两种方式[②]。浙江省一些地区探索了集体收益分配权股权化转让的做法，将集体资产量化，农民持有股权，进城落户后农民可通过转让股权的形式实现集体收益分配权的转让。尽管各地进行了多种探索，但都没有对"现阶段"的时间含义做出明确界定。

学界对进城落户农民"三权"政策的认知和已有的研究，大体而言主要围绕两个方面展开：一是不得以"三权"交换市民权的正当性及其理据。有研究指出，要求农民工以土地换市民身份，既不现实，也不公平。这是两件性质完全不同的事情。"三权"是农民的财产权利，而市民所能享受的

[①]　中共山东省委办公厅、山东省人民政府办公厅《关于加快推进农业转移人口市民化的实施意见》（鲁办发〔2016〕50号）规定："农业转移人口整户转为城镇居民的，凭原村（居）集体经济组织出具或由村（居）民委员会代行出具的集体成员资格证明和户籍迁出地乡镇政府（街道办事处）出具的整户转移备案证书，继续享有农村土地承包经营权、宅基地使用权及其他集体经济权益。家庭部分成员转为城镇居民的，凭原村（居）集体经济组织或由村（居）民委员会代行出具的集体成员资格证明和户籍迁出地乡镇政府（街道办事处）出具的个人转移备案证书，继续平等享有在原农户的农村土地承包经营权、宅基地使用权及其他集体经济权益。"

[②]　永久退出是将土地承包经营权永久交还给村集体，补偿期限为30年，第二轮土地承包到期后不再具备土地承包资格；长期退出是将土地剩余承包期限内（2029年之前）的承包经营权交还给村集体，意味着第二轮土地承包到期后农民仍可重新取得土地承包经营权。

养老、医疗、住房、就业等充其量只是公民福利权。用"三权"交换城市户籍，哪怕是"自愿、有偿"，但其实质就是用农民的私人收益换取城市户籍[1][2]。有学者认为，以土地换社保的改革虽然在程序上回避了《物权法》的征收规制，但实质上却异化为"隐蔽征收"，对农民发展权的公平量化与有效保障能力不足[3]。更有学者提出，对"不在地"土地权益的保护程度是检验农地确权强度的重要指标[4]。也有研究从农民工生存现状及市民化意愿的角度出发，分析进城落户农民保有"三权"的必要性，认为以交回土地为前提会显著降低农民工市民化的意愿[5]，影响城镇化效果。不少学者从公民权益、耕地保护、社会稳定等方面分析了允许进城落户农民保有"三权"的利弊得失，揭示其政治、经济、社会和文化效应[6][7][8]。二是"三权"转让退出的思路及制度路径。有学者探讨了进城落户农民自愿保留农村土地的期限，以及农民自愿有偿退出土地承包权的补偿时间和补偿标准等[9]。有研究认为目前部分地区、部分群体"三权"转让的条件已经成熟，要支持引导进城落户农民依法自愿有偿转让"三权"，积极稳妥扩大"三权"转让的市场范围，要依法打破有偿转让"三权"的村组界限[10]。有学者提出"按宅基地使用权、土地承包权、集体收益分配权的顺序，依次扩大转让改革的尺度；按一般农村、城郊村、城中村的顺序，依次扩大转让改革的力度；根据不同地区、不同财产权利，设置不同的受让人范围和优先序"的总体思路[11]。开展城乡建设用地增减挂钩，以指标形式实现"地随人走"和"人地挂钩"，是建立进城落户农民土地有偿退出通道，完善进城落户农民土地有偿利用机制的重要制度路径[12]。这两个方面的研究成果，总体上看虽各有其关注点及研究价值，但大都在权宜性、对策性的层次上探讨进城落户农民"三权"问题的应对之道，对"现阶段"时间含义缺乏深入探讨，未能对进城落户农民"三权"问题进行战略性解构。

总的来看，对于由"现阶段"含义的模糊性引致的进城落户农民"三权"政策的不确定性问题，地方实践及学界均未予以正视和回答。搁置对"现阶段"的时间内涵的界定，虽然能为进城落户农民"三权"政策的未来调整留下弹性空间，但也使该项政策在实施中具有很大的不确定性，无法为进城落户农民提供稳定的预期，甚至会影响我国新型城镇化和农业现代化的阶段性战略目标的实现。在不同的发展阶段中，进城落户农民"三权"问题的内涵及其蕴含的矛盾的主要方面有所不同。本文

① 国务院发展研究中心课题组.农民工市民化进程的总体态势与战略取向[J].改革，2011(05):5-29.
② 严伟.户籍改革不应觊觎农民的承包地和宅基地 不能让农民用"三权"换城市户口[J].中国经济周刊，2014(32):16-17.
③ 张力.地权变动视角下户籍制度改革的法律规制[J].法学，2012(09):45-54.
④ 闻新国.强化"不在地"土地权益的保护[J].党政论坛，2014(12):42-43.
⑤ 张翼.农民工"进城落户"意愿与中国近期城镇化道路的选择[J].中国人口科学，2011(02):14-26.
⑥ 沈水生.农民工全家进城落户后土地权益问题探讨[J].行政管理改革，2014(07):24-29.
⑦ 方辉振，汪潇.现阶段保留进城落户农民"三权"的意义与效应[J].中共天津市委党校学报，2015(02):95-100.
⑧ 刘洪银.城镇化过程中农民"带土进城"与农地权益保护[J].西北人口，2012(01):33-36.
⑨ 金励.城乡一体化背景下进城落户农民土地权益保障研究[J].农业经济问题，2017(11):48-59+111.
⑩ 任常青.进城落户农民"三权"问题研究[J].河北学刊，2017(01):109-114.
⑪ 叶兴庆，李荣耀.进城落户农民"三权"转让的总体思路[J].农业经济问题，2017(02):9-14.
⑫ 邱道持，陈启华.进城落户农民土地有偿退出机制探讨[J].重庆国土资源，2015(04):8-14.

试图在党的十九大做出的新时代中国特色社会主义发展的战略框架下，前瞻我国进城落户农民"三权"政策未来发展演变的总体趋势和差序结构，提出联结"现阶段"和未来发展的进城落户农民"三权"问题的战略解构和应对方案。

接下来，本文第二部分拟站在我国发展新的历史方位上，贯彻逻辑和历史相统一的思想方法，揭示进城落户农民"三权"问题的本质及根源；第三部分以2020年、2035年和2050年三个时间节点为分界，着力剖析"三权"问题的未来发展演变与解构的战略阶段及特征；第四部分聚焦进城落户农民"三权"问题战略解构的方式和差序格局，设计新时代进城落户农民"三权"问题战略解构的路线图，以破除"现阶段"时间内涵的模糊性所造成的"三权"政策不确定性的消极影响；最后一部分为全文总结及进一步讨论。

二、进城落户农民"三权"问题的本质与根源

（一）"三权"问题的战略解构及其认识方法

进城落户农民"三权"问题的表象复杂、关联性大、辐射性强，与户籍制度、公共服务和社会保障制度的改革交织在一起，关联着农村土地集体所有制以及建立在其上的农村集体经济组织制度、村民自治组织制度的改革。因此，不同立场、不同价值观、不同视角的个体理性，对进城落户农民"三权"问题的认识可能截然不同。唯有超越个体理性的局限，站在社会理性的立场上对进城落户农民"三权"问题进行战略解构，才能实现全局的战略利益。

进城落户农民"三权"问题的形成是一个不以人的意志为转移的自然历史过程，但其解决是一个可以通过发挥主观能动性来促进的社会治理过程。对进城落户农民"三权"问题的战略解构，就是要立足新时代中国特色社会主义发展的战略安排，既要把"三权"作为一个整体系统看待，反映和顺应"三权"历史发展的总体趋势，同时又需把"三权"问题拆解开来，予以单元化的、按阶段的分别应对和差序处理，从战略高度上对进城落户农民"三权"政策进行长期性的谋划，以期最终促成"市民权以土地权换"等社会纠葛问题的有序、公平的解决，为新型城镇化和农业农村现代化协同推进创造战略条件。

对进城落户农民"三权"问题的战略解构，应当贯彻逻辑和历史相统一的认识方法，将"三权"问题叠置于农村土地集体所有制的逻辑结构和城乡二元结构的历史变化中，透过"三权"问题的表象，抓住其本质和产生的根源。其中，最重要的任务有两个：一是要在农村土地集体所有制的逻辑结构中，找出那条把进城落户农民"三权"串联为一个整体的逻辑红线，揭示"三权"问题的本质，厘清界定成员权之得丧与"三权"之变动二者的关系，以及"三权"中土地承包经营权、宅基地使用权和集体收益分配权的各自不同的性质；二是要在城乡二元结构的历史变化中，将改革之前三十年和改革后四十年两个历史时期统一起来，以辩证的、发展的眼光，看待进城落户农民"以土地权换市民权"的历史经验和趋势，在新市民、原市民和继续留在农村的农民等不同群体利益的历史变动中，寻

求进城落户农民"三权"问题发生的根源。只有抓住"三权"问题的本质和历史根源，才不至于在追踪其未来复杂的表象和多变的具体形式时迷失方向。

在进城落户农民"三权"问题的战略解构政策中，为了取得全局的战略利益，有时不得不让特定人群在特定阶段牺牲一定的利益。面对"三权"问题上的汹涌民意和多维诉求，唯有通过对"三权"问题的战略解构，在认识和理论上建立科学的论述，妥善处理特定人群与全社会以及不同人群之间的利益平衡关系，制定出来的政策才有战略定力，才不会为一时的舆论热点和假民意的牵引而迷失方向，才能够避免在"三权"问题上犯颠覆性的历史错误。

（二）成员权视域的"三权"问题之本质

进城落户农民、继续留在农村的农民、常住城市但不落户的农民这三个群体的"三权"问题应当统一起来把握。微观地看，农民"三权"是嵌入以农村土地集体所有制为基础的集体经济制度框架中的权利，"三权"的界定和保护规则的形成必然要受到集体经济制度逻辑的约束。因此，欲窥得进城落户农民"三权"问题之本质，只有将其置于以农村土地集体所有制为基础的集体经济制度逻辑框架中才可实现。

作为集体土地所有权主体之"集体"，它既是"一群人"，又是一个组织体。作为"一群人"，它不是由契约结成的，而是受血缘性、他致性、前定性、社区性、行政性、习惯性等非契约因素的影响而形成的。"一群人"之每个成员，基于权利行使成本最小化的逻辑，不得不结成一个组织体，将其部分土地权利让渡给这个组织体来行使，没有让出的剩余土地权利仍然留给自己。这个组织体无论是村民委员会，还是村集体经济组织等，都是在中国传统社会长期演化形成的村落制度的基础上，经国家政权力量的深入、确认或重整，才告成型。这样的组织体印刻着国家的烙印。这个组织体通常需基于法定的治理结构，行使其成员让渡出来的权利，并协助其成员行使各自保留着的剩余权利。自农村集体经济组织产生之日起，在其制度逻辑里，成员权就是指集体的每个成员没有让出的、仍然留给自己的剩余权利。它具有三个特征：一是平等性，即每个成员的剩余权利具有同一性、无差异性，任何成员不得寻求异于其他成员的剩余权利；二是独立性，即每个成员的剩余权利先于组织体而存在，并自外于组织体，它不随组织体的灭失而消灭；三是弹力性，即在不同的历史时期，成员权的展开形式多有不同，如在人民公社时期，成员权表现为劳动权、分配权，而在今天则表现为"三权"等。我国现行《物权法》《村民委员会组织法》等对成员权的行使机制做出了明确的规定，成员权受到侵犯时，可以寻求司法救济。

改革开放以来，农村集体经济组织的成员权及其派生的"三权"的发展变化总体上呈现出"从身份到契约"的历史趋势。随着城市化的不断发展以及城乡人口的大规模和多元化流动，城乡分割的二元体制逐渐打破，农村集体经济组织制度开始引入契约因素，集体成员凭身份享有权益的单一格局逐渐演变成身份性权益与契约性权益伴生的复杂格局。一些地区股份合作经济的兴起与发展，核心就是将契约性权益引入集体经济组织中，集体成员由凭身份行使权益转变为凭契约安排行使权益，集体收益分配权逐渐股权化。凭身份取得的宅基地使用权、土地承包经营权的身份性逐渐消减，而其契约性、物权性则逐渐强化。尤其是，农地使用制度从"两权分离"向"三权分置"发展，就是要实现身份性与契约性的分离，推动契约性的土地经营权的物权化进程。从身份到契约，是由城市化、社会化、市场化推动的农村集体经济组织制度发展变化的一条主线，体现了成员权以及"三权"发展变化的总趋势。不过，成员权的平等性、独立性和弹力性，是农村集体经济组织制度契约化发展的底线约束。当成员权不具备平等性、独立性和弹力性的时候，意味着农村集体经济组织的质变和异化。

将进城落户农民的土地承包经营权、宅基地使用权、集体收益分配权并列起来，并以"三权"冠之，实际上只是一种代称、简称。因为，进城落户农民在农村原有的权益不止于"三权"，还可能包括林权、股权、自治权等，称之为"四权""五权"等亦无不可。事实上，不管是"三权"，还是"四权""五权"等，均是农民作为集体经济组织的成员，行使其成员权的一种形式或结果。也就是说，总的看，在进城落户农民"三权"问题上，成员权是原因，"三权"是结果；成员权是本质，"三权"是表象、是形式。从逻辑上梳理，成员权就是串联和统领进城落户农民"三权"问题的那条红线，将成员权纳入分析视野，"三权"问题便不再是彼此独立的三个问题，而得以成为一个整体性问题。以成员权视域为中心，从整体上把握"三权"，探究进城落户农民的农村集体成员权的得丧机制，追究成员权之得失与作为成员权之行使方式或结果的"三权"的变动之间的内在联系，这才有可能从进城落户农民"三权"问题的复杂表象中抽出其本质来。

分开来看，农民"三权"的产生虽然无一例外都是成员权的展开方式，但也各有其发生和演进的路径，各有其对当时经济社会条件的适应性反映。从我国集体经济制度内在的理论逻辑及历史事实看，农民享有的集体收益分配权是与其成员权相伴而生的，即：只要是集体成员，都应享有集体收益分配权；丧失了成员权，也就相应地丧失了集体收益分配权。反过来，没有了集体收益分配权与丧失了成员权无异，所谓集体收益分配权的得失实际上也就意味着成员权的得失。由此看，就法律性质而言，集体收益分配权并非一项独立的针对特定标的物的财产权利，只是成员权的一项权能。不同于集体收益分配权，在土地承包经营权与成员权的关系上，土地承包经营权不再是成员权的一项权能，而是成员权行使的一种外在结果，土地承包经营权一经产生，便成为一项具有特定标的物的排他性用益物权，在承包期内独立于、自外于成员权。承包期内，成员权之得失与土地承包经营权之变动可以一致，也可以发生分离。当承包期届满，土地承包经营权则复归于土地所有权中。一个新的土地承包期开始，土地承包经营权仍需借成员权的行使而再设立。在经验事实中，宅基地使用权与成员权的关系，同土地承包经营权与成员权的关系比较类似，宅基地使用权亦是成员权行使的一种外在结果，宅基地使用权一经产生，便独立于、自外于成员权，并成为一项具有特定标的物的排他性用益物权。成员权之得失与宅基地使用权之变动亦是可一致，也可不一致。

简言之，作为成员权行使的结果，"三权"具有内在的一致性，即宅基地使用权、土地承包经营权和集体收益分配权都是基于成员身份而产生的权利，但"三权"各有其独立的、差异化的功能定位。目前，宅基地使用权、土地承包经营权已经物权化，业已取得外在于成员权的独立地位，属于我国《物权法》明定的用益物权类型。虽然有的集体经济组织实现了股份制改造，成员权转化为股权，股权相应成为了收益分配权的载体，但总体看，集体收益分配权则仍然停留在收益索取权的层次上，尚未取得完全外在于成员权的独立地位。目前，集体收益分配权不具备我国《物权法》《合同法》意义上的财产权规格。

在看待农民"三权"变动与成员权得失的关系上，存在着两种对立的信条：一是有因性主义，即成员权与"三权"之间是"皮"与"毛"的关系，"皮之不在，毛将焉附"，成员权是"三权"的原因，当成员权消灭时，"三权"也随之变动；反之亦然。前述"以土地权换市民权"的政策逻辑即是如此。二是无因性主义，即"三权"基于成员权一旦产生，便取得了外在于成员权的独立存在，成员权的瑕疵或者灭失不影响"三权"，成员权之得失并不产生"三权"之变动的法律后果。那些完全否定"以土地权换市民权"的主张，大都隐性坚持这一信条。在实务和理论研究中，这两种信条均有体现。

在进城落户农民成员权与"三权"关系问题上，这两种信条皆过于僵硬和极端，缺乏对复杂实践的适应性。比如，在加快推进新型城镇化，到2020年实现1亿左右农业转移人口和其他常住人口在城镇落户的目标的阶段，我们既不能坚持进城落户农民"三权"变动的有因性主义，也不宜坚持无因性主义，而应当坚持缓和有因性主义。所谓缓和有因性主义，就是在承认成员权得失是"三权"变动的原因的基础上，要坚持一种缓和的立场，允许"三权"在成员权丧失之后继续存在一个适当的时间，当成员权确定无须恢复或不应恢复之后，"三权"才告消灭。这样一种缓和有因性主义在经验层面已有体现，近年来国家提出的"不得以退出土地承包经营权、宅基地使用权和集体收益分配权作为农民进城落户的条件"，以"现阶段"作为时间状语，贯彻的即是这一逻辑法则。在推动农民工市民化的实践中，缓和有因性学说已经显示出其适应性和生命力。

（三）城乡二元结构视域的"三权"问题之根源

宏观地看，进城落户农民"三权"问题镶嵌于我国城乡二元结构中。当前，城乡二元结构发展演变已经呈现出新的趋势和特点，农村土地集体所有制以及在其基础上建立的集体经济组织制度已经成为城乡融合发展阶段对农民和农业进行保护的特惠性制度安排，改革开放之前的剥削型城乡二元结构正在向当今城乡融合发展阶段的保护型城乡二元结构转化①。考察进城落户农民这个群体的"三权"问题，还必须将其置于当今已经形成的保护型城乡二元结构的时代背景下，且要将改革开放之前和改革开放之后两个历史时期统一起来。当下，一些人对"以土地权换市民权"有所批评，如有人追问"农民的社保以土地换，那市民的社保是什么换的"；还有人认为农民的宅基地、承包地、集体收益分配权等"三件衣服"是他们的财产权利，而所谓市民的养老、医疗、教育、住房、就业等"五件

---

① 贺雪峰.论中国式城市化与现代化道路[J].中国农村观察，2014(01):2-12.

衣服"是公民的福利权,二者之间的权利级差巨大,就像生命权不可以置换成财产权,财产权也不可以置换成生命权一样①,诸如此类的似是而非的质疑和批评,大都将改革开放之前和改革开放之后两个历史时期割裂和独立开来。

事实上,在改革之前三十年的计划经济体制时期,国家为市民提供养老、医疗、教育、住房、就业等社会保障,但不允许市民拥有土地所有权,城市土地为国家所有。与此同时,国家当时没有能力为农民提供养老、医疗、教育、住房、就业等社会保障,但把土地给了农民,实行农村土地集体所有制,以土地来保障农民的就业及生老病死。总的看,这个时期是农业支持工业、农村支持城市的剥削型城乡二元结构。改革开放四十多年来逐渐打破这种剥削型的城乡二元结构,实行统筹城乡发展战略,养老、医疗、教育、住房、就业等社会保障逐步面向全体公民提供,农民逐渐与市民享有同等的公共服务和社会福利,保护型城乡二元结构得以逐步形成和巩固。这样,在农村人口城市化过程中,当代中国进城落户农民"三权"问题便由此产生。一方面,来源于成员权的"三权"就逐渐成为农民比市民额外多出来的权利,那么,当农民进城落户时,这个比市民多出来的权利是否应继续保有,在城市中是否应当允许存在一个与原市民相比拥有受制度保障的额外权利的新市民群体,便成为当今中国城市化过程中广为关注和讨论的纠结问题。另一方面,与继续留在农村的农民和常住城市但不落户的农民工相比,进城落户农民"三权"在来源和性质上原本没什么不同,但当这部分农民进城落户,不再在原农村集体经济组织中生产、生活时,这部分人口是否还有资格继续享受保护型城乡二元结构对农民群体的特惠性制度安排,就是一个很大的政治、经济及社会问题了。进城落户农民"三权"问题的这两种表象犹如一枚硬币的两面,彼此交织。

除了要历史地看待"三权"问题之外,还应认识到,国家虽有义务有责任为公民提供社会保障和公共服务,但国家并不是独立、外在于公民,国家履行义务和责任的财力来自公民直接或间接让渡的部分收入。国家因农民进城落户而增加的社会保障和公共服务支出,也一定来自公民让渡的收入。这部分增加的社会保障和公共服务支出必须由全体社会成员公平地分担,既不能完全由进城农民负担,也不能完全由进城落户农民之外的其他公民群体来负担。其中,进城落户农民以放弃土地权的方式,对其市民化成本分担一定的份额,实属当然的成本分担方案之一。在保护型城乡二元结构初步形成的背景下,特别是将改革开放之前和改革开放之后两个历史时期统一起来就会发现,"以土地权换市民权"有其逻辑必然性和历史必要性。也就是说,地方政府在进城落户农民的土地上做文章,并不为过。关键是做什么样的文章,打什么样的主意。对此应予以具体分析,不能一概地不分时空地绝对否定,不能妖魔化"以土地权换市民权"。有意或无意地忽略改革开放之前三十年的历史事实,将改革开放之前和改革开放之后两个历史时期割裂和独立开来,对"以土地权换市民权"不加分析而完全否定的做法,很可能为一时的舆论热点和假民意所牵引,而犯下颠覆性的历史错误。

---

① 丘安辉.农民福利为何要用财产换?[EB/OL](2010-08-05)[2019-04-03]. http://epaper.nfncb.cn/nfnc/content/20100805/Articel02002FM.htm.

当前,进城落户农民"三权"问题面临的矛盾的主要方面,是加快已经在城市常住的农民工在城市落户,这就决定了"现阶段"不宜提倡"以土地权换市民权",不能以退出土地承包经营权、宅基地使用权、集体收益分配权作为农民进城落户的条件。但是,这一做法在"现阶段"的正当性,不意味着在"现阶段"结束之后的历史阶段上仍将存在正当性。随着我国现代化建设事业发展的战略阶段及时空条件的转化,"以土地权换市民权"的正当性也将发生变化,解决进城落户农民"三权"问题的政策取向也必然会随之演变。

三、进城落户农民"三权"问题的战略演进与解构

按照党的十九大对新时代中国特色社会主义发展的战略安排,以2020年全面建成小康社会、2035年基本实现社会主义现代化、2050年建成社会主义现代化强国这三个时间节点,将新时代进城落户农民"三权"问题的战略演进与解构,划分为前后相继的三个阶段。

(一)2020年以前:推进户籍人口城镇化

2020年全面建成小康社会,是实现中华民族伟大复兴的中国梦必经的承上启下的发展阶段。1987年,党的十三大提出了中国现代化建设"三步走"的发展战略,规划在20世纪末实现三步中的前两步,人们生活达到小康水平。2002年,党的十六大提出到2020年全面建设惠及十几亿人口的更高水平的小康社会。城镇化过程中农民向市民的转变对全面建成小康社会具有重大的促进作用,"城镇人口的比重较大幅度提高"是党的十六大提出的全面建设小康社会的一个重要目标。2012年,党的十八大提出到2020年如期全面建成小康社会的新要求。2017年,党的十九大提出,要按照十六大、十七大、十八大提出的各项要求,紧扣我国社会主要矛盾变化,建成得到人民认可、经得起历史检验的全面小康社会。

改革开放以来,我国人口城镇化虽然快速发展,但走的是一条常住人口城镇化的道路,户籍人口城镇化率远低于常住人口城镇化率。当前我国主要社会矛盾已经转化为人民日益增长的美好生活需要和不平衡不充分的发展之间的矛盾,其重要表现之一就是我国人口城镇化发展的不平衡不充分的问题,就是我国户籍人口城镇化率与常住人口城镇化率的剪刀差问题。至2018年年末,我国总人口为139538万人(未含港、澳、台地区),户籍人口城镇化率为43.37%,常住人口城镇化率为59.58%[①],两者间仍然存在16.21个百分点的差距,也就是说仍有22619.1万人生活、常住在城镇半年以上,却没有城镇户籍。如果不解决这约2.26亿人的落户问题,他们就不能真正融入城市生活,无法享受城市的公共服务和社会福利,也无法完全脱离农村土地,这会形成一种不完全的城镇化,降低城镇化的质量,也无法促进农业现代化和农业规模经营的发展,不利于全面建成小康社会目标的顺利实现。

---

① 国家统计局.中华人民共和国2018年国民经济和社会发展统计公报[EB/OL](2019-02-28)[2019-08-07]. http://www.stats.gov.cn/tjsj/zxfb/201902/t20190228_1651265.html.

农民在城里落户后，能够享受到城市的公共服务和社会福利，消费观念、模式、水平也随之发生变化，并逐渐成为城市中的消费主体。这种转变能够扩大消费需求，促进消费结构升级，带动对基础设施、房地产等方面的投资需求。同时，农民进城落户并逐步脱离农村土地，有利于增加农村人均耕地面积，促进农业规模化经营，从而提高农业现代化水平，改善农民生活水平，缩小城乡居民收入差距。以常住化推进农民城镇化虽是我国户籍制度改革过程中曾长期坚持的政策，对于推动城镇化快速发展曾发挥了重要作用。但在全面推进新型城镇化，全面建成小康社会的今天，转向以户籍化促进农民城镇化、以户籍化配置社会保障与社会公共服务政策[1]，是新时代必须做出的战略选择。《国家新型城镇化规划（2014—2020年）》提出到2020年"常住人口城镇化率达到60%左右，户籍人口城镇化率达到45%左右，户籍人口城镇化率与常住人口城镇化率差距缩小2个百分点左右，努力实现1亿左右农业转移人口和其他常住人口在城镇落户"的目标。调查表明，农民进城落户的意愿虽然强烈，但是农民多不愿以土地换户口的方式来获取城镇居民身份，大多数愿意进城定居的农民希望保留承包地、宅基地和农村房产，只有8.2%的人表示愿意以承包地换户口，有约16.2%的农民工愿意以宅基地换城镇住房[2]。正是针对这一现实，为了促进农民市民化，国家提出了"现阶段，不得以退出土地承包经营权、宅基地使用权和集体收益分配权作为农民进城落户的条件"的政策规定。

维护好进城落户农民的成员权，允许农民带着"三权"进城落户，既能够保障农民当前和预期的经济收益，比如通过家庭其他成员耕种或流转土地获得收入，未来发生土地征收时获得补偿，又能够保障其在进城失败后仍能返回农村，继续耕种农村的承包地，而不至于衣食无着。这样，进城落户农民既能享受城市的公共服务和社会福利，又有农村的"三权"作为退路，相当于拥有在城市和农村的双重保障，切合了农民想要进城落户又想保留农村土地的心理，对于以户籍化促进农民市民化无疑具有显著激励作用。这一政策安排虽然无法使进城落户农民及时脱离农村土地，不利于促进农业规模化经营，同时也可能造成新市民与原市民之间的新的不公平，但这对于切实维护生活常住在城市的农民的权益，加快缩小当前户籍人口与常住人口城镇化率之间的差距却是成效卓著。

在全面建成小康社会的决胜阶段上，保护型城乡二元结构将进一步发展。在这个决胜阶段上，推动户籍人口城镇化，破解农民进城落户意愿低的难题，是进城落户农民"三权"问题所蕴含的矛盾的主要方面。只有维护好进城落户农民的成员权，允许农民带着"三权"进城落户，才能加快生活常住在城市却未拥有城市户口的这部分农民在城市落户，以缩小户籍人口与常住人口城镇化率之间的差距，弥补改革开放以来常住人口城市化的历史欠账，切实提高城镇化的质量，确保全面建成小康社会。

（二）2020—2035年：发展农业适度规模经营

农业现代化始终是中国特色社会主义现代化建设的重要内容。2012年，党的十八大强调农业现

---

① 张翼.农民工"进城落户"意愿与中国近期城镇化道路的选择[J].中国人口科学，2011(02):14-26.
② 国务院发展研究中心课题组.农民工市民化进程的总体态势与战略取向[J].改革，2011(05):5-29.

代化与城镇化要相互协调、同步发展。"我国人均耕地仅0.1公顷,农户户均土地经营规模约0.6公顷,远远达不到农业规模化经营的门槛。"①城镇化过程中农村人口向城市转移,对农业规模化经营和农业机械化起到重要促进作用。2015年,国务院办公厅发布《关于加快转变农业发展方式的意见》(国办发〔2015〕59号),要求"把转变农业发展方式作为当前和今后一个时期加快推进农业现代化的根本途径,以发展多种形式农业适度规模经营为核心",提出"到2020年转变农业发展方式取得积极进展、2030年转变农业发展方式取得显著成效"。2017年,党的十九大提出实施乡村振兴战略,第二轮土地承包到期后再延长30年,建立健全城乡融合发展体制机制和政策体系,推动新型工业化、信息化、城镇化与农业现代化同步发展。

先行实现农业现代化国家的经验表明,农业适度规模经营是加速农业现代化进程的关键,中国农业现代化也不会例外。按照党的十九大提出的在全面建成小康社会的基础上分两步走,全面建设社会主义现代化国家的新目标,从2020年到2035年,再奋斗十五年,基本实现社会主义现代化。坚持农业农村优先发展,加快推进和基本实现农业和农村现代化,是党和国家工作的重中之重。大力发展和实现多种形式的农业适度规模经营,将是这一时期我国农业政策的主基调,也将是这一时期我国农业现代化发展的核心任务。2018年中央一号文件《中共中央国务院关于实施乡村振兴战略的意见》(中发〔2018〕1号)对实施乡村振兴战略的目标任务进一步细化:"到2035年,乡村振兴取得决定性进展,农业农村现代化基本实现。农业结构得到根本性改善,农民就业质量显著提高,相对贫困进一步缓解,共同富裕迈出坚实步伐。"大力发展和实现多种形式的农业适度规模经营,是2035年基本实现农业农村现代化的重要途径。

可以预见,从2020年到2035年,保护型城乡二元结构将进一步巩固,农村基础设施建设得到加强,生活和生态环境美丽宜居,农民生活质量大幅提升,特别是通信和交通的发展使得"居住在农村,工作在城市"的生活方式成为可能。在这些因素的共同作用下,农村及农村土地对城镇居民的吸引力大幅增强。因此,对于进城落户农民而言,即便他们在城市拥有稳定的工作,尤其是对于全家进城落户的人而言,即使他们并不需要依靠种田为生,也很可能不愿退出土地承包经营权和宅基地使用权。如果放任进城落户农民的这种个体理性,势必将对我国农业规模经营的适度发展造成重大障碍。如前述,2018年我国有2.26亿人口户籍在农村但生活、常住在城镇,粗略地推算,假定2035年我国人口总数为15亿人,按常住人口城镇化率在高峰时期达到70%左右计算,这样2019年全2035年大约还将有2.2亿农民进城,如果转移到城镇常住或进城落户的新市民继续保有原集体经济组织的成员权及农村"三权"的话,届时将有4.5亿左右新市民持有农村"三权",而那时农村常住人口约4.5亿人,亦即将有一半以上的农村"三权"成为"不在村"的土地权益,这无疑将严重制约着我国农业规模经营的发展。约一半农村集体经济组织的成员变成"不在村"的成员,不参与原集体经济组织的生活、劳

---

① 国家新型城镇化规划(2014—2020年).[EB/OL](2014-03-16)[2019-04-03], http://www.gov.cn/zhengce/2014-03/16/content_2640075.htm.

动、管理和决策，却仍得以继续享有成员权，可以保留"三权"，这种格局绝非中国农业现代化的理想情景。

因此，在2020—2035年，进城落户农民"三权"问题所蕴含的矛盾必然随着中国现代化建设形势的变化而逐步变迁，将从之前的全面建成小康社会决胜阶段以推动户籍人口城镇化作为矛盾的主要方面，以破解农民工进城落户意愿低的难题为主旨，逐步转向新阶段以发展农业适度规模经营作为矛盾的主要方面，以鼓励、促进和规范进城落户农民放弃"三权"为主旨，加快基本实现农业现代化。

（三）2035—2050年：构建公平正义和谐社会

根据党的十九大的部署，从2035年到21世纪中叶，在基本实现现代化的基础上，再奋斗十五年，把我国建成富强民主文明和谐美丽的社会主义现代化强国。到那时，我国物质文明、政治文明、精神文明、社会文明、生态文明将全面提升，实现国家治理体系和治理能力现代化，成为综合国力和国际影响力领先的国家，全体人民共同富裕基本实现，我国人民将享有更加幸福安康的生活，中华民族将以更加昂扬的姿态屹立于世界民族之林。根据预测，2050年我国城镇化率将约达到80%[1]，农村人口占总人口数的比重可能降至20%以下。到那时，保护型城乡二元结构将进一步发展转变为平等型城乡二元结构；户籍恢复其用于公民基本信息登记的作用，不再涉及农民和市民的利益差别；全面建成农业现代化强国，农业发展成为专业化、职业化的新产业。进城落户农民平等地享受公共服务和社会福利，这使得他们不再像以前一样依赖农村的集体收益、承包地和宅基地，不需要再将"三权"作为自己的退路，"三权"对农民工市民化的托底保障作用已完成，将功成身退。

全面构建公平正义和谐社会，将成为2050年建成社会主义现代化强国的基本目标和要求之一。事实上，公平正义问题贯穿在进城落户农民"三权"问题演进发展的全过程中，只是在不同阶段人们对进城落户农民"三权"问题上的公平正义诉求的主要方面在不断变迁。2020年之前，2亿多农民生活在城市，为城市建设做出贡献，却无法共享城市发展的成果，公共服务和社会福利没有覆盖这个群体，成为这个阶段人们在进城落户农民"三权"问题上公平正义诉求的主要方面；在2020—2035年，若在开展第三轮土地延包工作时，继续给第二轮承包期内进城落户农民分配承包地，由于这部分农民已经在城市定居生活和工作，势必造成留村农民所能获得的土地减少，引发真正从事农业的农民群体的不满，这将是这一阶段上人们在进城落户农民"三权"问题上对于公平正义的新诉求。当基本实现现代化，进入2035—2050年这个时段，保护型城乡二元结构转变为平等型城乡二元结构，如果继续让进城落户农民保有"三权"，势必引起城市居民和留村农民的更大关注和新的不满，影响公平正义和谐社会建设。在这个过程中，农业和农村现代化发展必然对"耕者有其田"提出新的迫切要求，全社会对有违公平正义的"不在村"的土地权益及其食利性的接受度和容忍度不断下降。如果在进城落户农民"三权"问题上采取自由放任政策，致使未来农村集体经济组织的一半以上的成员权和农村"三

① 高春亮，魏后凯.中国城镇化趋势预测研究[J].当代经济科学，2013(04):85—90.

权"属于"不在村"的土地权益,那么,这样一种图景将不但关系到中国农业现代化和新型城市化的成败,而且将上升为影响国家治理的全局性重大政治、社会问题。

这样看来,进城落户农民"三权"问题蕴含的矛盾的主要方面,在2020—2035年这个阶段发展变化的基础上,再经过2035—2050年这个时段的演变,必将再次发生深刻的历史性变化,即从2020—2035年这一阶段以发展农业适度规模经营,转向2035—2050年这个阶段的更加关注构建公平正义和谐社会,着力破除和防范"不在村"的土地权益及其食利阶层出现。在这个阶段,当初允许农民带着"三权"进城落户的积极意义将消失殆尽,其消极性将全面彰显,以保留"三权"的方式来促进农民市民化的历史必要性将不复存在。

四、进城落户农民"三权"问题战略解构的差序格局及路线

(一)战略解构的两种方式:自愿与强制

进城落户农民"三权"问题势必伴随着新时代中国特色社会主义发展的阶段性进展而逐步得到解构,这个过程也就是进城落户农民从保有"三权"到逐步退出"三权"的历史过程。在建设社会主义法治国家的条件下,进城落户农民退出"三权"有两种可能的方式:一是依法自愿有偿退出;二是依法强制有偿退出。在依法自愿有偿退出方面,国家可以顺其自然,也可以采取鼓励政策来促进和加快符合条件的进城落户农民自愿有偿退出成员权和"三权"。至于依法强制有偿退出,是指当进城落户农民保留"三权"的积极意义和历史条件已不复存在的时候,应当通过立法,明确成员权和"三权"退出的条件、形式、程序和补偿方式,实现成员权和"三权"的依法强制有偿转让或强制有偿退给原集体组织。

通过上文对进城落户农民"三权"问题蕴含的矛盾的主要方面的战略演替与解构的分析和判断,我们认为,2014年国务院《关于进一步推进户籍制度改革的意见》提出的"现阶段,不得以退出土地承包经营权、宅基地使用权和集体收益分配权作为农民进城落户的条件",其中"现阶段"不应是模糊的、无期限的,而大致应指自2011年至2035年这一个历史阶段。在2035年之前,进城落户农民保留"三权"尚有其积极意义;在2035年之后,进城落户农民再保有"三权"的历史条件将不复存在。

就"三权"整体而言,在全面建成小康社会这一时段,应当支持和鼓励农民带着成员权和"三权"进城落户。从2020年全面建成小康社会再到2035年基本实现现代化这一期间,原则上应当通过依法自愿有偿的方式,有序引导进城落户农民退出成员权和"三权"。其中,2014年国务院《关于进一步推进户籍制度改革的意见》提出"进城落户农民是否有偿退出'三权',应根据党的十八届三中全会精神,在尊重农民意愿前提下开展试点"。这里的"三权"退出,指的就是依法自愿有偿退出方式。2035年以后,须逐步有序引入依法强制有偿方式,实现进城落户农民的成员权和"三权"的强制

性有偿转让或强制性有偿退给原集体组织。2050年建成社会主义现代化强国之后，全面实行进城落户农民强制有偿退出成员权和"三权"。

需要说明的是，上面论及的时间节点及相应的成员权和"三权"退出方式，是将进城落户农民"三权"问题看作一个整体而言的，而非具体到"三权"中的某项权利。另外，这一分析是针对全国尺度的，由于我国各地区经济社会发展存在较大差异，各地区进城落户农民退出成员权和"三权"的过程必然存在时空的差异性。

（二）战略解构的差序格局：并存与继起

在进城落户农民"三权"问题研究上，固然应当将"三权"视作一个整体，从整体上把握"三权"问题，但也必须看到，在三项权利中，各自的取得方式、法律性质、内容、主体、标的、价值实现等诸方面差异迥然。因此，在成员权得失与"三权"变动的关系上，总体上固然应坚持缓和有因性主义，但成员权得失与具体每项权利变动的关系又必然出现差异化的复杂情景。在进城落户农民退出"三权"的历史过程中，三项权利无法齐步走，而可能呈现出空间上并存、时间上继起的差序格局。

1. 集体收益分配权退出战略设计

对集体成员来说，享有集体收益分配权的正当性就在于其参与集体经济组织的劳动、决策、管理和监督，在于为集体经济的发展做出劳动或者其他方面的贡献。农民进城落户特别是融入城市的生活生产活动后，很少再参与原村集体经济的劳动、决策、管理和监督，很少再为集体经济的发展做出贡献，很少再履行成员义务，这在事实上就是放弃成员权。进城落户农民离开原集体经济组织的时间越长，其食利者的角色就越发凸显，继续保留成员权并因此享有集体收益分配权的正当性也就越弱。这个群体持续参与原集体收益分配，对原集体经济组织运作的消极影响不言而喻。农民进城落户后，在其"三权"中率先退出集体收益分配权，符合集体收益分配权的内在逻辑，也容易形成社会共识。特别是，根据调查，仅有接近10%的农民工能从农村集体资产获得收益[1]，集体收益分配权的保障功能远不及"三权"中的其他两项权利，退出收益分配权对进城落户农民的影响不大。因此，在"三权"中，首先适时解决进城落户农民的集体收益分配权的退出问题，对我国新型城镇化的消极影响较小，而对于农业和农村现代化的发展则大有益处。

进城落户农民的集体收益分配权的保留期限不需要太久。2020年及以前这一时段，总体上应当支持和鼓励农民带着成员权和"三权"进城落户，当然包括支持农民带着集体收益分配权进城落户，以加快推动户籍人口城镇化进程。在2020—2035年这个阶段，可以考虑循序渐进解决进城落户农民的集体收益分配权退出问题。具体而言，按五年规划期分段，在2021—2035年的前两个时段，即可逐步解决收益分配权的退出问题：在2021—2025年，可以采取鼓励政策，引导进城落户农民按照依法自愿有偿的方式，放弃成员权和集体收益分配权；在2026—2030年，应着手考虑通过立法引入依法强制有

---

① 国务院发展研究中心课题组.农民工市民化进程的总体态势与战略取向[J].改革，2011(05):5-29.

偿的方式，实现进城落户农民的成员权及集体收益分配权的强制性有偿退给原集体组织。

对于已经实行集体经济股份制改造的地区，成员权和集体收益分配权已经在很大程度上转型为股权，进城落户农民的成员权和集体收益分配权的退出问题也就相应转化为集体经济的股权转让问题，此时的成员权和集体收益分配权的有偿退出就更加简单、便利。

由于我国各地经济发展水平存在较大差异，全国范围内统一设定进城落户农民的成员权和集体收益分配权强制有偿退出的具体时间节点既不现实，也不公平。需要因地制宜，考虑当地的经济发展水平、集体收益状况以及保留集体收益分配权可能引起的矛盾和效应等因素，由省或市级政府做出具体的安排方为妥当。

2. 土地承包经营权退出战略设计

在进城落户农民"三权"中，土地承包经营权对农民市民化"进退有据"的保障功能高于集体收益分配权，但重要程度不及宅基地使用权，可将进城落户农民退出土地承包经营权的顺序定在集体收益分配权与宅基地使用权之间。但有些地区也可能会存在土地承包经营权退出同步于甚至早于集体收益分配权退出的现象，这亦属正常。在新时代中国特色社会主义发展的各战略阶段中，在进城落户农民的成员权之得失与土地承包经营权之变动的关系上，总体上应当坚持缓和有因性，进城落户农民退出成员权，并不必然意味着退出其尚未到期的土地承包经营权，而是应允许土地承包经营权在成员权丧失之后继续存在一个适当的时间。

在2020年之前这个阶段上，针对农民工进城落户意愿低这个突出矛盾，应当允许进城落户农民继续享有成员权，鼓励农民带着土地承包经营权进城，禁止以退出土地承包经营权作为农民进城落户的条件，以加快推进户籍人口城镇化进程。

在2020—2035年这个新的历史阶段上，进城落户农民"三权"问题所蕴含的矛盾的主要方面，从之前的推进户籍人口城镇化转化为发展农业适度规模经营，必须逐步解决进城落户农民的土地承包经营权退出问题。20世纪80年代以后出生的新生代农民将成为这个历史阶段上农民队伍的主体，他们中高达79.2%的人没有从事过农业生产，他们的就业技能已和第二、三产业相适应，他们的生活方式已和城镇相融合，回乡务农和定居的可能性不大[①]。只要制定实施恰当的"三权"政策，给予新生代农民工合理充分的补偿，退出承包地会变得更加具有正当性，也更容易、可行。在这个新的历史阶段，探索制定鼓励进城落户农民退出土地承包经营权的政策，有两个大的农地制度创新窗口期不容错过：一是目前正在推动的承包地"三权分置"改革，二是党的十九大提出的第二轮土地承包到期后再延长三十年的政策。在这两个窗口期内，力争实现进城落户农民承包地退出政策的创新和成型。

2018年修正通过的《农村土地承包法》初步确立了承包地的集体所有权、土地承包权和土地经营权"三权分置"的法律架构。承包地"三权分置"政策在给了进城落户农民一颗"定心丸"的同

---

① 国务院发展研究中心课题组.农民工市民化进程的总体态势与战略取向[J].改革，2011(05):5-29.

时，也给了取得土地经营权从事农业经营的社会主体一颗"定心丸"。充分利用承包地"三权分置"政策，制定鼓励措施，发展土地经营权市场，加大力度促进进城落户农民在保留土地承包权的前提下流转土地经营权，实现进城落户农民"保权放地"，为发展农业适度规模经营注入新动力。

　　总体看，全国范围农村第二轮土地承包三十年期限大都在2028年前后到期。在土地承包期届满后再延长三十年的历史节点上，必须赋予承包地延包政策以发展农业适度规模经营，推动基本实现农业现代化的历史重任。在第三轮农村土地延包工作中，如何对待已经进城落户的农民保有的第二轮土地承包经营权，以及是否还允许取得第三轮土地承包经营权后再进城落户的农民保有土地承包经营权，事关我国农业适度规模经营发展和农业现代化的成败。现在可以初步判断，在2020—2035年，今天生活、常住在城市却不拥有城市户口的这部分农民在城市落户的问题将逐步得到历史性的解决。与此同时，农业规模经营问题也将前所未有地日益凸显出来。在这一形势下，若在第三轮农村土地延包工作时，给之前进城落户并已融入城市生活的原农民再次分配承包地，必然会使留在农村生活和工作的其他农民无法分配到更大面积的土地，土地细碎化现象延续下去，不利于农业规模化的发展。同时，这部分进城落户农民届时已经融入了城市生活，事实上放弃了原集体的成员权，如果让他们继续分配持有农村的承包地，那么与其他市民群体和留村农民之间的不公平问题也将开始显化。为适应大力发展农业适度规模经营，加快基本实现农业现代化的时代要求，取消第二轮土地承包期内进城落户并融入城市生活的原农民的成员权及其第三轮承包地延包资格，很可能是不得不做的战略决断。

　　在这两个大的农地制度创新窗口期内，如果按五年规划期将2021—2035年再细分为三个阶段，每个阶段上进城落户农民土地承包经营权退出政策的侧重点宜应有所差异。2021—2025年，以承包地"三权分置"政策创新为主轴，采取鼓励政策，维护好实现好进城落户农民的土地承包权，引导其依法自愿有偿流转承包地的土地经营权。2026—2030年，以第三轮土地延包政策创新为主轴，通过立法，明确在第二轮土地承包期内进城落户且已融入城市生活生产的原农民丧失成员权及第三轮土地延包的资格。对取得第三轮土地承包经营权的农民，于2031—2035年进城落户的，应鼓励其在保有土地承包权的前提下依法自愿有偿流转土地经营权。

　　到2035年，由于进城落户农民"三权"问题蕴含的矛盾的主要方面，将从之前的大力发展农业适度规模经营逐步转化为更加关注构建公平正义和谐社会。对于2035年后的进城落户农民，应当考虑一律以依法强制退出的方式，促使其第三轮土地承包权的强制有偿转让或强制有偿退给原集体组织，以实现进城落户农民与原市民群体、继续留在农村的农民三个群体之间的公平正义。

　　和集体收益分配权退出时间点设定中的因地制宜原则相同，由于各地第二轮农村土地承包期限的起止时间、农业现代化发展和新型城镇化水平的差异较大，各地区实行进城落户农民土地承包经营权的依法强制有偿退出政策的具体时间节点也不宜在全国范围统一规定，同样应交由省或市级政府做出具体的制度安排。

3. 宅基地使用权退出战略设计

在进城落户农民"三权"中，宅基地使用权涉及农村住房，是农民的安身立命之所，对农民工"出得去，回得来"的托底保障功能最强，是农民进城失败后仍能"住有所居"的最后一道保障，也是进城落户农民对故乡的情感寄托之所在，对于农民来说最难以割舍。轻易地让进城落户农民退出宅基地使用权，很有可能会酿成新型城镇化的潜在社会风险。以"一户一宅"为主要内容的宅基地制度是中国农村的住房保障制度，中国是发展中大国中唯一没有形成大规模城市贫民窟的国家，这与中国独特的农村宅基地制度密切相关。对待进城落户农民的宅基地使用权的退出问题，必须慎之又慎。但是，由于我国高度紧张的土地资源禀赋，我国城镇化必须尽量避免"两头占地"的建设用地低效利用格局，允许进城落户农民永久保有宅基地使用权也显然并非长策。在不同的历史阶段，随着进城落户农民"三权"问题所蕴含的矛盾的主要方面的转化，进城落户农民的宅基地政策也需相应地发展变化。

为了平衡宅基地的住房保障功能和资产功能，促进闲置宅基地和闲置农房的适度流转和再利用，2018年1月2日中共中央国务院发布的《关于实施乡村振兴战略的意见》提出，"完善农民闲置宅基地和闲置农房政策，探索宅基地所有权、资格权、使用权'三权分置'，落实宅基地集体所有权，保障宅基地农户资格权和农民房屋财产权，适度放活宅基地和农民房屋使用权"。宅基地"三权分置"改革思路，将为从现在到2035年这一时期内制定实施进城落户农民宅基地政策提供遵循依据。经过几年探索，到2020年全面建成小康社会之际，我国农村宅基地"三权分置"政策将趋于成形。在2020—2035年，采取鼓励政策，维护好实现好进城落户农民的宅基地资格权，鼓励其在保有宅基地资格权的前提下依法自愿有偿流转退出宅基地使用权，应当成为这一时期进城落户农民宅基地政策创新的主轴。

2035—2050年我国人口城镇化率将进一步提高，2050年的城市化率预计达80%，其间逆城市化问题将可能逐步凸显出来。届时，若进城落户农民这一新市民群体继续保有宅基地资格权，这不但造成"两头占地"格局固化，而且使进城落户农民这一新市民群体可能成为特权阶层，容易引发社会对立和矛盾。因此，在2035—2050年，国家应当制定鼓励政策，引导进城落户农民依法自愿有偿退出宅基地资格权。

到2050年我们全面建成社会主义现代化强国后，城市化率和公共服务均等化程度达到较高水平，大部分进城落户农民已经在城里站稳脚跟，宅基地资格权作为农民市民化的退路和保障作用已不复存在。届时，完全可以转向依法强制有偿退出宅基地资格权。

（三）战略解构的路线

根据以上分析，改革开放40多年，我国城乡关系已经发生了深刻的历史性变化，改革开放之前的剥削型城乡二元结构已经转化为今天城乡融合发展阶段的保护型城乡二元结构，新时代进城落户农民"三权"问题也由此产生。随着新时代我国现代化建设事业发展的战略阶段及时空条件的转化，进城落户农民"三权"问题所蕴含的矛盾的主要方面也随之发生战略演变与解构。由于"三权"中各项权利的诸多方面的差异，进城落户农民"三权"问题战略解构的路线图呈现复杂的时空差序格局，具体如图1所示。

如图1所示，在2020年全面建成小康社会的决胜阶段上，推动户籍人口城镇化，破解农民进城落户意愿低的难题，是进城落户农民"三权"问题及其政策设计所要蕴含的矛盾的主要方面。这一阶段应当允许进城落户农民继续享有成员权，鼓励农民带着土地承包经营权、宅基使用权和集体收益分配权进城落户。

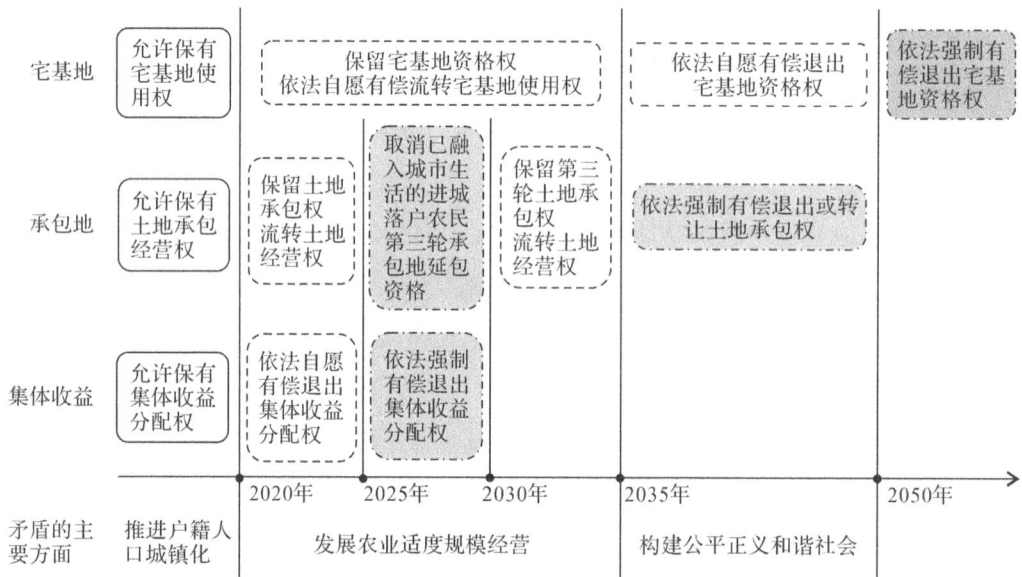

图1　进城落户农民"三权"问题战略解构的路线

在2020—2035年这个阶段上，进城落户农民"三权"问题所蕴含的矛盾的主要方面逐步转向以发展农业适度规模经营为主。其中，2021—2025年，可以采取鼓励政策，引导进城落户农民循依法自愿有偿的方式，放弃成员权和集体收益分配权；通过承包地"三权分置"政策创新，采取鼓励政策，维护好实现好进城落户农民的土地承包权，引导其依法自愿有偿流转承包地的土地经营权。2026—2030年，着手考虑通过立法引入依法强制有偿的方式，实现进城落户农民的成员权及集体收益分配权的强制性有偿退给原集体组织；以第三轮土地延包政策创新为契机，通过立法，明确在第二轮土地承包期内进城落户且已融入城市生活生产活动的原农民丧失成员权及第三轮土地延包的资格。对取得第三轮土地承包经营权的农民，于2031—2035年进城落户的，应鼓励其在保有土地承包权的前提下依法自愿有偿流转土地经营权。在2020—2035年，采取鼓励政策，维护好实现好进城落户农民的宅基地资格权，鼓励其在保有宅基地资格权的前提下依法自愿有偿流转退出宅基地使用权。

进城落户农民"三权"问题蕴含的矛盾的主要方面，将从2020—2035年以发展农业适度规模经营为主，转向2035—2050年这个时间段以更加关注构建公平正义和谐社会、着力破除和防范"不在村"地权及其食利阶层出现为主。2035年后，对进城落户农民应当考虑一律以依法强制退出的方式，促使其第三轮土地承包权的强制有偿转让或强制有偿退给原集体组织;国家应当制定鼓励政策,引导进城落户农民依法自愿有偿退出宅基地资格权。到2050年我国建成富强民主文明和谐美丽的社会主义现代化强国时,现阶段保护型城乡二元结构可能才会真正演变为平等型城乡二元结构,届时完全可以转向依法强制有偿退出宅基地资格权。

五、结论及其战略含义

本文站在我国发展新的历史方位上,贯彻逻辑和历史相统一的思想方法,在以集体土地所有制为基础的集体经济制度框架和城乡二元结构视域下,对进城落户农民"三权"问题进行战略解构,发现"三权"问题是在剥削型城乡二元结构向保护型城乡二元结构转变的历史过程中产生的,成员权是本质,"三权"是表象、是形式,提出今后在进城落户农民的成员权之得失与其"三权"之变动的关系上应坚持缓和有因性,认为对"以土地权换市民权"不加分析而一概否定的做法,很可能会犯下颠覆性的历史错误。根据党的十九大对新时代中国特色社会主义发展做出的战略安排,将进城落户农民"三权"问题的未来发展演变划分为不同的战略阶段,对不同阶段上"三权"问题蕴含的矛盾的主要方面及政策取向的转化进行了战略研判。在此基础上,聚焦进城落户农民"三权"问题战略解构的方式选择和差序格局,设计新时代进城落户农民"三权"问题战略解构的路线图。

目前进城落户农民"三权"政策中使用的"现阶段"这一说法,虽然能为进城落户农民"三权"政策的未来调整留下操作空间,却也使现行政策在实施中具有很大的不确定性,无法为进城落户农民提供长期稳定的预期,应适时予以明确。根据本项研究,"现阶段"大致应确定为自2011年至2035年这一个历史阶段。总体上看,在2035年基本实现现代化之前,允许进城落户农民保留"三权"尚有其积极意义;在2035年之后,进城落户农民再保有"三权"的历史条件将不复存在。但是,由于"三权"中各项权利的诸多方面的差异,在战略解构的路线上,集体收益分配权、土地承包经营权、宅基地使用权的退出方式选择及时间节点呈现复杂的差序格局。这一研究结果体现的战略决策的价值取向及含义是:

一是要把握好进城落户农民"三权"政策的战略性模糊和可预期性之间的平衡。公共政策一般会存在语言模糊性,以便在未来做出调整,或者使地方在实施中有较大的灵活性,但这种战略性模糊应当以政策实施结果的可预期性为限度,否则会使政策实施具有较大的不确定性。允许农民带着"三权"进城落户,是我国目前推进新型城镇化的重要政策之一,对现有政策中"现阶段"这一说法进行明确界定,有利于给进城落户农民提供稳定的预期。

二是就我国人多地少的高度紧张的资源禀赋而言,我国的农业农村现代化发展必须坚持"耕者有其田"的价值取向。农民成为市民后,不再以耕作为生,留在农村的以耕作为生的村民应取得到更大面积的土地。进城落户农民长期同时占有城市建设用地和农村承包地、宅基地这种"两头占地"的行为,会造成土地低效利用的局面。因此,逐步有序地引导进城落户农民退出"三权",尤其是土地承包权和宅基地使用权，是我国人多地少的资源禀赋国情对我国新型城镇化和农业现代化的战略要求。

三是从公平正义的角度看，进城落户农民"三权"政策必须关注不同群体的利益诉求，而在不同的战略阶段上社会群体的分化及利益诉求的着眼点也有所不同。随着新型城镇化的推进，我国社会群体将发生新的分化，出现留村农民、原市民、进城落户保有"三权"的新市民三种群体类型。在今后较长一段时间内，社会保障、公共服务和社会福利待遇仍然无法广泛公平覆盖所有地区，若不慎重，进城落户保有"三权"的新市民有可能成为同时拥有农村土地及城市公共服务和社会福利待遇的"特权"阶层。其中蕴含的社会不公问题在动态地演化着，不同战略阶段上表现有所不同，为政者应未雨绸缪。

四是进城落户农民"三权"问题的形成是一个不以人的意志为转移的自然历史过程，但其解决是一个可以发挥主观能动性予以促进的社会治理过程。进城落户农民"三权"问题是在改革开放后原来的剥削型城乡二元结构向当今保护型城乡二元结构转变的历史过程中形成的，是关乎未来很长一段时间内我国新型城镇化和农业农村现代化发展方向的重大课题，涉及我国的户籍制度、城乡土地制度、社会保障、公共服务和社会福利制度，关联着不同群体利益的调整，影响着新时代中国特色社会主义发展的关键战略节点目标的实现。虽然"三权"问题的历史性和复杂性决定了我们无法在短期内将其彻底解决，但随着新时代中国特色社会主义现代化建设事业的发展，我们还是需要负起历史担当，积极主动顺应时代要求，通过制定相应的政策和法律，引导进城落户农民"三权"有序适时退出。

2020 "城市流动人口问题" 西湖城市学金奖优秀金点子

杭州国际城市学研究中心
浙江省城市治理研究中心

实施背景： 三墩镇位于杭州西北部，辖区面积37.93平方公里，下辖14个城市社区，15个撤村建居社区，4个农村社区，另外2个社区在筹建当中。该区域属于杭州市的新兴板块，不仅有新建的高档社区、国内著名高校浙江大学在内的高知识型社区，同时也有不少刚从农村转制为城市的撤村建居社区，社区形态非常多元。伴随着科技以及经济发展的不断加快，三墩镇面对辖区人口构成日益多元、社区形态异常复杂、治理压力日趋增加的新形势，及时引入"智慧社区"治理手段和机制，缓解了社区治理的诸多困境。

主要做法：（1）智慧管理系统。三墩镇在全镇域范围内推广了"智连线"平台，打造了完备的社区基础信息库，解决人口流动加快以及社区人员更换频繁所导致的信息不全、信息不对接等信息障碍问题。一方面，"智连线"平台设置数据导出功能，能让社区工作者将所需的居民信息直接导出，即使在工作交替时间，也能通过平台中的信息管理系统尽快掌握居民情况。另一方面，居民也可以通过管理系统中所在社区工作质量评价模块，对社工的服务态度、满意度进行打分，打分结果作为每位社工工作业绩的考核依据。通过推动社区工作者整体能力建设，实现了社区管理信息的数据化、公开化以及共享性。

（2）智慧服务系统。智慧社区依托"互联网＋"的技术能多维度地联系服务居民群众，并实现了辖区内物业公司、学校、商家、业主委员会等多元主体共同参与社区服务。针对居民不同的服务需求，社区"智连线"平台推出个性化服务居民功能，实现了服务信息公开化、服务方式个性化、服务内容多样化、服务资源共享化，方便社区与居民的及时互动、回应以及掌握居民的发言信息。"智连线"平台将周边的服务资源纳入平台之中，实现社区资源服务居民利用率最大化，同时社区积极打造智慧化党建建设，开通"党员驿站"为社区党员建立一人一表档案，进一步规范党员固定活动日，实现了扫码签到、现场学习网格记录一体化。

（3）智慧自治共建系统。三墩镇积极搭建居民自治与社区沟通平台，通过"智连线"平台建立社区互动版块——民情圆桌会，将居民、业主委员会、物业公司等纳入自治平台中。民情圆桌会、社区居委会、小区业委会和小区物业公司将重要事件提交相关利益群体讨论，征求社区居民意见，进行讨论协商，最后通过民主集中制的原则进行决策。同时建立民主监督评议机制，社区居民能够对相关事宜的处置进行评议评分。"智连线"平台中的共建板块，将社区物业、业主委员会、社会组织、辖区学校、社区周边商家等纳入社区共建体系，各主体能够参与社区建设中，让相关利益群体真正参与社区的治理之中。

主要成效/创新启示：（1）主要成效。①多元治理体系的架构。智慧社区建设中所构建的合作治理平台将多元主体的参与变成一种可能，畅通了一系列的利益相关者（如社区、小区业主委员会、物业公司、居民等主体）的参与渠道，从根本上改变了以社区为主的自上而下的管理模式。②居民自治主体地位的强化。社区治理创新的意义在于真正实现社区居民自治，而居民作为社区自治的主体，是社区参与最重要的力量。但是在现行管理模式下，居民在参与社区治理时仍面临着较多困境。③社区公共服务的有效供给。传统社区治理模式下，社区公共服务供给不足、居民需求与社区公共服务供给断裂等问题突出，而智慧社区依托"互联网＋"以及数据终端平台的优势，将社区自身及周边的资源纳入社区服务供给体系，使社区自治组织、志愿者团体、物业公司等参与到社区公共服务之中，凭借不同组织有效引导居民有序地参与到社区生活之中，拓宽了社区服务渠道，改善了社区公共服务水平。④社区行政化色彩的弱化。社区作为居民自治组织，同时还承担着协助基层政府管理、供给公共服务的主要功能。

（2）创新启示。①充分发挥政府的"掌舵"作用。智慧社区建设推动由政府"划桨"角色向"掌舵"角色的转变，积极发挥政府的引导作用。②重点落实社区的监督协调作用。社区作为居民的自治组织以及政府推动基层治理的助手，必须在智慧社区构建中转变自身角色。③明晰界定多元主体的权责。社区的多元属性决定了社区治理是由多元主体构成的，智慧社区所构建的信息化平台实现了多元主体治理的可能。④构建实体社区与虚拟社区的互促机制。社区治理的最终目的在于满足社区居民需求，形成良好的运行秩序，而"公共性"作为促进当代"社会团结"的重要机制，可以满足社区居民精神文化生活层面的需求。

（作者：王雨婷）

中国可持续城市出行规划及行动的建议

杨　涛

南京市城市与交通规划设计研究院院长、
教授、江苏省设计大师、博士生导师

　　党的十九大提出，实施"交通强国战略"，面对这个时代课题，我们要先对当下的时代背景有深入的了解。众所周知，中国是14亿人口的大国，有着960万平方公里的疆域。在这样一个广袤的国土之下，地域差异造成了很多不平衡：人口分布线导致分布不平衡、经济不平衡、资源不平衡，等等。面对交通建设，我们还要考虑中国作为文明古国，有很多历史文化保护的要求。此外，还要考虑人的需求的多样化因素。所以，城市交通未来的课题有很多，并且在高质量发展背景下，对城市交通未来的探索同样充满挑战。

　　交通的概念是不断发展的。从交通工程—交通规划—运输规划—欧洲地区的出行规划，它的整个发展逻辑是交通基础设施的建设、运营管理—整体性的运输体系的规划—治理。

　　我认为，交通问题最本质的就是人和物的移动。在这种语境下，分析交通规划问题，我们会发现其复杂性。目前，中国既面临着国土空间综合体系重构的问题，又面临着在高质量发展的环境下，技术的迅猛发展不断地冲击着我们的问题。目前的交通规划，都会结合大数据、智能交通、人工智能等新型技术成果进行全盘考虑，所以在未来的几十年中，交通的发展过程还会不断出现新的问题与机遇。于我而言，我对中国的城市交通总结了8项任务。

　　构建全域公交体系与服务，倡导全程、全民公交出行选择。为达到良好的公交服务，实现中国可持续的城市出行，需做到"全域"、"全程"、"全民"。具体而言，全域——构建包括高铁、城际铁路、市域（郊）铁路、地铁、中运量公交、普通巴士、支线公交、城乡公交、需求响应公交等在内的覆盖国土全域的公交体系，让城市、城际、城乡、乡村全域内任何出行需求均可选择和获得合适的公交服务；全程——无论城市出行还是城际出行，一次出行链中，除了两端可以采用步行、自行车到达起终点外，中间行程均可选择和获得良好的公交服务；全民——任何1000米以上的距离，任何人只要愿意，均可选择和获得良好的公交服务。

推动全域广义TOD模式。公共交通涉及的不仅仅是某一个"点"，它是一个以公共交通为中心构成的"网"。在我看来，若要构建出良好的交通空间，首先需要从理论上确定TOD的场域。从当前公共交通的运行现状来看，我认为，有必要进一步扩大TOD的内涵，重新建立一个全域广义的TOD。相对于狭义TOD塑造的过程中才能有所依据，从而围绕着公共交通来重塑出一个理想的国土空间。

推动道路路权再分配，促进道路交通公交化。在党和中央推行"供给侧"改革的浪潮下，公共基础设施需要进行重新分配。具体到道路交通领域，这就意味着对"道路路权"的再分配。以雄安的道路规划为例，雄安已经规划了许多道路资源，但要实现交通运输的高水平发展，必须对整个路权进行重新分配。归纳而言，我认为可以从两方面着手：一是城市道路合理分级分类，各级道路均可为公交提供优先路权；二是推广小街区、密路网、窄马路，以公交站点150米服务半径配置公交服务，努力实现公交门到门。从这个层次出发分配道路路权，我国的道路交通将展现出新形象，进入一个新的发展阶段。

发展智慧化绿色配送，提升城市韧性保障服务功能优化。从公共交通的服务对象这一层面来看，以后的公共交通不仅仅是运人，还要运货。在城市运转出入如此复杂多元的情境下，为实现动态的结构调整与功能优化，可以采用韧性治理的方式。我认为可以从以下三个措施出发：一是积极鼓励和支持电商经济＋配送快递服务；二是研究利用高铁、地铁、地下综合管廊，承担物流配送服务；三是鼓励无人、无接触智慧化物流送递服务。从实际情况来看，目前，南京已经推出了公共交通和物流公司的合作。这进一步说明我们应重视物流体系配送体系的绿色化，鼓励和支持电商经济＋配送快递服务＋公共交通，最终提升城市韧性保障服务能力。

建设可步行、可骑行的健康出行城市。以步行、骑自行车作为优先出行方式的城市鼓励了人与人之间的互动，关注了人的健康与幸福感。我认为打造这样一个"健康出行城市"可以从四方面切入：一是立足营造"自行车＋公交＋步行"BMW型城市绿色出行模式和分担率不低于80%的出行结构，这是由于对中国的城市，尤其是大城市而言，专家学者们希望中国的城市出行结构能够以80%的绿色出行作为边界；二是修复和重构曾经全球最大的"自行车王国"的连续、完整的城市自行车网络；三是广泛开展城市人行道净化、自行车专用道建设活动；四是广泛开展10～15分钟健康稳静生活圈建设。概而言之，"步行＋骑行"的出行方式旨在实现"以车为本"向"以人为本"的交通体系转变，营建以绿道网络为纽带的绿色经济体系。

研制和推广一键式可持续智慧出行服务平台（sustainable smart mobility services system, SSMSS）建设。从智慧出行服务平台推广现状来看，MaaS是当前的主流方式。但是，基于国情的考虑，我在MasS应用之初并不赞成，其原因正是"外国的产品是否能够在中国的土壤上成长"有待验证。未来，为打造出便利化的、一键式的和可持续的出行服务，可以在借助大数据力量的基础上从以下三方面持续发力：一是满足从家至任何目的地全过程一键式智慧出行导航服务；二是满足步行、自行车、公交任意组合全过程一键式智慧出行导航服务；三是满足小汽车与公共交通换乘一键式智慧出行导航服务。

开展精致健康活力街道设计与示范创建活动。城市设计的新要求是将公共健康纳入为街道设计的考量因素，打造出精致健康活力的街道。在建党百年之际，从梅园新村（音）街区的实例来看，我们遵循以下建设理念运行实施了一年，并将未来这几个月里把这个设计成果转化为现实。具体包括：一是以融合"城市设计、产业设计、交通设计、市政设计、环境设计"五位一体的综合设计理念，制定精致健康活力街道准则；二是加强历史文化街区保护与修复；三是设计营造体现民俗乡土文化的特色购物节、娱乐街。

加强小汽车出行的引导与管控。正如《绿色出行行动计划（2019—2022年）》所指出的，"降低小汽车的使用强度有助于推动建设交通强国"。换言之，为提升公共服务品质，达到城市精细化管理的目的，需要加强小汽车出行的引导与管控。一是国家建立区域与地左异化的小汽车交通引导政策；二是推进城市交通科学治理、综合治理；三是推广差别化停车供给与收费；四是推动城市道路路权规划设计与实施；五是开展常态化城市安全出行治理行动。

对于中国可持续城市出行规划及行动的建议，我们主要从这八个方面着手。和欧盟相比，工作内容上基本一致，但是中国要做的更多，我们共同努力，相信会做得比欧洲更好。

中国城市学年会·2020
"城市交通问题"论坛专家观点集萃

杭州国际城市学研究中心
浙江省城市治理研究中心

当前正处于新全球化时代、新机动化时代、新城市化时代、新信息化时代、新智能化时代的百年大变局，我国城市与交通发展事关坚持以人民为中心、事关响应"十四五"高质量发展理念、事关服务强国战略、事关国家治理现代化新要求。按照《交通强国建设纲要》描绘的蓝图，到21世纪中叶，综合交通运输将进入新的发展阶段，各种运输方式都要融合发展，要调整运输结构，加快形成安全、便捷、高效、绿色、经济的综合交通体系。具体到每座城市怎么规划可持续出行？如何发展出行服务？XOD模式能否有效响应高质量发展？后疫情时代如何进行交通治理与空间重塑？专家学者们给出了自己的建议和想法。

南京市城市与交通规划设计研究院董事长、中国城市交通规划学术委员会副主任委员杨涛围绕中国可持续城市出行提出应从八个方面开展行动：一是构建全域公交体系与服务，倡导全程、全民公交出行选择；二是推动全域广义TOD模式；三是推动道路路权再分配，促进道路交通公交化；四是发展智慧化绿色配送，提升城市韧性保障服务能力；五是建设可步行、可骑行的健康出行城市；六是研制和推广一键式可持续智慧出行服务平台（sustainable smart mobility services system, SSMSS）建设；七是开展精致健康活力街道设计与示范创建活动；八是加强对小汽车出行的引导与管控。

一、智慧出行服务与城市精细化管理

2014年，MaaS概念在赫尔辛基欧盟ITS大会上首次被提出。2017年，《欧洲MaaS联盟白皮书》发布，进一步明确了MaaS的定义和概念。2019年，UITP国际公共交通联盟、UCL的MaaS实验室也对其进行了界定。由此，交通运输部科学研究院城市中心智能交通部主任、交通运输部城市公共交通智能化技术重点实验室副主任刘向龙认为，MaaS是广义的公共出行的服务，其核心在于一体化整合，集成多交通模式,拥有服务而非车辆,聚焦个体需求的精准响应,通过"互联网十"的模式进行数字产品的单一集成,让乘客享受经济便捷的服务体验,替代和转移对私家车的依赖。关于怎样发展MaaS,他指出关键在于解决多利益主体在未来生态下运行规则问题,还进一步梳理了MaaS服务模式与传统模式区别、MaaS生态体系框架极可能涉及的利益相关者、面向MaaS的各交通方式间存在的主要壁垒、我国MaaS可能的发展路径、出行和消费融合发展的商业模式以及MaaS发展环境构建中需着重关注的四个关系。

"现在的智能交通关注的都是出行后的感知和感知后的措施",华南理工大学土木与交通学院靳文舟教授认为这解决不了出行者的无奈。MaaS在他看来是"出行全包服务模式"、是"无缝出行服务"。他用订餐与公共服务类比,认为现在的公交服务正向思维有余,逆向思维不足方向发展。他这样描述智慧出行服务愿景,"其关键是在每个出行者出行前都能感知所有出行需求和吸引出行者愿意用你这智慧出行服务系统,其功能涵盖实时感知每个人的需求、识别所有服务工具的状态和未来使用情况、针对每个出行者的需求提供靶向服务方案、在尽量短的时间内给出服务方案(包括收费)并征求意见、执行中随时沟通,尤其是接驳指引"。当使用小汽车为主的出行者、低消费为主的出行者都认为服务方案可靠、准时、经济、舒适时,智慧出行服务才算是真正做到了。

对于智慧交通,中国城市公共交通协会大数据专业委员会秘书长曹明的理解是用智能化手段实现城市精细化管理,而数字化是实现智能化的基础,"物联网十"是实现数字化的手段,共享经济天然具备物联网基因。共享出行即典型的物联网应用场景。目前,共享电单车有近500万辆,快速增长,被替代的共享单车约为2000万辆,逐渐减少,两者在带动产业链蓬勃发展的同时,也给文明城市的建设制造难题。如何实现慢行交通数字化?价值是关键,成本是难点,共享是契机。城市序化管理催生近程物联网成为未来城市的刚需,慢行交通数字化即"车数字化+路数字化+近程物联网"。他提到,"近程物联网+蓝牙标识"是非机动车数字化的最佳技术选择,基本感知手段为"图像识别(眼)+蓝牙感知(耳)",车联网基础设施则是"路/框标识+城市近程物联网"。"未来,共享单车给城市造成的三大困惑有望彻底解决。"

二、XOD模式:高质量城市开发的有效途径

论坛聚焦的另一个议题是"XOD"模式,这是借鉴TOD模式的理念,以城市基础设施为导向的城市空间开发模式。西南交通大学TOD研究中心主任、中国城市轨道交通协会资源经营专委会副秘书长朱晓兵以成都市新津区、南宁市轨道集团、城市发展运营商、益丰停车场TOD深化设计与实施推进为案例,从政府、开发商、规划咨询单位角度总结了典型TOD项目的成功经验。他提到,TOD顶层设计是关键,TOD产品具有跨界、多专业、多条产业链全过程整合,多主体合作开发的特点,须打破城市既有利益格局进行优化重组;须关注构建城市利益共同体、尊重专业两个落地核心;须重视价值链闭环,价高者得的传统招拍挂不适合复杂和超大规模TOD项目;TOD"横向"跨界部分可借鉴国外经

验，"纵向"承接政府战略，对接市场资源须依靠本土。"为何日本没有首先提出/大力倡导TOD，却有着全球最早、最经典、最极致的综合开发案例？是因为珍惜资源与生俱来、以人为本深入骨髓、工匠精神世代传承。"他提到，不少泛TOD的应用已成为"网红"，如"小桥流水，亭台楼阁"的阳澄湖高速公路收费服务站，可以滑雪、攀岩的哥本哈根垃圾焚烧厂屋顶。

"POD模式是以公园设施为导向的城市开发，是对'绿水青山就是金山银山理论'的有效响应"，林同棪国际工程咨询（中国）有限公司副总裁刘雪山谈到，纽约中央公园、旧金山金门公园、江苏园博园都是顺应绿化基建开发趋势的典型POD项目。其中，江苏园博园作为紫东新区的核心基础设施是带动扬州、镇江、南京一体化的重要推手。在P端打造生态核心，传承场地记忆，传承古典文化，在D端引入大批酒店、民宿、会展、创意园区等综合业态，实现土地升值，全球智力引导。同时关注项目交通如何实现更好的服务，对外积极连接高速路网、轨道交通、区域铁路、有轨电车，强化园区对紫东崛起的支撑能力，对内串联园区组团，搭建智慧平台数字化赋能运行和维护。

当前，有轨电车的规划建设热潮正在全国兴起，目前已逾30多个城市在规划布局有轨电车，其中沈阳有轨电车已经成网运行，除了上海、南京、北京、天津、苏州、大连、深圳、成都等也已运营外，诸多城市中的有轨电车交通也正在规划建设之中。南京工业大学建筑学院钱才云教授以南京麒麟科技创新园片区为例，进行麒麟有轨电车1号线土地利用与居民出行行为耦合研究。研究发现，相同出行目的的乘客起讫点具有一定的相似性，基于有轨电车站点的心理距离阈值可以确定有轨电车对沿线用地的有效影响，进而优化站点功能和周边用地布局。考虑到居住街区街道空间模式对于社区生活圈内居民生活和出行方式选择的重要性，尤其对于在我国广泛存在的封闭居住街区而言，从城市设计的角度，对其街道空间的构成要素及其与步行行为关系展开综合研究十分必要。研究发现，界面通透系数、商业互动界面占比和服务设施数量均可提升步行者对社交氛围与街道活力的感知，且会提升设施便利性的感知；街道宽度在40米左右，且保证人行道的有效宽度在1.7米以上时，均会让步行者产生较正面的街道空间氛围的情绪感知；街道高宽比为0.9时，步行者对街道空间氛围感知的正向评价要优于1.5的高宽比；在街道断面设计时，应考虑街道隔离绿化与边界绿化的密度，其均会有益提升步行者的绿值感受，最终以环境营造促进低碳出行。

三、"后疫情时代"城市交通与韧性城市的展望

在大连理工大学交通运输学院赵胜川教授看来，新冠肺炎疫情使世界格局大变，"后疫情时代"远程办公、线上会议、线上教学、网购、外卖、各种预约服务（健身、乘车）进一步普及，基于社交距离（Social Distance）的分散型生活方式逐渐形成，实体（物理）空间与虚拟（网络）空间发生逆转，人类的许多活动将从实体空间转向虚拟空间，实体空间有可能成为配角。

国内外研究机构纷纷对疫情期间出行的变化做了分析，各国结论相似，40%～60%的回答者转向居家办公，"担心感染风险"是公共交通出行者改变方式的主要原因，"无替代交通方式"则是不变

方式的主要理由,公共交通出行者较多转向居家办公,私家车出行者较少转向居家办公。

因此,城市交通系统的重构十分必要,汽车社会的重构、小型交通工具或慢行交通(如自行车)的有效利用非常重要以及公共交通评价问题值得关注。在新形势下,应考虑交通弱势群体的出行需求,推进无障碍设计或通用化设计(universal design);推进多元整合出行服务(mobility as a servic, MaaS),为出行者提供个性化、多元化、门到门、一体化的出行方案;建设数据共享平台,有效利用虚拟空间上已有的人或车辆的相关大数据,为优化实体空间上居民出行行为提供决策支持。积极利用新技术,如利用自动驾驶汽车或无人机送货上门。

韧性城市,指的是城市或城市系统能够化解和抵御外界的冲击,保持其主要特征和功能不受明显影响的能力。OECD的解释为"城市具有吸收、恢复和防御未来冲击(经济、环境、社会、机制)的能力,促进可持续发展、社会福祉和包容性增长"。对城市结构变化的观察通常需要20~30年,城市不仅是工作和消费的场所,还是人与人面对面交流的空间(马斯洛需求层次理论),时间与空间的共享非常重要,人的社会资本的储蓄尤为重要。现在城市结构正在变化,高速交通带动城市快速发展,呈现出城市间交通高速化、城市内交通低速化的现状。

后疫情时代城市结构面临很大选择,到底是分散型还是集中型?从节能环保角度看,一方面,基于公共交通的紧凑型(集中型)城市(如欧洲、东亚城市)由于其能耗小,碳排放少应是一种发展方向;另一方面,基于私家车的低密度(分散型)城市(如美加澳等城市)也许有利于保持社交距离,利于疫情防控,但易于引发肥胖症、糖尿病等各种生活习惯病。中国汽车用户患糖尿病的概率高于非汽车用户的80%;1天内在车内时间每增加1小时,患肥胖症危险增加6%,而肥胖症、糖尿病以及心血管病又容易引发新冠病毒感染(UBC研究)。

最后,未来展望,未来居民活动在时间、空间上走向分散,支撑城市的基础设施也有多种用途,如疫情期间体育馆被用作方舱医院等。将来社区、城市会走向自立、分散、协动,各个社区是相对独立、分散,但是又有协调的模式。将来的城市可能走向郊区,城乡差别会逐渐缩小。人类经历了狩猎采集社会、农耕社会、工业社会、信息社会,现在是Society 5.0:超智慧化社会(基于人工智能、物联网、机器人、大数据等技术的知识经济社会、虚拟空间与实体空间的高度融合,以人为中心)。目前,我们有实体空间、虚拟空间,将来可能会实现数据共享在虚拟世界进行加工,然后反过来指导实体世界的行为。我们国家2016年提出的15分钟社区生活圈,巴黎也在推广,米兰提出将部分汽车车道改为步行道,推进"15分钟徒步生活圈"建设,波特兰提出20分钟社区,巴塞罗那是"步行者优先",布鲁塞尔的市中心几乎均设为共用空间,汽车最高时速限定为20km/h,"自行车都市"哥本哈根用小型交通工具送货,日本银座周末封闭。后疫情时代,世界各国的交通与城市正呈现出新的动向。

2020 "城市交通问题"
钱学森城市学金奖获奖作品综述

杭州国际城市学研究中心
浙江省城市治理研究中心

为研究探讨城市交通问题的解决思路和办法，自2020年1月起，杭州国际城市学研究中心以"后疫情时代数字交通（物流）的探索与融合"为主题，开展了第十届钱学森城市学金奖"城市交通问题"征集评选活动。征集活动收到国内外参评作品206篇（部）。经过初选、初评、通讯评审、集中评审等评选程序，2020年11月7日召开的第十届钱学森城市学金奖"城市交通问题"专家评审组会议及评委会会议上，评选产生了钱学森城市学金奖作品1部，即《透过大数据把脉城市交通》，钱学森城市学金奖提名奖作品10篇（部）。现将征集评选成果中部分优秀作品的主要观点综述如下。

一、多层次交通网络与多尺度空间协同优化

陈小鸿、周翔、乔瑛瑶［同济大学交通运输工程学院，上海市城市规划设计研究院，同济大学建筑设计研究院（集团）有限公司］：针对不同空间尺度界定骨干交通模式的服务目标，构建适应圈层、轴带、珠链等不同空间形态的内外交通系统结构及模式。优化区域交通廊道与枢纽体系。即强化区域复合交通廊道支撑，完善对外客运枢纽体系。设计"市域多层次"的轨道交通系统。换言之，必须以功能意义上多个城市紧密联系的都市圈（城市群）的空间组织要求构建多层次轨道交通系统，以促进多中心、网络化、组团式、集约型的空间格局塑造。即重构市域公共交通骨架，强化新城与主城区快速联系，提高主城区公共交通便捷性。发展多元的中运量公共交通系统。地区性公共交通服务水平应随着经济发展而提升。在轨道交通不能提供直达服务但具有客流需求的走廊，发展中运量公共交通更为广阔的地区提供有竞争力的服务，包括有轨电车、BRT、胶轮系统、无轨电车等多种制式。中运量公共交通系统在中心城填补轨道交通服务空白地区、补充轨道交通运能不足的公交走廊，逐步实现道路公共交通系统的服务升级。

二、大数据下的交通规划与治理

在当前大数据蓬勃发展的背景下，获取全面翔实的数据、开展技术创新、深入理解与感悟城市及交通，成为交通规划成功的关键环节。大数据对交通规划技术进步与学科发展、交通治理能力现代化起到重要的支撑作用。

林涛（深圳市城市交通规划设计研究中心有限公司）：基于大数据实时模拟车辆和行人运行状况。通过与实时交通运行数据的融合，可对车辆和行人通行状况进行实时模拟。具体以扩展路段数据和覆盖范围，获取社会车辆实时、秒级运行数据，实时模拟公共汽车和行人运行状况，实时模拟停车使用状况四个方面进行考察。基于大数据创新交通规划技术，建立四层次一体化交通仿真模型体系。以深圳为例，深圳市交通模型经过20年的积累，形成了以多元综合交通数据库为基础，按照同一平台、统一数据、上下衔接和协调一致原则，构建区域—宏观—中观—微观四层次、一体化的交通仿真模型体系，为不同层次的交通规划和设计工作提供技术分析支持。融合实时数据的交通运行和评价系统。即从交通运行评估系统、道路节点评价系统、交通排放监测系统、停车管理评价系统四个维度综合分析交通的运行情况。基于大数据实现先进规划理念。促进绿色交通优先等规划理念的实现。要优化升级公交优先实时评估系统，坚持发展道路交通事故综合分析平台，以及建立人流聚集监测预警系统。基于大数据促进互联网租赁自行车与城市公共交通的高效接驳，从国家层面或城市层面将互联网租赁自行车纳入城市出行统计调查体系，便于研究机构对互联网租赁自行车出行行为进行科学量化评估，并在此基础上建立基于动态大数据分析的规划模型和方法，在城市空间规划、城市综合交通规划和相关专项规划中强化互联网租赁自行车与公共交通等其他交通方式的衔接。城市中心区应强化完善自行车路网和停放点等设施的规划与建设，并且在城市公共交通站点、商务区、居住区等热点区域应设置足够的自行车停放空间，避免车辆的淤积停放，促进互联网租赁自行车与城市公共交通的高效接驳。

尹志芳、张晚笛、李超（交通运输部科学研究院）：建立基于骑行大数据分析的投放和停放管理机制。首先，需要行业管理部门和互联网租赁自行车运营企业合作，开展互联网自行车出行需求的精准预测，利用骑行大数据分析技术方法，结合城市道路条件、停放空间资源等对整个城市或特定地区的互联网租赁自行车进行容量测算，合理规划投放总量和投放时序。其次，鼓励有条件的城市建设互联网租赁自行车信息管理平台，利用大数据分析进行科学精准动态管理。要求接入所有投放车辆静态和动态信息，及时掌握城市投放总量，通过骑行数据有效识别车辆聚集点，实时督促运营企业对超出停放限度与使用需求旺盛的点位的车辆进行及时调度。此外，行业管理部门与运营企业合作，结合互联网租赁自行车骑行数据分析用户需求，在热点区域和禁停区域等重点区位运用电子围栏等新技术规范用户停车行为，加强停放管理，避免车辆堆积，影响公共秩序。

开展互联网自行车规范运营示范试点。在全国选择有条件的地区，从骑行环境建设、政策标准制定、服务质量考核、运营管理等方面开展规范运营示范试点，探索形成有利于互联网租赁自行车可持续发展的准入与退出机制、运行管理策略和技术方法等，形成政府、企业、公众及社会组织共同参与的治理格局，及时总结试点示范经验，向全国进行推广。

加快推进城市出行领域的数字化进程。城市政府和企业合作依托出行大数据，构建面向公众出行的综合运力保障平台和行业监管平台。统筹调配公共交通、出租汽车、互联网租赁自行车、汽车租赁等出行资源，保障复工复产通勤过程中相关载运工具客座率满足要求，提升行业管理的数字化信息化能力，同时实现城市居民出行的实名化和可追溯化。

杨东援、段征宇（同济大学）：大数据给城市交通带来的机遇绝不仅是一种技术手段，从决策思维的角度，将大数据技术融入城市交通分析体系，有三个重要的技术障碍横亘在面前：首先是分析技术必须实现对"盖然性"的包容，其次必须在"相关"与"因果"之间架设桥梁，再次是需要从趋势外延预测走向反馈基础上修正认识掌控未来。总体来看，大数据使我们有可能拥有对复杂适应系统多方位、深入持续观测的战略技术手段，从而改变传统的城市交通规划与管理方法。同时，大数据又不是与传统分析技术的对立和排斥，毕竟绝大多数情况下大数据只能告诉我们"是什么"，却难以回答"为什么"。大数据的价值在于支持管理大智慧，在战略层介入管理决策才无愧于"第四范式"的称谓。

三、对城市交通大脑与智慧出行的构想

陆化普、肖天正、杨鸣（清华大学交通研究所）：随着信息技术和智能技术的发展，高智商的城市交通大脑无疑会助力解决城市交通难题，提高城市交通的分析、诊断、规划、决策、方案生成和方案实施、效果预评估与后评估能力，一个优秀的系统将具有优化反馈机制，使系统的智能化水平不断有机生长。

一是从解决问题的角度分析，城市交通大脑的第一标准是能够实现的功能和能够取得的效果，而不是系统建设本身；从市场的角度来看，必须公开化、透明化、公平化，系统目标明确，验收标准清晰，专家论证充分。二是目前阶段需要把握的关键是交通大脑建设要遵循交通工程原理，注重实际效果。有无实际效果是评价交通大脑的第一标准，同时系统要具有优化反馈机制（自我进化机制）。换句话说，智能进化机制应该是城市交通大脑的核心功能要求。三是建立基于空间单元大数据的全息感知系统。在新一代感知体系框架下，未来城市交通将以智慧道路为载体单元，对前端设施统一、整体布控，对采集数据分布式汇集、加工，建立"智慧路段＋智慧路面＋智慧路口"三位一体的新型智慧道路感知监测标准体系。四是建立复杂环境下交通情景再现与预判的在线推演系统。基于人工智能和机器学习，在城市交通大脑中还原现实中的交通运行情况，实时推演和预测交通运行状态，实现"感知—推演—管控—服务—感知"的自学习闭环，重塑交通"战略制定—战术演练—精准调控"的管理模式，这既是实现精细化交通管理与控制的技术要求，也是建设高效、安全、协同的智慧城市交通环境的必备条件。五是构建交通规划—设计—运营—管理的精明管控系统。为满足新时期日益复杂的城市交通管控需求，城市交通管控体系由碎片化、被动响应向供需匹配、整体调控转变，以交通大数据作为构建交通规划—设计—运营—管理城市交通精明增长模式的新引擎，进一步推动政府规划建设管理流程再造与升级。六是构建综合性—个性化的全链条智慧出行服务系统。一方面，MaaS基于强大的后台出行规划系统提供高效、绿色、智慧出行服务；另一方面，政府—市场—企业—市民合作和共同参与建设全过程出行服务。

四、数据驱动下城市路网的结构与功能分析

如果城市路网存在制约交通功能发挥的缺陷，则后期一系列优化举措可能都难以真正解决交通问题。大数据时代，城市交通大数据为科学、全面地分析城市路网宏观特性提供了可能，并进一步赋能新时期城市交通治理与服务。

王世广（吉林大学交通学院）：从路网演化的角度证实城市路网结构与功能之间的相关性与历史时期和规划模式有关。路网元素的高峰小时流量与日流量之间呈明显相关性。城市道路作为交通需求的载体，虽然具有相同的道路结构，但不同道路发挥的实际交通功能却是有较大差异的，这为交通控制策略精细化设计及交通资源进一步优化调配提供了可能。交通需求主要分布在相对小部分道路上，因而，针对重点路段的交通组织和运行监测非常重要。基于私家车轨迹数据和电子地图的出行特性及最短路径分析，发现居民不同日期（工作日、休息日）的私家车出行在出行时间、出行距离、行程速度等维度的分布呈现很大相似性。休息日的路径差异性要略高于工作日，工作日的通勤出行各指标差异性小于非通勤出行。路径选择情况和偏差在不同出行模式、起始点、驾驶人偏好、行程时间、出行距离等情况下存在一定差异，居民出行与路径通过的信号灯数、节点中心性、出行直接性、物理距离、道路等级、方向变化等皆存在相关性。

五、技术变革引起交通流的时空分布特征重构

姚荣涵（大连理工大学建设工程学部交通运输学院）：机动车流、非机动车流和行人流是道路交通流的重要组成部分。驾驶员、骑车人和行人是主要的道路交通参与者，分别是机动车流、非机动车流和行人流的行为主体。这些交通参与者的心理、生理和行为特征决定着交通流的特性，进而影响着交通流的建模。大数据意味着大量、高速，不需要采用随机抽样方法，就能获得关于路网形式、交通管制、出行信息等大量表征或影响交通流运行状况的数据，人们在获取大量交通信息数据的同时也在不断地制造新的交通信息数据。技术同时也革新交通流状态的评估手段，高清视频卡口、高清电子警察等采集到流量、速度、密度、占有率、排队长度等宏观交通流参数，驾驶员行车过程中的速度、加速度、目标车道、换道操作、转弯半径等微观交通流参数。海量数据的提供改变人们的出行方式、交通管理者的决策，影响路网交通流的分布特性和规律。通过研究交通参与者行为特性、驾驶行为建

模、连续交通流模型、宏观交通流模型、交通影响模型、无信号交叉口理论、信号交叉口理论、交通仿真，揭示路网点、线、面的交通流特性与相互联系及交通流状态的转移规律。

　　章笑艺（浙江大学地球科学学院）：针对城市居民公共自行车出行，基于中国城市公共自行车服务供给—网络流量—借还需求时空数据挖掘与建模分析，可以看出，在居民短距离出行方面，中国的公共自行车系统在空间分布上，具有独特的接驳公交、地铁的"交错或对向布点"特征和较小的平均系统间隔，不同于欧美国家等间隔特征和较大的平均系统间隔，该模式导致在中国公共自行车系统的相关规划、调度工作中需重新考虑空间上邻近站点间的影响和作用。中国城市居民在使用公共自行车的距离偏好上，2—5公里具有最大出行量，小于2公里和大于5公里的出行则占少数。该距离偏好特征不同于纽约公共自行车系统的距离偏好，即小于2公里的出行比例占90%，且距离越近的偏好占比越大。中国城市公共自行车系统在站点的交互上具备稀疏性，即大部分的出行集中在少数的结构性站点间，但结构性站点的占比远高于已有的对纽约等公共自行车系统的研究结果，表明中国城市公共自行车系统站点的交互更为分散、稀疏性更弱。在公共自行车服务供给方面，以杭州为例，公共自行车系统的系统特征符合亚洲模式，具有较大的站点数量和密集的站点分布，站点间隔基本在200至500米内，适宜于人口密集的地区；但站点的容量规模在同类亚洲系统中偏小，更倾向于用"点多面广"的方式满足出行需求。需求冲突高峰主要发生在周中早高峰和周末夜间，冲突类型的空间分布和城市功能有极为密切的关联，借车难的区域常常为大片住宅区或商住混合区，还车难的区域基本上是公司聚集的工业区。

《透过大数据把脉城市交通》

(专著提要)

杨东援[1]　段征宇[2]

[1]同济大学教授
[2]同济大学交通运输工程学院副教授

伴随大数据和复杂系统理论的发展,城市交通理论面临着新的变革。在大数据创建的新技术环境基础上,依托复杂性理论等指导,融合传统技术形成新的决策支持框架,会产生推动城市交通理论革命性发展。

城市的快速发展将越来越多的难题摆在了决策者的面前:不断增长的需求与难以为继的资源之间的矛盾日益突出;"专车"等新型服务方式突破了原有的管理理念与框架;交通规划正在步入社会参与的开放时代……诸如此类的变化,使得决策者意识到未来的城市交通是体系作战,作为一个非常复杂的调控过程,简单依靠传统经验和理论制定城市交通对策的做法已经很难适应,交通工程正在寻求新的理论和技术突破。

正当传统技术与新任务之间的不适应困扰着研究者和工程师的时候,大数据技术将许多新的技术手段和方法展现在我们面前。移动通信、公交IC卡、FCD(floating car data,浮动车数据)、网络POI(point of interest,兴趣点)等许多新的数据资源,借助数据驱动和大强度计算得到提升的决策支持能力,在大数据基础上实现的信息提炼与概括、自动深度学习等,在我们面前展开了一幅值得期待的未来景象。

然而,对于将大数据技术融入城市交通分析体系来说,有三个重要的技术障碍横亘在面前。

首先,分析技术必须实现对"盖然性"的包容。虽然都与"不确定性"具有紧密关联,但是数字化的"概率性"与证明力的"盖然性"却是有着重要的区别,证明力的盖然性评估不能简单等同于数学上的概率验算问题。概率指的是事物出现的可能性,而盖然性则是对于事实真相认知程度的表征。例如,在应用IC卡数据分析用户乘坐公交的行为过程中,根据刷卡时间间隔判断是否属于公交换乘,可以认为是在特定时间间隔内刷卡属于"换乘行为"的概率问题,但是要根据用户一段时间(例如1～3个月）的公交使用特征，判断其是否属于"依靠公交通勤"的用户，就成为一个盖然性问题。由于并不能肯定用户是否始终使用同一张IC卡，由于分析者并不能确定用户是否属于上班一族等多方面复杂情况，我们只能判断一部分用户肯定（或者否定）是公交通勤用户，但是存在相当一部分难以真正判定其属性的问题。也就是说，我们并没有掌握研究对象是否属于公交通勤用户的直接证据，而是根据其与内在属性模糊联系的表面行为特征做出了具有盖然性的判断。因而，力图通过大数据把脉城市交通，就遇到了分析者到底多大程度上掌握了事实真相的评估门槛，不迈过这一门槛就难以做出对策决断。

其次，必须在"相关"与"因果"之间架设桥梁。在大数据时代，相关分析由于具有可以快捷、高效地发现问题的优势而受到广泛的关注，在商业分析、医疗诊断等领域的成功应用，使其大有替代"因果"的趋势。的确，对于复杂适应系统来说，错综复杂的联系以及行为主体的适应性演化，造成构建精巧模型来完整、准确地反映系统演化规律几近奢望的局面。但是对于承担巨大社会责任的管理者来说，面对意见分歧的尖锐争论和心中无数的社会响应，完全撇开"因果"又是一种难以接受的决策方式。正因为如此，尽管交通领域中相当程度的技术研究都围绕着将大数据纳入基于OD的模型体系框架而努力，但取得的进展相当有限。事实上，大数据在时空范围内的观察广度，以及对研究对象的大样本覆盖，超越了依托小样本数据构建的模型的观察能力。但是对于复杂适应系统反映基本规律的内部模型而言，基于行为的模型，基于活动的模型，以及网络交通流分析模型等具有不可替代的优势。融会二者的优势，实现宏微观融合、大样本分析与案例剖析融合，对于城市交通分析技术创新具有战略性意义。

再次，需要从趋势外延预测走向反馈基础上修正认识、掌控未来。由于城市交通的复杂适应系统特性，未来的演化具有很强的不确定性。简单根据过去趋势与特征推演未来的线性思维预测方法，难以适应快速变化的现实。大数据环境所提供的连续追踪观测的能力，为基于复杂性理论研究城市交通创建了不可或缺的基础。问题在于这并非简单的分析技术变革，而是决策模式和管控方法，乃至城市交通规划与管理体系的变革。兼顾管理、工程和研究的理论体系，需要不断地实践与探索，当务之急是尽快明确理论与技术的发展方向。这种学科发展的战略抉择，并非可以简单依据理念与愿望，而是需要在城市交通系统管控中所积累经验的支持，以及案例研究的启示。

总体来看，大数据对于城市交通的机遇绝不仅是一种辅助技术手段，它使我们有可能拥有对复杂适应系统多方位、深入持续观测的战略技术手段，从而改变传统的城市交通规划与管理方法。同时，大数据不是与传统分析技术的对立和排斥，绝大多数情况下大数据只能告诉我们"是什么"，却难以回答"为什么"。为此，需要在总结已有经验基础上梳理交通大数据研究和应用的技术框架。

专著《透过大数据把脉城市交通》围绕如下问题思考展开：

（1）什么是交通大数据？交通大数据强调的是充分利用相关数据资源，更加全面、持续、完整地观察研究对象。从这一观点出发，我们不仅需要重视数据量大的资源，还要重视全面观察问题不可或缺的数据资源，更需要突破"盲人摸象"的技术瓶颈。

（2）城市交通为什么需要大数据？由于城市交通所具有的复杂适应系统特征，必须深入观察系统的演化过程，有效地进行相应的调控，促使其遵循可持续发展的轨迹进化。因此，大数据提供的是对一种战略层面的诊断机制、监测机制、预警机制的支持，同时是提升政府远见与智慧的重要技术工程。

（3）城市交通领域大数据应用与其他领域的差异是什么？城市交通领域中的主要决策都会对城市产生重大影响，需要尽力减少战略误判和对策失误。因此，必须将大数据领域的关联分析等技术与本领域具有一定积累的因果分析技术有机融合，我们面对的并非一个简单的"信息挖掘"或者"信息融合"技术应用，而是对具有复杂适应系统特征的社会工程的"证析"。

（4）能否将大数据技术植入城市交通传统技术框架？由于交通大数据并非针对传统交通工程技术概念的定制数据，如果不突破传统技术概念框架的束缚，将很难发挥新数据资源的优势，反而会深陷与传统技术指标难以直接对应的困境。采用居民活动空间概念替代出行OD（Origin Destination，出行起终点）概念，将对于交通流量的关注拓展为对交通流内在结构的分析等，带我们进入了一个新的广阔应用空间。

（5）城市交通大数据应用的技术主力是谁？交通工程专业传统上培养了三类技术人员：交通工程师、交通规划师和交通模型师。面向未来需要培养一种新类型的技术人员——交通数据分析师，他们需要与其他三类人员共同组成未来的技术分析核心，才能够应对巨大的挑战。

（6）融合大数据技术与传统技术的框架是什么？基于证据的决策判断将大数据分析的成果，与仿真和模型分析技术产生的成果融合在一起。实现这一技术构想的难点，在于如何使用非定制数据所产生的间接证据，以及如何处理判断过程所面临的盖然性。

（7）多源数据基础上信息融合的技术特点是什么？城市交通大数据涉及移动通信信令数据、公交IC卡数据、车辆牌照检测数据、定点检测器数据、网络POI数据等规格各异、参照系不统一，从不同角度表征研究对象的数据，在数据层、特征层和决策层有效地进行信息融合，是避免陷入"盲人摸象"窘境的关键。

（8）如何在宏微观分析之间架设桥梁？该书提出了一个嵌套式框架作为研究的整体模板，在宏微观数据之间建立链接，通过探索性研究正确地提出问题，基于聚类分析研究问题结构，保证案例研究避免"选择性偏差"，以及在此基础上设计精准对策的"靶向"行动方案等，均为有可能影响全局的关键技术环节。

（9）如何建立城市交通战略调控的技术框架？由于这绝非城市交通大数据分析研究领域可以单独解决的问题，该书在现阶段只是形成了一些粗糙的想法，建立战略态势观测体系、适时响应对策机制、感知认知洞察的技术分析体系等，是战略调控技术框架中有待验证和充实的重要环节。

受制于研究经验和现有数据环境，城市交通大数据分析中的许多重要问题还停留在构想阶段，随着研究的深入对整体技术框架还会有更加深刻的认识。

首先，大数据对于城市交通决策的贡献更多地体现在战略层面，为保证战略决策过程中考虑问题的全面性，强调基于事实的概念性思维能力尤为重要。即一方面强调判断和决策中的证据，尤其是数字化的具象证据，以求增加判断与决策的权威性和说服力；另一方面强调在正确的认识论基础上通过证据产生洞察，而不是让精巧的数学模型剥夺我们的思考能力。为此，依托大数据所提供的间接证据进行重大决策，必须有效地构建证据链，而这不仅需要通过数据挖掘提取信息的能力，更加需要专业判断逻辑的能力。

其次，在城市交通大数据分析过程中，正确地理解"相关"与"因果"关系，将形成整个理论体系赖以建立的认识论基础。在具有复杂适应系统特征的城市交通系统中，错综复杂的联系使我们通过直接观察和实验来证实内在的因果关系变得非常困难。通过大数据分析，在把握全局基础上构建具体交通模型和仿真分析，是研究城市交通复杂性值得进一步探索的技术路径。

再次，城市交通规划和管理决策无法回避的另一个问题是如何直面或然性。在中长期交通战略及对策的设计和推进过程中，利用大数据对研究对象进行多视角、连续性、全局化、精细化的观察，有效地对城市交通进行分析，及时修正先前的有限预测，是一个重要的技术课题。短期交通对策更加强调"适时响应"调控模式，基于大数据不断对城市交通进行监测，发现偏离期望轨迹的征兆，适时进行调控，以实现战略性的过程管理。

我们生活在一个城市正在发生重大变迁的时代，针对城市交通所做的决策可能产生重大影响。因此，基于单向预测制定对策的做法应该成为过去，通过大数据不断加深对研究对象的认识与理解，及时修正有限预测判断，对系统演化适时响应并进行战略调控，将增强应对未来挑战的能力。

2020 "城市交通问题"
西湖城市学金奖优秀金点子

杭州国际城市学研究中心
浙江省城市治理研究中心

一、电子车牌规范外卖骑手交通乱象

主要举措：外卖电动车可安装电子车牌，实行实名登记入网，交通管理处可实现联网查看。电子车牌应具备速度记录功能，并且能够在路口被类似摄像头等记录抓拍。一是在物理装置上规范交通乱象；二是在心理上给骑手以约束。还可以建立积分制，比如类似驾驶证12分制，以及扣款制度，但可降低金额，毕竟送外卖也不容易，不能断了其谋生手段。

创新之处：因为送餐时间的限制，外卖员常常冒生命危险闯红灯，横穿马路，险象迭出。电子车牌能够记录骑手的行踪，并且规范骑手的行车错误习惯，比如闯红灯、超速行驶等。

预期效果：针对外卖小哥骑电动车不遵守交通规则、事故频发等现象，此举措可最大限度降低交通事故发生率，针对这一小众群体，既能够使交通事故发生率下降，又能保障其人身安全。

（作者：张腾涛）

二、分级设置交通枢纽内导向标识

主要举措：（1）一级导向标识的作用是传递交通枢纽内布局信息，使乘客熟悉枢纽内功能布局，明确大致行走路线，对所在枢纽空间有整体性了解，一般设置在枢纽入口处。

（2）二级导向标识承接一级导向标识信息与三级导向标识信息。二级导向标识主要服务于中视距离的活动设施指向，比一级导向标识更加细致全面地展示枢纽内环境信息。

（3）三级导向标识传递最具体的导向信息，信息的明确度处于最高级位置，是行人到达目的地

·125·

的直接指引，并与二级导向标识信息相连接，引导乘客完成具体活动。

创新之处：提出导向标识分级设置方法，解决了单一层级信息模糊不清与信息过载等问题。

预期效果：（1）对于枢纽内部不同区域的清晰引导，使乘客快速了解枢纽内部空间环境，确定自己所需到达目的地的大致方位。

（2）可根据不同活动设施的重要程度与距离，提供不同层级的引导服务，重点指向近距离活动设施，模糊指向远距离活动设施。

（3）导向标识的分级设置，满足乘客在寻路时对导向标识的信息连续与逐层过渡的需求，同时便于对导向标识分类管理。

（作者：张梦雨）

主动应对教育改革发展新挑战
创新人才培养模式

钟秉林

国家教育咨询委员会委员
国家教育考试指导委员会委员
国务院学位委员会委员暨学科发展战略咨询委员会委员
中国教育学会原会长
北京师范大学原校长、教授

随着中国教育进入新时代，中国的教育发展面临着新的挑战，包括教育发展的新挑战、高考改革的新挑战、在线教学的新挑战等，必须主动应对新挑战。

一、教育发展的新挑战

进入21世纪以来，中国教育发展成就显著。2019年，我国各级学校超过53万所，学历教育在校生人数超过2.82亿，专业教师1732万，规模非常庞大。学前三年教育正在加快普及，同时我们要抓好、提高、保卫教育质量。九年义务教育免费正全面实施，现在的重点在于优质义务教育资源的发展，要办好每所小学和初中，促进高中阶段教育的多样化、特色化发展。高等教育从去年正式进入普及化阶段，毛入学率达到51.6%，未来将坚持内涵式发展，加快一流大学和一流学科建设。中等职业教育和高等职业教育已经成为我国高中阶段教育和高等教育的半壁江山，今后还要大力发展。这两年的招生计划每年都扩招了100万高职学生。通过这些数据的国际比对，可以得到结论：中国的教育发展水平已经步入世界中上行列。

随着中国发展进入新的时代，中国的教育发展也出现新的特征，主要体现在过去的"上学难"到现在的"上好学难"的矛盾转化。一方面，老百姓迫切需要接受高质量教育；另一方面，当前优质教育资源供给短缺且发展不均衡、不充分。解决该矛盾的根本途径是积极拓展优质教育资源供给，办好每所学校。但是，发展教育、办好学校需要遵循内在规律，其中的重要特点之一是长期积累，厚积薄发。只要经费充足、规划到位、学校重视，硬件条件和管理水平可以在较短时间内得到显著提高，但是一所学校办学的关键和对学生成长成才具有重要熏陶和催化作用的学校办学传统、校园文化、校风学风以及鲜明办学特色的形成，却不可能一朝一夕、一蹴而就，也不可能用钱在短期内简单堆积而成，必须有一个长期积累、厚积薄发的过程。这决定了我国拓展优质教育资源供给还有一段艰辛探索的过程。为缓解主要矛盾，我国的教育方式正发生根本的转变，从过去的外延式发展转变为以提高质量、优化结构为核心的内涵式发展。教育界的同仁，不管在中小学还是大学，一定要增强质量意识，把主要精力置于推进学校内涵式发展，共同努力发展公平、优质、多样的教育。

二、高考改革的新挑战

2014年，我国正式启动了新一轮的高考工作改革。同年，上海、浙江两个省份率先进行改革试点。2017年，我国又启动了北京、天津、山东、海南四个省份作为第二批高考综合改革试点。2018年，我国又先后启动了8个省份进行正式的综合改革，按照规定到2021年要实施新的招生方案。2020年虽然有新冠肺炎疫情，也有若干省份正式申请启动高考改革。我国的高考综合改革进入了由东部改革试点转向中西部推广的新阶段。

这次高考改革的目标非常明确。第一是促进公平，尤其是入学机会公平；第二是科学地选拔人才，把孩子们送到适合的高校进行学习；第三是引导学校全面发展。改革的措施丰富，例如：在考试方式上，探索分类考试，实施本科生和高职学生两张试卷的分类考试；有条件的高职院校可以探索注册入学，而不是通过高考的方式，学生根据高中水平成绩和高职院校的职业技能测试，判断适合学习的专业并注册入学。"上学"的问题已经轻松解决，2020年参加高考的人数有1071万，录取的学生数正在统计，预计录取人数将超过1000万，这突出了高考录取率之高。当然。这里所指的接受高等教育包括接受高职院校教育。

改革的措施包括探索一些科目的"一年两考"。例如有几个省份正在探索英语一年考两次，然后把平时考试的最好成绩纳入高考成绩，以减轻学生集中备考的压力。高考改革的每一项举措背后都充满争议，都存在利益的博弈。改革的措施也包括进行考试科目和内容的改革，上海、浙江率先进行"3+3"的改革，即语、数、外三门加上学生从其他科目中自选的三科，通过组合扩大增加学生的选择性。后面进行高考改革的8个省份受到上海、浙江的经验影响，又推行"3+1+2"改革，即二选一（从物理或者历史当中必选一门），从其余的4门科目中再选择两门，一共12种组合，组合数的减少降低了推进改革的难度，为将来推进到西部地区提供了重要借鉴。

另外，在内容上取消文理分科的措施也受到很多争议。第一，高中过早分科会造成学生知识结构的不完善，因为学科发展的总体趋势讲求融合，进入大学后还要补课，影响培养质量。第二，培养创新人才的关键在于培养孩子的创新思维，创新思维的形成需要良好结合文科擅长的形象思维和理科擅长的逻辑思维,过早分科将造成难以弥补的困难。

在招生录取方案上进行改革,不像过去仅仅评价高考成绩,从高到低排列,现在我们要进行综合评价,即所谓的"两依据,一参考"。第一个依据是语、数、外三门的统考成绩,第二个依据是学生自选三科参加等级考加权赋分的成绩。"一参考"就是把高中学生的综合素质测评结果交给高校,作为录取学生时的重要参考,评价的方式更为完善、评价内容更为丰富,能够全面考察一个学生。同时,应该适当地扩大高校的自主权,探索多样化录取。很多省份既有依据统考录取,也有按照综合素质评价录取;既有定向录取,比如从农村地区招收农村子弟进入重点大学,就是一个定向录取,是一个非常重要的促进社会公正的政策补偿,也可以注册录取,对于确实有特殊天赋、特殊贡献的学生实行破格录取。这一切都要在阳光之下运行,利用网络公示的方式获得政府、社会、老百姓的监督及问责。

三、在线教学的新挑战

以慕课、反转课堂、微课堂为代表的基于互联网的教学模式已经应运而生并走向应用。在新冠肺炎疫情期间,国内的中小学以及高等学校都实现了"停课不停学",在此过程中在线教学发挥重要的作用。新冠肺炎疫情期间进行了国内历史上规模最大的一次在线教学的实践。当然,在线的学习教学可以突破时间、空间局限性,有利于学生进行个性化线上学习,有利于共享优质课程资源,有利于扩大优质教育资源覆盖面,进一步促进公平,同时也为线上线下教学融合、促进学生的自主学习和合作学习、改革传统的教学方式和手段、提高教育教学质量创造了良好条件。所以基于互联网的教育信息化建设已经成为国家教育发展的战略重点。

随着互联网技术、知识数字化技术和移动通信技术的发展,人类获取知识的方式和渠道得到改变。就知识传递方式而言,传统的知识传递以单向传递为主,比如在校园里面是"老师上课,学生听讲"的方式,而当前已经转为多向互动,现在的在校学生,不管是小学生、中学生还是大学生,获取知识的渠道绝对不仅仅限于校园里面,更不仅仅局限在课堂上。这种知识传递方式和渠道的转变,首先带来了教师角色的转型。在单向传递背景下,学校的教师是知识的传授者,过去的主要任务是上好课,而现在在知识多向互动背景之下,教师要转型为学生学习的设计者、指导者和组织者。这是一个深刻的变革,这种转型还带来了师生关系的变化,形成了新型的学习伙伴关系。

在线教学颠覆了传统的学习过程,把传统的知识传输阶段的内容从课堂讲授转移到上课之前,使学生在课前实现个性化的线上学习;而知识内化的阶段,过去往往依赖课后的复习、做题和教师辅导答疑,个别课程通过开设教学实践巩固、消化、吸收所接受到的知识,以达到真正掌握和融会贯通。互联网教育使知识内化的某份功能可能转移到课堂之上,教师在课堂上组织学生、引导学生进行探究、反思、讨论,引导学生进行合作学习。因此,所谓学习革命的"革命"、反转课堂的"反转"的内涵就在于此,实际上是一种学习过程的颠覆。这直接挑战了学校的教育教学观念、教学方式和学习方式、教学组织与教师的布局以及教学管理的体制机制。这里特别强调，近年来随着大数据、虚拟现实、增强现实、人工智能和区块链技术等先进信息技术的飞速发展，以及这些信息技术和教育教学的融合，学校又面临着新的挑战。比如利用这些技术可以更好地实现教学活动的动态监测和预测，有利于教学决策的科学化、教学管理的精细化和学生学习的个性化。利用这些先进技术手段，可以更好地支持课程学习环境的创设，可以更好地支持技能实训、语言学习，可以更好地支持教师的作业设计和批改。这些先进技术手段对于学生深化概念理解、建构新的构思和创意、激发学生的学习兴趣、培养学生的创新性和创造力、实现基于建构主义的学习，都发挥着非常重要的作用。所以在这样的背景下，一定要保持敏锐的目光，一方面要积极地跟踪信息技术和教育教学融合的发展趋势，另一方面还要结合学校的实际积极地进行多样性的探索，同时要注意保持理性的态度，既不能片面夸大作用，也不能进行概念上的炒作。

四、主动应对新的挑战

要应对这样的新挑战，我们应该做些什么？第一，要转变教育思想和观念。如何确立先进的教育观和教育价值观？如何坚持以学生为本？要促进学生全面而有个性的发展，要树立科学的人才观和质量观。人才观具有时代内涵，普及化阶段的质量观也应该是多样化的。在这样的背景下如何践行因材施教的教育理念？因材施教是中国悠久的教育理念的精髓，但其前提是要承认学生的差异性，研究学生的差异性，尊重学生的选择权，给他们提供更多的选择机会，鼓励学生发展兴趣特长。所以天元公学在这方面确实可以做出很好的探索。另外，现代的教学观和学习观如何确立？我们如何以学生的学习为中心，鼓励引导学生自主学习探究式的学习。这是当前国内外大、中、小学人才培养模式改革的重要趋势。

第二，要完善学生评价制度。最近中共中央、国务院正式印发了《新时代教育评价体系改革的实施方案》，要求从思想品德、学业水平、身心健康、艺术素养、社会实践等方面，基于事实和数据，客观准确地反映学生德智体美劳全面发展的情况。这就需要我们构建和完善学生学习效果的跟踪机制和综合评价机制，并把综合素质评价的结果作为学校录取学生的重要参考。要做好这样的工作需要做到以下几点：一是可信，高中或者初中提供的学生的综合素质测评结果必须是真实的，不能有水分，也不能弄虚作假；二是可比较，反映学生全面发展的情况多用事实、数据作支撑；三是要使用，对高校而言是软挂钩、硬挂钩，在招生录取的哪个阶段使用一定要用，否则会影响中小学校的积极性。2020年实施的强计划中只有36所一流建设大学进行试点，普遍地应用了高中学生综合素质测评的结果。总之，我们要把综合素质评价作为发展素质教育、转变育人方式的重要制度，强化评价对促进学生全面发展的重要导向作用。

第三，要改革人才培养模式。在这样的背景下如何变革学生方式，深化课程改革，把线上线下教学进行融合？教师如何去探索基于情境和问题导向的互动式、启发式、探究式、体验式的课堂教学？要改革传统的教学课堂模式，我们如何加强课题研究、项目设计、研究性学习这种跨学科的综合教学？我们如何去开展验证性和探究性的实验教学？教学改革大有可为，有很多问题都需要思考，都需要进行改革探索。

第四，要加强学习的发展指导，提高学生自主选择的能力。这次高考改革的一个重要价值取向就是尊重学生的选择权。学生会不会选择？能不能做出选择？这是过去的薄弱环节。怎么办？就要特别开展生涯规划教育。现在，很多学校都开展生涯规划教育。生涯规划教育本质上是一种选择性的教育，要提高学生的自我认知能力，对自己的兴趣、特长、爱好有一个基本了解，对未来的学术生涯和职业生涯有基本的规划，这样有利于做出最后的选择。所以应当通过各种形式开展生涯规划教育，例如：学科课程老师在讲课当中，要把生涯规划教育渗透进去；开设必要的指导课程，举办专题讲座，开展职业体验；将生涯规划教育与学校的社团活动、心理咨询活动和综合实践活动相结合，高校和社会资源都应该积极参与进去。

第五，要促进教师的职业发展。首先要提高教师的综合素养。当前如何提升教师的信息素养？面对科技发展趋势，教师的知识融合能力、课程整合能力和课程设计能力如何提升？要加强校本培训，按照适应新高考的自主选课、分层教学的要求，来改善教学的能力和水平。要鼓励教师探索信息技术和教育教学的相互融合，改革教学方式和方法，真正引导学生进行探究式学习。要强化教师的育人功能。在这样的教育背景下解决教育的弊端。在学校教育当中，教师如何才能提高发现学生兴趣特长和学科能力？学生要做出选择，谁来指导他们选择？家庭只是一个方面，全员教师都要参与。教师指导学生选课，尤其是要提高教师的育人功能。现在社会上有很多炒作现象，比如，随着信息技术的发展，有人预测过若干年一些传统学校要消亡，有多少教师要失业。在信息技术和教育融合的背景下，教师的高级职业教学能力，比如引导学校开展stem教育，引导学生进行探究式学习的能力只能加强。教师激发学生的学习热情，启迪学生智慧，涵养学生健全人格，养成学生综合素质，这种能力在今后只能加强，不能削弱，怎么说教师就要失业了呢？

第六，要探索管理体制的创新。关于高考的改革、在线教育的改革，要应对的绝对不仅仅是学校教学的问题，而是涉及学校的管理体制、机制的方方面面的改革。如何创新学习制度，构建学校的新常态？现在大家都在讨论后疫情时代的学校教学常态，很多人认为在"后疫情时代"，线上线下教学相融合的混合式教学要成为学校的教学新常态。但是这种常态要怎么构建？政策应如何引导？这需要付出巨大努力。另外，要改革教师的考核制度，调整学校教学组织。要应对这样的挑战，学校的教学质量评价标准和教师的考核标准，要做必要的调整吗？当然，比如现在评价线上线下融合的教学形式下课堂的教学制度，就不能用传统的标准和传统的手段，一定要进行创新。还要改革管理体制，适当提高教学资源的使用效益，这方面有诸多实践。浙江最早实行了高考综合改革，学生选课之后，行政班和教学班是并存的。而过去的学生工作是基于学生入考时候的行政班，现在基于选出来的大量教学班，学生工作应当如何实现创新？学生管理工作和班主任工作如何创新？我们一直在跟踪高考改革，召开了很多学生、家长和教师座谈会，学生对于选课走班非常支持，因为在不同的教学班能够接触到不同的行政班的学生，扩大了学生的人际交往面，对此学生非常高兴。但是他们也有自己的纠结，比如有的学生告诉我："学校开运动会的时候，我不知道该给哪个班加油了。"还有集体主义的教育问题，这些问题还需要逐步地解决。

"后疫情时代"大学智库育人功能的提升

高宝立

中国教育科学研究院副院长
中央教育科学研究所研究员

新冠肺炎疫情突如其来,给我们的经济、生活、社会治理都带来了严峻的挑战。在此过程中,中国在抗击新冠肺炎疫情方面取得了显著的成效,这主要得益于中央的坚强领导、审时度势、综合研判、从容应对,统筹国内和国际两个大局,有效化解风险和挑战,抓紧恢复生活秩序。在教育界也是两线作战,一方面"停课不停学",另一方面抗击新冠肺炎疫情。在此过程中,青少年学生表现出了非常高的斗志和清晰的国家大局意识,同时,大家也经受了锻炼。这次大考对我们大、中、小学学生的整体素质和学习能力都是一次严峻的考验。回顾过去一段时间,新冠肺炎疫情的突如其来,使大家都承受着巨大的心理压力,特别是在面对某些新的概念的时候,例如健康和医学的知识。突发的社会公共事件来临使我们容易迷茫和疑惑,容易听信某些说法,包括一些西方国家的甩锅,等等。在这个情况下,我国的制度优势充分发挥了作用,我国的治理效能也得到了充分体现。换而言之,集中力量办大事的制度优势和组织优势充分得到彰显。另外,我国的文化优势也突出地表现了出来,我们坚持党的领导,坚持走中国特色社会主义道路,凝聚共同的理想价值、道德观念,更加相信科学的观念。在"后疫情"阶段,国际国内环境更加复杂,不确定的因素更加多样,这时候教育的力量可能进一步凸显。众所周知,教育是为未来不确定的因素培养人才,在这个过程当中怎样进一步提升学生的综合素质?按照培养目标,怎样在新的阶段,针对当前的特殊情况进一步培养好学生的理想信念、科学意识、人文意识是一个很重要的问题。

一、高校智库存在的问题

智库主要发挥为政府出谋划策、决策咨询的作用,同时有利于引导社会舆论,引导社会公众思考。高校智库是我国智库的一个重要组成部分,2019年有848家高级智库,高校的智库就占了572家,占总量的67%,其中有很多北大、人大、浙大的研究院。这些研究院人力资源集中,学科门类齐全,基础研究力量雄厚，特别是对外交流合作广泛，跟高校有天然的联系。但是总体而言，高校智库在人才培养这方面的作用发挥得还不是特别突出，高校智库在学生人才培养体系中的作用没有得到充分发挥，这主要表现在"平、散、弱"几个方面。当然，这些问题源于智库的评价标准缺少人才培养这一内容，人才培养指标中缺少成果导向方面的硬性指标，所以也影响了高校智库在人才培养当中的作用。

二、高校智库的改进路径

面对后疫情时代，高校智库应该在三个方面有所改进，以提升人才培养的功能。第一是重视高校智库建设与智库人才培养之间的互动作用。从积极探索符合智库运行规律和智库人才培养着手，国际上很多高知名度的大学智库都在进行人才培养，如斯坦福大学的研究所、外交与国际战略研究中心，等等。这些智库都具备政策研究和培养该领域的博士、硕士研究生的作用，这些研究所把人才培养和自身的人才队伍建设作为一项相互结合的工作，也有一种说法称这些智库是没有学生的大学。可以说，高端人才队伍支撑了高校智库建设，智库建设与人才建设相互促进、协同发展是智库建设的智库普遍规律。教育部出台的《中国特色新型高校智库建设推进计划》明确提出，高校智库应该发挥人才培养的优势，努力培养复合型智慧人才，为中国特色新型人才智库建设提供人才资源。这一块高校的优势要进一步发挥，特别是要突出智库人才培养的错综性，即对现实政策议题具有高度敏感性，具有跨学科的学术视野和多样化的知识结构，同时要具备较强的政治敏锐性和政策意识、方法意识。当前我们特别需要学生在文理结合方面能够深入分析大的社会发展趋势，面对一些突如其来的重大社会问题和科学技术问题能形成独立的思考，这样才能更有效地提升他们的创新精神和创造能力。

第二，应充分应用好智库资源，发挥高校智库在构建高校大格局中的作用。立德树人是教育的根本任务，又被称为智囊团和思想库。在全员全方位全过程的育人背景下，高校智库应该是一种独特的育人资源，特别是在抗击疫情中中华传统美德、社会主义核心价值观都得到了大力的弘扬和彰显。面对以国内大循环为主体、国际国内双循环相互促进的发展格局，高校的思想政治教育，特别是在教育引导大学生正确认识世界和中国发展的大势，坚定建设中国特色社会主义的理想信念方面还有待进一步加强。我们很多时候说学生要知晓"四史"（党史、国史、改革开放史、社会发展史），要了解"四情"（党情、国情、事情、民情），高校智库由于具有信息量大且跨学科的特点，在这方面具有很好的研究优势。高校智库应当在这方面推出一批高水平的研究成果，重点研究深入学习习近平新时代中国特色社会主义思想，围绕着重大理论、重大现实、重大实践，将马克思主义基本原理和马克思主义中国化的研究及时转化为教材和课程，筑牢学生的思想意识，坚定"四个自信"，走中国特色社会主义道路。同时，面对国际竞争，怎样在构建人类命运共同体方面培养学生的全球素养，增强全球人类命运共同体的意识也是一个很重要的问题。特别是研判全球的跨文化影响方面的重要议题和形式，对学生的思想政治教育有很大的影响。应该说在高等院校，学生的道德品质要求与以前不同。德育规律具有由近及远、由具体到抽象的递进规律，思想性、科学性和规律性是德育的基本原则。

现在不仅是中学生和小学生，大学生里也有两种现象值得思考。一个就是"刷"字，如刷题、刷存在感，其实都是把很多需要深入思考的工作变得机械化和数字化，这方面要引起我们的高度重视。一定要把学生对思想政治的认知牢固建立在科学理论的基础上和深度的思考上，这样才能与培养高层次专门人才的目标相匹配。同时还有一种现象是外包，什么都包给机器，好像很多资料都在机器上，在网上找就够了，实际上有很多知识只有靠积累和入心入脑才能得到内化。高校智库由于平台高，结合实际，同时又具备知识性、人文性、引领性、时代性和开放性，因而更应该在引导学生扎根中国大地、了解国情民情、增长示范、增长才干这方面体现出前瞻性、针对性和储备性。

第三，要发挥智库的优势，助力发展大学素质教育。以往我们都会强调在大学里面要加强文化素质教育，特别是面临科学主义的冲击，更要强调人文教育。这无疑是非常重要的，但是新冠肺炎疫情的到来使我们认识到科学教育、科学知识仍然需要进一步加强。杨卫校长也讲，其实我们在很大程度上要依靠科学的力量。在高校，特别是在科学技术突飞猛进的背景下，各个学科出现高度分合、高速增长，对学生的学习能力和获取信息的能力提出了新的要求。高等教育虽然强调专业教育，但它的培养目标仍然是培养人、发展人，特别是全面发展人。当前我们更应该针对学生，特别是一些文科学生由于缺乏对科学技术基础性、常识性的了解，以及兴趣所造成的知识缺陷，他们的专业知识往往建立在抽象的概念上，这个现象应该有所改变。因此，我建议当前在高校人才培养的通识教育中进一步加强人工智能技术、信息技术、生命健康技术、新能源新材料、生物医学工程、生物学、脑科学、机器人与人工智能等方面的新知识。在素质教育和通识教育的发展中，应该坚持综合性。换而言之，通识教育要改进，要重视基础性、常识性、专门性，同时更应该重视延展性、趋势性、综合性，使学生适应新的日新月异的科技和社会发展的趋势。在批判性、建设性地思考问题方面，应由科学技术向人文思考延展，这样才能使学生的发展更加全面，更加利于高层次专门人才的培养。

第四，如何发挥智库的优势？如何完善科教融合育人机制？在智库的发展过程中，学科知识、专业特色以及承接课题的针对性，都对学生的教育，特别是科教融合育人有很大的便利之处。也就是说，要以人才培养为基点，集成创新人才培养、科学研究、学科教学、社会服务为一体，形成一种综合发展的体系。日前教育部发布了《加快新时代研究生改革教育的意见》，其中也提到要完善科教融合育人机制，加强学术学位研究生的智库创新能力培养，加强系统科学训练，以大团队、大平台、大项目支撑高素质研究生培养。这一文件对智库参与人才培养提出了很好的指导意见，应当得到良好的贯彻落实。

总之，结合"治理能力和治理体系现代化"，在智库发挥育人功能这一任务下，首先要强调智库的自治，加强领导，把智库育人的功能统筹规划到高校育人体制中，同时要增强智库育人功能发展的内生动力。在供给方面，要加强智库与其他机构的协商、协作，形成高校综合育人的合力。在善治方面，高校智库要致力于服务于人，提高育人实效，要进一步总结高校智库在智库育人方面的经验，加强各高校智库之间的交流，致力于探索高校育人的规律，持续发力，进一步在培养高层次人才和促进高校学生全面发展方面发挥高校智库的优势和力量。

我国应着力于"超常"学生的选拔和培养

——兼论"钱学森之问"的破解

杨德广

上海师范大学原校长

中国高等教育学会高等教育学专业委员会原理事长

"钱学森之问"已成为国人高度关注的课题，许多有识之士一直在努力探索和破解这一难题。钱学森提出的"为什么我们的学校总是培养不出杰出人才？"其实，这里面包含两个方面的问题：一是学校如何选拔人才？二是学校如何培养人才？我们必须从源头上找问题。因为杰出人才不是突然冒出来的，而是选拔和长期培育出来的，要从人的儿童时代就开始选拔和培养，尤其要着力于早期"超常"学生的选拔和培养。

翻开世界教育史，发达国家对"天才教育""英才教育"十分重视，培养了许多拔尖创新人才，对社会发展做出了重大贡献。我国学校之所以"培养不出杰出人才"，原因之一是忽视了尖子人才的早期选拔和培养。在当今世界各国激烈的竞争中，关键是人才竞争，我国面临的最大挑战是高端人才、尖子人才严重不足，我国教育存在的最大问题是忽视了对"超常"人才、尖子人才的选拔和培养，过度关注教育的"稳定、平等、公平"。本文主要论述"超常"学生的特点、"超常""超强"教育的意义和作用，介绍美国等发达国家实施"超常"教育、英才教育的理念及经验，在此基础上，理出我国在这方面存在的问题并提出如何实施"超常""超强"教育的建议。

一、何谓"超常"学生

古今中外一直有"超常"教育，但对"超常"儿童的称呼不尽相同。中国古代有"神童"一说，认为特别聪明和有才能的儿童是"天神"赐予的。外国则有"天才"之说，认为禀赋极高的人是先天遗传的，是"上天"赐予的，故称"天才"（gifted）。1978年以后，中国学者首先提出"超常"儿童和"超常"教育的概念，认为儿童的非凡才能不完全是天生的，而是先天因素和后天因素相互作用的结果。显然，这种冠以"超常"之名的提法要比"神童"和"天才"更科学。

那么，何谓"超常"学生呢？国内外学界有不同的观点，大致有四种：一种是"智商论"。即主要以"智商"的高低来判断儿童是否是天才儿童，如美国心理学家特曼就认为，智商指数超过140的儿童就是天才儿童。二是"创造"论。如托伦斯认为"天才"儿童具有很强的创造才能，但他们的智商测试并不见得很高，如果仅以智商为标准，那么70%具有创造才能的"天才"儿童就将会被排斥在"天才"儿童的范畴之外。三是"情商"论。20世纪70年代，美国的一位心理学家任朱利（J.S.Renzu）认为，要定义"天才"儿童，就必须考虑他们的"情商"即"非智力因素"。他认为，天才儿童有三方面特征：①中等以上的智力；②对任务的承诺，包括动机、兴趣、责任心和自信心，以及坚毅性、吃苦耐劳精神等非智力因素；③较高的创造性。四是"综合论"。1983年坦纳鲍姆（A.T.Tarmebaum）指出，天才是由一般能力、特殊能力、非智力因素、环境因素以及机遇因素等五种因素交互作用产生的。还有的心理学家指出超常儿童具备六要素：一般智慧能力、特殊的学业能力、创造性思维能力、领导能力、视觉和表演艺术及心理动作能力。

我国的心理学家提出的"超常"学生，是指"智能明显超过同龄常态儿童发展水平或具有某种特殊才能的儿童"。"超常"儿童是针对常态儿童而言的，是指在儿童或青少年群体中有常态（一般）、低常、超常三类，拥有超常智商（占5%左右，天才占1%左右）界定为超常儿童、天才儿童。他们首先要有较高智商，至少占同龄人口总人数的15%～20%以内。除此之外，还有不少超常儿童的智商并不是最高，但在某一方面却有特殊才能，比如拥有很强的创造性思维和创造能力（如创造发明），所以也被称为"超常"学生。

综合国内外专家学者的意见，笔者将"超常"学生概括为三高：高智商、高情商和高创造力。高智商即思维力、记忆力、学习力、吸收力超过常人，智商分数在130分以上；高情商是指有正确的价值观和奉献精神，有较强的人际交往能力、领导能力，心胸开阔，相容性大；高创造力是指有目标追求，有进取精神、执着精神、吃苦精神，有好奇心。还有一些"超强"学生，是指在某一方面有明显的专特长、强烈的兴趣爱好和超强的能力，而在智商方面不一定就"超常"。那么，"超常"学生或"天才"儿童是如何产生的呢？对于这个问题，我不赞成"天神赐予""上天赐予"等诸如此类的说法。我认为"超常"学生的产生因素有两个：一是遗传因素，在智商和身体素质方面，遗传基因有一定的作用，否定遗传作用不是唯物主义者，但"遗传决定论"是不正确的，遗传基因好只是为后天的发展创造了一个好的基础和条件；二是后天环境，一个人能不能成为"超常"和"天才"，取决于后天的作用，包括教育、环境影响和本人的努力。

二、古今中外对超常儿童的培养

（一）我国"超常"儿童教育发展概况

在古代，"神童"即"超常"儿童，是指他们在人生的某一时期、在科学技术的某个方面创造过辉煌的业绩。如汉朝张衡创制世界第一个测定地震的地动仪；南北朝数学家祖冲之算出了精确度较高的圆周率近似值，创制了《大明历》；郭守敬则是元朝著名的天文学家、数学家、水利工程专家，他创制的授时历比罗马教皇颁布的格里历还早了300多年。这些人在少年时代都是当时的"神童"、超常青少年。据《中国古代神童小辞典》记载，早在西汉时期，就有对神童进行有目的、有计划的选拔和培养。"超常"儿童出现率最高的是唐宋时期。有据可查的唐朝"神童"有49名，宋朝有43名，培养和推荐神童成为当时社会风尚。中国古代家庭也十分重视对"超常"儿童的培养。当时还没有完善的学校教育，"超常"儿童的产生、创造力的发挥，取决于"优异的遗传因素和良好的家庭教育"。根据中国古代172名"神童"家庭出身的调查，绝大多数出身官宦门第，或学士名流、书香门第，大都具备优异的遗传基因，更重要的是大都拥有良好的家庭环境及其所带来的好的教育条件。

新中国成立以后，我国经济社会快速发展，急需各类人才，当时的教育资源全部用于满足各行各业对人才的需求，对"超常"教育、英才教育则无暇顾及。"文化大革命"期间，包括"文化大革命"以前一段时期，受"左"的思想影响，我国各级学校不敢对"超常"学生进行专门培养，认为这是走"白专道路"，是搞"个人奋斗"，从而严重影响了拔尖人才的成长，导致高校培养出来的毕业生普遍存在"平而不尖"的状况，同时也导致我国科技领域缺乏高水平、高素质的领军人才、创新性拔尖人才。改革开放以后，这种情况有所好转。

1978年3月，邓小平在全国科技大会提出"必须打破常规去发现、选拔杰出的人才"，从而打破了我国在"超常"儿童培养上的禁锢。也就是在这一年，中国科学技术大学创建了全国第一个少年班。1984年，天津实验学校建立了中国第一个超常儿童教育实验班。1985年，当时的国家教委颁发了《同意北京大学等12所院校举办少年班》的文件，但目前只有中国科大和西安交大仍在招收少年班。1985年，北京八中建立了第一个缩短学制的中学超常少儿实验班。此后，华中理工大学、天津津耀中学、上海实验学校、东北育才学校、北京育民小学等也开展了"超常"教育、英才教育实践。

值得特别一提的是，北京八中开办的"超常"教育实验班，目标是"使超常儿童潜能得到最佳发展，成长为基础扎实、素质全面、具有创新精神的优秀高中毕业生"。他们的办班理念是："以体育为基础，德育为核心，创新精神为重点，为培养在世界范围内具有竞争能力的一流人才打基础。"北京八中注意与顶尖机构合作办好"超常班"，与中国科学院、心理研究所、北京市教科院等合作，形成了一套比较完善的超常儿童鉴别方法。超常班的招生对象为10岁左右且具有四、五年级文化水平的智力超常儿童，入学后接受四年的弹性学制，读完小学五、六年级加中学6年共8年的课程，即14岁左右完成高中阶段的全部课程。每年招一个班30人，14岁参加高考，均超过北京市高考成绩最好的高中。

20世纪90年代成立的中国"超常"儿童研究协作组，专门编制了两套工具书：一套是《鉴别超常儿童认知能力的测验》，一套是《鉴别超常儿童非智力个性心理特征问卷手册》，其中包括幼儿、小学、少年三种测验。这些都填补了我国在该领域的空白。

（二）国外"超常"儿童教育概况

1. 美国对"超常"儿童的培养

早在150多年前，即1868年，美国就有了天才教育计划。时任密苏里州圣路易斯学校校长威廉姆·哈里斯（W. T. Harris）就提出：为有天赋且学习能力强的学生提高教学进度，缩短教学课程，从而开创了美国天才教育的先河。1901年，美国第一所天才儿童专门学校的建立，则揭开了美国天才教育的帷幕。1954年，美国国会颁布了《国家科学基金计划》（NSFP），明确提出要加大力度支持"天才教育"事业的发展，并要求联邦政府给地方拨款进行资助。

1957年苏联第一颗人造卫星上天，美国惊呼"为什么在航天领域落后了？"认为根源在于教育落后。于是，在1958年颁布了《国防教育法案》，其中包括加强对天才学生的培养力度，重点培养在科学、数学和外国语言等方面有特殊才能的学生，由联邦政府为他们提供专项资金。该法案提出："保证任何天才不因经济问题而失去享受高等教育的机会。"1965，美国国会通过在小学和中学实施"发展天才教育方案"，1968年，美国联邦政府成立了"白宫资优及特殊才能特别委员会"，对天才教育事业进行监督和指导，目的在于不要让有天才的人消失，要把每一个有天才的人落实到天才教育中，并明确规定要加强天才教育的研究工作，由教育委员会负责指导。1969年，美国联邦法案规定，美国教育委员会指导天才教育研究工作，并支持州政府发展天才教育方案，切实加强天才教育。1972年，美国联邦教育部成立了"天才儿童教育局"，专门管理天才儿童的选拔和教育问题。1973年，美国教育署设立了"天才教育处"。1978年，联邦政府颁发《天才教育法案》，规定要给天才教育更多资金资助，责令成立州及地方教育机构与公立、私立学校形成合力，共同实施天才教育。1986年，《Jacob Javits 英才学生教育法》规定，应加大力度教育与培养天才青少年，使之为国家和社会发展贡献更多力量。1987年，美国国会通过有关天才教育的法案，增拨790万美元，重新组建"优资及特殊才能联合办公室"。1990年，成立了由美国教育部牵头的美国国家"英才研究中心"，用以开展英才教育的理论与实践研究工作。

为了切实开展好天才教育，美国也很重视天才儿童教育师资的培养。早在1979年，美国就有100多所高等院校，培养天才教育的师资，从而也形成了一支具有培育天才能力的专职教师队伍。2011年，美国还提出《授权教师给予天才和高能力学生帮助法》，不仅重视天才教育教师队伍的培养，而且赋予他们一定的权利，不仅在经济上给予保障，而且建立了"天才儿童资料库"。

美国把同龄儿童学习成绩的前10%确定为英才学生，排在同龄人前1%～3%的英才学生则会受到重点关注和特别培养。美国对"超常儿童""天才青少年"培养的形式是多种多样的：①设有特殊班级的英才学校。把超常儿童、天才青少年集中在一起学习、培养，既有专科（单科）性质的（如数、理、艺术等），也有综合型的。这种专门培养英才、天才的学校，一般智商在130以上的儿童和少年才能入学；②普通学校内的超常教育。不把超常儿童专门放在一所学校里培养，而是与其他学生放在一起，但可以让他们提早入学，并对他们加强个别辅导。如为他们建立可供自由选择的弹性课程，根据需要开设特殊科目，允许跳级，鼓励他们独立开展研究等；③家庭型学校。即在家上学，主要由家长（或外请教师）教和自学。有些家长认为自己的孩子有特殊的才能、特别的兴趣爱好，而学校教育又满足不了孩子的需求和发展，于是就把孩子留在家中接受教育。

美国对拔尖创新人才的培养之所以比较成功，一是在思想观念上承认存在超常儿童和天才，对每一个天才儿童因人而异、因材施教，给予特殊的待遇；二是重视法制建设，以法律形式为培养天才青少年提供政策保障和支持；三是加大资金投入，从国家到地方政府、从企业到基金会，都拨专款支持天才教育的研究和实施。

2. 英国对"超常儿童"的培养

英国将英才教育列入教育改革的重要组成部分。英国于1999年出台"追求卓越城市教育计划"（EIC计划），要求学校任命一名英才教育协调员，选拔5%～10%的在校生为"英才学生"，并设置不同的教学规定和教学计划。截至2004年，英国有40%的中学（约1300所）、15%的小学（约1800所）所启动了EIC计划。2002年，英国创办了国家青年英才学院，为全国11—19岁的英才学生提供特殊课程服务，政府每年提供500万英镑支持此项工作。2008年，英国有78万学生被鉴定为英才学生。为提高英才学校教育质量，英国十分重视英才教育中的师资培训，要求教师必须树立英才教育理念，并纳入教师专业标准。英才学生教育教学能力成为衡量优秀教师的重要指标。英国的"超常"教育，还体现在公学这种学校教育模式上。英国的公学是实施"超常"教育、"英才教育"的私立学校，培养了许多有超强创新力的学生。这里有一流的生源、一流的办学条件和教学环境，有一流的教师，学费昂贵，选拔严格，入学考试内容广、要求高，偏学术性。

3. 新加坡对"超常儿童"的培养

新加坡于1984年实施天才教育计划，目标是培养英才儿童，使其充分发掘和实现自己的潜能，以更好地为国家和社会服务。到2001年，新加坡已经有9所小学和7所中学成立了"天才教育计划中心"。新加坡教育部认为，英才儿童应具备六个条件：综合能力、特定的学术能力、创造性思维能力、领导能力、视觉艺术和表演艺术方面的能力、心理活动能力。在新加坡，对英才儿童的选拔是从小学阶段四年级开始的，即从学生总人数中选出1%作为天才教育计划的入选对象，考试科目有英语、数学和综合能力测试。此外，为了更好地推行它的天才教育计划，新加坡国立大学附属数理中学还与一些世界一流大学建立了毕业证书认证机制。

4. 新西兰对"超常儿童"的培养

新西兰是一个多民族的发达国家，对教育和人才培养也非常重视。1997年成立了新西兰"英才教育咨询小组"。2000年该国教育部印发了《英才学生，新西兰学校满足他们的要求》，为所有英才教育学校提供指导。2001年，其教育部正式组建了英才教育工作小组。2002年，新西兰政府颁布了《英才学习者促进法案》，强调要保障所有的英才儿童均能接受合适的教育。

三、超常教育的重要意义和作用

智力"超常"儿童、能力"超强"儿童是客观存在的，如果能及时把他们选拔出来进行早期培养，必将有助于他们的茁壮成长。他们犹如金矿、银矿埋藏在地下，发挥不出应有的价值，一旦开采出来，加工锤炼，便熠熠生辉，成为宝贵财富。但不同的是，金矿、银矿埋藏在地下几百年数千年都不会变质变性，而人的生命是短暂的，尤其是"超常"儿童的智力开发和培育是有时效性的，如果过了拐点期就难以激发他们原有的强烈的兴趣爱好和专特长，也因此就失去了培育和成长的最佳时期。这也如同农作物的种植一样，有很强的季节性，如果错过了某个节气或种植时机，农作物就将发育不全甚至颗粒无收。从过去到现在，我们社会上出现的一些体育天才、音乐天才、艺术天才、棋类天才或科学天才，他们绝大多数都是从少儿时期就被发掘出潜能，并加以培训和引导，同时为他们创造良好的成长环境。

在现代社会，经济发展了，物质生活改善了，资源丰富了，这些都为儿童早期的智力开发奠定了良好基础，也带来了良好条件。如果我们能及早地把这些"超常"或"超强"儿童选拔出来，根据他们的兴趣爱好和专特长，因人而异、因材施教，给予充分的阳光雨露，并及时培土、施肥，让他们在适合的环境里茁壮成长。反之，如果让这些"超常"儿童混合在其他普通儿童之中，接受一般教育，把大量时间消耗在他们早已掌握或根本就不喜欢的教学内容上，他们就没有多余的时间和精力去学习、钻研自己的兴趣爱好，从而也就错失了无法挽回的、最好的发展时机。

因此，笔者认为，我们的教育千万不能忽视对百分之几"超常"和"超强"儿童的选拔和培养。美国教育的一个成功之处，就是着力于5%天才儿童的培养。有不少人认为，美国的教育是失败的，基础教育质量不高，远不如亚洲和其他发达国家。但是，美国5%的英才教育却是成功的。正是这5%的英才，支撑和推动了美国科技、国防和经济的持续发展，也因此在世界的竞技舞台上长盛不衰。若论高等教育而言，美国的英才教育主要集中在二三十所顶尖大学。全国各行各业，包括政界、经界、军界、科技界的杰出人物，绝大部分来自这二三十所顶尖大学。由此可见，英才教育、拔尖人才培养对美国的发展和强盛起着举足轻重的作用；正如一位学者说的，人才是分层次，英才是高层次人才，居于金字塔的塔尖，是人才大军中一支"特种部队"，有卓越的创造能力，是人才资源中最有价值的部分，是衡量一个国家人力资源质量的关键要素。再如，上文所述的英国私立学校"公学"是中学阶段的英才教育，学生人数仅占英国中学生总人数的1.4%，且分别获得牛津和剑桥50%与55%的招生名额。20世纪60年代，英国外交官中的95%、将军中的87%、法官中的85%以及政府高官中的87%，都毕业于以"英才教育"著称的"公学"。可见，"超常"教育、英才教育在培养高端人才、尖子人才中的重要作用。

人类社会经历了从农业经济时代向工业经济时代、再向知识经济时代的过渡。如果说农业经济的发展主要依靠劳动力，工业经济的发展主要依靠资金，那么知识经济时代的发展主要依靠知识和高科技。当今社会已进入信息化时代、人工智能时代，引领和推动社会发展的动力主要靠各类拔尖创新人才、精英人才。任何一个国家和社会都必须有一批精英人才，这是绝对不可缺少的。如果没有精英人才，这个社会和国家不可能有高水平、高品质的快速发展。我国必须有大批具备创新思维、创新能力的拔尖人才，才能在激烈的经济竞争、科技竞争中取胜。而大批拔尖创新人才的培育必须从小抓起，从超常儿童的选拔培养抓起。如果不及时采取有力的培养措施，没有让他们自主学习、自由活动，发展自己的兴趣特长，必将泯灭他们的才智和潜能。

实施"超常"教育的最大作用，就是可以及早将那些未来精英人才的苗子选拔出来，然后精心培育，把他们的潜在专特长以及聪明才智最大限度地发掘出来，从而使他们不断成长，以至成为拔尖创新人才，成为国家的栋梁。我国目前最紧缺的就是世界一流的高科技和核心科技，为此急需培养和造就能创新高科技的杰出人才，而加大培育超常儿童和天才青少年，正是培育有创新精神、有创造能力的高科技人才的基础工程。

四、我国"超常"教育存在的问题

我国在"超常"教育方面尚存在严重的不足和问题。在精英教育阶段，我国高等教育的毛入学率在15%以下，如1978年仅1.56%，1998年仅9.6%，直到2002年才达到15.03%。当时的大学生多数属于"超常"学生，但没有根据他们的兴趣爱好和专特长给予"超常"培养。因为各行各业人才奇缺，高校必须培养面向社会需求的专门人才，难以实施特殊的"超常"教育和英才教育。现在我国高等教育已进入大众化后期，毛入学率在48%以上，每年招收700多万大学生，完全可以将1%~3%的"超常"学生选拔到英才学校或英才班、尖子班给予特殊培养。但这项本可以实施的工作，至今没有真正开展起来，究其原因是多方面的，主要是对"超常"教育的认识存在思想观念上的偏差。

（一）受传统"均衡论"观念的负面影响

中华民族有许多优秀的文化传统，但由于两千多年封建主义思想的影响，也有不少对后人产生很大影响的消极观念，其中包括"均衡论"。中国古代就有"不患寡而患不均，不患贫而患不安"的观念，即不担心人们分配得少，而是担心分配得不均匀，这是典型的"均衡论"思想或平均主义思想。长期以来，社会上一直存在不担心财富不多、只担心财富分配不均匀的情况，反映在教育和人才培养方面，即不担心"拔尖人才"出不出来，只担心录取、招生标准和规则不公平。一旦招收偏才、怪才、"超常"人才，由于他们的考试分数不是最高，就会受到不少人的质疑、谴责、批评。在"教育公平"的声浪中，这些有望成为"杰出人才"的人往往被扼杀在摇篮中，排斥在校门之外。

（二）"左"的思想影响至今还没有肃清

在"文化大革命"时期"左"的思想路线下，业务上尖子人才往往被视为"只专不红"、把培养尖子人才视为"白专道路"，现在这种观点虽然已经没有市场了，但在不少人的头脑中，仍然认为培养拔尖人才、实施"超常"教育是在搞特殊化、搞特权，是在为"官二代""富二代"孩子提供上升通道，同时认为这样做，还必然会出现"捅路子""递条子""开后门"等各种不正之风，从而污染社风气，滋生社会腐败现象（事实上，目前一些名牌民办小学、中学即"超级学校"的学生，绝大多数是劳动人民子女，并非"双二代"子女）。邓小平早就主张要办好重点学校，把最优秀的人才送去学习。但反对办重点学校、反对优先录取优秀生的呼声不断。正是这种"左"的思维定式，阻碍了"超常"教育、英才教育的发展。

（三）形而上学的观点贻误了"超常"教育

改革开放后，许多有识之士批评完全按分数录取的招生制度埋没了有专特长的人才，提出要实行自主招生制度，对专特长学生实行加分或降分录取，如参加全国或省奥赛、技能竞赛的优胜者，可免试直升或破格录取。这些措施对选拔和培养"超常"学生和尖子学生发挥了积极作用，并取得一定实效，对挖掘学生潜能、激发学生专特长的发展也产生了良好的效果。但试行一段时间后，由于少数地区和学校出现了一些问题，一些主管部门就取消了自主招生，取消了对专特长学生的加分，又恢复到以前的"以分为本"的招生制度。许多能够展示青少年学生才华、有助于早期发现人才的竞赛绝大多数被取消了。偌大的中国，只批准29个竞赛项目，唯恐出现"走后门""潜规则"等问题。实际上，这些问题与改革的成果相比是次要的，成绩和主流是好的。这些问题是在改革过程中发生的，是局部的、个别的，完全可以通过完善规章制度、加强监管予以解决。然而有些教育主管部门把支流当主流，把局部当全局，经受不住舆论的压力，犯了形而上学的错误。殊不知，这种简单化的"一刀切"做法，必将把许多"超常"学生（高智商学生）和"超强"学生（专特长学生）排除在校门之外，也泯没了他们的聪明才智。另外，这种形而上学的思维方式也是违背唯物主义辩证法的。毛泽东在《矛盾论》中指出："矛盾存在于一切事物的发展过程中，在一定的条件下，矛盾的东西能够统一起来，又能够互相转化。"以上这种片面的、静止的、孤立的思维方式，显然阻碍了"超常"教育和英才教育的发展。

（四）"三个一切"观点阻碍了"超常"教育

近些年来，在招生中把"稳定压倒一切，分数高于一切，公平主导一切"放在至高无上的地位，导致"超常"教育和天才教育不能实施、不敢实施。"超常教育"就是要选拔和培养尖子学生，这是一项很繁杂的系统工程，对正常的教育制度、教育政策及教育秩序也会带来一定的冲击和影响，工作难度较大，当然也会在社会舆论中产生不同的看法和争论。这些都属于正常现象，不必惊慌失措。有些人担心会造成"社会的不稳定"，不少地方和学校因怕"惹是生非"，怕"不稳定"，只好放弃"超常"教育。当今升学制度仍是以"分数为本"，"分数高于一切"，教育主管部门下发的文件中虽然有对学生"素质"要求，但这是软指标，因为人人"素质"都合格。招生录取时依然是从高分到低分依次录取，以维护所谓的"教育公平"。然而有专特长、有兴趣爱好的"超常"学生、"超强"学生，往往在考试分数上考不过那些潜心读书的"学霸"和应试生中的考试"高手"。在"分数高于一切""公平主导一切"的桎梏下，"超常""超强"的有特长学生得不到特殊照顾，只好在提高考分上下功夫，而不是在发展专特长和兴趣爱好上下功夫。于是，这些学生由于得不到进一步培养的机会，"超常""超强"的优势逐渐退化，变成平常人、普通人。我们不能以所谓的"教育公平"违背人才成才规律、违背教育发展规律。如果我们的教育以及考试招生选拔制度不鼓励、不激励1%～3%的"超常"学生，而是用所谓的"公平""分数线"挡住他们，实际上是在扼杀拔尖创新人才的成长，"钱学森之问"岂能破解？

五、我国如何实施"超常"教育

实施"超常"教育并非仅仅是招生考试问题，也并非仅仅是教育部门的事情，而是一个从思想观念到教育制度、教育政策的问题，是一个国家人才发展战略的制定到精细化的实施方案的落实问题。解决好这一问题，必须有战略高度，要齐抓共管，落到实处，力戒空谈。

（一）要树立实施"超常"教育的责任感和紧迫感，善待"超常"儿童和学生

要认识到当今世界各国之间的竞争日益激烈，表现为经济、国防、科技、文化等全方位的竞争。我国与发达国家相比存在较大差距，尤其在核心科技领域差距更大，主要原因在于缺乏拔尖创新人才，所以要有一种紧迫感和危机感。我国要在未来四五十年内赶上和超过发达国家，就必须从学前教育、小学教育抓起，着力实施"超常"教育，让尖子人才脱颖而出。

为此，就要树立实施"超常教育"的责任感和使命感，学前教育教师到各级教师，要认识到"超常"教育的重要性，善于发现"超常"学生，及时选拔推荐，实施"超常"教育。各幼儿园、小学和中学要善待"超常"儿童和学生。若将他们适时地招收到合适他们生存和发展的学校，就会如禾苗获得阳光、雨露，茁壮成长，大有所为；若将他们与常人一样看待，将其固定在同一个班级学习同样的课程、考同样的试卷，并以分数作为升留级和升学的唯一标准，那么这些"超常"学生必定会为了高分数而不得不花大量时间和精力去应对作业、考试，被强迫地学习自己不喜欢的课程和专业，而不能按照自己的兴趣爱好、专特长去发展自己。虽这也能取得不错的成绩，但他们的兴趣爱好和专特长却被磨灭了，从而也错过了最好的成才时机，最有希望培养成杰出人才的"超常"学生就这样被耽误、被淘汰了。这就是钱学森说的"为什么我们的学校总是培养不出杰出人才？"对具备杰出人才素养和基础的"超常""超强"学生不着力挖掘和培养，如同不去开采藏有金子的矿石，而着力开采一般的石矿和铁矿。不去挖掘开采金子何以出金子？不去选拔培养杰出人才何以出杰出人才？开采出数万吨石矿、铁矿，也不如开采一公斤金子有价值。知识经济时代，杰出人才是国家的栋梁，是无价之宝，国家缺乏石矿、铁矿可以进口，而缺乏尖端人才，是不可能进口的。我们必须有培养杰出人才的紧迫感和责任感，才能善待"超常"学生，重视"超常"教育。

心理学研究成果告诉我们，13岁以前是"超常"儿童成长的关键时期，4岁、7岁和13岁是发展期的三个拐点，科技精英、国学大师、体育尖子、文艺尖子概莫如此。我国有一支"珠心算部队"肩负着特殊的国防使命，他们的年龄仅8岁左右，都是从"超常儿童"中用超常的方法选拔出来的，并以超常的方法强化培养，突破一般学校的招生、培养模式。"超常"儿童少年的成长是有时间节点的，必须抓住节点和拐点，针对他们的兴趣爱好和专特长，及时培养和训练，促使他们快速成长，将其造就成尖子人才、精英人才。相反，如果不及时培养，犹如农作物种植过了节气，失去了生长发育的时机，就会导致无可挽回的损失。

善待"超常"儿童就是要用超常的方式及早发现，用超常的方式及早培养，不宜把"超常"学生与一般学生放在一起培养，不能以考试分数束缚他们的"超常"发展。否则本可以成为"杰出人才"的"超常"儿童、"天才"少年就会被扼杀在"以分数为本"的应试教育之中，这是教育的失败和悲剧。"超常"学生具有超出同龄人、常人的智商和创造力，必须采取超出常人的、超出常规的培养方法。对超常学生应从智商、情商、创造力方面考核他们，不能仅以考试分数、"全面发展"考核他们。

概而言之，中国不缺"千里马"，缺识"千里马"的"伯乐"；中国不缺"超常""超强"人才，缺选拔、培养人才的机制；中国不缺金矿、银矿，缺开采意识和能力。只有树立高度的为国家培育杰出人才的责任感和紧迫感，才能高度重视"超常"教育工作。

（二）要转变思想观念，破除"三个一切"

1. 关于"稳定"问题

人们对"超常"教育可能会产生不同的看法，这会给管理工作、教学工作带来一些麻烦，这是正常的。只要讲清这项工作对人才培养的重要意义，制定好完善的规章制度、操作程序，是不会影响稳定的。但现在有些人把工作中出现的一些问题小题大做、惊慌失措，莫须有地与"维稳"挂钩，反对搞"超常"教育，这是"因噎废食"、顾此失彼。同时，我们还要警惕个别制造不稳定的人。世上有一种"恶"就是"自己好不了也不让别人好，自己上不去也不让别人上去"。有些人的孩子智力很平常上不去，又不让智力"超常"的孩子上去。一旦别的孩子上去了，羡慕嫉妒恨心理爆发，就吵闹不休，"不公平、不平等"帽子满天飞，甚至制造事端。我们不能以"维稳"为名姑息迁就这些人，不能妨碍"超常"教育的发展。不要把不属于"维稳"范畴内的事，夸大其词上升到"维稳"问题。目前的义务教育阶段，把"超常"儿童与普通学生放在一起培养，前者"吃不饱"，后者"受不了"，于是出现一批"超级"学校的"超前"教育，这样就影响了正常的教学秩序，反而会导致不稳定。从长远来看，如果不重视"超常"教育，国家培养不出大批拔尖创新人才，我国科技一直就处于落后状态，受制于西方发达国家，这样我们的国家和社会能稳定吗？只有办好"超常"教育，培养出大批杰出人才，在国际竞争中立于不败之地，我国才能真正稳定繁荣、长治久安。

2. "分数面前人人平等"问题

升学考试以考分为主要依据是正确的、必要的，但不能太绝对，否则就会把那些有特殊才能的学生排除在校门之外。"超常"儿童往往在某一方面有强烈兴趣，出类拔萃，对这些特殊人才必须用特殊的方式加以培养，如果完全按分数录取，许多有望成才的"超常"儿童、英才青少年必将被剥夺获得合适教育的机会，所有的学生必将被引导着放弃自己的特殊爱好和专特长，去应付升学考试，追求分数，将来就会演变成"平而不尖"的"合格"人才。如果以"分数面前人人平等"为借口，则耽误了对拔尖创新人才的选拔和培养。这是典型的"不患寡而患不均"的思维定式，是"以分为本"而不是"以人为本"。进而言之，我认为"分数面前人人平等"实际上是个伪命题。"人"不是由分数决定的，分数不能全面客观地体现出一个人的本质，有高分低能者，也有高分缺德者，分数仅仅反映出人的智商的一部分。仅仅以分数来评判人、选拔人，本身就是一种不平等。

3. 关于"公平"问题

有人认为"按考分录取是最公平的"。这种貌似公平的做法，实际上却是不公平的。究其原因，一是不同的学科专业、不同的行业对学生的素质、知识结构的要求是不尽相同的。以考分为本，完全按分数录取学生，对学科专业和用人单位是不公平的，因为有些毕业生不能满足他们的发展需求。二是对"超常"儿童少年来讲也是不公平的。他们平时把大量时间、大量精力花在发展自己的专特长和兴趣爱好上，比常人艰辛许多，他们如果把大量时间、精力用在课业上，完全可以考出高分。不善待"超常"学生，不因材施教，本身就是不公平，对国家发展也是非常不利的。正是这些"超常"学生中有奇才、怪才、天才，培养好了将来对社会、对国家甚至对全人类能做出卓越贡献，现在用所谓的"公平"不为他们提供适宜他们发展的气候土壤，甚至将他们排除在校门之外，不仅是个人的损失，而且是社会和国家的损失。

（三）要制定"超常"儿童的选拔标准和操作办法，大力创建"超常"学校

为了切实把那些"超常"儿童选拔出来，并推荐到"超常"学校或英才学校，大中城市可设置专门的测试点，像一些发达国家一样测试出"超常"学生的智商指数。凡达到标准的便可获得相关证书，方有资格报名"超常"学校或英才学校，以防"递条子""走后门"等不正之风。

鼓励创建专门培育"超常"儿童的"育英学校""英才学校""特色学校"等。这类学校应以民办、私立学校为主，把现有的质量较好的民办小学和民办中学改为以培育"超常"学生为主的学校。一些公办学校在校内也可以开设"育英班""英才班"或"尖子班"。全国有2亿多小学生和中学生，其中智力"超常"学生有600多万，为此要办上万所英才学校及"英才班""尖子班"，这样才能满足各方面的需要。然而我国目前这类学校太少，发展潜力很大。

为了确保"超常"教育在招生、教学、管理、质量保障等方面能够正常运行，应在入学条件、选拔制度、办学规则、教学内容、培养目标、教师规范、学生守则等方面制定操作办法，同时制定筛选制度、淘汰制度、退出机制，以确保真正的、有发展前途的"超常"儿童进入这类学校和班级学习和深造。有人担心这样做会出现"开后门""通路子"等不正之风，或许多家长认为自己的孩子很优秀而千方百计要送进"超强学校"。但只要制定好相关的制度和措施，就不会出现这些问题。如果家长把没有专特长的、智商不高的、没有强烈兴趣爱好的孩子送到这类学校，而孩子根本就不能适应高难度、高强度的学习环境，可能会耽误学习。有人说，创办"超常"学校（班级）很有必要，但如何应对"双二代"（"官二代""富二代"）利用各种关系和手段入校的问题也随之而至，这是当今中国社会的一个现实问题。我认为只要规范管理，制定切实可行的政策制度和实施条例，加上党风党纪管控严格，这些问题完全可以解决。凡符合条件的"双二代"准予入学，不得拒收；凡不符合条件的"双二代"不予录取，不得照顾。教育主管部门不能因为"双二代"问题望而生畏、怯而止步，更不能以此为借口，不敢开展"超常"教育，这是不敢担当、不作为的表现。习近平总书记说，我们要选拔敢担、有作为的干部到各级工作岗位。教育系统更需要这样的干部，我国"超常"教育发展缓慢，不进反退，与教育主管部门缺乏有战略眼光、"敢担当、有作为"的干部有关。

（四）要创设良好的外部环境，加大"超常"儿童的培养力度

1. 政府层面

设立专门从事"超常"教育管理的部门和机构。如可以在教育部设立"英才教育司"，在地方教育厅（局）设立"英才教育处（科、室）"，专门管理"超常"儿童、英才学生、天才学生教育。要把"超常"教育列入教育发展规划和工作计划之中，制定"超常"教育的相关政策、法规、条例；审批"超常"学校或英才学校举办的条件；检查督促英才学校教育教学质量，确保"超常"儿童及时得到相应的合适教育；组织交流"超常"教育的经验，推动其健康发展；帮助和扶持各类英才学校办出水平、办出特色、办出成效，培养出尖子人才输送到最适合的高等院校、科研院所深造。我国"超常"教育能否像发达国家那样蓬勃健康地开展起来，政府的作用是至关重要的。政府主管部门要把"超常"教育作为自己的分内工作、重要工作，要像抓义务教育、抓"双一流"那样高度重视。但在教育部下达的主要文件中、年度工作计划中，几乎从不涉及"超常"教育、英才教育。尽管对高校拔尖创新人才的培养比较重视，但"超常"教育必须从学前教育、小学教育抓起，并延续下去。到了大学再抓固然也会有作用，可是许多本可以成为拔尖人才的"超常"儿童少年，由于没有"超常"教育早早就流失了。进入大学的"高分尖子"，许多是没有专特长、没有个性、高分低能的缺乏创新思维的学生。到了大学才想起来培养拔尖人才，为时已晚，尖子学锐减。

2. 学校层面

各级学校要善于发现"超常"儿童，要建立学习档案，及时选拔推荐他们到适合的学校和环境学习和深造。为此，学校一方面要加强大脑开发、思维训练、能力发展，增加知识点，扩大知识面等智力因素的培育；另一方面也要对这类儿童和学生加强理想信念、品德品行、意志毅力、身心健康等非智力因素方面的培育，尤其要培养艰苦奋斗精神、吃苦精神。

3. 社会层面

建议在中国教育学会及中国高教学会这些全国性学术组织下设立"超常"教育、英才教育、拔尖创新人才教育等类似专门性的研究会、联盟、协作会等研究机构，搭建互相交流、互相学习的平台。同时，鼓励和引导企业、基金会、社会贤达积极扶持、资助这些为国家培养拔尖创新人才的学校及相关机构。

我国是高度集中管理、行政领导力很强的国家，这种体制有利于集中力量办大事、办实事，效率很高。我国教育行政管理部门的权力也很大，对增加教育投入、加快教育改革发展起了很大作用，如果能够着力于"超常"教育、英才教育，一定会取得好的效果。教育主管部门应采取切实措施，从学前教育、小学教育阶段抓起，及早发现、及早培养"超常""超强"学生，并与高等院校、科研部门、相关企业相衔接，协同培养、连续培养。

习近平总书记说过，要加快建成适合每个人的教育，努力使不同性格禀赋、不同兴趣特长、不同素质潜力的学生都能接受符合自己成长需要的教育。开展"超常"教育，正是习总书记强调的"每个人的教育"。"超常"教育是教育规律和人的身心发展规律决定的，背离了规律就是错失了"超常"人才培育、发展的机会，因此"学校总是培养不出杰出人才"。据悉，新创建的杭州市天元公学，将实行从幼儿园、小学、中学"一条龙"办学模式，作为"超常"教育、"每个人"教育的示范学校。"探索实施个性化潜能教育实践，使不同性格禀赋、不同兴趣特长、不同素质潜力的学生都能成长成才"，期盼这一新型学校在新的教育理念指导下，为我国"超常"教育、为杰出人才选拔培育注入新的元素，探索新的路子。建议每个省（区）市至少创办一二百所"超常"学校，有条件的小学、中学都要办"英才班""特色班"。如此，我国大批精英人才将会如井喷一样涌现出来，"钱学森之问"也将迎刃而解。

高中学校教育评价"三角模型"的构建

——百年名校开封高中的教育实践

李振华

河南省开封高级中学副校长

一、教育评价改革：动力所在

（一）华为芯片断供：敲响了教育的警钟

2020年10月27日，在华为芯片断供后，任正非发文《向上捅破天，向下扎下根》，提出科研往往伴随着孤独，但这一项科研实现的时候也会伴随着喜悦、成就以及超过自身预料的对于社会的价值。不管想要实现哪一项科研，都需要有向上捅破天的气势和理想，也需要真正将心沉到底，一直不断向深处挖掘，让新的想法和技术方案随之而来。

反观我们现在的教育，最核心的问题就在于我们的孩子"上不着天，下不着地"。"上不着天"，在家长和社会急功近利的围攻之中，我们的孩子学习的目的仅仅是考个好分数，上个好大学，找个好工作，忘记了自己肩负的民族复兴的大任，忘记了为社会贡献才智的担当，没有人生的大格局，缺乏"捅破天"的伟大梦想。"下不着地"，学习无疑是一项艰苦的劳动。作为高中教师，我们最为不解的是学生沉不下来，坐不下去。很多时候，我们看到的高中学生刻苦学习的场面，只不过是"格式化"之下的机械运作，是高考压力和制度规制下的惯性行为，而不是来自内驱力的自主学习和自主管理。

如果仍然固守落后的理念，加之僵化的体制，教育难以完成"教育强国"的重任，在某种意义上，影响的是教育现代化的实现，阻滞的是教育强国的进程，消解的中国梦实现的动力。完成了教育转向的顶层设计，教育人的责任是启动自我革新的进程，拿出攻坚克难的勇气，迈开教育变革的步伐。

（二）中华民族复兴：需要什么样的人才

《深化新时代教育评价改革总体方案》（以下简称《总体方案》）指出，教育的任务是"努力培养担当民族复兴大任的时代新人，培养德智体美劳全面发展的社会主义建设者和接班人"。《中国教育现代化 2035》指出，"以凝聚人心、完善人格、开发人力、培育人才、造福人民为工作目标，培养德智体美劳全面发展的社会主义建设者和接班人"。《国务院办公厅关于新时代推进普通高中育人方式改革的指导意见》指出，"坚决扭转片面应试教育倾向，切实提高育人水平，为学生适应社会生活、接受高等教育和未来职业发展打好基础，努力培养德智体美劳全面发展的社会主义建设者和接班人"。

三个国家级的政策文件，均明确提出"培养德智体美劳全面发展的社会主义建设者和接班人"的育人目标，具体到高中学校，要"坚决扭转片面应试教育倾向"，为学生的未来发展和成才奠基。

那么，21世纪需要的人才具有什么样的特征呢？

第一，主体精神和独立人格。创造意识，来自自主、自强的独立意识，又是自主、自强的独立人格的集中体现，一个人只有自主、自律、自强，才能成为一个成熟的人，一个正直的人，一个有作为的人。

第二，人文底蕴和科学精神。正如杨叔子先生指出的那样："科学与人文都有着明确而强烈的追求。一个追求真，一个追求善"，"从一定意义上讲，没有科学的人文，是残缺的人文；而没有人文的科学，是残缺的科学"。

第三，创新能力与创造精神。当代中国已进入创新驱动发展的新阶段，因此要求培养的人必须具有创新精神和创造能力，既保证个人的发展，也能满足社会的多元要求。

第四，公共精神和责任担当。"制度必须由具有健全精神的公民来管理和使用。"公共生活的管理要有公共精神和责任担当。没有这种公共性公共精神，个人的主体性也体现得不完整，它应当是一个权利和义务相统一、个人主体性和共同体"公共善"相统一的当代公民。[①]

（三）最后图腾解构：高中教育评价方向

"在素质教育价值取向日渐显著的今天，高考将成为最后的图腾，学校特色建设意识将真正苏醒，有望进展。"[②]十五年之前，张东娇教授《最后的图腾——中国高中教育价值取向与学校特色发展研究》即预言高考将成为最后的图腾，随着新高考相关政策的出台，中央进行了全局性的顶层设计，在一次一次的教育改革浪潮之下，这个"最后的图腾"逐渐松动，有望在教育现代化的实现中被解构。

顾明远先生指出，"时代要求我们培养具有创新精神和实践能力、有个性的人才。高中教育的好坏影响到人的一生。如果高中教育不到位，则小学、初中的基础会毁于一旦，但是，现在高中阶段

---

① 孟楠. 大学立德树人文化研究——基于马克思主义人学的思考[D]. 哈尔滨师范大学，2017.
② 张东娇. 最后的图腾——中国高中教育价值取向与学校特色发展研究[M]. 北京：教育科学出版社，2005.

成了教育系统中的瓶颈"。这也许是《国务院办公厅关于新时代推进普通高中育人方式改革的指导意见》出台的一个重要动因,这也是中华人民共和国成立后第一个针对高中教育制定的国家级政策文件。高中教育评价改革是教育评价系统中的一个重要环节。

当今社会与教育处于激烈的价值转型时期,这种转型在普通高中的标志是高考主义和素质主义两种主要价值取向的交锋与共存。在今日教育变革图式中,已经出现了解构高考图腾的一些迹象和做法——支撑高考图腾的学校、家长和社会制度这个三脚架已经开始松动。价值引导即利用素质主义教育取向引导学校的工作,以学生人格的健康和发展为目的,重心在教师观念的转变和学生自主性的开发上。①

图1 教育评价路向

高中老师的评价、高中学生的评价是高考图腾解构的两大主体力量。《总体方案》指出,普通高中主要评价学生全面发展的培养情况。国家制定普通高中办学质量评价标准,突出实施学生综合素质评价、开展学生发展指导、优化教学资源配置、有序推进选课走班、规范招生办学行为等内容。简言之,高中学校的评价的核心是学生的德智体美劳全面发展,对高考图腾的解构也是以此为平台,在高中学校构建教育评价的体系(见图1)。

党的十九届五中全会传达出这样的信号,今后中国的现代化不是简单的GDP的变化,而是全面的现代化,是以人为中心的现代化。中国明确提出了在科技方面把自立自强作为战略的支撑点。高中学校在这个变局中,要完成评价的转向,关注学生的发展,培养具有创新精神、中国情怀的建设者和接班人。

二、教育评价构想:三角模型

教育评价分为外部评价和内部评价。学校教育评价属于内部评价,学校内部的教育评价制度,要反映学校的办学定位、目标和特色,体现教育教学规律和教师专业成长规律,反省和改变传统上学校内部评价过多、过细、过频和过于功利化问题,引导广大师生将主要的时间和精力用在教育教学、学习和成长上,营造校长专心办学、教师静心从教、学生健康成长的良好教育生态。②

《总体方案》把立德树人作为根本任务,让学生生动、活泼、主动的发展,提高全体国民的整体素质,培养有时代意识、创新思维、奉献精神的一代新人,无疑具有非常强的现实意义。中学阶段要重视学生世界观、人生观、价值观的初步形成,以及学习能力、创新精神的培养,帮助他们树立专

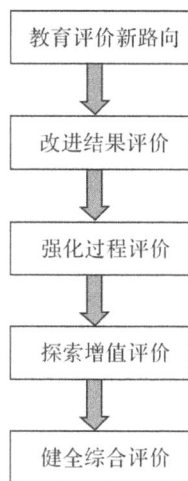

① 张东娇. 最后的图腾——中国高中教育价值取向与学校特色发展研究[M]. 北京:教育科学出版社,2005.
② 石中英. 打赢新时代教育评价改革攻坚战总体战[N]. 中国教育报,2020–10–22(06).

业兴趣和志向。[1]教育评价的对象无非是教育系统和教育系统中的人——教师与学生。对教育系统的评价，应该反映教育的本质特点与教育实践的规律性认识，对教育系统中教师和学生的评价也应该反映人的本质，反映教师劳动的特点和学生学习与成长的特点。[2]

开封市教体局在党的十九大召开之后，出台了"1543"的工作思路，从市域角度对学校管理、教师培养、教学科研、名师打造、班主任提升等进行了规划，其中为教育评价指明了方向，即"以提高教育质量为中心"。开封高中管理团队系统研讨了"1543"的教育思想，结合开封高中实际，在教育评价体系的构建上做了有益的探索和实践。

河南省开封高级中学（以下简称开封高中）基于学校内部教育评价模型的构建，关注到了学校内的两个主体：老师和学生。《教育部关于加强家庭教育工作的指导意见》指出了在学校教育中，父母是孩子的第一任老师，家庭教育工作关系到孩子的终身发展。开封高中在构建学校教育评价模型时，创造性地把"家长"作为评价的重要主体之一，以"老师、学生、家长"为主体构建了"教育评价三角模型"，在学校场域内对三方进行系统全面的评价。

（一）高中学校评价：模型构建

1. 开封高中核心价值：坚韧卓越

开封高中是由清末的河南省大学堂沿革而来，距今已有118年的历史，是一所河南省乃至全国著名的百年名校。20余年间开封市涌现出的李纲、乐翔、周建民、柳超、孟进、王洋、杨改慧、李昶、王盼、曹林菁等十位高考状元，均为开高学生。学校特别注意高尖人才的培苗工作，竞赛成绩在河南省一直名列前茅，仅2007以来就有800多人次获市、省、国家级一等奖。

"坚韧卓越"体现了开封高中的两大元素："坚韧"体现开封高中的红色元素，抗战期间，开封高中辗转至南阳市内乡县夏馆镇等地办学，体现了坚韧的精神；"卓越"体现了开封高中的传统元素，学校在各个时期教学质量优异，在全省乃至全国闻名，体现了学校的发展特质。

2. 评价模型构建原则：激励卓越

石中英在研究中指出，学校评价应该反映学校的办学定位、目标和特色。开封高中围绕"卓越教育"理念，紧扣"把开封高中建设成为全国一流的现代化综合高中"的办学目标，构建百年名校特色的教育评价模式。在评价模型的构建上，基于校本理念，围绕"坚韧卓越"，着力过程评价，注重评价反馈，以激励卓越倡导积极心态的学校文化，激发学校个体的内在潜力，形成有效的教育合力。

（1）学生评价：全面发展指向。开封高中对学生的评价，构建了德智体美劳的"全面发展"理念的评价体系。在对学生智育的评价中，改进了结果评价，从多个角度去评价学生的考试成绩，除了学生的班级名次、年级名次的总体评价之外，还对每一科的成绩具体进行了评价。对成绩处于中下等的同学，学校考核的是学校的"位次"，即学生本身纵向的进步率，探索增值评价，评选班级、年级

① 顾明远.对深化新时代教育评价改革的几点认识[J].教育测量与评价，2020(08).
② 石中英.回归教育本体——当前我国教育评价体系改革刍议[J].教育研究，2020(09).

的总分进步奖和各学科的进步奖。钱学森实验班集中了全校文理科各50名最优秀的学生，对这些学生的评价，除了总体评价之外，开封高中创造性地设计了"保值评价"，即对于班级学生保持在全校30名的学生进行奖励。

在德育体育美育劳动方面，开封高中形成了特色的评价方式。在德育方面，设置德育课程，开展社团活动，为学生提供个性化的展示平台和评价载体。形成了高一国庆合唱比赛、高二六十华里远足活动、高三成人仪式三大德育品牌，合唱比赛网上直播，点击量高达15万；远足活动连续举行了十一届，文明队伍走遍古城；成人仪式场面震撼，感人至深。

体育方面，探索体育选项教学，在全国影响巨大，教育部组织在开封高中召开现场观摩会。高二男篮女篮联赛，点燃青春激情，冠军队和教师队对阵，口号震天。学校田径队、足球队、舞狮队各具实力，独具特色。美育方面，国庆书画摄影展览、五四文化艺术节等形成了学校传统。劳动教育方面，开封高中开辟了每个班的自留地，在十月份举行了丰收节。

（2）老师评价：潜心育人指向。开封高中老师有着独特的工作特点，业务要求高、工作时间长、工作压力大、考评指标多、工作节奏快、缓冲时间少。开封高中作为一所省级示范性高中，教学成绩优异，同时，也面临着发展的压力。尤其是社会各界对学校的期望值不断提高，造成了考得好了很正常、成绩波动不正常的评价格局。升学指标连年加量，学校工作高速运转，学校师生压力山大。在这种特殊的教育环境之下，如何通过学校教育评价的创新来激发老师的工作动力，成为学校发展的一个重要课题。

开封高中在设计学校的评价体系时，突出一个总体原则，即为老师潜心育人提供一个良好的教育环境。所有的评价指标和评价制度都紧紧围绕总体原则，以评价促进教学，以评价激发干劲。

开封高中七届三次教代会通过了《开封高中教学质量过程评价奖励条例》，强化过程评价，改变了过去单纯依靠结果评价的方式，注重分阶段对老师的教学成绩进行考核。除了量化的考核结果之外，还通过查阅备课本、听课记录、教研记录、学生作业等资料，考核老师在教学过程中的工作质量。

在评优评先晋职晋级等工作中，采用"360度考核法"，综合学校领导、处室主任、年级主任、教研组长、备课组长、资深教师等相关群体的意见，对参评老师的工作进行全方位的系统考察，注重老师的师德师风、业务素养、爱岗敬业、学生辅导、科研能力、团队精神等方面的表现，以"潜心育人"作为考评老师的核心指标，而不单纯以教学成绩、培养清北数为考核指标。

开封市教体局出台了"一天一研"的相关制度和流程，开封高中认真研究相关政策，把"一天一研"作为老师自我诊断、自我反思、自我发展的平台。学校对"一天一研"活动做出了周密的安排，除了校内的教研之外，还邀请教研室老师到校指导。学校积极创新教研形式，利用网络平台，和兄弟学校同步进行教研，通过网上平台直接进行对话，拓展了教研空间，丰富了教研内容，提升了教研效果。

（3）家长评价：科学指导指向。开封高中是开封市的一所优质高中，是开封各界心目中"最好的高中"。全市最优秀的学生绝大部分报考了开封高中，学生以成为开封高中学生而骄傲和自豪。同样，家长也以孩子能考上开封高中而荣耀。开封高中的家长对于学校和学生有着很高的关注度，对于孩子的未来有更高的期许。很多家长为了孩子辞去工作，在学校周边租房子陪读。

河南省是高考大省，每年高考考生达百万之多，竞争异常惨烈。开封高中的学生更是居于这个竞争大军中的第一方阵，学生和家长承受着巨大的压力，也因此产生了很强的焦虑情绪。很多优秀的学生在高考前夕出现了程度不同的心理问题，个别学生甚至出现了抑郁的倾向。引导家长评价，关系到学生的身心正常发展和学校整体的教育质量。

开封高中在高一新生入校之初，首先对家长进行了系统的教育，以家长学校为平台，为家长提供"初高衔接"的家庭教育资源和信息。在学生军训时，即组建各班的家长微信群，及时沟通相关信息，指导家长家庭教育。学校组建了各年级的家长委员会，建立了每个年级的主任委员会，建立家长学校，并开通了网上家长学校，完善了家庭教育的机构。家长评价的核心是"科学指导"，转变家长对学生单纯的以分数、好大学为指标的评价标准，关注孩子的心理状态、个人兴趣、专业指向、人际交往、劳动意识、集体观念、感恩心态等，注重激发学生的非智力因素。

综上，以学生、家长、老师为三个主体为关注焦点，结合开封高中的学校特点，依据相关评价理论，构建了学生以全面发展为中心、老师以潜心育人为中心、家长以科学指导为中心的学校教育评价"三角模型"（见图2），作为学校评价工作展开的理论支撑和路线图，改进结果评价，强化过程评价，探索增值评价，健全综合评价，通过评价激发学校的教学力、学生的学习力和家长的指导力，不断提高学校的教育质量，为党育人、为国育才，培养"坚韧卓越"的开封高中优秀学子。

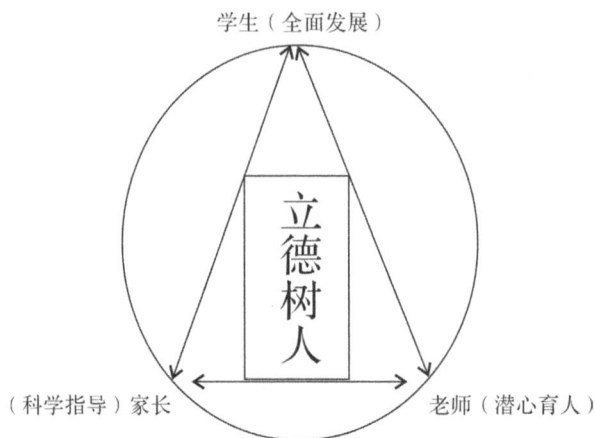

图2　教育评价"三角模型"

（二）评价模型指向：立德树人

《总体方案》明确指出，"全面贯彻党的教育方针，坚持社会主义办学方向，落实立德树人根本任务，遵循教育规律，系统推进教育评价改革"。教育评价的核心指向是立德树人根本任务的达成。开封高中评价模型的构建，核心的任务是在学校层面通过教育评价，形成开封高中独具特色的立德树人的育人机制。

在教育评价的三角模型中，家长的科学指导和老师的潜心育人是教育评价的基础，对家长和老师的科学教育评价，促成了学生的全面发展，进而完成了立德树人的根本任务。对家长和老师的教育是学生全面发展的资源储备和动力来源，只有家长和老师在对学生的教育方面形成了同向的合力，才能够在学校这个场域里面，为学生的全面发展提供广阔的平台。

尽管在开封高中的教育评价三角模型中，学生、家长、老师三者的评价所居的地位不同，任务各异，但是它们都围绕立德树人的核心而进行。立德树人是对三者评价的逻辑起点，也是对它们评价的任务终点。开封高中在具体的教育实践中，遵循的总体原则是立德树人，评价的总体标准也是立德树人，保证了学校教育评价正确的发展方向。

（三）评价实施路径：文化视角

学校文化的载体是学校中的人，即教师和学生。学校文化的核心是教师及学生内含于心的思想认知，主要包括教育的价值观、办学的基本思想、学校精神等。学校文化的外层是外显于形的学校师生行为文化和表现符号。除此之外，学校文化还包括学生家长（社区）对学校的文化认同。学校文化的解构与建构展示出学校文化原力是一种由内向外的力量，这种力量源于学校教师和学生的思想认知，体现在学校教师的教学行为和学生的学习方式之中，也就决定了学校的办学品质。[①]

开封高中形成了以"坚韧卓越"为教育理念的学校文化理念体系和实践体系，在学校文化的内隐层和外显层，都集中于老师、学生和家长三个载体之上，这和开封高中教育评价三角模型中的三个评价主体相一致。学校文化的建设过程也是老师、学生和家长教育评价完成的过程。因此，开封高中以学校文化建设为理论视角，在学校文化的实践过程中，完成对教育主体动态的教育评价。

三、评价主体组合：评价矩阵

根据开封高中教育评价三角模型的构想，在学校教育评价的过程中，学校围绕学生、家长、老师三个评价主体展开。在评价模型中，开封高中关注到了"校园"之外"教育之内"的家长这个群体，因为在学校的教育过程中，家长成为学校不可缺少的教育共同体成员，是开高教育不断提升的同盟军，所以在构建开封高中教育评价矩阵时，我们以学生、老师和家长为评价主体，构建了符合开封高中教育实际的评价矩阵。

（一）构建评价矩阵

开封高中的教育评价矩阵（见表1），以学生、家长、老师为评价者和被评价者两两组合，形成了九种教育评价类型，学生、家长、老师互为评价者和被评价者，学校文化为所有评价类型提供评价的制度支持和平台支持，丰富评价的内容，注重评价的多元方式。按照《总体方案》要求，改进结果

---

① 杨志成，张祥兰.激发学校文化力：学校文化建设北京经验[M].北京：北京师范大学出版社，2018.

评价，强化过程评价，探索增值评价，健全综合评价。按照相关的政策文件要求，结合开封市教育行政部门的相关指导意见，建立覆盖学校全部教育主体的评价机制，激发教师的教学力，挖掘学生的学习力，培养家长的指导力，进而促进学校教育质量的不断跨越，办人民满意的优质高中教育。

表1　开封高中教育评价矩阵

评价者/被评价者	学　生	家　长	老　师
学　生	学生自评	生家评价	生师评价
家　长	家生评价	家长自评	家师评价
老　师	师生评价	师家评价	老师自评

开封高中矩阵教育评价矩阵，构成了学校教育评价的基本面，抓住了在学校评价层面的关键要素。在学校的组织架构之中，各个部门、各个群体都有自己的评价标准和评价内容，如果在评价中关注每一个评价主体，会偏离学校教育评价的核心要素，抓不住问题的关键。老师、学生是校园内部最为关键的两个评价主体，而家长是和学校评价高度相关的利益群体。开封高中的矩阵教育评价形成了评价的综合平台，为各评价主体提供了评价的空间和条件。

（二）学生主体评价

开封高中矩形评价矩阵中，学生为主体的评价是评价的主要内容，分为学生自评、生家评价和生师评价。学校的教育对象是学生，他们往往是被评价者，被自然剥夺了评价的权利和机会。开封高中教育评价的创新，正是改变了学生单纯作为被评价者的格局，赋予了学生评价的权利，增强了教育主体间的沟通机会，提高了学生的认识高度，同时改进了家长的指导水平和老师的育人观念。

1. 学生自评

评价内容：考试成绩、学习态度、人际交往、健康水平、感恩意识、纪律遵守、劳动意识、理想目标、自律能力、学习方法等。

评价方式：考试成绩分析、个人学习总结、日记记录、作文叙写、班会发言、参加运动会、体育测试、个人网络空间开办、听取同学建议等。

2. 生家评价

评价内容：生活照顾、感情沟通、陪伴时间、学习激励、心理疏导、生活习惯、家庭关系、事业成就、家校配合、和班主任关系、对学校态度等。

评价方式：和父母面对面沟通、写信给父母、电话沟通、发短信给父母、用微信交流、用QQ交流、在班级里发言、和班主任交流、个人观察等。

3. 生师评价

评价内容：老师个人魅力、教学水平、授课方式、表达能力、板书水平、辅导学生情况、生活习惯、性格特点、敬业精神、激励能力、关爱学生等。

评价方式：学校评教、生生交流、和家长交流、和班主任交流、和学校领导沟通、写信给老师、和老师当面沟通、观察老师工作状态等。

（三）家长主体评价

在查阅相关的学校教育评价模型后，发现在学校评价体系中，家长被置于评价体系之外。一般理论认为，在学校这个场域里面，评价主体是学生和老师，并不包括家长。开封高中在构建教育评价三角模型时，已经以国家相关政策和教育理论为依据，阐述了在教育的共同体之中，家长是不可或缺的重要参与者，因此，在构建教育评价矩阵时，以家长作为评价者，对学生和老师进行评价。

1. 家长自评

评价内容：自我学习能力、家教水平、亲子关系、事业状况、家庭关系、辅导能力、沟通水平、家校融合、和班主任关系、和老师关系、支持学校情况等。

评价方式：自我反思、听取专家意见、和班主任面对面沟通、和老师面对面沟通、和孩子当面交谈、写信给孩子、和孩子用微信交流、和孩子用QQ交流等。

2. 家生评价

评价内容：学习态度、学习能力、性格特点、个人爱好、学习情况、道德品质、劳动能力、同学交往、自律能力、职业走向等。

评价方式：个人观察、和班主任交流、和孩子当面交流、写信给孩子、和老师交流、参加家长会、参加学校大型活动等。

3. 家师评价

评价内容：敬业精神、教学能力、管理水平、沟通能力、关爱学生情况、性格特点、个人魅力、协作精神、激励能力、心理疏导能力等。

评价方式：个人观察、参加家长会、听孩子的讲述、和老师面对面交流、从班主任处了解情况、给老师打电话、用微信和老师联系等。

（四）老师主体评价

在学校场域下的评价主体中，老师无疑是最重要的评价者和被评价者，对老师的评价直接影响着学校的组织效能。对老师的评价也是学校教育评价的焦点和难点，科学的老师评价能够激发老师的工作热情，提高老师的工作效率，增强老师的幸福感，不完善的老师评价也会对学校的发展产生极具破坏力的负面影响。学校的管理也是围绕老师评价展开的，老师评价的制度设计是教育质量提高的重要保证。以老师为主体的评价，能够及时诊断教育中的问题，促进教师的不断成长和发展。

1. 老师自评

评价内容：专业素养、教学能力、发展潜力、学生认可度、家长认可度、教学成绩、管理能力、沟通能力、合作能力、德育能力、学习能力等。

评价方式：教学反思、师傅教导、工作总结、和学生谈心、和家长沟通、到教务处查阅资料、参加教学分析会、参加教研活动等。

2. 师生评价

评价内容：学习成绩、听讲状态、作业水平、学习能力、专注程度、合作意识、刻苦程度、同学关系、体育锻炼、个人品德等。

评价方式：课堂表扬、撰写评语、作业评改、考试讲评、课堂观察、个别谈话、约谈家长、活动表现、主题班会等。

3. 师家评价

评价内容：督促学习、家庭教育、手机管理、情绪疏导、时间管理、激励能力、配合学校、家长会出勤、和班主任沟通情况、和老师沟通情况等。

评价方式：电话交流、面对面谈话、和学生谈话、家长会观察、家访活动、开家长会、邀请家长参加活动、发放调查表等。

四、学校评价实践：以文促评

开封高中依据教育评价三角模型构想，建立了教育评价的矩阵，清晰地列出了评价主体的九种组合，界定了评价内容和评价方式。在学校教育评价的实践中，开封高中依据学校文化建设构建的管理平台，以学生、家长和老师为评价主体，融合学校的管理工作和教学活动，全方位的对相关主体进行科学完整的教育评价。

（一）学校文化建设：异曲同工

在学校文化解构图中，无论是在学校文化的隐性层面，还是在学校文化的显性方面，学校文化的建设都离不开学生、家长和老师这三个主体。开封高中的教育评价三角模型也是以学生、家长和老师而构建，学校文化建设和教育评价主体高度重合，显示出二者高度的相融性和同向性。

教育评价改进的目标是更好地完成立德树人的根本任务，学校文化建设的目标是为立德树人提供系统的管理支撑，二者有着共同的价值追求。开封高中正是以此为理论依据，在实践中，以学校文化建设为平台，为教育评价提供工作路径，在同步发展中完成立德树人的根本任务，培养国家需要的创新性建设人才。

（二）卓越学子文化：全人评价

开封高中的核心价值观是"坚韧卓越"，在学校文化的实践体系中，围绕"卓越学子"构建了开封高中学子文化。在教育评价层面，卓越学子文化呈现的是基于德智体美劳全面发展的"全人评价"，以评价促进学生的全面发展，在过程评价中激励学生，给学生更多体验成功的机会。

开封高中构建了"导学提纲"的课堂教学模式，改变了过去的"满堂灌、拿来用、假努力"的低效课堂的状况。新的课堂模式的最大特点，是注重学生的学习过程，在过程中体验成长，在评价中发现问题，在问题解决中提高能力。开封高中是为数不多的"不用教辅"的高中学校，学生和老师在生成性的课堂里获得发展。

学校构建了系统的德育活动，建立符合高中学校特点的立德树人的育人机制，以社团为平台，为每一个学生提供适合自己个性的发展空间。学校的体育选项教学为学生提供符合个性的体育教学，极大地提高了学生对体育的兴趣。学校的劳动实践基地，成了学生探究大自然、体验劳动幸福的乐园。

（三）卓越教师文化：幸福教育

开封高中在学校文化实践体系中，构建了"卓越教师"文化，致力于最大潜力地激发老师教学力，让每一个老师都有适合自己的发展平台，体验到更多教育的成就感、自豪感和幸福感。

开封高中出台了关于教师过程评价的文件，强化了对教师的过程评价，改变了过去对结果评价的过度关注。在每一个教学节点，采用科学的评价指标，对老师的教学做出评价，依据评价结果，考核老师绩效。在采用绩效考核的同时，利用全体会、教师节表彰、评优评先、晋职晋级、教研活动等工作环节，对老师的教学进行质性评价，关注数据之外老师的付出。

开封高中对老师的评价侧重于"诊断"，着力于"改进"，而不是依赖评价数据给老师排位次、下评语。每一项评价都依据大量的数据和论据，找到老师在教学中存在的问题，提出合理化的改进建议，征求老师本人的意见，听取老师的改进计划。从根本上说，开封高中的老师评价不是要"改变老师"，而是提供综合信息，促进老师"改变自我"。

（四）卓越家长文化：家教平台

开封高中的"卓越教育"理念贯穿于教育的全过程，作用于教育共同体的全体成员，"卓越家长"文化是开封高中学校文化实践体系中的一个重要组成部分，影响着学校管理的高效运转和教育质量的不断提高。

开封高中集合了市域范围内绝大部分的优秀学子，这些学生的家长也具有较高的素养，有着自己的教育理念和独特的教育方法。在自己的孩子进入开封高中之后，很多家长仍然固守着自己的教育习惯，不能够配合学校的教育安排，在对学生的教育中，容易与学校教育政策冲突。因此，学校需要搭建家庭教育的平台，统一家庭教育的"开封高中标准"，达成教育共识，形成教育合力。

在每一个年级，开封高中按照学校的方案要求，组建了家长委员会和主任委员会，定期召开家长委员会会议，沟通相关信息，共商家教方法，共享家教经验。定期的班级家长会，是家长提高家教水平的主要平台。开封高中还开办了网上家长学校，利用网上直播等形式，邀请专家分享最新家庭教育理念。家教平台的核心目标是通过系统的沟通和交流，获得家长最大的教育支持，形成强有力的教育共同体，助力学校教育质量的不断提高。

五、构建评价体系：为未来教

马云在《今天的教育为未来而变》中指出，"未来的学校，学的不仅仅是知识，更重要的是学习的能力，应对挑战和变化的能力。人类知识急剧爆炸，但是几千年来，人类的智慧并没有提升多少。未来的学校，学的不仅仅是知识，而是智慧"。学校当然要教知识，但是我们要明白的是更要教"智慧"。什么是智慧？智慧是用知识解决不确定问题的能力。知识可以教，但是能力是需要学生体验和实践才能提高的。课堂是"老师的"，课堂更是"学生的"，学生和老师一起创造课堂，学生才能在学习的体验中适应明天的变化。

（一）未有之大变局：教育何为

习近平总书记在2019年新年贺词中再次指出，"放眼全球，我们正面临百年未有之大变局"。当"学习大国"，是应对这一"大变局"的最好提示。这不只是对国际变局新动向的追踪与把握，更是对国内治理新问题的改革与应对。"干中学"的精神，是这种应对方式的体现与聚化。在这方面，新时代中国人任重而道远。[①]

"未有之大变局"，我们面对的更多的是挑战，是不确定性，是问题。面对这些，未来的建设者需要具备更多的应变的能力、学习的能力和创新的能力。教育的责任是培养能够适应复杂环境变化的有智慧的建设者。从小处讲，决定着学生将来事业的高度，从大处讲，影响着中国发展的速度和质量。教育评价的改革，正是着眼于为未来培养人才，为未来而变。

（二）教育之现代化：高中何为

《中国教育现代化2035》提出了推进教育现代化的八大基本理念：更加注重以德为先，更加注重全面发展，更加注重面向人人，更加注重终身学习，更加注重因材施教，更加注重知行合一，更加注重融合发展，更加注重共建共享。

高中教育处于基础教育的最顶端，中国教育现代化，高中教育是关键。教育现代化的基本理念，应该成为高中教育的基本教育思想，注重学生思政课的设置，关注学生全面发展，培养学生的学习能力。高中教育评价的改革，力破"唯分数、唯升学"。在国家的一系列教育文件构架的教育框架中，高中教育评价改革越来越清晰改革的关键点。尤其是新高考的逐步推进和高考评价方式的改革，深刻影响着高中教育评价的转向，为高中教育评价新模式的构建提供了充足的动力。

（三）立德树人目标：教师何为

教育"立德树人"的根本任务，必须和每一位老师具体的教育行为联系在一起，这个目标才能有最大的力量去实现。当下高中教育的最大问题是，在"唯分数、唯升学"的社会整体评价方式之下，老师被绑上了高考的战车，不得不随着这辆车前行，已经无力把握自己的教学方向，即使有自己的教育信念，也无法抵抗整个评价体系所形成的惯性力量。

《总体方案》提出的"改进结果评价，强化过程评价，探索增值评价，健全综合评价"落实教育评价改革，才能够让老师们跳下被绑架的高考战车，能够"走自己的路"，最大限度地发挥自己的

---

① 习总书记提出"世界处于百年未有之大变局"有何深意？[EB/OL]. 北晚新视角网. 2019-01-14.

教育智慧，有更多的时间和精力，关注学生的能力培养、职业指导、学习激励、心理疏导、个体关怀，师生才能够有更加和谐的关系，创造更加快乐、积极、阳光的教育生活。

开封高中教育评价三角模型的构建，是基于学校实际的理论探索和教育实践，所形成的评价体系还不健全、评价方式还不够科学、评价指标还不够丰富。教育评价是一个世界性的难题，不可能一蹴而就，也不存在适合所有学校的评价模型。开封高中的评价模型，为高中学校教育评价机制的形成提供了一种思考的方向，给出了可供参考的模型，为更加科学的高中学校教育评价方法的创造提供了理论资源和实践参考。

改变正在发生，我们都还在路上。

中国城市学年会·2020
"城市教育问题"主题论坛专家观点集萃

杭州国际城市学研究中心
浙江省城市治理研究中心

2020年11月8日至9日，由中国教育学会指导，杭州国际城市学研究中心（浙江省城市治理研究中心）、余杭区教育局、开封市教育体育局主办，杭州市教育局等多家单位支持的"天元教育论坛·2020"在天元公学成功举办。论坛以"办好人民满意的教育"为主题，深度探讨当下教育发展的热点难点问题，并同时开设"名师名校长论坛""教育发展与治理论坛""EOD模式与教育综合体建设论坛""智慧教育发展论坛""天元超常儿童教育论坛"五个分论坛，分别探讨新时代教育评价改革、教育治理能力现代化和后疫情时期教育应对与改进策略、EOD模式与教育综合体建设创新、智能教育与智慧校园、超常儿童教育模式创新等重要问题。

中国教育学会名誉会长、国家教育咨询委员会委员、北京师范大学教育学部教授顾明远发来贺信，中国美术学院原院长肖峰致视频贺词，中国科学院院士、发展中国家科学院院士、复旦大学脑科学研究院学术委员会主任杨雄里，教育部艺术教育委员会副主任、中央音乐学院原院长王次炤，中国围棋协会原主席、中国棋院原院长王汝南，北京大学外国语学院原院长程朝翔，杭州市教育局副局长蒋锋分别致辞。中共浙江省委原常委、杭州市委原书记，杭州城市学研究理事会理事长，浙江省首批新型重点专业智库浙江省城市治理研究中心主任、首席专家，浙江大学兼职教授、兼职博士生导师，中央美术学院客座教授、客座博士生导师王国平作题为"献一计、用一计、成一计——关于当前天元公学建设与发展若干问题的思考"主旨报告（书面报告），国家教育咨询委员会委员、国家教育考试指导委员会委员、国务院学位委员会委员、中国教育学会原会长、北京师范大学原校长钟秉林作题为"主动应对教育改革发展新挑战"主旨报告。天元公学执行总校长王发高主持开幕式。

上海交通大学钱学森图书馆馆长钱永刚，中国教育科学研究院副院长高宝立，浙江大学教育学院院长、中国高等教育学会高等教育学专业委员会常务理事顾建民，中共开封市委原常委、宣传部部长王载飞，开封市教育体育局党组书记、局长娄和彦，绍兴市人民政府副秘书长周宝林，以及来自全国各地的400名教育工作者出席。论坛还得到开封市教育体育局、绍兴市教育局、南昌城投集团等单位的大力支持，分别派出代表团出席。

一、主旨报告

王国平作题为"献一计、用一计、成一计——关于当前天元公学建设与发展若干问题的思考"主旨报告。王国平在报告中从"坚持'以人为本'的现代治校理念""明确理念，完善制度，强化执行力""坚持问题导向，研究解决当前教育领域存在的七个问题，探索教育改革创新的天元模式"三个层面进行阐述。他强调，天元公学要实现"探求教育本源，树立学校标杆，践行因材施教，破解大师之问"的办学宗旨，就要从过去传统学校管理模式提升转变为现代学校治理模式，彰显"学校发展为大家，学校发展靠大家；学校发展成果由大家共享，学校发展成效由大家检验"的现代治校理念，闯出一条中国教育改革的新路子。他从教育的目标和定位、育综合体、教育组团、教育经济学、教育技术学、教育若干制度（产权制度、招生制度、教师制度、考试制度、投融资制度）、教师和学生精神状态等七个方面，详细阐述了如何办好人民满意的教育，破解"钱学森之问"和实证"教育倍增计划"。

钟秉林作题为"主动应对教育改革发展新挑战"主旨报告。钟秉林从"教育发展的新挑战、高考改革的新挑战、在线教学的新挑战、主动应对新的挑战"四方面展开阐述。他指出，要主动应对新挑战，必须树立先进的教育观和教育价值观、科学的人才观和质量观、现代的教学观和学习观，完善学生评价制度，改革人才培养模式，促进教师职业发展，探索管理体制创新。他还特别指出，天元公学是一所崭新的学校，"探求教育本源，树立学校标杆，践行因材施教，破解大师之问"的目标正是对新时代教育评价改革的积极探索，衷心希望学校能够始终秉持立德树人导向，把握新时代基础教育改革精神实质，创新新时代基础教育的体制机制，成为新时代中国教育改革发展、拔尖创新人才特色培养的标杆。

二、分论坛一：新时代教育评价改革

青年长江学者、北京师范大学中国教育与社会发展研究院教授、博士生导师薛二勇教授作题为"新时代教育评价改革的形势、挑战与任务"报告。他从教育改革发展的主要矛盾、扎根中国大地办教育、教育发展瓶颈、教育现代化目标四个方面分析了改革形势；从立德树人、素质教育、全面发展、时代新人分析了改革挑战；从五破五立，以及22项改革内容分析了改革任务。他对教育评价改革方案的出台进行了清晰的背景性剖析。

教育部教师教育资源委员会专家、兴义民族师范学院中国民族师范教育研究中心主任鲁子问通过回顾科举考试，以及音乐与英语教育等现实问题，提出教育评价改革要能够促进人的正向发展，能够真正促进基础教育的发展。

浙江大学教育学院课程与学习科学系副主任、教授叶映华从三个方面论述了教学有效性这个微观与义务教育的优质均衡发展这个宏观话题之间的关系。第一是义务教育的均衡发展。随着义务教育资源配置为核心的外延式配置性均衡的普遍实现，整个的义务教育均衡治理的重心也逐渐从"保底式均衡"向"保优式均衡"转移。第二是教学有效性。教学有效性不仅要体现在课堂上，还要体现在课外。第三是教师作为评价者。教师作为评价者，应该从评价思维、评价能力和评价态度三方面来考虑。

在圆桌论坛讨论中，**杭州第二中学党委书记、校长尚可**提出中国教育问题错综复杂，利益主体众多，各方利益很难平衡，这次方案的出台直面问题和矛盾，对评价工作的期待有所呼应。评价问题是牛鼻子，抓住了教育改革的突破口。评价不是一个环节的问题，而是系统性的问题，需要系统的改革。**杭州市崇文教育集团党委书记、总校长俞国娣**认为评价是告诉学生该如何去继续努力，该如何去正确成长；评价是告诉老师，你在带学生的过程中，作为一个育人者，有没有端正的教育理念，有没有正确的教育态度，有没有科学的教育方式，是不是需要继续改进。**浙江教育报社副主编张莺**提出和所有教育的变革一样，中小学的探索和实践从来没有停止过，但总是举步维艰，很难有成效。学校的困境、变革的难题，常常是源于价值体系、顶层设计的模糊不清，以至于所用的力气，一部分彼此抵消，一部分没有意义。只有当去分数化的评价成为评价的主流，关注学生未来发展的多元评价、过程评价、情境评价才能获得成长的空间。**天元公学外语教育长、浙江省英语特级教师夏谷鸣**认为，评价教育跟社会不能分离，教育来自社会，又推动于社会。考试只能评价学生的知识水平，但评价学生素养具有非常大的难度。要推动教育评价向"不唯分数"的方向发展。

三、分论坛二：教育治理能力现代化和后疫情时期教育应对与改进策略

分论坛二由**浙江大学教育学院院长，中国高等教育学会高等教育学专业委员会常务理事、教授顾建民**主持。

中国教育科学研究院副院长，中央教育科学研究所研究员高宝立作题为"后疫情时代大学智库育人功能的提升"报告。他认为面对后疫情时代，高校智库应该在三个方面进行改进，提升人才培养的功能。第一个方面是重视高校智库建设与智库人才培养之间的互动作用；第二个方面充分应用好智库资源发挥高校智库在高校大格局当中构建的作用，立德树人是教育的根本任务；第三个方面要发挥智库的优势，助力发展大学素质教育。在智库的发展过程中，学科知识、专业特色以及承接课题的针对性，都对学生的教育，特别是科教融合育人有很大的便利之处。也就是说，要以人才培养为基点，集成创新人才培养、科学研究、学科教学、社会服务为一体，形成一种综合发展的体系。

**浙江大学教育学院教授，吉林外国语大学讲席教授、民办高等教育研究院名誉院长，中国民办教育协会常务理事，中国教育学会教育政策与法律研究分会常务理事，中国教育发展战略学会民办教

育专委会副理事长吴华作题为"我们为什么需要民办教育？"报告。他从公办教育的制度局限和制度缺陷、民办教育对公办教育的超越是一种历史必然、民办教育目前的困境与前景三方面论述了我们为什么需要民办教育。他认为受政策影响，民办教育短期（1～3年）受挫已难以改变；由于制度惯性，民办教育中期（5～10年）前景不明朗；但由于民办教育对公办教育的制度优势和体现了文明演进的基本方向，所以，民办教育远期（10年以上）依然光明灿烂！民办教育在公平、效率、选择性等教育基本价值维度上都比公办教育表现得更加出色，优先发展民办教育是一个需要深入研究的公共政策议题。

杭州市崇文教育集团党委书记、校长，正高级教师、浙江省语文特级教师、浙江省三八红旗手标兵、长三角名师名校长导师俞国娣作题为"杭州市崇文实验学校'生活即教材'案例分享"报告。她从教学项目化，群体赋权助力综合学习、一生一表，用自我赋权实现高度自制、围圈分享，家校合作实现教育综合赋能三个方面生动地阐释了"生活即教材"的理念。从案例分析中，她提出了深度体验，教师成长产生迭代效应；自我放飞，学生成长完成完整闭环；生命教育，真实诠释和渗透生命理念的创新启示。

杭州市发改委社会处处长范诗武作题为"关于'十四五'教育发展的若干思考"报告。他认为杭州教育的主要特色亮点在于高水平教育公共服务保障更加有力、义务教育招生方式更加规范公平、学后托管服务更加惠民多赢、现代职教体系建设更加科学合理、高等教育发展成效更加显著。杭州教育的问题与短板在于人口规模增加带来教育公共服务挑战、城市空间拓展亟待教育资源布局统筹优化、人民群众需求升级期盼多样化高质量的教育、城市发展需要大量高质量人才人力资源支撑。同时，他从注重规划引领，优化空间布局，建设高水平的教育公共服务体系；注重提质增效，深化招生改革，发展优质均衡的义务教育；注重提质赋能，深化产教融合，建设高水平现代职业教育体系；注重内涵建设，深化"三名工程"，打造高等教育发展新高地四个方面论述了"十四五"教育发展的重点。

金华师范学校附属小学校长俞正强作题为"能力现代化之教师积极性"报告。他认为教师积极性是学校立德树人的点石成金的力量。研究教师积极性需要从两方面着手：假设老师（初始）没有积极性，则重点研究积极性是如何培养、如何激励的问题；假设老师（初始）有积极性，则重点研究积极性是如何失去问题。

杭州万向职业技术学院院长、浙江省"5522"名师、教授牟惠康作题为"课堂革命：略谈构建'中华好课堂'"报告。他从行为角度论述了课堂革命的实践：让"组织"成为第一行为，让"设计"成为重要行为，让"创新"成为动力行为。中国好课堂应该具有有效性、趣味性、行动性、合作性和探究性特色，要通过新评价、新内容、新场景、新媒体、新方法打造课堂革命2.0。

浙江师范大学秀洲国家高新区集团西校区（高照实验学校）校长林新事作题为"学校教育治理现代化背景下的学习与学习管理"报告。他从学校教育治理体系与能力现代化要义与结构、学校教育结构形态、以学为本的学校教育学习管理四个方面论述了学校教育治理现代化背景下的学习与学习管理。他认为组织学习必须具备三个条件：①能不断地获取知识，在组织内传递知识并不断创造出新的知识；②能不断地增强组织自身能力；③能带来行为和绩效的改善。学习管理是在自主意义建构基础上实现的个体和组织学习效率管理。

河南省开封高级中学副校长李振华作题为"高中学校教育评价'三角模型'的构建——百年名校开封高中的教育实践"报告。他指出高中学校教育评价三角模型应以立德树人为指向，以学校文化为实施路径，构建评价主体的矩阵模型。学校评价实践应该以文促评，以为未来教为宗旨，构建评价体系，教育要面向未有之大变局，高中要面向未来之现代化，教师要面向立德树人目标。开封高中的评价模型为高中学校教育评价机制的形成提供了一种思考的方向，给出了可供参考的模型，为更加科学的高中学校教育评价方法的创造提供了理论资源和实践参考。

四、分论坛三：EOD模式与教育综合体建设创论坛

分论坛三由**杭州国际城市学研究中心教育平台秘书长、天元公学改革建设领导小组办公室副主任马智慧**主持。

浙江省发展规划研究院基础设施研究所所长、未来社区发展研究中心首席专家柴贤龙作题为"未来社区教育场景创新思考"报告。他从为什么要创新、如何实现创新和创新主体是谁三方面展开阐述：从教育资源开发不充分、教育需求供给不平衡和社会知识流通不畅通三方面论述为什么未来社区教育场景要创新；从规范标准创新、服务内容创新和服务形式创新三方面阐述未来社区教育场景如何实现创新；最后介绍了以专业机构、运行机构、公益组织和学习平台作为创新主体，打造未来社区教育场景。

杭州市城市规划设计院高级工程师丁顺，基于杭州市基础教育专项规划经验，从有书读、就近读书和读好书三方面，阐述了对未来教育场景的思考。他认为，未来社区教育场景要结合不同区域人群的年龄结构进行分析，通过分析需求来保证资源供给，确保学龄儿童有书读；要创建相应的学区为周边居民服务，确保儿童就近读书；要采用名校集团化发展模式，实现优质教育资源共享，确保儿童读好书。

华东勘测设计研究院未来社区工作室主任陈程，基于未来社区教育场景的规划设计实践，从全龄、全能、全方位三个方面对未来社区的教育场景进行分析。她认为，未来社区教育场景涉及从幼儿早教到老年人各年龄段，能够促进人的全面成长，并通过全方位的教育使家庭、社会都能有所获益。

华东勘测设计研究院一级专家吴登国作题为"EOD导向教育综合体建设思考"报告。他以天元公学未来科技城校区为例，从金声玉振、世纪之问、学习中心和无界共生四个方面对EOD导向的教育综合体建设进行阐述。他认为，EOD导向的教育综合体建设需要从资金平衡的角度做大"蛋糕"，破解优质教育资源短缺难题；通过基础教育和特殊教育相结合，支撑"因材施教"，走出一条特色的大师

培养之路；通过数字技术及空间和时间的突破，实现"学习"的无界共生。

汉嘉设计集团建筑景观艺术设计研究院院长陈春生从校园空间的认知与变迁、教育场所的思考、景观设计的创新与方向等三个方面阐述对未来教育的理解。他认为，教育综合体理念推动了传统学校从按片区规划、各自独立的形态向整合优质资源、多业态的形态转化；在教育综合体理念下，要将有形的教育场所空间和无形的信息化资源结合，从而实现"无界共生"；在教育综合体长学制背景下，应立足打造"成长花园"，创新学生"成长"环境的设计，实现可持续、全过程的景观设计。

浙江中机联合投资发展公司总经理祝志贤从整体开发运作角度审视教育综合体建设。他认为，在新城新区，教育资源能够有效带动土地增值，推动城市开发；在老城区，推动有机更新，也要合理设置教育覆盖半径，以EOD模式实现城市有机更新的资金平衡。

浙江大学教育空间设计研究所所长邵兴江作题为"学习空间综合体化：多变量下的创新"报告。他从加快学习空间的深度变革、理念与课程先行的创新设计和如何设计高品质空间综合体三方面进行阐述。他从非教育因素的叠加限制、教育界期待聚焦空间引领的教育场景变革两方面梳理了新建校园所面临的挑战；从重视顶层概念的规划与设计、重视引入新的学习方式和颠覆性创新设计三个维度提出构建学习空间新样态，推动学习空间一体化建设。他认为，建设高品质学习综合体，应从宏观层面引入全过程一体化设计，微观层面引入CPST设计思维，使学习空间从"遮风挡雨"转向全面聚焦"服务学生能力成长"，突出以人为本，在空间、技术、资源等配套方面，为师生的高质量学习，提供强大的支撑能力。

开封市教育体育投资有限责任公司董事长可凌超认为，综合体是公共资源利用的最大化，其内涵和外延都是无限的。他分析了EOD模式集约、共存、节约、共享、互惠、互生特点，并结合开封实际，从政府平台公司的角度交流了如何参与教育、服务教育、支持教育、发展教育。

浙江万科产城发展有限公司运营业务总经理余芳从城市更新和TOD项目两方面介绍了万科的发展方向；从万科运营规模、服务团队数量两方面介绍了万科的服务对象；从学制教育、营地教育、公益教育三方面介绍了万科在良渚文化村社区构建的终身教育、终身学习场景。

五、分论坛四：智慧教育发展论坛

分论坛四由**华东院数字所所长郭磊磊**主持。

浙江大华技术股份有限公司文教卫行业线总经理季益华作题为"大华智慧教育解决方案分享"报告。季益华从感知、数据、算法、计算驱动的产业升级及教学转型阐述了万物互联时代教育行业面临的挑战与机遇；从物联网、大数据云计算、5G技术构建智慧校园建设新模式阐述了AI技术赋能智慧校园，驱动智能教育转型；从智慧安防、智慧后勤、智慧教室、校园大数据、教育生态等方面分享了大华智慧校园"3＋1＋X"建设模式。最后，他指出以育人为目标的教育价值取向，必须坚持以人为本、科技向善的导向，培养人格完善、和而不同、灵魂有趣的新时代接班人。

科大讯飞智慧城市BG应用创新中心总经理丁世军作题为"AI赋能智慧校园场景创新"报告。科大讯飞深耕教育16年，以教育领域大规模应用数据积累为基础，以人工智能、大数据平台为支撑，融合教育场景，促进教育创新与变革。他从AI在教学上"减负增效、因材施教"的应用、学习上助力学生个性化学习、考试上评阅与数据读取、评价上教育大数据辅助教学评价、创新教育上人工智能＋学生体质健康管理、研究上精准教研、管理上驱动管理模式变革七个方面介绍了科大讯飞助推智能校园建设的经验与探索。

华为智慧教育生态解决方案专家许亮作题为"华为智慧校园解决方案"报告。他从教育改革面临的均衡、效率和个性化三大问题着手，从九大视角提出了华为以数据链为基础，关注以人为本，建设以智能基础环境为支撑，以教育教学为突破口，贯穿智慧校园"教管评服"等全过程，实现真正智能化教学、过程化评价，打造具备学校特色的创新校园智慧之路。最后，他提出要通过教育治理扩大内需，带动城市未来发展，重塑教育产业生态体系，打造教育高地。

网易有道优课项目总监杜娇作题为"网易智慧教育解决方案"报告。她以有道精品课双师课堂为案例，介绍了其在名师教研、明星讲授、AI趣味互动、伴跑式服务上的产品优势。通过学习平台、课程内容和运营支持展示了双师课堂一个课堂两个教师专业分工、同时教学的教学模式。优秀主讲老师线上授课，辅导老师线下提供针对性辅导、巩固练习、课后监督等课堂陪伴服务。网易有道优课AI双师互动课堂在构建幼小扩容提质、幸福学堂全龄覆盖和知识在身边的未来教育场景上提供了丰富的经验。

六、分论坛五：智慧教育发展论坛

分论坛五由**杭州师范大学教育学院教授、教育部长江学者特聘教授李葆明**，**南京大学心理学系主任、江苏省哲学与社会科学重点基地主任周仁来**主持。

周仁来作题为"工作记忆预测与提升流体智力的神经证据"报告。他从什么是工作记忆、什么是流体智力、工作记忆和流体智力的关系、工作记忆的神经指标能否预测流体智力、工作记忆训练如何提高流体智力五个方面介绍了工作记忆与流体智力的实证研究。工作记忆是个体在执行认知任务过程中，对信息暂时保持与操作的能力。流体智力是一个人生来就能进行智力活动的能力，即学习和解决问题的能力，它依赖于先天的禀赋，随神经系统的成熟而提高，如知觉速度、机械记忆、识别图形关系等，不受教育与文化影响。研究表明，工作记忆训练可以提升儿童流体智力，提高流体智力的一个重要因素可能是反应抑制能力的提高。工作记忆训练20天能够提升儿童流体智力，其效果可以持续至少半年。

北京师范大学心理学部部长、国家杰出青年基金获得者、百千万人才工程国家级人选罗跃嘉作题为"脑与教育"报告。他着重介绍了遗传与环境、脑发育与心理的发展，以及语言、数学和音乐的发展。遗传和环境跟个体的学习和心理发展有密切的关系。中国脑计划由"一体两翼"组成，"一体"是在认识上，遗传和环境对青少年的脑功能结构发育有非常大的影响；"两翼"是保护脑与开发脑。保护脑即解决出现智力发展、情绪、精神层面的问题；开发脑需要解决大脑发展问题，其中儿童的语言、数学和音乐认知都与脑发展有着密切的关系。

中国高等教育学会副会长、中国民办教育研究院副院长、上海师范大学原校长杨德广作题为"我国应着力于'超常'儿童的发掘与培养"报告。他以中国古代及美、英等国实施"超常"教育情况为切入点，论述了"超常"教育的重要意义和作用。他认为实施"超常"教育的最大作用，就是可以及早将那些未来精英人才的苗子选拔出来，然后精心培育，以至成为拔尖创新人才，成为国家的栋梁。我国"超常"教育存在四大问题：一是受传统"均衡论"观念的负面影响；二是"左"的思想影响至今还没有肃清；三是形而上学的观点贻误了"超常"教育；四是"三个一切"观点阻碍了"超常"教育。他建议我国要树立实施"超常教育"的责任感和紧迫感，转变思想观念，破除"三个一切"，制定"超常"儿童的选拔标准和操作准则，大力创建"超常"学校，创设良好的外部环境，加大"超常"儿童的培养力度。

复旦大学社会发展与公共政策学院教授、复旦大学教师教学发展中心特邀研究员张学新作题为"同伴交流：天才儿童全面发展的必要元素"报告。他从超常儿童的概念出发，认为超常儿童教育要切合教育的核心素养，包括批判性思维，创造性思维、沟通能力、合作能力。学习的核心属性是迁移，对分课堂全面而系统地贯彻了最近一个世纪最有影响力的四大学习理论和三大教学理论的主要原则。天才儿童也有可能出现封闭性、单纯性（单一性）、脆弱性、自我认知缺失等问题，而同伴交流能够有效促进天才儿童的全面发展。

南京晓庄学院副教授、英国剑桥大学心理学系神经教育研究中心博士后张莉作题为"数学超常青少年的脑网络动态模式"报告。她首先介绍了数学超常青少年脑功能的网络特点。数学超常大脑具有前额皮质优秀的中央执行功能、增强连接的额顶网络与后部顶叶皮质、高度发达的右半球与半球间的连接、任务相关脑区的有效利用等特点。她分别通过认知努力驱动增强的全局"工作区"模式研究、源空间同步态转换与马尔可夫建模研究、额顶网络神经效能的脑区定位研究揭示了数学超常青少年的脑网络动态模式。

东南大学生物科学与医学工程学院禹东川教授作题为"脑科学支撑下的育人模式研究与实践"报告。他认为教育实质上就是在构建人的大脑，教育改革要基于实证，推进实证教育学，基于大脑发展规律来探索创新育人模式。揭示大脑发展规律的脑科学应是一个多模态、多层次研究，整合从遗传到环境、从行为到脑功能、从生理到心理的各种层次研究来指导教育教学。

杭州师范大学教育学院教授、教育部长江学者特聘教授李葆明教授作题为"智力与智力训练"报告。他首先梳理了国际上关于智慧的最新定义和模型，以及智慧的测量方法、智慧发展的重要特质。他提出，儿童记忆训练应重点关注非陈述性记忆，例如良好习惯、运动技能、分类能力、知觉技能和认知技能，因为这类记忆往往需要长期训练才能逐渐获得。智力训练主要是针对前额叶皮层和后顶叶皮层高级认知功能的训练。儿童发展是大脑不断构建的过程，教育的本质就是塑造大脑；教师是"大脑工程师"，应加强对于脑科学知识的学习和应用，为与学生共同发展奠定基础。

论坛期间，杭州国际城市学研究中心党组书记、主任，天元公学改革建设领导小组副组长江山舞为杨雄里院士、杨德广教授颁发天元超常儿童教育研究院顾问聘书。李葆明教授，南京大学心理学系主任、江苏省哲学与社会科学重点基地主任周仁来，华东师范大学心理与认知科学学院认知神经科学研究所所长、上海市脑功能基因组学重点实验室主任王惠敏，北京师范大学心理学部部长罗跃嘉等专家受聘为天元超常儿童教育研究院专家委员会委员。

2020年11月8日中午，天元公学专家委员会成立会议召开，王国平担任天元公学专家委员会主任，丘成桐、潘公凯、王次炤、王汝南、钟秉林、杨德广、钱永刚、程朝翔担任天元公学专家委员会副主任，徐承楠、尚可、任继长、俞国娣、冯伟群、季芳担任天元公学专家委员会委员。专家委员会下设棋类、音乐、书画、外文、数学共5个分支委员会。

2020"城市教育问题"钱学森城市学金奖获奖作品综述

杭州国际城市学研究中心
浙江省城市治理研究中心

为研究探讨城市教育问题的解决思路和办法，自2020年1月起，杭州国际城市学研究中心以"教育治理能力现代化：民办教育的瓶颈问题与对策""新冠疫情背景下的教育应对与改进策略"为主题，开展了第十届钱学森城市学金奖"城市教育问题"征集评选活动。征集活动共收到"钱奖"作品217项。经过初选、初评、通讯评审、集中评审等评选程序，2020年11月7日召开的第十届钱学森城市学金奖"城市教育问题"专家评审组会议及评委会会议，评选产生了钱学森城市学金奖作品1部，钱学森城市学金奖提名奖作品10篇。内容主要包括民办学校质量评估与提升策略研究、民办学校分类管理困境与破困研究、民办教育政策创新与优化策略研究、新冠疫情背景下的教育应对与改进策略研究。现将征集评选成果中部分优秀作品的主要观点综述如下。

一、民办学校质量评估与提升策略研究

李静、李锦（西南大学教育学部教授、博士生导师，西南大学教育学部博士研究生）：大力发展普惠性幼儿园和提高幼儿园保教质量是深化我国学前教育事业发展的重要举措，也是满足人民群众对优质学前教育需求的重要途径。本研究以C市15所普惠性民办幼儿园的29个班级作为样本，运用ECERS-R量表和CIS量表评估其结构质量、学习环境质量和师幼互动质量。结果显示，C市普惠性民办幼儿园教育质量总体不理想，其中师幼互动质量相对较好，结构质量一般，学习环境质量和正向师幼互动表现较差；不同地域普惠性民办幼儿园教育质量差异显著，县城和农村显著低于市区；不同等级普惠性民办幼儿园教育质量无显著差异；教师待遇是影响学习环境质量的关键因素，教师学历是影响师幼互动质量的首要因素。为了提升普惠性民办幼儿园的教育质量，本研究提出四点建议：①应进一步强化政府职责，加大对普惠性民办幼儿园的投入力度；②建立质量监测与评估体系，加强对普惠性民办幼儿园教育过程质量的监管；③优化幼儿园教师培养和培训体系，提高幼儿园教师专业素养；

④强化家长和社区参与，为普惠性民办幼儿园创设良好的外部支持环境。

吴华、马燕萍（吉林外国语大学民办高等教育研究院院长、教授、博士生导师，浙江大学教育学院博士研究生）：非营利性民办学校并非必然优于营利性民办学校。要引导举办者选择非营利性民办学校，需要从制度上保障非营利性民办学校可以比营利性民办学校获得更多的公共经费收入或者更高的社会声誉，并且在学校内部的资源配置中确立教师薪酬优先的管理理念和相关制度，用有竞争力的薪酬水平吸引优秀教师和保持教师队伍的稳定性，在薪酬、教师、质量和学校竞争力之间形成良性和稳定的正向联系。

俞建强（杭州市余杭区良渚第一中学正校级视导员、杭州市余杭区良山学校勾庄校区派驻督导员）：外地来杭打拼的，成功者大都买房入户，孩子就自然会享受到免费、优质的义务教育，有的甚至还能选择更高标准的民办名校满足个性化的教育需求。无奈只能到民工子弟学校求学的这些孩子，则大都是来自偏远落后地区的困难家庭，是更需要关爱的弱势群体。民工子弟学校向标准化方向转型升级，就能让流动人口子女享有更好的教育环境，得到更优质的教育，这体现了对弱势群体的关爱，是实现公民平等权利、促进社会公平正义的基础。本文从杭州市余杭区民工子弟学校产生的背景、发展的经过、主要成绩和突出问题等方面着手，通过现状的统计分析，对照《浙江省义务教育标准化学校基准标准》，研究并揭示了民工子弟学校从原始低端向标准化转型升级的瓶颈问题，以及打破瓶颈、促进规范化发展的应对策略。本研究提出制约民工子弟学校标准化、品质化发展的瓶颈问题主要有三点：①学校现实的用地问题；②经费紧张问题；③教师队伍流动性大和教师队伍的职称与结构问题。打破民工子弟学校标准化、品质化发展瓶颈问题的应对策略主要包括：①摒弃对民工子弟学校的偏见和歧视，树立可持续教育发展观，引导和促进学校的健康发展；②加强宏观规划，落实政府"供地"责任，打破用地瓶颈；③完善帮扶激励措施，落实经费保障，提高教师待遇；④落实支教政策，进行人才帮扶，提升中高级教师职称比例；⑤健全考核激励机制，加强督导考核，引导健康发展；⑥要端正办学理念，切实转变粗放的办学模式；⑦积极主动，寻求帮助，自觉加大投入力度；⑧扬长避短，培育特色、品质发展。

阙明坤、公彦霏、孙俊华（无锡太湖学院高等教育研究所所长、副研究员；博士研究生，上海教育科学研究院民办教育研究所助理研究员；南京大学教育研究院副教授，厦门大学教育研究院博士后，硕士生导师）：通过实证分析发现，我国各省份之间民办教育发展差异仍然较大，但东、中、西部地区在民办教育在校生的绝对数量和相对占比方面已无显著差异。以我国31个省、自治区和直辖市2015年民办教育在校生占比为因变量，以各地经济发展水平、14岁以下人口占比、国家财政性教育经费对民办学校的投入、民营经济发展状况以及民办教育政策法规健全度等为自变量的多元回归分析显示，国家财政性教育经费对民办学校的投入和民营经济占比显著影响民办教育在校生所占比例，民办教育政策法规的出台对民办教育发展规模有一定影响。我国民办教育区域发展模式已经从经济主导模式转向经济与政策共同主导模式。

二、民办学校分类管理困境与破困研究

阙明坤、谢锡美、董圣足（无锡太湖学院高等教育研究所所长、副研究员，上海市教育科学研究院民办教育研究所研究员，上海市教育科学研究院民办教育研究所所长、研究员）：民办学校实行营利性和非营利性分类管理，是一项重大改革，这既是维护民办教育公益性的要求，也是解决政策冲突和政策歧视的需要，同时是适应调整后的法治环境的现实需要。目前民办学校分类管理遇到一些制度瓶颈，主要包括三点：①扶持政策落地面临地方配套制度不健全的问题；②民办学校退出和选择登记面临机制不健全的问题；③长效监督面临法律体系不健全的挑战。本研究提出民办学校分类管理改革路径及策略，包括：①完善国家顶层制度建设，强化部门协同，落实中央、省级和地方政府三级责任制；②需要地方发挥创造性，健全区域民办教育政策体系，完善分类管理推进机制；③为现有民办学校制定切实可操作的过渡方案，加强分类管理风险防控机制建设，确保改革平稳有序落地。

王帅、吴霓、郑程月（中国教育科学研究院教育发展与改革研究所）：党的十八大以来，国家大力支持和规范社会力量兴办教育，分类管理成为民办教育改革发展的核心靶向。在中央部署下，全国人大修订了民办教育的有关法律，国务院及教育部等部门颁发了若干政策文件，形成了民办教育分类管理的顶层设计。地方省份陆续颁发了配套政策文件，至今已有29省出台了实施意见，18省出台了分类登记实施办法。各地细化了民办学校设立审批、分类登记程序等规定，合理设置了现有民办学校分类登记的过渡期，以及从投融资机制、财政扶持、税费优惠、土地供给和收费价格等方面，落实对两类民办学校的差别化政策体系。但同时，现有民办学校分类登记的标准和规程不够明确，营利性民办学校的税费优惠尚不明确，以及对非营利性民办学校监管不足等仍是制约分类管理稳步实施的突出问题，亟待针对性地加以破解，这既需要国家进行统筹管理，也需要各地不断创新治理方式。

吕武、刘益东（北京师范大学教育学部博士研究生）：最新修订的《民办教育促进法》确立了民办教育分类管理的基本制度。然而，当前我国民办幼儿园分类管理面临配套制度不健全且实际操作困难、部分民办幼儿园难以分类、过渡性政策和时间路线图缺位、当前利益与长远利益冲突的现实困境。这既与民办幼儿园市场发育不成熟，其生存及环境较为脆弱有关，又与民办幼儿园分类管理的政策制度设计本身不完善，政策资源供给不充足有关。为了民办幼儿园分类管理的顺利推进，建议尽快制订并出台民办幼儿园分类管理的时间路线图，进一步细化和完善民办幼儿园分类管理政策，短期内对营利性民办幼儿园同样给予政策支持，将非国家机构的公有组织和集体举办的幼儿园暂时作为公办园对待，并明晰非营利性民办幼儿园的内部治理结构和办学终止时的处理政策。

三、民办教育政策创新与优化策略研究

谢静、韩双淼（浙江大学教育学院）：作为高等教育的重要增长点，近年来我国民办高等教育的发展已经步入法治化阶段。本文以政策工具为视角，借助MAXqda 20分析软件，对我国民办高等教

育法治化阶段的22项政策文本展开量化分析。研究发现，我国民办高等教育的政策工具多样、政策主题丰富，但存在政策工具运用中重权威轻引导、政策主题上重管理轻教学、政策工具与政策主题供需匹配度低等问题，并据此提出优化我国民办高等教育政策制定与实施的建议：①基于权变主义选择政策工具，优化政策工具组合；②改革政策供给侧，提高供给与需求的契合度。

刘永林、张晓彤、杨小敏（北京信息科技大学公共管理与传媒学院，中国矿业大学文法学院，北京师范大学中国教育政策研究院）：利用质性分析软件NVivo 11，对《国务院关于鼓励社会力量兴办教育促进民办教育健康发展的若干意见》和29个省级政府贯彻落实意见所发布的政策文本内容进行研究。通过聚类分析发现，虽然各省级政策相对"国务院三十条"在文本结构上调整显著，但整体内容上相似度较高，举措的创新和突破有限。对省级政策文本870项编码单词数进行统计，选择复制比较低、创新程度较高的六个条款进行编码解析，重点分析其主要内容的创新与突破，并针对一些省级政策文本创新与突破的主观内生性动力有待激发、省级政策文本创新与突破的一些内容的关键性有待突出和操作性有待加强的问题，建议顶层设计与基层创新相结合、优化地方法规与政策体系，加大扶持与强化规范相结合、及时回应社会关切与诉求，突出重点与强化特色相结合、持续提升立法质量与实效。

四、新冠疫情背景下的教育应对与改进策略研究

田蕊、熊梓吟、Normand Romuald（天津大学教育学院，图卢兹大学教育学院，斯特拉斯堡大学社会学院）：为了支持各国在新冠肺炎疫情期间进行合理的教育决策，实施有效的教育应对措施，2020年4月1日，OECD联合哈佛大学研究生院发布了《2020应对COVID-19教育指南》（以下简称《指南》）。《指南》从学校、教师和学生三个层面分析了各国教育系统所面临的共同挑战：学校难以保证学生的学习质量，缺乏数字化基础设施和有深度的多方合作；教师缺乏ICT能力和教师之间的深度合作，需要重构师生关系和创新教学设计；学生需要转变学习模式和调整心理健康状态，弱势学生群体的基本学习条件无法得到保障。为此，进一步提出了具体的教育应对策略：在宏观教育系统层面，建议设立专门的领导小组，制订指导性纲领，建立跨部门合作机制以及加强教育的公平性和包容性；在中观学校层面，建议整合校内外教学资源，建立日常沟通渠道以及加强跨校合作；在微观师生层面，建议提升教师的责任感和领导力，构建教师专业合作网络，鼓励师生共同探索创新性教学模式以及提升学生的自主学习能力。对《指南》进行深入解读和分析，有助于我们构建符合时代发展需求的"包容·合作·赋能"的教育新生态。

邱燕楠、李政涛（华东师范大学教育学系硕士研究生，华东师范大学基础教育改革与发展研究所所长、教授、博士生导师）：新冠肺炎疫情的出现，"迫使"人们提前进入教育与技术全面"融合"的新时代，"双线混融教学"也在这一新背景下应运而生，随之而来的是教师教学胜任力所面临的新挑战。本文试图将在线教学和混合式教学推进到"双线混融教学"，从数字胜任力、在线教学胜

任力、混合教学胜任力深入"双线混融教学胜任力";通过对"双线混融教学"的概念厘清与意蕴深挖以及"双线混融教学胜任力"的核心构成剖析,进一步揭示其间所隐含的从"混合"到"融合",再到"共生"的教学演进逻辑;以教师教学"能力"为核心,提出"双线混融教学胜任力",即"混融胜任力",具体包括"观念混融力"和"方法混融力",进而在辨析其核心能力构成要素的同时凸显出"混融胜任力"相较于"在线教学胜任力"和"混合教学胜任力"在"变与不变"基础上的基本演进脉络。

普惠性民办幼儿园教育质量评估与提升策略

——基于对C市15所幼儿园的调查数据分析

李 静 李 锦 王 伟

西南大学教育学部

摘要： 大力发展普惠性幼儿园和提高幼儿园保教质量是深化我国学前教育事业发展的重要举措，也是满足人民群众对优质学前教育需求的重要途径。本文以C市15所普惠性民办幼儿园的29个班级作为样本，运用ECERS-R量表和CIS量表评估其结构质量、学习环境质量和师幼互动质量。结果显示，C市普惠性民办幼儿园教育质量总体不理想，其中师幼互动质量相对较好，结构质量一般，学习环境质量和正向师幼互动表现较差；不同地域普惠性民办幼儿园教育质量差异显著，县城和农村显著低于市区；不同等级普惠性民办幼儿园教育质量无显著差异；教师待遇是影响学习环境质量的关键因素，教师学历是影响师幼互动质量的首要因素。为了提升普惠性民办幼儿园的教育质量，应进一步强化政府职责，加大对普惠性民办幼儿园的投入；建立质量监测与评估体系，加强对普惠性民办幼儿园教育过程质量的监管；优化幼儿园教师培养和培训体系，提高幼儿园教师专业素养；强化家长和社区参与，为普惠性民办幼儿园发展创设良好的外部支持环境。

关键词： 普惠性幼儿园；民办幼儿园；幼儿园教育质量；教育质量评价

一、问题提出

增加普惠性资源供给和提升保育教育质量是当前我国学前教育改革发展的两大重点任务。2018年中共中央、国务院印发的《关于学前教育深化改革规范发展的若干意见》指出，到2020年，全国学前三年毛入园率要达到85%，普惠性幼儿园覆盖率达到80%，广覆盖、保基本、有质量的学前教育公共服务体系要基本建成。目前，全国有普惠性民办园8.2万所，占民办园总数的49.5%；普惠性民办园在园幼儿1386万人，占民办园在园幼儿总数的52.5%。①普惠性民办幼儿园的有质量发展是实现学前教育普及普惠安全优质发展和满足人民群众对幼有所育的期盼的重要保障，但当前普惠性民办幼儿园的发展面临诸多困境，其中质量问题尤为突出。幼儿园教育质量一直是国内外学者关注的焦点，研究也显示，我国幼儿园教育环境质量总体偏低，且存在显著的城乡、区域、园所差异。②③④在对普惠性民办幼儿园的研究中，多为基于文献梳理和政策文本分析的宏观理论探讨，缺少对其教育质量的实证研究。⑤因此，从实证研究的角度探究普惠性民办幼儿园的教育质量，分析其质量困境和影响因素，可以为推进普惠性民办幼儿园优质发展提供事实依据。

二、研究方法

研究采用目的抽样和分层抽样的方法，在C市学前教育普惠性政策落实较好的2个区县（S县、J区）随机选取15所普惠性民办幼儿园作为样本园。其中，S县一、二、三级园各3所，J区一、二、三级园各2所。随后，在样本园中分别抽取1个中班和1个大班，共29个班级作为观察对象（X镇的某三级幼儿园仅有一个混合班）；选取15位园长和2位幼教管理人员作为访谈对象。

综合已有对幼儿园教育质量的研究⑥⑦⑧，本研究将幼儿园教育质量界定为幼儿园教育活动能否支持和满足幼儿学习与发展的需要及其程度，并主要从结构质量和过程质量两个方面来考查普惠性民办园的教育质量。研究借助国际广泛认可的ECERS-R量表评估幼儿园学习环境质量，并使用CIS量表对反映过程质量核心的师幼互动做进一步的补充研究，并对已有研究中提到的关键结构质量⑨进行数据采集，力求全面呈现普惠性民办幼儿园教育质量状况。

根据教师访谈的结果，参考《幼儿园教职工配备标准》的相关规定，研究者从最差到优秀设置了如表1所示的结构质量评分标准。1分表示质量远低于相关规定，5分表示符合相关规定和一般标准，7分表示远超出标准。如果质量的表现介于两个标准之间，则评为中间分数。

---

① 陈宝生. 国务院关于学前教育事业改革和发展情况的报告[EB/OL](2019-08-22)［2019-10-15］，http://www.npc.gov.cn/npc/c30834/201908/1c9ebb56d55e43cab6e5ba08d0c3b28c.shtml.

② 李克建，胡碧颖. 国际视野中的托幼机构教育质量评价:兼论我国托幼机构教育质量评价观的重构[J]. 比较教育研究，2012(7):15-20.

③ 刘焱，杨晓萍，潘月娟，等.我国城乡学前一年班级教育环境质量的比较研究[J]. 教育学报，2012(3):74-83.

④ 刘占兰.农村贫困地区幼儿园教育质量现状与提升建议[J].学前教育研究，2015(12):13-21.

⑤ 王声平，皮军功，关荆晶.政府发展和管理普惠性民办幼儿园的现状及其改进建议[J].学前教育研究，2018(8):17-27.

⑥ 刘霞.托幼机构教育质量评价概念辨析[J].学前教育研究，2004(5)5-7.

⑦ BRYANT D M, ZASLOW M, BURCHINAL M.The quest for quality: Promising innovations for early Childhood programs [M]. Baltimore,MD：Paul H. Brookes pub.Co, 2010:69-89.

⑧ DUNN L. Proximal and distal features of day care quality and children's development[J].Early Childhood Research,1993(8):167-192.

⑨ 刘焱.学前一年教育纳入义务教育的条件保障研究[M].北京:北京师范大学出版社，2014:65.

表1 幼儿园班级结构质量评分标准

幼儿园班级结构		质 量			
		1（差）	3（较差）	4（较好）	7（好）
师幼比	大班	1：22.5	1：20	1：17.5	1：15以下
	中班	1：20	1：17.5	1：15	1：12.5以下
班级规模	大班	50	40	30	20
	中班	45	35	25	15
教师学历		大专以下（非幼教）	大专/本科（非幼教）	大专/本科（幼教）	硕士及以上（幼教）
教师待遇		1500元以下	1500～2500元	2501～3500元	3500元以上

学习环境质量测评工具采用哈默斯等人（Harms、Cryer & Clifford）开发修订的《幼儿学习环境评量表》[①]（ECERS-R量表），具体包括空间与设施、个人日常照料、语言—推理、活动、互动、课程结构及家长与教师7个维度，共39个项目。每个项目以1～7分来计分，1分表示不足、3分表示最低标准、5分表示良好、7分表示优秀。分量表的内部一致性系数（Cronbach's Alpha）为0.71-0.88，总量表的α系数为0.91，信度较高。

师幼互动质量测评工具采用埃纳特（Arnett）设计的《保教人员互动量表》（CIS量表），该量表包括正向互动（温暖、热忱和适宜性行为）、惩罚性互动（斥责、严肃、威胁）、忽视度（不投入、没兴趣）、放任度（相当多时间没有与幼儿互动）4个方面，共26个项目，每个项目分为1～4个等级：1分表示不符合，4分表示非常符合。[②③④]惩罚性互动、忽视度、放任度的题项均采取反向计分。该工具的α系数为0.86，内部一致性较好。

数据采集过程分为培训观察人员、进入研究现场和评分登记三个步骤。首先，通过专业的量表学习和实地预测，两位研究人员的评量信度达到0.8以上后，正式进入幼儿园现场评量。其次，两位研究者分别对样本班级进行两个半天的观察和评估。午休时间，一名研究者负责对主班教师和园长进行访谈，另一位研究者负责查阅个别幼儿的记录和教学计划。最后，当天观察结束后，进行评分核实和讨论，将一致性评分结果登记入ECERS-R评分表和CIS评分记录单。整个观察过程中，注重对教师的随机访谈，以获得结构质量数据并补充观察外的信息，确保资料的全面性和准确性。研究运用SPSS 20.0进行统计分析，主要通过描述性统计分析反映样本数据的总体水平和分类情况；通过推断性统计进行城乡、等级差异分析；通过逐步多元回归分析考察结构要素对学习环境和师幼互动质量的影响程度。

① 哈姆斯，等.幼儿学习环境评量表[M].赵振国，等译.上海:华东师范大学出版社，2015:22-131.
② HINDMAN A H, PENDERGAST L L, GOOZE R A. Using bifactor models to measure teacher-child interaction quality in early childhood: evidence from the Caregiver Interaction Scale[J].Early Childhood Research Quarterly, 2016,36(3):366-378.
③ 西尔瓦，等.学前教育的价值:关于学前教育有效性的追踪研究[M].余珍有，易进，译.北京:教育科学出版社，2011:82.
④ 陈雅玲，高武铨.屏东县中低收入户幼儿就读之幼托园所其结构品质与过程品质关系之探讨[J].教育心理学报，2011(3):401-421.

三、普惠性民办幼儿园教育质量评估结果与分析

（一）普惠性民办幼儿园教育质量总体情况

从表2可知，C市普惠性民办幼儿园教育质量总体不理想，只有师幼互动质量处于较高水平，均值为3.046，比较接近CIS量表的最高值4分；从其优秀等级为7分来看，结构质量只处于基本合格水平；学习环境质量则最低，离ECERS–R量表的最高值7分最远，处于下等水平。已有研究表明，低质量的普及并不利于儿童发展，高质量的教育才对儿童发展具有积极的预测效应。这也就意味着，普惠性学前教育的发展不仅要扩大入园机会，而且应关注幼儿园教育质量的提升。

表2　C市样本幼儿园教育质量得分的描述性统计（$N=29$）

教育质量类别	极小值	极大值	均值	标准差
结构质量	2.000	5.750	4.147	1.125
学习环境质量	1.591	5.710	3.457	1.121
师幼互动质量	2.385	3.615	3.046	0.298
总体教育质量	2.270	4.920	3.699	0.816

（二）普惠性民办幼儿园结构质量得分情况

就C市普惠性民办幼儿园结构质量来说，如图1所示，得分较高的为师幼比（4.66）和班级规模（4.55），得分最低的为教师待遇（3.21）。访谈得知，政府的质量标准和督导检查中对结构质量的高度重视起到了重要的导向作用。如《C市幼儿园等级评定标准》等文件中对师幼比、安全管理、卫生和健康状况、教师资质等方面的规定较为明确具体，这使得无论对政府部门还是对幼儿园来说，结构质量都更易把握。但是，教师待遇低几乎是所有普惠性民办园都备受困扰的问题。在成本提升与收费不变的情况下，更多普惠性民办幼儿园不得不通过降低教师收入的方法来维持幼儿园的正常运营。

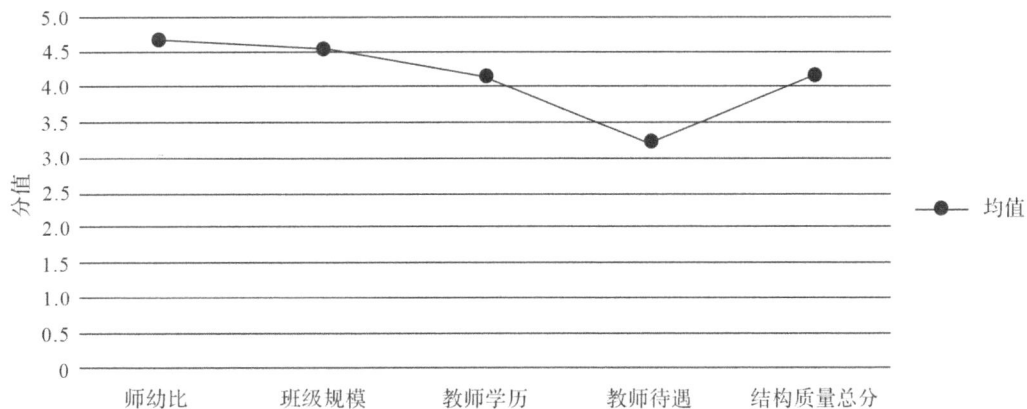

图1　C市普惠性民办园结构质量各维度得分

（三）普惠性民办幼儿园学习环境质量得分情况

C市普惠性民办园学习环境质量得分之所以偏低，从图2可知，主要是因为活动、课程结构、语言—推理的得分很低，尤其是活动和课程结构，分别只有1.862分和2.805分。具体来说，活动方面，小肌肉活动、音乐/律动和美术的均值在3分以上，但是积木、沙水、角色游戏、自然科学、数学/数字的得分较低。课程方面，幼儿园自由游戏和集体活动得分偏低。实地观察发现，受教师素质和办园经费的限制，农村普惠性民办园教育活动实施的随意性较大，多选择材料简单、成本低且组织难度小的活动。活动过程中，关注幼儿的纪律和服从；当幼儿表达疑问和需求时，倾向于采用忽视的态度或简单回答应付幼儿，鲜见教育性支持策略。从课程的安排和内容来看，集体教育活动占据一日生活的大多数时间，幼儿的自由游戏时间被严重挤占；小学化现象严重，部分幼儿的在园生活经历仍是大量的集体教育活动和读写算。

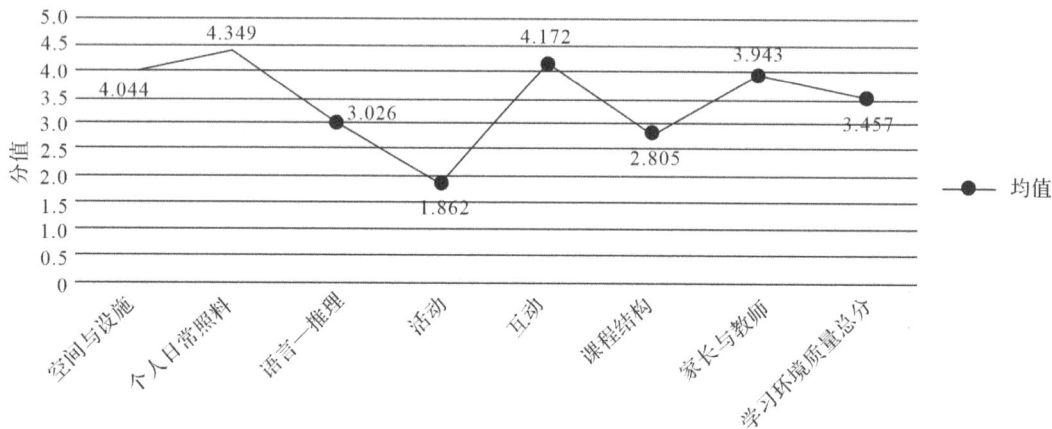

图2　C市普惠性民办园学习环境质量各维度得分

（四）普惠性民办幼儿园师幼互动质量得分情况

如图3所示，C市普惠性民办幼儿园的师幼互动质量相对较好，但是正向互动的情况并不乐观，教师与幼儿之间的正向互动远低于预期水平。从具体题项来看，"很喜欢和幼儿在一起""亲切地对幼儿说话""表现热情并肯定幼儿"等态度支持类题项的得分相对较高；"鼓励幼儿尝试新鲜事物""向幼儿解释违反的规则和原因""鼓励幼儿的亲社会行为"等教育支持类题项的得分相对偏低。这可能是因为师幼互动要求教师具备扎实的专业知识和良好的专业敏感性，要具备良好的专业能力才能准确把握幼儿的心理特点和关键经验，才能发现和觉知幼儿的发展需要。

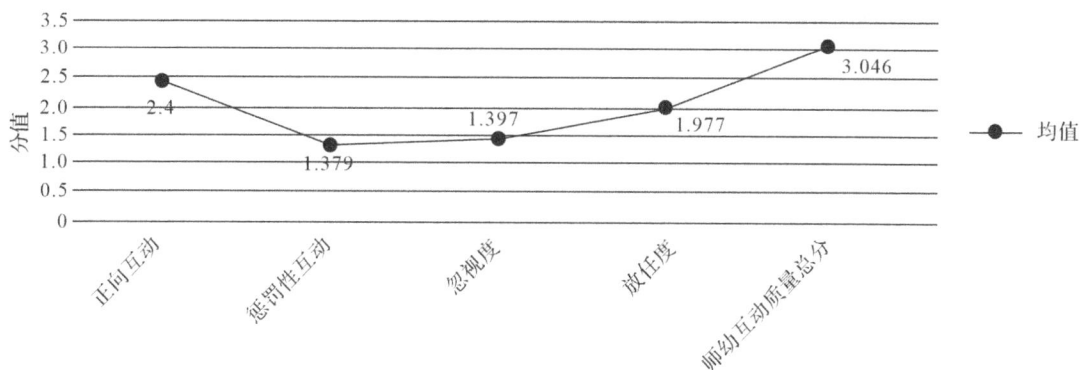

图3　C市普惠性民办园师幼互动质量各维度得分

（五）普惠性民办幼儿园教育质量的差异分析

C市市区、县城、农村的普惠性民办幼儿园教育质量在总体（F=32.135，p＜0.001）及结构质量（F=15.252，p＜0.001）、学习环境质量（F=38.003，p＜0.001）、师幼互动质量（F=4.634，p＜0.05）各维度上均存在明显的城乡差异，市区得分均显著高于县城、农村。结构质量方面，县城和农村地区幼儿园的师幼比、教师学历、教师待遇得分均明显低于市区；学习环境质量方面，县城和农村幼儿园的质量总分及各因子得分均显著低于市区；农村地区幼儿园的师幼互动总分及正向互动也显著低于市区，忽视度显著高于县城和市区。长期以来，我国学前教育发展水平呈现出明显的城乡差异。[1]访谈发现，县城和农村普惠性民办园教育质量提升存在诸多困难：一是县级财政支出能力不足，当前"地方负责、分级管理、以县为主"的财政体制使得农村普惠性经费主要由县、乡两级承担，而各个区县经济发展水平的差异直接导致学前教育发展的严重不均衡，多数县域普惠性民办园在维持基本生存的状态下不断挣扎，难谈质量发展；二是教育用地的产权和管理权不清，园方自主使用空间有限，很多办园理念难以真正实施；三是难以稳定教师队伍，导致农村地区幼儿园教育只有保育而没有教育，或者只有教育而没有保育；四是专业支持力量不足，幼儿园教育质量难以改进；五是农村家长对"小学化"教育需求的强烈，收入越低的家庭越倾向于支持小学化，在很大程度上制约了农村民办幼儿园教育质量的提升。

C市普惠性民办园教育质量在总体（F=0.456，p＞0.05）及各个维度（F值分别为0.265、0.907、0.975，p＞0.05）均无显著等级差异。从结构质量得分来看，不同等级普惠性民办园的教师学历和师幼比无显著差异。从学习环境质量得分来看，等级高的幼儿园并没有表现出与之匹配的高质量优势。同时，师幼互动质量总分及正向互动、惩罚性互动、放任度三个因子也无显著的等级差异。导致这一结果的主要原因，一是联合国儿童基金会教育项目的积极介入，专业人员的入园指导、监督和复查以及教师培训工作极大地提升了幼儿园的教育质量；二是区政府对普惠性民办园的大力支持，如C市J区政府对普惠性幼儿园教师培训实施无差别补贴政策，提升了低等级幼儿园的教师质量。

① 罗妹，李克建.基于全国428个班级样本的学前教育质量城乡差距透视[J].学前教育研究，2017(6):13-20.

（六）普惠性民办幼儿园教育质量要素的关系分析

如表3所示，在考察全部变量的前提下，教师待遇始终是第一个进入回归模型的变量，其解释量为48.7%；教师学历、师幼比对学习环境质量有影响，但是这种影响均受到教师待遇的中介作用。可见，关注普惠性民办园教育质量的提高，必须首先关注教师待遇问题。

表3 影响幼儿园学习环境质量的关键结构变量

类　别	变量顺序	多元相关系数	决定系数（R2）	增加量（△R2）	净F值	Sig	Beta（β）	t值
学习环境质量	教师待遇	0.698a	0.487	0.487	25.629***	0.000	0.698	5.062
空间与设施	教师待遇	0.709	0.503	0.503	27.311***	0.000	0.536	3.712
	师幼比	0.770b	0.593	0.090	5.752*	0.024	0.346	2.398
个人日常照料	教师待遇	0.642	0.412	0.412	18.940***	0.000	0.475	3.028
	教师学历	0.712c	0.507	0.095	4.982*	0.034	0.350	2.232
语言—推理	教师待遇	0.492	0.242	0.242	8.612**	0.007	0.492	2.935
活动	教师待遇	0.661	0.437	0.437	20.927***	0.000	0.661	4.575
互动	教师学历	0.454	0.206	0.206	6.997*	0.013	0.454	2.645
课程结构	师幼比	0.512	0.262	0.262	9.598**	0.005	0.512	3.098
家长与教师	教师待遇	0.804	0.647	0.647	49.404***	0.000	0.623	5.453
	师幼比	0.863	0.745	0.098	10.019**	0.004	0.362	3.165

注：a指教师待遇，b指观察期间实际在班幼儿数/教师数，c指主班教师的最后学历；*$p<0.05$，**$p<0.01$，***$p<0.001$。

2. 结构质量与师幼互动质量关系的回归分析

由表4可知，教师学历是进入师幼互动质量回归模型的首要因素，表现出较高解释力（21.5%），尤其表现在正向互动维度（14.5%）上，即教师学历越高，与幼儿的正向互动越多。已有研究表明，单纯降低师幼比和在班幼儿数并不能保证师幼互动质量的提高，还必须提高教师学历与素质。学历不同的教师在面对相同规模的班级时，往往会采用不同的教育应对策略。高学历的教师会更注重理解儿童发展的需求，尝试运用适宜性的教育策略，提供更具支持性的教育环境。[1][2]

① 潘月娟，刘焱，胡彩云.幼儿园结构变量与教育环境质量之间的关系研究:以山西省幼儿园为例[J].学前教育研究，2008(4):3-10.
② 鲍曼，等.渴望学习:教育我们的幼儿[M].吴亦东，等译.南京：南京师范大学出版社，2005:110.

表4　影响幼儿园师幼互动质量的关键结构变量

教育质量	变量顺序	多元相关系数	决定系数（R2）	增加量（△R2）	净F值	Sig	Beta（β）	t值
师幼互动质量	教师学历	0.463a	0.215	0.215	7.375*	0.011	0.463	2.716
正向互动	教师学历	0.381	0.145	0.145	4.576*	0.042	0.381	2.139
忽视度	教师待遇	0.477b	0.227	0.227	7.947**	0.009	−0.477	−2.819
放任度	班级规模	0.544c	0.296	0.296	11.338**	0.002	−0.544	−3.367

注：a是指主班教师的最后学历，b是指教师待遇，c是指观察期间的在班幼儿数；*$p<0.05$，**$p<0.01$。

四、普惠性民办幼儿园教育质量提升策略

（一）强化政府职责，加大对普惠性民办园的财政扶持力度

普惠性民办幼儿园的长效发展离不开政府强有力的政策支持。为了更好地激励非营利性民办园的发展，各级政府要落实多项扶持制度，采取组合拳的方式激励举办者选择非营利性民办园。[1]

首先，通过立法保证财政投入，以法治思维引领普惠性民办园发展。完善的法律法规能有效地将学前教育资源配置到急需的领域，同时能增强各部门之间的协商合作，实现政策效果的最大化。[2]因此，政府应进一步明确对普惠性民办园经费投入的比例，为优质普惠性教育资源的供给提供充足财政保障；新增财政投入要优先考虑质量偏低的普惠性民办园，尤其是要给予农村普惠性幼儿园更多财政扶持。此外，各级政府要制定奖励、表彰和税收优惠等政策，形成质量导向的普惠性民办园政策激励机制[3]；落实《C市第三期学前教育行动计划》的相关规定，合理控制和回购教育用地，优先支持普惠性幼儿园建设与发展。

其次，科学分担财政责任，建立动态的成本分担与核算机制，理顺各级政府的财政投入与分担比例，并加强对不同主体成本分担的核算。具体来看，一是建议改革当前农村普惠性经费由县、乡两级承担的投入体制，改由省级政府全面统筹[4]；二是开展幼儿园办园成本核算，重新编制普惠性幼儿园的差异化补贴和收费标准，缓解普惠性民办园的成本与收入之间的矛盾；三是研究普惠性幼儿园价格的形成机制，并建立相应数学模型，坚持城乡差别化投入，构建补偿性成本分担模式。

（二）建立数据采集与监测平台，加强对普惠性民办幼儿园的过程质量督导

首先，密切关注质量现状，建立基于实地调研的质量数据采集与持续监测体系。对保教质量数

① 王海英.分类改革背景下促进民办幼儿园良性发展的政策建议[J].人民教育，2017(12):44-46.
② 沙莉，霍力岩.OECD学前教育质量政策杠杆：背景、特点、八国实践经验及启示[J].现代教育管理，2014(12):112-117.
③ 王声平，皮军功，关荆晶.政府发展和管理普惠性民办幼儿园的现状及其改进建议[J].学前教育研究，2018(8):17-27.
④ 杜莉.学前教育拨款省级统筹现状分析及其保障建议[J].学前教育研究，2017(11):3-13.

据的监测与收集，可以为政策制定提供及时可靠的事实依据[1]，教育管理部门要注重开展实证研究和追踪调查，融合学术力量对普惠性民办园的儿童发展、师资质量、服务质量、课程实施等进行评估，并在此基础上建立大型保教质量监测数据库，搭建全国性的质量数据互通共享网络平台，实现对普惠性民办幼儿园教育质量的大范围持续监测。

其次，注重过程质量评估，形成科学系统的普惠性民办园质量监管与督导机制。基于当前幼儿园质量评价过于重视硬件投入而忽视师幼互动的现象，建议建立普惠性民办幼儿园过程质量评价与督导机制，不断完善质量评价标准，加大过程要素在等级评估标准中的比重；采用机构自评和教育职能部门他评相结合的方式[2]，增强评估的适宜性和解释性；加强质量督导和动态监管，不定期进行诊断、评估、整改并将质量评估结果与经费补贴挂钩，激励幼儿园自主改进教育质量。

（三）规范幼儿园教师培养与培训体系，提高幼儿园教师专业素养

学前教育专业师资的培养应注重精准化。幼儿园师资培养部门一是要制定不同层次的人才培养标准，并通过学前教育专业评估和专业认证，明确学前专业各层次人才培养质量标准；二是要规范课程体系，注重培养学前教育专业学生的观察、理解和回应幼儿的能力，以及保教活动设计、反思和自主发展等方面的能力；三是要加强对人才培养过程的监管和评估，对培养方案、课程设置、教育实习等方面要定期进行评估，规范办学过程。此外，还要建立幼儿园教师职后专业成长体系，形成梯级立体教研模式。教育管理部门可以从实地指导和个体指导着手，探索建立点、线、面、体相结合的梯级立体教研模式，形成示范园、乡镇园、村级园（班）相结合的幼教发展共同体，为基础较差的园所教师提供"看得见"的实践知识。与此同时，政府部门要保障和提高普惠性民办园教师待遇，通过建立相应的公共财政补贴和特殊津贴制度，给予民办园教师尤其是农村民办园教师相应的经济和社会保障支持，保持民办园教师队伍的稳定和可持续发展。

（四）促进家长和社区参与，为普惠性民办幼儿园提供条件支撑

家庭和社区是幼儿园教育的重要支持力量，他们对幼儿园教育的参与可以丰富幼儿园教育的内容和手段，进而整体提升幼儿园教育的质量和水平。教育管理部门及幼儿园可以加强对家长的教育，建立家长参与的资源支持制度。相关部门可以通过大众媒介向家长宣传与普及幼儿学习与发展及幼儿入学准备的科学观念[3]，尤其是让家长理解游戏在幼儿身心发展中的重要作用、小学化的弊端等重要教育理念，通过家长教育让家长理解何为幼儿园教育质量，让他们具备判断幼儿园教育质量的基本能力。[4]在此基础上，幼儿园可以建立家长参与的资源支持制度，让家长能够多渠道参与幼儿园教育。[5]如北京四环游戏小组的家长志愿者制度，就可以通过家长值班参与到相应教学活动中去而形成

① 周欣.建立全国性学前教育质量监测体系的意义与思路[J].学前教育研究，2012(1):23-27.
② 刘颖，李晓敏.OECD 国家学前教育质量监测系统分析及其对我国的启示[J]学前教育研究，2016(3):3-14.
③ 李红霞，张纯华，张邵军等.普惠性民办幼儿园教育质量保障外部治理机制现状及优化[J].教育评论，2017(10):67-71.
④ 门鑫玥.普惠性民办幼儿园认定标准政策的内容分析[D].沈阳:沈阳师范大学，2019:83-89.
⑤ 王伟，李辉辉，李静.OECD 国家促进家长参与早期教育的策略及其启示[J].学前教育研究，2015(3):38-43.

共享互助的育儿小组。此外，还可以构建幼儿园与社区相结合的乡村教育共同体，通过提升家长的育儿能力来提升他们对幼儿园教育的参与水平。基于社区情境的教育共同体可以使家长成为学习型家长，家长教育素质的提升可以强化他们对幼儿园教育的参与水平，可以为幼儿园教育的优质发展提供良好的外部环境。

生态文明、未来社区与土地政策创新思考

余振国

中国国土资源经济研究院环境经济研究室主任、研究员

党的十八大以来，我国进一步加快了生态文明制度建设。特别是在十八届三中全会中，习近平总书记提出了山水林田湖草是一个生命共同体的理念；党的十九大又强调了生态环境保护是千年大计，进一步明确了生态环境等方面的政策要求。

党的十八大以后，出台推进生态文明建设的意见，特别是生态文明体制改革的总体方案确定了八大制度体系，生态文明建设是关系老百姓福祉、关系民族未来的大事，而且是关系中华民族发展的大计。在2018年的全国生态环境保护大会上，习近平总书记系统论述了这种思想，除了山水林田湖草是一个生命共同体的这个理念之外，还提出了5个方面的生态文明制度体系。随后发布的《关于全面加强生态环境保护坚决打好污染防治攻坚战的意见》明确了最近几年要做的重点工作，对生态文明和土地修复等工作都提出了进一步要求。

一、我国自然资源与生态保护存在的问题

（一）自然资源法律法规体系缺乏整体性顶层设计

各类自然资源法规体系大多数以部门立法的形式，缺乏整体考虑，现行法规不完善，重叠与缺位并存。一方面，立法水平不高，法律条文过于原则和空洞，不全面、不具体，可操作性较差；另一方面，由于我国立法体制受行政体制的制约，各资源法一般都是由相应的资源管理行政部门负责起草，各部门往往较多地考虑本部门、本系统的利益。这使得自然资源单项法都比较单一地侧重于某项自然资源的管理，缺乏整体的配合，甚至一些法律条文之间还有相互抵触的情况。

（二）自然保护地法律位阶低，法律效力差

目前，我国关于自然保护地的法规是1994年颁布的《自然保护区条例》与2006年实施的《风景名胜区条例》，这两部法规都属于行政法规，法律位阶较低，法律约束力不强。比如，现行《自然保护区条例》中部分规定操作性不强，对管理模式、生态补偿等涉及自然保护区管理的一些重要问题没有

做出具体规定,法律制度规范性不强,权利义务不明确,保障机制不健全。特别是该条例中没有具体的惩罚规定,对违法进入自然保护区核心区、缓冲区搞开发的个人或企业惩罚力度较小,甚至出现无从处罚的情况,长期存在"违法成本低、守法成本高"的现象。

(三)缺乏对自然资源综合体的整体资源及其产权管理的法律设计

目前的法律、产权设计都是按照单个的资源来设立,特别是土地以建设用地为主,剩下的就是农业用地。对生态用地,从自然分类上来说,建设地不仅会冲淡农用地和保护地空间,还会冲淡生态保护地的空间,特别是自然资源保护体系里面各种各样的资源在一起,如果用哪一种资源都无法实现这个机制。

(四)国土空间没有形成统一的管制体系

各种自然资源或者空间规划没有形成规划合力,规划得多、落实得少。

(五)自然资源与生态保护修复缺乏长期补偿机制与财政保障机制

目前,我国自然保护地的投入是由多级多部门投入构成的,其中既有主管部门,也有地方政府,采取"上面拨一点、地方'配套'一点"的方式。这种投入体制职责不清、权利不明,地方配套很难到位,一些地方还"层层剥皮",直接影响了保护地的建设和管理。自然保护地保护所取得的良好生态效益没有得到合理补偿,自然保护地建设与保护限制了旅游、种养业、水力发电、矿产开发等的发展,使保护地面临保护经费缺乏及当地社区生计困难和生活水平降低等严重问题。而自然保护地这个公共产品的受益者——全体国民及其代表中央、省、市等各级政府,以及受益的大型自然资源开发利用企业等并没有支付或者返还足够的经费来支持自然生态保护与修复事业,从而造成维护自然保护地的保护运营经费短缺,维持生物多样性保护及被破坏的生态修复工作捉襟见肘。

(六)生态修复面临的任务非常艰巨

我国自然生态系统脆弱,地质环境复杂,地形地貌起伏变化大,土地退化和污染严重。数据表明,全国水土流失面积和荒漠化土地面积分别约占陆地国土面积的31%、30%,耕地退化面积占耕地总量40%以上。据研究,每年因自然灾害和生产建设活动损毁土地约400万亩。据2011—2014年全国矿产资源开发环境遥感监测的结果显示,全国矿产资源开发毁损土地现状面积约220万公顷。同时,承载海洋开发活动的海域海岛和海岸带地区产生的生态环境问题也日益突出。

(七)自然资源综合研究不够

生态环境研究较多、较深入,存在"脱实向虚"的现象。生态环境的本质是自然资源,从根本上解决生态环境问题还是要从自然资源的保护与修复恢复入手。

二、自然资源资产管理及其所有权权益实现

(一)所有权收益未体现所有者收益,大部分纳入公共预算

所有权收益目前主要体现在土地出让金、矿产资源出让收益、海域使用金、无居民海岛使用金

等方面，其他的如新增建设用地使用费、矿业权占用费和资源税等是否体现所有者收益的不清晰，水资源、草地、农场、国家公园体现所有者收益的不清晰，特别是大部分都纳入公共预算，中央比例小。

（二）国家所有自然资源资产收益底数不清

当前，国家有关部门对全民所有自然资源资产收入建立了相应的统计制度，收入数据完整，但由于征管、使用部门不统一，且对相应的成本、支出规模、支出结构、支出方向等未进行全面统计，数据分散在不同部门且口径不统一，导致全民所有自然资源资产收益底数不清，如土地、矿产、海洋等资源门类涉及的所有权收益规模以及用于全民所有自然资源资产运营、修复、保护的支出规模缺乏完整的数据。

（三）收益分配缺乏统筹安排，支出比例用途法定化不足

目前公益类自然资源资产一般由中央和省级政府履行所有者职责，经营性自然资源资产一般由市县级政府履行所有者职责，故目前用于生态修复、生态补偿的资金不足。经测算，2019—2021年，中央用于生态保护、修复方面的专项转移支付需要投入1040.50亿元。

三、国土空间自然生态保护修复政策思考

（一）制定《自然资源法总则》《自然保护法》《国土空间生态保护修复管理法》等法律及其相关法规、标准。

《自然资源法总则》《自然保护法（自然保护地法）》《国土空间自然生态系统修复管理法》等应该明确建立自然资源与自然保护地运行的财政保障制度、受保护的自然资源与生态环境损害终身追责制度和生态保护修复补偿制度。在顶层法律制度层面明确自然资源与自然生态保护修复补偿责任及其责任主体，为自然资源与自然生态补偿机制的规范运作提供法律依据，不断推进自然资源与自然生态保护修复补偿的制度化和法制化，切实增强法律法规的公信力、权威性，填补政府、企业、个人自然破坏与生态环境损害终身追责制的法律缺失。

（二）提供高品质的生态服务体系与服务产品。加强中东部自然保护地建设，研究规划建设人与自然和谐发展的具有中国特色的新型自然保护区。

改变目前我国自然保护地绝大多数分布在西部、边远边疆区域的格局。按照满足人民对美丽中国和美好生活需要、提供更多更优质的生态服务和生态产品的要求，在适宜居住的、人口密集的生态系统有机质的生产与生态系统产品生产能力较大的、有机质的生产与生态系统产品需求大的、对调节气候、净化环境、文化娱乐源泉等自然生态系统服务需求量大的中东部地区加大自然保护地建设力度。考虑到中国适宜人居住和经济社会发展的国土空间少、人地矛盾突出的特点，中东部地区应该研究规划建设人与自然和谐发展的具有中国特色的新型自然保护地、自然保护小区。

（三）构建国土空间生态保护修复制度体系

（1）建立完善国土空间生态准入制度。制定生态空间准入清单，建立完善自然资源开发利用、工程建设、产业发展、城镇发展、区域开发的国土生态空间准入制度。

（2）建立完善自然资源和生态空间利用过程严管制度。保护好生态空间，加强生态脆弱区、生态敏感区管控，建立生态破坏高风险场地管理制度。

（3）建立完善自然资源和生态破坏责任追究、后果严惩制度，建立绩效评价考核和责任追究制度。

（4）建立完善国土空间生态修复制度。明确自然资源使用权人、工程项目建设主体、基础设施管理主体、自然保护地管理主体的修复责任，历史遗留的问题由政府负责修复。

（5）建立调查评价制度。多措并举推动国土空间生态问题调查，摸清底数。

（6）建立完善国土空间生态监测预警制度。建立完善国土空间生态监测预警体系，积极研判生态安全形势。

（7）建立国土空间生态保护修复规划制度。建立完善的国土空间生态保护修复规划体系，统筹国土空间生态修复工作。

（8）建立激励生态修复的科技创新制度。加强人才队伍和学科建设，推动科技创新，实施国土空间生态修复治理重大科技工程，探索保护修复模式，加快国土空间生态保护修复标准规范体系建设，保障保护修复成效。

（9）建立国家自然生态保护修复补偿制度。建立国家统一的自然保护修复补偿机制，明确补充主体，统筹补偿资金，明确补偿范围、补偿标准和受补偿主体。形成政府和市场相结合、国家和地方相结合、流域和区域相结合的多种生态补偿机制，从而推动形成政府和社会、国家和地方、保护者和受益者等共同参与的生态协同保护制度。建立基于生态资产和生态系统服务的"监管—评估—考核"技术标准体系。建立生态产品与服务的交易市场，推动生态服务功能提供者与受益者的互惠合作与市场交易，发挥市场与政府在自然保护区建设管理中各自的优势。

（四）探索生态保护修复多元化投入机制

（1）建立常态化、稳定的财政资金投入机制和金融税费支持政策。设立财政专项，针对责任人灭失的生态系统破坏或者退化，遵循属地管理原则，按照事权由各级政府组织开展修复工作。鼓励通过政府购买服务方式实施生态保护和修复，大力发展绿色信贷、绿色债券等金融产品推动生态保护修复项目的实施。

（2）设立国土空间生态保护修复基金。按照政府主导、政策支持、企业主体、社会参与、市场化运作、利益共享、风险共担的原则，由政府投资启动，凝聚社会各界力量，依法募集、管理、使用基金，发挥好财政资金的杠杆作用，激励市场主体投入生态保护修复。

（3）推进生态治理和保护社会化市场化。构建以产业生态化和生态产业化为主体的生态保护修复经济体系。落实和完善生态环境损害赔偿制度，由责任人承担修复和赔偿责任。

（五）创新自然资源权益体系

（1）以自然资源统一管理为契机，以不动产统一确权登记、自然资源统一调查监测评估和自然资源资产统一登记、自然资源资产报告制度和自然资源资产负债表为基础，充分考虑土地与其他自然资源和生态总体权益，建立以土地为核心，建立土地资源与地上地下其他自然资源及其生态环境资产一体化管理的产权体系及多样化的土地使用权类型及其权能，形成与国土空间管控和三区三线划定管理相统一的土地使用制度体系。

（2）建立与国土空间管控要求挂钩的土地资源与其他自然资源使用权一体化出让、转让制度，以及相应的收益、税费、补偿机制。既保证土地权益的实现，也保证其他相关权益和生态环境权益的有效实现；既保护土地资源与其他资源节约集约利用，也保护生态，并承担破坏与污染土地、其他资源后修复治理、足额赔偿的责任。

（3）研究不同产业用地的特点，争取出台专门的产业用地政策。

（4）用好国家优惠政策和鼓励政策，根据产业特点选择使用的土地所有权与使用权类型、土地利用类型以及土地划拨、协议、招投标出让、作价入股出资、租赁等用地方式。

（5）研究出台生态空间与生态用地管控的法律体系及管理机制，如保护耕地一样保护生态空间生态用地，包括社区的生态空间与生态用地。

TOD创新之路

——视野、理论、制度

张国华

国家发改委城市中心总工程师
国土产业交通规划院院长、教授、高级规划师

一、新视野：城市化与轨道交通

（一）城市化新路径：从"人跟着产业走"到"产业跟着人才走"

工业文明时期的城市化是"人找活干"，而到了科技文明时期，则更关注运输时间成本，是"活找人干"。城市化路径是从"人跟着产业走"到"产业跟着人才走"。美国的经济学家乔尔·科特金说过，"哪里更宜居，知识分子就选择在哪里居住；知识分子选择在哪里居住，人类的智慧就在哪里集聚；人类的智慧在哪里集聚，最终人类的财富也会在哪里汇聚"。对应看城市模式，过去是"房地产＋园区"，对应的是港口、高速公路，千城一面的城市设计；而未来随着服务业、生产技术服务业和公共服务业的发展，未来城市化的发展模式也肯定是"房地产＋园区＋港口/高速公路＋宽马路"到"公共/服务业＋TOD/街区＋机场、高铁/轨道"的彻底转变（见图1）。

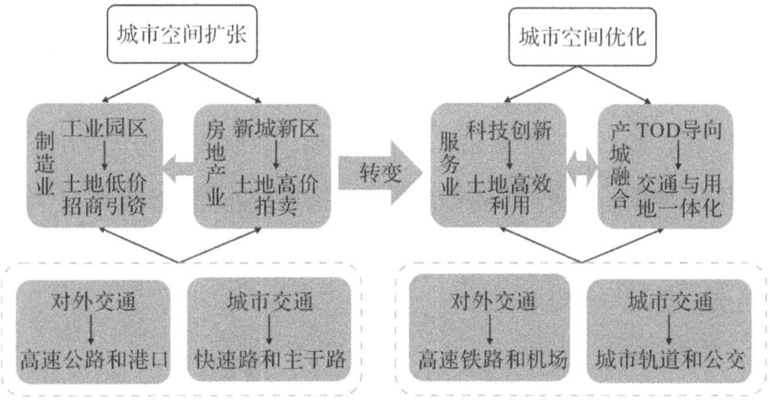

图1　城市发展模式转变示意

（二）城市化新空间：破局公共服务业悬崖是都市圈一体化发展的"牛鼻子"

以教育、医疗代表的公共服务业一体化是都市圈开放与集聚的前提，都市圈的"打通断头路"与"拆墙"关键在于公共服务业的一体化和基础设施的高效连接。要通过基本公众服务均等化、基础设施通达程度比较均衡，围绕二者的协同发展去实现人民群众对美好生活的要求。我们要构建高质量的动力系统去支持地方发展，去承接更多的产业、人口经济要素，实现经济更高质量的发展。建立在轨道上的都市圈就要保证交通一体化先行，以产业一体化为突破口，以城市群一体化为载体，实现生态环境和市场的五位一体。

（三）城市化新挑战：轨道交通高歌猛进

2018年7月13日，国务院官方网站正式发布了《国务院办公厅关于进一步加强城市轨道交通规划建设管理的意见》，让轨道交通建设规划审批开闸。据统计，2019年完成建设投资近6000亿元（对比同年全国铁路投资8000亿元），在建项目可研批复投资总额已超40000亿元。截至2020年6月30日，中国内地已有41个城市开通了轨道交通，总长度达到6917.62公里，地铁里程超过100公里的城市就有15座。这造成了轨道运营压力突出，单公里城轨线路运营成本近2000万元（不含有轨电车和市域快轨），每年全国仅运营项补贴就近500亿元，开支压力巨大。单看轨道主业，除杭州、深圳、北京、青岛外，其他城市仅维持日常运营（不含建设还本付息）就需要政府投入大量补贴。随着财务压力加大，对轨道交通公司的投融资能力提出更高要求。

对比来看，大城市综合开发能力对轨道建设反哺机制正在形成，但与高昂的建设与运营成本相比，进度滞后严重；大陆城市中，走在前列是深圳地铁，已取得12块土地开发权，虽然地价回收及开发收益预计达1334亿元，但是用于偿还轨道交通一、二、三期及三期调整项目主体工程企业融资还本付息尚存在约93亿元的缺口。

二、新理论：交通·产业·空间协同

（一）基础理论

空间要素组织规律为农业、工业、服务业区位论。经典经济地理学认为，产业在空间上的布局与交通有着紧密的关系；农业区位论认为运输距离决定农业耕种形态和空间分布；工业区位论认为交通指向决定基本区位格局，动力和产业集聚带来二次偏移。同时，商业和服务业分布有三个原则：市场原则，适合低等级中心地体系，包括菜市场、理发店等，政府没必要干预太多；行政原则，适合中等级中心地体系，包括教育和医疗等是根据行政区划，由纳税人的钱去配置；交通原则，适合高等级中心地体系，如CBD、大型会展中心都依据交通枢纽进行布局。基于不同经济和交通条件下，人口的流动、产业的变迁是重塑空间的关键力量。

（二）复杂世界：简单法则

解构万事万物的生长逻辑，重塑理解世界的思维框架。产业的共享、匹配和学习三大效应带来极大的报酬递增,在空间上体现为垄断性的专业化的功能空间,一旦经济进入这个发展阶段,增长一定不是线性的。

规模集聚背景下,复杂世界满足一些基本法则。经济增长遵循超密集法则,即人口规模每扩大一倍,人均生产效率将提高15%~30%。基础设施消耗遵循亚密集法则,即人口规模每扩大一倍,人均基础设施消耗成本降低15%。交通出行遵循简单法则,即每个人在可接受的成本情况下,都会选择更加便捷的出行方式。

(三)模型构建:交通·产业·空间协同

不同产业和不同交通方式具有不同的对应关系。能源资源型产业,希望采取低成本运输方式,对应的是水运和货运。而资本密集型产业,流通越快、资本利润率越高,对应的是高速公路和汽车。信息密集型产业,希望信息的快速流通,则作为信息承载载体的人在空间上的高效转移更加重要,对应的是航空和高铁。随着互联网、交通网的发展,新经济、生产型服务业的服务范围大大延伸,但是空间的接近性变得更加具有价值。以互联网为代表的新经济不是把世界拉平了,而是让城市之间的差距变得更加陡峭、更加不平衡。

传统规划是以城市规划为核心。未来新的国土空间规划当中,区域层面应该关注对外交通基础设施、产业布局和城镇体系的结构,城市层面应该关注交通网络结构、空间形态结构和功能布局结构(见图2)。

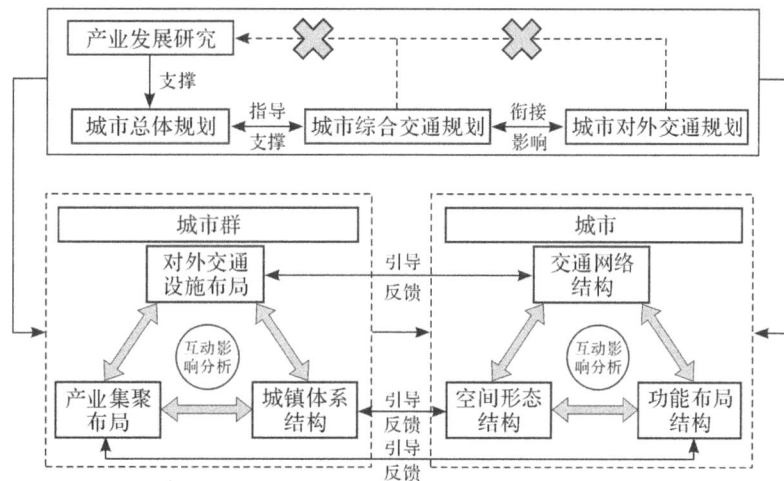

图2 国土空间规划的体系重构

三、TOD制度创新

(一)土地制度创新:混合开发

通过混合开发充分凸显TOD土地增值效益,是TOD土地开发制度创新的一大出发点。通过土地的混合使用提供稳定的客源,减少人们不必要的出行,同时吸引多元的人群来此居住。土地混合利用与复合功能系统产生综化效应，加速地区整体品牌塑造；在功能上周边区域相互补充，填补周边区域城市功能，实现地区功能完整性；提升周边商业、居住等物业价值，获取地区土地增值效益，同时综合开发模式有利于项目实现财务平衡，提高招商建设的可行性。

（二）规划制度创新：设计一体化规划开发流程

首先是统筹顶层设计，优先收储沿线土地；项目前期即对轨道沿线土地使用权进行优先购买，整理后作为储备用地，确保拥有未来可以升值的土地。其次是综合协调利益主体，引入政府、市场、原住民、社会组织协调各方利益，从最高层面保证规划的顺利实施。最后是优化整体规划设计点线结合，形成层次分明、以轨道站点为中心的等级体系，避免沿线站点周边用地开发的无序扩张。同时，也要设计投融资保障机制与可持续运营制度。

（三）投融资制度创新：PPP模式探索

基于现有PPP模式深化制度改革，建立健全PPP模式及相关法律法规；探索更灵活的价格机制，突破土地制度限制，促进站点土地综合开发，吸引社会资本参与轨道投融资；通过法律法规规范政府信用、特许经营、商业纠纷仲裁等多方面的制度，建设优良的市场环境以吸引多元投资方。

（四）商业模式制度创新：建立一体化开发收益最大化合作机制

以铁路站场一体化开发为例，铁路建设和运输方面，地方政府向铁路部门争取资源；土地开发方面，铁路部门求地方政府多，难度也比较大。如何借助对方的诉求达到己方诉求目标，多方利益主体进行合作是争取一体化开发收益最大化的关键。

总的来说，TOD开发需要长期具体地关注城市空间规划，不但需要好的理念，更需要建立一套好的制度，如果没有这套制度的建立，未来的TOD就像20年前我们已经在推动的TOD开发，但到今天我们看到的依然是蓝图，而不是我们生活的改变。

TOD发展与低收入人群住房供给

刘 志

北京大学-林肯研究院城市发展与土地政策研究中心主任、教授

现今中国，对于TOD开发的研究主流仍偏向TOD创造城市空间价值方面，诸如创造城市空间价值、节约用地、鼓励轨道公交出行、节能减排、减少路面交通拥堵和尾气污染、支撑轨道交通量与运营效率等，这些都是我们看到的TOD带来的好处。但是，TOD开发是否存在不足之处？是否存在钱从哪里来的问题？这些都是现今值得我们去思考的地方。针对TOD开发的负面影响，近年来国际社会上讨论较多，其中最主要的是部分专家担心TOD开发在追求价值的过程当中可能会挤走低收入的人群，在空间上产生不公平现象。但是目前关于这个题目的实证研究较少，相关研究结果还未有定论，这也是现在倡导TOD开发过程中要注意的一点。

TOD开发的概念在引入国内后主要作用于城市增量发展，现阶段随着城市增量发展模式的转变，TOD开发越来越多在城市存量发展中发挥作用，已经成了一种规划设计的常用模式。现今经常看到TOD实施的片区，实际上较多是以城中村、老旧小区、棚户区等形式存在。这个时候我们要思考一个问题，TOD开发模式的发展是否与城市低收入者住房存在关系？因此我们就思考，能不能通过TOD开发模式，给低收入人群提供可靠的保障住房。

通过现有人口数据分布研究，可以看出现在国内大城市、特大城市中低收入的人口，尤其是流动人口，主要集中住在老旧社区、棚户区、城中村，以及保障性住房小区等租金为1500元/月左右的区域，而这类低收入人群中居住在租房、集体宿舍所占的比例是最高的。结合租房比例与租金的情况来研究，能够论证我们对低收入流动性人口主要住在何处的相关研究结果。

以深圳为例，调查数据表明，深圳城中村履行着低收入人群住房功能。在深圳现有的（2017）存量1082万套住房中，城中村占比53%、公共住房占比5%、商品房占比17%、工业区住房15%、自建等其他10%，其中90%的租客为年轻人群（20—35岁）；20—25岁的租客中，月租金支付在1000—2000元的占比40%；26—30岁的租客中，月租金在1000—3000元的占比61%；26—35岁的租客中，月租金支付在3000元以内的占比70%。在深圳进行了较为广泛的城中村改造之后，通过调研发现改造后

租赁住宅总量以平方米计算增加25%，但是改造后租金增加1.2—1.8倍；改造前租客以中青年外来低技能打工人口为主，月收入低于3000元，改造后低技能人群难以承受高额的房租，租房人群变成以年轻白领、事业单位雇员为主。此项研究表明，城中村改造导致原有租客难以承受上涨房租而离开。对于城中村改造对原租客的负面影响，虽然目前缺乏系统的实证研究，但可以预料到有哪些负面影响：如果有更好的选择，原租客就不会等到城中村改造时才搬离，很有可能搬离到更远、更便宜、更不方便的地方，对于双职工、有学龄孩子的原租房家庭，有形的与无形的搬迁成本更高；一个城中村改造项目导致数以万计的原租客搬迁，进而导致其他城中村房屋租金的上涨。现实中，不仅深圳存在这样的问题，北京、上海、杭州都有类似相关的矛盾存在。城中村未来肯定是城市存量发展当中主要考虑的片区，而且我们在考虑怎样改建的时候肯定会考虑在里面规划一个TOD，因此TOD开发时有关低收入群体的住房问题是无法避免的。

在城市规划中，我们面临的很多都是两难问题。是追求经济效率还是社会公平？是追求城市建设还是生态保护？是满足高收入的住房需求，还是低收入的保障性住房需求？是住房消费还是住房投资？最后还有一个城市空间价值或者是城市空间公平的问题。解决这些问题，是我们在进行TOD开发研究中需要确立的目标。

最后，我认为TOD是城市存量开发中的一种规划设计模式，在中国现在越来越受到重视，并且现今广泛存在的棚户区、城中村、老旧社区的空间都将成为TOD开发的最佳选择场所。而落实的关键在于我们的规划目标如何，在于我们的城市需要怎样的住房规划，需要城市建设者把这两者结合起来。TOD不仅是一个很好的规划设计模式，而且是解决低收入群体住房的一个重要供给渠道。

TOD模式下浙江未来社区建设

周锦虹

浙江绿城商地建设管理有限公司总经理

2020年9月27日，中国城市公共交通协会、中国房地产业协会联合发布编号为T/CUPTA003-2020的《城市轨道TOD综合开发项目通用技术规范》以及编号为T/CUPTA004-2020的《城市轨道TOD综合开发项目评价标准》。其中，《关于高质量加快推进未来社区试点建设工作的意见》（浙政办发〔2019〕60号）第四条："集约高效利用空间。按照公共交通导向开发（TOD）理念，有效进行疏密有致、功能复合开发。"笔者依据《TOD通用技术规范》与《评价标准》，就浙江省未来社区建设如何按照TOD理念进行开发的一些具体问题提出粗浅的意见与建议。

一、TOD模式下的未来社区站点建设

首先，TOD的3D建设原则包含以下几点：

高密度（density）指在执行TOD发展的区域内开发高密度住宅、商业、办公用地，将大规模的就业和居住分布在公交站点的步行范围内，引导上述相关出行采用公共交通，通过城市密度的差异化分布，提升公共交通的服务效率。

多样性（diversity）指站点周边功能多样混合，商务办公、商业服务业、居住、娱乐、体育等各项功能混合布局。一方面可以有效减少基于生活服务的出行次数和距离，也可以通过营造24小时活力，进一步提升步行空间的品质与场所感，促进实体经济发展，增加社会交往。另一方面，多样性还指在执行TOD发展的区域中，坚持各收入阶层、各年龄与职业构成群体的居住融合以及各层次业态的互补性发展，各类人群的混合，在提升城市公交服务公平性的同时，通过社会融合增加稳定性。

宜人的空间设计（design）指通过提升站点周边步行空间网络的密度、连通性、舒适性，塑造有活力与场所感的公共空间，增强TOD发展区域的步行吸引力，通过提升空间体验塑造TOD区域的影响力。

浙江省未来社区强调构建"5、10、30分钟出行圈"（5分钟取停机动车，10分钟到达交通站点，

30分钟物流配送入户）。其中，以人10分钟到达对外交通站点为目标，以正常步行速度5公里/小时计，未来社区内距离公交轨道站点最远位置应控制在800米以内。而依据TOD通用规范，项目应当设有与外部进行交通联系的交通站点；设有轨道交通的城市，项目距离轨道站站台中心点最短距离应小于或等于500米；鼓励项目提供公交首末站功能，同时缩短公交经停站的换乘距离。

因此，笔者认为浙江省未来社区关于交通站点的设置宜以500米为指导目标，800米作为极限目标。行人到站时间控制在5—8分钟为佳，10分钟为极限。即设有轨道交通城市的未来社区项目，项目距离轨道站站台中心点最短距离应小于或等于500米（5—8分钟到达站点）；没有轨道交通的城市或项目周边没有轨道站点的未来社区项目，必须在项目范围内设立首末站级或枢纽级公交场站，站场最远距离应小于或等于500米。如果因地块形状特质限制，距离站点超过500米的规划区域，应当就近加设公交经停站。

二、以人移动的最高效率为目标的换乘体系

换乘体系项目建设方面，应当鼓励项目将"行人优先、绿色出行、便捷换乘"作为交通服务的基本宗旨。鼓励项目提供充足和便于使用的自行车停车设施，使自行车成为换乘轨道的重要交通方式，扩大站点服务范围；鼓励项目提供公交首末站功能，同时缩短公交经停站的换乘距离；鼓励项目提供出租车（含网约车）接驳轨道的便利性，同时优化出租车（含网约车）停靠秩序；项目全方式的绿色出行比例应大于80%，力争达到90%。

第一，是与自行车（共享单车）换乘。行车停车设施应具有防雨、防晒等功能。自行车停车设施与轨道站点出入口距离宜在10米与50米之间。

第二，是与公共汽车换乘。轨道车站出入口与沿街公交经停站的步行距离不宜大于50米，不应大于100米。

第三，是与出租车（网约车）换乘。结合道路条件，TOD项目在轨道车站出入口附近宜设置出租车（含网约车）临时停靠点或出租车（含网约车）候客区，这类设施宜采用港湾式布局，不占用城市道路。

为了提升出行体验，社区单元出入口、教育、医疗、商业、办公、文化设施应就近（规范规定为地块出入口50米范围内）设置共享自行车（电动车）驻车点，加强与站点之间的接驳服务。

三、改变对自驾车的依赖的静态交通

鼓励项目通过减少小汽车停车位的配建，降低小汽车使用。同时减少路边、项目基地内地面小汽车停车位，减少机动车出入未来社区对公共环境的干扰。

允许并鼓励TOD项目小汽车停车配建标准对原配建标准作10%～20%的折减；TOD项目内的不低

于50%的小汽车停车位宜开放给公众共享使用；TOD项目不应在地块内，尤其是地块四周建筑前区设置地面小汽车停车位；TOD项目不应在沿线城市道路设置地面小汽车停车位；TOD项目不应在距离轨道站出入口及人行出入口25米范围内设置机动车出入口；不应在城市主干道开设机动车出入口。浙江未来社区应重视地下空间的综合利用，所有未来社区项目均需编制《地下空间开发控制指引》。地下空间注重互联互通、空间整合，并结合开发节奏联动建设，提升潮汐车位使用效率，整合统一出入口部建设；同时结合地上地下交通站点设施，整合地下公共空间，"引绿入地，引光入地"，改善地下空间质量，有效控制整体造价。

TOD项目地下空间应提供良好的空间高度，减少人们的压迫感。以公共活动为主的地下空间，净高不应小于3米，当设有商业等设施时，净高应大于3.5米。TOD项目的地下空间在日常运营时，应提供良好的卫生条件，无雨水、污水、污物遗留等。另外，TOD项目地下公共空间应24小时提供良好的照明环境，有效利用室外光源，保证视野通畅。鼓励照明采用高效光源作为照明光源并合理分布，照明功率密度值应达到或优于现行国家标准《建筑照明设计标准》GB50034和《城市轨道交通照明》。鼓励TOD项目设置地下绿化空间。如利用天井、楼梯、中庭、庭院设置公共绿地、下沉广场等，减少地下空间的封闭性与压迫感，提升场所品质。TOD项目在地下空间设计和运营时，应制定针对应急突发事件的客流疏导预案，应有集中供电型应急疏散指示系统、按疏散区域层播报相应的电子广播。

四、街道建设

对于街道，首先要改变对街道的认识。20世纪，以汽车为中心的低密度城市发展模式已告失败。街道是城市空间的基本单元，但经常被误解为只是供车辆移动的二维平面的交通载体。美国全球城市设计倡议协会GDCI与美国国家城市交通官员协会NATCO衡量成功街道的标准为：公共卫生与安全、生活质量、环境可持续、经济可持续与社会公平。对于未来社区的街道建设，笔者认为应当注意以下几点：

独立性。指与轨道站点出站口直接相连，不与机动车道平面交叉，不会受到机动车干扰的独立步行通廊空间，且这一通廊空间应遮风挡雨，免受不良气候因素影响并符合无障碍使用需求。当地块内步行通道与机动车道相交时，应保障慢行优先，应设置斑马线，必要时设置信号灯、抬起式过街等设施。

全天候。指特定空间能够满足24小时开放，且具备遮风挡雨等各类设施，满足在任何时间段、任何天气状态下的使用需求。

网络性。鼓励项目作为积极的空间媒介，将站点出入口的步行空间延伸到周边地块，以扩展站点步行接驳的范围；并将地面层最大限度开放给行人，形成有规模的、完整的步行网络，鼓励步行网络跨越高速路、快速路、铁路河流等障碍，连通到更大范围的城市地区，在轨道站点周边形成有吸引力的步行街区。

活力性。鼓励项目在地面层以及地下空间，形成连续、功能丰富的界面，在吸引客流、提高商业活力的同时，营造有魅力的城市空间。

因此，未来社区的街道不应只考虑机动车通行的需求，而应为所有出行方式、所有年龄和身体状况的使用者提供公平的服务，从而使得城市的街道空间不仅具有交通功能，也具有生活服务功能、社交功能、景观功能和休闲游憩功能。

设计与建设模式的整合是建立有效协调机制，应将道路空间、沿路绿地及建筑退线空间作为完整的公共空间，对其进行统一设计、建设和管理，以形成高品质的街道环境。应当对项目红线范围内临街的非建筑空间与相邻城市道路红线内的人行道、绿地、管线及市政设施、照明设施及各类导向标志等实现一体化的设计对接和统筹建设。

我们强烈呼吁浙江未来社区的建设，对出于改善公共利益的，可以改善城市出行与活动环境的风雨连廊，无论是外挑、内凹还是半挑的封闭式或开敞式的连廊、通道、灰空间等，只要明确是城市公共活动所需的，并能保证24小时向城市开放的，应给予开发建设主体免计容积率的奖励。以持续鼓励开发主体更好地为城市公共利益服务。

2020 "浙江城市土地XOD综合开发"论坛专家观点集萃

杭州国际城市学研究中心
浙江省城市治理研究中心

  2020年是全面建成小康社会和"十三五"规划收官之年，也是谋划"十四五"规划起步的关键之年。为学习贯彻中央关于国土空间规划的改革精神，落实国家"新基建"战略，服务浙江打造新时代全面展示中国社会主义制度优越性的"重要窗口"，11月7日，"2020浙江城市土地XOD综合开发论坛"在杭州举办。本次论坛以"未来社区与城乡土地政策创新"为主题，由浙江省国土空间规划学会指导，省级新型重点专业智库杭州国际城市学研究中心（浙江省城市治理研究中心）、浙江大学土地与国家发展研究院共同主办，浙江省国土空间规划学会城市综合开发专业委员会协办。来自北京、上海、广州、杭州、宁波、温州、四川、山西等地的专家学者、城市管理者、企业家代表等约100人参加本次会议。论坛期间，11位专家分别围绕TOD开发、未来社区建设、开放式街区、产业园区、城市更新、自然资源修复、土地政策创新等议题展开了精彩演讲。

  论坛由**浙江省国土空间规划学会城市综合开发专业委员会主任，浙江大学土地与国家发展研究院副院长、浙江大学公共管理学院土地资源管理系主任吴宇哲教授**和**杭州城研中心城市学研究处处长、浙江省国土空间规划学会城市综合开发专业委员会秘书长李明超研究员**先后主持。

  浙江省国土空间规划学会副理事长、绿城小镇建设集团总规划师郑心舟为本次论坛致辞。他认为，城市综合开发是优化城市功能、提升城市环境以及提高城市运营效率的有效方式，无论是在新区开发还是在城市更新区域，它的优势应该说已经得到越来越充分的体现。他希望城市综合开发委员会的成立能有助于破解当前土地供应政策问题，在未来社区的建设中实现土地综合开发的理念与模式。

  国家发改委城市中心总工程师，国土产业交通规划院院长、教授、高级规划师张国华作题为"TOD创新之路：视野·理论·制度"的主题演讲。他从TOD创新之路的新视野（城市化与轨道交通）、新理论（交通、产业、空间与发展新体系）、新行动（TOD创新之路）三个角度展开论述。他认为，城市化新路径是从"人跟着产业走"到"产业跟着人才走"，城市化新空间是破局公共服务业，城市化新挑战是轨道交通的建设以及平衡收支与综合开发，城市生长逻辑应构建交通·产业·空间三协同的TIS城市发展模型。最后，他从规划制度、土地制度、合作机制、商业模式四个方面阐述了TOD制度的创新之路。

浙江省发展规划研究院党组成员、副院长吴红梅作题为"浙江未来社区试点实践与难点探讨"的主题演讲。她认为，未来社区建设应讲究因地制宜，注重群众参与、留住文化传承、聚焦路径破解、探索模式创新、面向未来创新。她详细介绍了未来社区试点建设中场景建设的"最佳实践"、政策创新的"最佳实践"、产业支撑的"最佳实践"和运营组织的"最佳实践"。她认为，未来社区建设创新应做到开发制度管理从"平面化"向"梯度化"转变创新，容量土地开发"容积率精细化管理"创新，绿地率或绿容率计算政策创新，"不计费容积率"政策创新，空中花园阳台绿化部分"不计容"政策创新，存量土地盘活政策创新，土地"带方案"出让政策创新等。最后，针对人往哪儿去、资金平衡难、场景怎么落地以及未来怎么运营等问题，她提出构建"1＋N＋X"的未来社区全过程咨询服务组织架构。

浙江绿城商地建设管理有限公司总经理周锦虹作题为"TOD模式下的浙江未来社区建设"的主题演讲。他从站点建设、换乘体系、静态交通、街道建设、多样性等5个方面详细阐述了浙江未来社区的建设。他认为，浙江是全国最需要创造步行友好系统的地区。并强烈呼吁浙江未来社区的建设对出于改善公共利益的本意，可以改善城市出行与活动的环境，只要明确是城市公共活动所需的空间，应保证24小时向城市开放，并应给予开发建设主体免计容积率的奖励，以持续鼓励开发主体更好地为城市公共利益服务。

北京大学—林肯研究院城市发展与土地政策研究中心主任、教授刘志作题为"TOD开发与低收入住房供给"的主题演讲。他认为，随着城市轨道交通的迅速发展，TOD已成为我国大城市增量发展的一种规划设计模式，同样也是城中村改造与城市老旧社区改造中采用的一种规划设计模式。城中村、老旧小区、棚户区往往是TOD开发的场所，他认为TOD开发与低收入住房供给可以结合起来，TOD的开发建设关键在于规划目标的选择，以及住房规划与TOD战略规划的协同。

《城市中国》执行主编、研究员、注册规划师崔国作题为"批判视角下未来社区内涵解读——谱系、价值及模式"的主题演讲。他首先以现有的未来社区相关研究导入，并详细解读了一中心、三导向和九大场景的浙江版"未来社区"，提出五大问题：有没有"未来"、什么"未来"、谁的"未来"、有没有社区、谁的社区，对加拿大的Smart City、Sidewalk项目及多伦多Quayside、重庆解放碑等案例进行深入分析，提出未来社区的PPCT模式，从近未来、远未来，多种未来、大众真需求的未来、社区的本能和非原子化以及新新人类等角度解答了前述五大问题。其次，他就物业费如何趋零、业委会、物业、居委、街道角色的法定角色、关系，智慧技术植入的合法性问题和不死（健康）、快乐、神性（生态）等方面提出了仍待解决的方向，总结出未来社区是浙江版的城市更新模式，是省级单位的能力竞争，是政治优势从产业到城市全域的延伸。

浙江经略视界董事长魏李鹏作题为"开放式创新街区链接科技园区、未来社区的综合开发思考"的主题演讲。他认为街区链接园区社区迎来行动新路径，提出应从五个方面入手：一是以市场方式构建企企携手、内外合作的混合优势；二是以文化名义构建功能互动、人群交往的流动肌理；三是以人本诉求构建生态多样、疏密有数的活力组合；四是以开放空间构建平面打开、立体生长的亲近环境；五是以运营思维构建动静结合、软硬共进的服务体系同时，以郑州二砂国际文创园区、杭州杨柳郡园·绿城·好街、西安（空港）大唐西市丝绸之路国际文化产业园、梦想小镇的仓前老街改造、杭州亚运村的开放式街区和社区、中交集团温州瓯海高铁新城等案例进行了深入剖析。

杭州市人民政府参事、杭州市城市规划委员会办公室副主任、教授级高工汤海孺作题为"未来社区：土地政策创新"的主题演讲。他首先比较了未来社区与传统社区的差异，提出未来社区是一款超越传统社区的"新手机"，比较了未来社区与房地产开发在实施规模、模式、环节、主体、方式和效果上的不同，并结合灵山试点社区提出未来社区建设存在的两大难题：一是"经营性＋公益性"捆绑的土地出让方式存在不足，二是带方案出让监管中方案深度不够。针对两大难题，他认为可从如下三方面来改进：一是出让金上缴省、市部分返还、实施公益性设施部分由政府购买服务方式奖励，二是设计方招标环节加强开发商、运营商前置，由"开发商＋设计方"联合体投标；三是将带方案出让分解为强制性内容和引导性内容。

广州市城市更新规划研究院院长、教授级高工骆建云作题为"广州通过城市更新推进城乡统筹发展的机制策略"的主题演讲。他阐述了新时期广州城市更新的六大机制策略：一是坚持政府主导、规划引领、计划管控的统筹机制；二是建立市场化的城市更新制度和利益分配机制；三是推进"产城融合"，破解"房地产化"路径依赖；四是坚持公共利益，补足民生短板为城市更新的基本目标；五是推行"共建、共治、共享"的和谐治理机制；六是坚持以地方文化传承为城市更新的内涵目标。

中国国土资源经济研究院环境经济研究室主任、研究员余振国作题为"生态文明、未来社区与土地政策创新思考"的主题演讲。他首先系统梳理了生态文明政策体系，指出了自然资源管理与生态保护修复面临的三大问题：自然资源资产管理特别是所有权权益实现、生态产品及其价值实现机制和国土空间生态保护修复，深入剖析了生态产品及其价值实现需主要考虑的三个关键问题，包括生态产品究竟包含哪些方面的价值、为什么有些生态产品价值无法转化以及如何创建生态产品价值的实现机制。其次，他提出解决国土空间保护修复的优化路径：一是提供高品质的生态服务体系与服务产品，加强中东部自然保护地建设，研究规划建设人与自然和谐发展的具有中国特色的新型自然保护区；二是构建国土空间生态保护修复制度体系；三是探索生态保护修复多元化投入机制；四是创新自然资源权益体系。

浙江大学公共管理学院教授、浙江大学土地与国家发展研究院副院长靳相木作题为"未来社区场景下共享空间产权的理论与政策路径"的主题演讲。他从社区的社会学概念谈起，介绍了三大核心思想：一是未来社区的时空尺度，是在未来的某个时间点的社区，如十五年后的社区，也是某个空间的社区，是一个小镇的尺度，是一个小区的尺度，还是一个城区的尺度？其发展脉络和建设会有很大差异。二是产权视角的未来社区。以杭州的云帆社区为例，从其双创中心、共享图书馆、共享文化馆、幸福学堂、邻里中心、党建活动室等公共空间入手，提出公共空间的产权属于谁、谁来管理和怎么用的问题，指出未来社区是公共空间、共享空间的极大化。三是提出未来社区产权解决方案的三条实现路径：一是继续沿用现有小区的产权制度方案，二是国家所有、授权经营、包容性共享，三是混合所有、多种经营和契约自由。

浙江省规划学会城市综合开发专委会主任、浙江大学公共管理学院教授、土地管理系系主任吴宇哲作题为"要素市场化背景下的城乡土地政策改革"的主题演讲。他从要素优化配置中的土地背景谈起，提及宅基地改革是重点、宅基地入市受限制、欧洲的国界和中国的村界等，就如何解决农村土地的发展不平衡、城市土地的发展不充分等问题，提出宅基地改革（入市）的设想，可从建设用地供给中加大住宅用地，减少工业用地；提供多种住房供应体系（政府提供保障性住房、对普通商品房的增值部分增税与保有税、高档住房征收保有税和资源占用税）；无论保障性住房还是高档住房，都需要依靠建设和居住同时拉动内需等方面来深化供给侧改革中的土地。

研讨交流环节，浙江大学城市规划与设计研究所副所长、支部书记、教授杨建军，杭州市人民政府参事、杭州市城市规划委员会办公室副主任、教授级高工汤海孺，悟空文化旅游有限责任公司研究院院长罗晴秋，广州市城市更新规划研究院院长、教授级高工骆建云，北京大学—林肯研究院城市发展与土地政策研究中心主任、教授刘志，浙江大学公共管理学院教授、浙江大学土地与国家发展研究院副院长靳相木，北京交通大学建筑与艺术学院副教授张纯，温州浙南产业集聚区管委会副主任、注册城市规划师黄伟龙，宁波轨道交通集团房产开发公司总经理徐永刚，宁波鄞州区五乡镇党委副书记、镇长虞曙峰，杭州城研中心城市学研究处副研究员尚晨宇等16位与会专家先后就乡村土地制度改革和城镇化、土地带方案出让、城市更新与可持续发展、北上广杭的城市更新比较、未来社区规划建设与实施、城中村改造留用地、未来社区与特色小镇、地下空间开发利用与产业化等问题进行了热烈探讨。最后，杭州城研中心城市学研究处处长、浙江省规划学会城市综合开发专委会秘书长李明超研究员对论坛进行总结。他从政策综合、新老综合、方案综合三个维度简要回顾了AIIA智慧城市产业与综合开发智库近两年的工作成效，诠释了城市综合开发研究的主攻方向，希望与会专家继续关注参与城市学智库举办的钱学森城市学金奖评选活动和系列会议论坛。

2020 "城市土地与住房问题"
钱学森城市学金奖获奖作品综述

杭州国际城市学研究中心
浙江省城市治理研究中心

  建立"多规合一"的国土空间规划体系并监督实施，是党中央做出的重大战略部署。面向"两个一百年"目标，围绕"两个高水平"建设战略目标，国土空间规划必须先布好局，着力于坚持高水平保护，推动高质量发展，营造高品质生活，促进高效能治理。在城市人口日益膨胀、城市土地日趋紧张的背景下，高效利用土地也是国土空间开发利用所要追求的重要目标。为进一步提高城市土地利用效率，促进高质量发展，2020年，杭州国际城市学研究中心（浙江省城市治理研究中心）以"高质量发展与城市土地综合开发"为主题，继续组织开展第十届"钱学森城市学金奖"征集评选活动。本次活动城市土地与住房平台共收到"钱奖"作品193篇（其中专著10部，规划方案8个），经过初选、初评、通讯评审、集中评审等评选程序，2020年11月7日召开的第十届"钱学森城市学金奖"专家评委会，评选产生"钱学森城市学金奖"作品1篇，"钱学森城市学金奖"提名奖作品10篇。现将部分优秀成果的主要观点综述如下。

一、土地综合开发政策制度研究

  王权典、欧仁山、吕翾（华南农业大学广东新型城镇化法治研究中心）：土地立体化利用须以健全的空间权法律制度为保障，加快土地空间立体化利用法律规制建设，这是土地法制建设的重要内容和迫切任务。当前我国土地空间开发利用法制建设滞后，不能适应现实发展的需要。根据"急用先立"的原则，从亟待研究解决的现实问题入手，构思完善立法创制框架。其基本思路是：以确立空间权为基础，在明晰空间权属及权责关系的基础上，结合地表开发利用既有的法制框架，首要解决规划连通问题。其次要解决"预留设计""应急加固"及"动态防护"的协调机制问题。最后要解决空间开发利用法律关系协调的机制障碍问题。在立法创制领域要体现三个改进：一是立法层面的系统规制，使建设用地分层使用凸显系统规范指引的意义；二是鉴于建设用地分层使用权表现为同一平面空间的横向分层设立，故而明确其适用范围；三是考虑到土地立体化分层利用的时序问题，需要明确建设用地分层设权原则以及权责协调、确权与变更等基本原则。

徐可西（浙江财经大学公共管理学院讲师）：在我国城市更新的进程中，出现了大量既有建筑没有达到设计使用年限就被随意拆除的现象，这造成社会资源浪费、城市文化遗失、环境恶化和社会冲突加剧等诸多社会问题。通过系统研究，建立有效的既有建筑拆除决策机制，规范城市既有建筑的拆除活动，防止随意大拆大建的行为，从而合理地延长建筑使用寿命，对我国城市经济社会的可持续发展具有明显的理论意义与现实意义。我国城市建筑被过早拆除是建筑自身因素和外部因素共同作用的结果，但外部因素的影响程度远远超过建筑自身因素的影响。政策法规方面应建立系统的城市更新与建筑拆除决策法规体系，包括编制城市更新专项规划，并将其纳入城市规划体系进行统筹实施；制定并出台城市既有建筑拆除决策管理条例，作为既有建筑拆除审批的法定性依据；应建立既有建定期维护、检修制度和旧建筑适应性再利用激励制度，从优化剩余价值的角度延缓建筑的拆除。另外，应完善城市规划及城市更新领域的现行政策法规，强化执行度，包括提升城市规划编制的科学性，增强其前瞻性和严肃性，明确公共利益标准，完善奖惩机制，提高法律法规的可操作性等。

叶裕民、张理政、孙玥、王洁晶（中国人民大学公共管理学院教授、博士生导师）：城中村更新是我国城市空间治理难题，新市民住房是我国城市社会治理难题，这两大难题在我国独特的城市化进程中相生相伴，是城市治理的"孪生难题"。囿于学科边界以及部门化的管理制度，我国学术界和地方政府长期把这对"孪生难题"割裂看待，分别研究并找寻解决方案，迄今未果。鉴于此，需要利用城中村更新的历史机遇，变非正规住房为合法正规住房，同步解决城中村蔓延再生和新市民可支付住房供给两大历史性"孪生难题"，同时构建城中村更新与新市民可支付租赁住房供给的联动解决机制，采用"二二四二"的新市民可支付住房供给框架（20%高收入外来常住人口自行购买或租赁住房；20%中低收入单身者居住企业或开发区的职工宿舍；40%中低收入者通过包容性城中村改造，租住农民合法的可支付健康住房；20%低收入者依赖政府的公共住房，最大限度降低特大城市市民化的公共成本）。以广州市为例进行测算的结果表明，当广州50%的城中村实现更新时，即可基本满足全市所有新市民的可支付住房需求，并同步防止城中村蔓延再生。

丁寿颐（广州市城市规划勘测设计研究院规划四所副总工程师）：城市更新是实现土地综合开发的重要手段，而制度供给是城市更新的关键。"租差"作为衡量更新前后地租总量变化的工具，提供了剖析制度的框架。对广州城市更新实践和制度演进的研究，可以发现：中国的城市更新是"企业型政府"主导和控制下的结果。其具体运作机制为"政府制定更新制度→决定不同利益主体'租差'和门槛值→推迟或提前不同利益主体和模式的更新时机→更新时机最早的利益主体实施更新→形成利益分配格局→反馈修正更新制度"。"租差"的实现与分配是城市更新的关键。不同外部规制条件下，存在多种形式的"租差"实现路径和对"租差"的竞争合作关系。在工业文明背景下，资本出于逐利动机，活跃在"租差"较高的全面改造模式中，并迅速与政府、业主形成利益联盟。而整治修缮模式因为"租差"实现困难，资本流向与政策导向形成"错位"。生态文明时代重视城市空间的使用价值和日常生活的回归。因此需要通过细化产权束，创造新"租差"；授予再开发权，推动"微改造"；构建共同体，降低门槛值等方式，促进整治修缮模式的"租差"实现，引导资本服务人的空间需求，实现高质量发展，营造高品质生活，促进高效能治理。

二、土地综合开发模式研究

吴瑜燕（中国电建集团华东勘测设计研究院有限公司总工程师）："XOD＋PPP＋EPC综合开发模式"能实现城市土地的集约利用、综合开发、制度创新，助推中国特色新型城镇化持续健康发展。XOD模式是TOD模式的拓展，即以城市基础设施为导向的城市空间开发模式。PPP模式是公共基础设施建设中的一种项目合作模式，这种合作关系使得合作各方可以达到比预期单独行动更有利的结果。同时，在风险分担方面，由参与合作的各方共同承担责任和融资风险。EPC即工程总承包企业按照合同约定，承担工程项目的设计、采购、施工、试运行服务等工作，并对承包工程的质量、安全、工期、造价全面负责，强调和充分发挥设计在整个工程建设过程中的主导作用，有利于工程项目建设整体方案的不断优化，有效克服设计、采购、施工相互制约和相互脱节的矛盾。探索应用"XOD＋PPP＋EPC"城市发展模式，以城市基础设施和城市土地一体化开发利用为理念，提高城市土地资产的附加值和出让效益。创新融资方式，拓宽融资渠道，鼓励社会资本特别是民间资本积极进入城市基础设施建设领域，是对"创新、协调、绿色、开放、共享"五大理念的贯彻落实。实现城市土地经济效益、社会效益、生态效益三大效益的叠加和统一，不仅有利于形成多元化、可持续的资金投入机制，激发市场主体活力和发展潜力，整合社会资源，盘活存量、用好增量，调结构、补短板，提升经济增长动力，而且有利于加快转变政府职能，充分发挥市场机制作用，提升公共服务的供给质量和效率，实现公共利益最大化。

吕悦风、项铭涛、王梦婧（浙江大学公共管理学院博士研究生）：新冠肺炎疫情危机下城市在人员物资调配、公共服务覆盖、应急场所规划、社区综合管理等方面暴露出的一系列问题引发了公众对于城市安全的深刻反思。不同于传统意义上的自然灾害，以疫病为代表的"黑天鹅事件"不确定性更高、隐蔽性更大、传播范围更广、破坏能力更强，其特点决定了传统工程学思维下以被动防御为主旨的城市防灾减灾规划与安全管理模式已很难适应时代发展的迫切需要，以风险适应、自我调节、快速恢复为特征的城市韧性设计和应急管理手段逐渐成为城市公共安全治理的新兴范式。空间规划作为国土空间资源保护和利用的整体性谋划，是城市韧性实践的直接抓手。在理解国土空间治理语境下城市韧性安全规划的内涵定位时，有三点新特征需要特别予以把握：一是整体性。城市韧性安全的规划内容并非原气象灾害防治规划、地质灾害防治规划、人防规划等单项防灾规划的"简单加和"，而是由狭义城镇空间延伸至国土空间全域全要素的韧性安全综合布局与统筹安排。二是过程性。作为国土空间可持续发展的"一张蓝图"，本轮国土空间规划是一种对空间开发建设到利用保护的周期性管控，涉及城市安全的相应规划内容也需充分承载"时空覆盖"的传导任务，在韧性规划设计中充分体现"评估预警—应急处理—恢复适应"的全过程思维。三是实用性。在建设用地刚性约束与存量土地保障发展的空间利用原则下，本轮国土空间规划更强调空间资源要素的精细设计与优化配置。传统"圈规模""分指标"和"划组团"的城规工程设计方案不再适宜发展需要，城市生命线工程的精细化布局、城市剩余空间的功能再设计、低效用地的盘活利用、面向不确定性的战略留白等规划手段将成为城市韧性安全规划落地实践的重要途径。

甄延临、曹秀婷、王迎英、侯丽、侯松（浙江清华长三角研究院空间规划院教授级高级工程师）："健康城市"是从促进人与环境积极互动的视角出发，旨在提高城市韧性与人类健康福祉，而网络化健康空间是维持健康城市生态环境功能和健康社会环境再生产的重要保障要素和空间载体，以成网、成格的方式提供人们居住、活动的场所。相比于传统的公共空间，网络化健康空间具有多功能、多属性、多维度的特征。高质量、优环境的网络化健康空间体系不仅在新冠肺炎疫情期间能够起到生态隔离、安全保障的作用，而且在"后疫情"时期也具有绿色通行、休闲游憩等多种功能。健康空间体系是线性、网络、单元相结合的空间布局模式，对城市地域各类灾害起到防控、抵御、缓冲的作用。对网络化健康空间进行构建，可以提升城市环境在抗疫防灾中的应急能力，对保障人类健康具有重大意义。

彭瑶玲、黄芸璟、彭震宇（重庆市规划设计研究院副院长、总规划师、正高级工程师）：伴随着不断加快的城市化进程，城市空间不断更新与拓展，城市建设项目过度开发，城市建成区中具有不同功能的空间内部的人口活力开始出现短期波动性、时令波动性或长期性的空置、闲置现象。当拥有变为负担，而使用成为目的时，共享便成为优选。城市本身是为了满足共享需要而存在的：我们共享空间、街道、山和水，而共享的关键在于如何连接和驱动空间、资源和设施，以满足人们获取高品质的商品和服务，享受便捷完善的设施以及和谐宜居的环境。在当前服务设施不足、生态功能退化等问题突出，"城市病"普遍存在的大背景下，利用前沿科技，以错位的时间方式，促使原本只具有单一固定的功能空间在不同时段被不同的人群使用；智慧共享，助力城市补足设施短板，提高设施利用水平，改善人居环境。

三、轨道交通与城市发展研究

张纯（北京交通大学建筑与艺术学院副教授）：全球范围来看，基础设施建设成为拉动城市经济增长的引擎。尤其是轨道交通基础设施，不仅可以通过投资拉动经济，更可以通过提升区域与城市的可达性提升城市品质。从土地利用的视角来看，尽管有着TOD的良好愿望，但能够符合TOD最初理念的站点不多，在城市轨道交通周边进行开发，除了站点本身因素之外，还需要考虑轨道交通线路的区位、新城自身的吸引力、周边前期规划的条件等，是多因素综合复杂作用的结果。轨道交通系统的建设，从来都是一把双刃剑，规划者在提供"渠道"的同时并不能强制客流的方向。轨道交通也从来不是治疗城市交通问题的一副万能药——如果不结合城市功能和主要客流线分析，轨道交通的建设不但不能解决已有的问题，还可能使得已经存在的问题更加严重。研究轨道交通与城市发展协同规律，将有助于在理念上跳出轨道交通建设"唯里程论"的盲目性，在理论上指导轨道与城市两个系统在规模、时间和空间上动态调控、合理配合、有序发展。在方法上，建立一体化的指标集成体系，有利于实现两个系统之间的关键指标衔接，从而提升城市建设综合效益。在评价上，协同分析建设，将有益于识别轨道交通与城市发展之间的冲突和矛盾问题，改善综合城市交通基础设施服务水平。

夏海山、盛强（北京交通大学建筑与艺术学院教授、博士生导师）：轨道交通使城市空间实现了真正意义的结构变化，进入轨道交通时代，由单中心城市跨入多中心城市，作为城市核心空间及轨道交通换乘点的城市广场及地下空间，其城市职能也发生了很大的转变。大流量的公共交通将增强空间极化作用，城市空间的商务、商业集聚，以及承载市民活动、彰显城市文化，赋予城市主广场更复合的城市功能。因此，城市中心区公共空间需要以新的定位承载新的城市职能，适应更大规模人流集散，发挥更大的空间价值。城市地下空间的开发利用已成为当今世界城市发展的趋势，并成为衡量城市现代化的重要标志之一，尤其在我国广大城市建设地铁的热潮中，实现又好又快发展，推进资源节约型、环境友好型社会建设的历史阶段，加快城市地下空间开发利用，将具有更加突出的作用和广阔的前景。

蔡天抒、肖鹏飞、岳隽（深圳市城市规划设计研究院有限公司）：进入生态文明时代，城市系统更趋复杂，价值导向更趋多元，生产和生活对空间资源的需求升级。人的需求从解决基本"温饱"转向对"品质、特色、定制"的追求，对城市环境的要求从"高可达的交通区位""低成本的住房供给"衍生为"高效便捷的交通出行""充足均等的公共服务""优美独特的自然景观""包容创新的社会氛围"。作为城区通往郊区的铁路，市域轨道建设是适应地形地貌、聚合城市群经济、推动郊区城市化发展的重要举措。源于工业文明的传统TOD开发以经济优先、功能完善、设施现代为导向，追求空间的交换价值而忽视周边环境的品质效益，土地成为资产化、资本化的空间客体，而站点的使用主体——"人"的利益没有得到提高。顺应生态文明导向的"簇群城市TOD"模式，强调社会经济与生态环境协调发展，兼顾空间的交换价值与使用价值，明确公共服务设施（文教体卫）、自然资源（山水林田湖草）等"非生产性"要素对土地价值的导向作用，以创新、生态、文化等多元价值导向来提升站点地区的品质效益，以营造更好的人本体验来适应宜居环境的建设需求，为转型发展先行地区中等城市市域轨道站点周边的开发提供借鉴意义。

四、城市土地综合开发规划案例研究

郦仲华、陈金友、许敦莲、马戈（杭州市西站枢纽开发有限公司）：高铁枢纽作为高速铁路和城市联系的唯一通道，是城市融入区域铁路交通的重要节点，更是地区和城市承接高铁经济的重要载体。杭州西站枢纽应坚持"国际领先、世界一流"目标定位，以交通功能为主导，拥有智慧化、高效先进的换乘体系，同时融合商务服务功能、城市客厅功能以及都市驿站功能，通过一体化设计打造高科技、高复合、高品质的城市生活空间，将高铁的交通门与城市的生活门合而为一，实现交通综合体向城市综合体、"中途点"向"目的地"的双重转变。综合考虑地理环境、区域文化特征和产业功能定位等多方面因素，提出杭州西站枢纽地区的名称方案为"科创中心·未来之芯"。其中，站的定位：建设"国际领先、世界一流"新站点；城的定位：打造"站城一体、三生融合"新坐标；产的定位：催生"文化科技融合、现代未来共生"新极点。杭州西站高铁枢纽站城产一体化发展包括三个模式：①以枢纽站驱动高铁新城、新城产业发展的模式；②以高铁新城驱动枢纽站、新城产业发展的模式；③以新城产业驱动枢纽站、高铁新城发展的模式。杭州西站高铁枢纽站城产一体化发展坚持五大原则：①坚持以机场、港口、高速公路节点、高铁站等高速交通为导向的新型TOD模式（大TOD模式）；②坚持"PPP＋XOD"理念，即以城市经济、社会、生态三大类基础设施和城市土地一体化开发利用为理念；③坚持"高铁＋物业"开发模式；④坚持"极点带动、轴带支撑"；⑤坚持"站城产一体化"发展。

胡庆钢、张勇、陈伟明、陈奕等（浙江省城乡规划设计研究院）：大运河新城核心区作为杭州北部发展的战略重心，是杭州主城区内为数不多的集区位、文化、生态等多重优势且具备连片开发条件的战略区域，肩负着对接"双遗"文化、打造杭州世界级文化大走廊、联结整合"两廊一带"以及带动引领整个北部地区空间发展、产业创新的重大战略使命。应将大运河新城核心区整合运河文化、工业文化、半山文化，打造中国大运河文化带首要展示区和国际交流区；立足大城北地区，整合区域资源，推动建设大城北城市副中心和以运河为核心的中央活力区；重振城北产业，创造一个具有国际化视野和示范效应的创新智慧新区，使其成为区域产业转型的新标杆；重塑景观环境，打造集智慧城市、绿色交通、国际化设施于一体的滨水宜居新城。

对大运河新城核心区的规划，纵向通过大运河蓝色"绸带"联结、激活运河两岸，在保护现存历史文脉的基础上植入文化交流、文化展示与文化旅游功能，打造城北运河文化带；横向通过工业遗存棕色"锈带"及规划"绿轴"，整合构建"半山—杭钢—炼油厂运河"的空间序列，打造杭州最具代表性的工业年轮带。应重点打造五大战略：文化引领战略——"五彩绸带"计划，梳理整合区内文化遗产资源，构筑本区块文化走廊建设的核心骨架；大运河新城核心区城市产业振兴战略——"产业文化＋"计划；"运河之芯"计划，采取"一体两翼，内外圈层"的布局模式，将杭州城北城市副中心在运河两岸落地，打造城北文化旅游中心、商业商务中心与智慧科创中心；"北部畅行"计划——区内交通组织，打造"六纵四横"的道路总体格局；品质提升战略——"凤栖梧桐"计划。

田莉、姚之浩、郭旭、严雅琦等（清华大学建筑学院城市规划系教授、博士生导师）：在自下而上工业化发达的珠三角地区，城乡二元土地制度和自下而上的农村工业化进程形塑了半城市化地区产业低端、环境污染、土地低效锁定的物质空间。大规模的旧村庄、集体产业用地与国有权属的旧工业、旧城镇在空间上夹杂相嵌，高度碎片化。伴随着城市蔓延扩张，新增建设用地指标的日益紧缺，通过存量用地再开发来实现城乡空间的高质量发展势在必行。"广州番禺区城乡更新总体规划",借助研究团队长期以来研发的"土地产权视角下的半城市化地区城乡空间分析理论平台",并应用其在半城市化地区"特征与效益测度技术＋规划方法优化技术＋土地利用优化与空间治理技术"对番禺区"三旧"（旧城、旧村、旧厂，含1677个图斑，6052公顷用地）布局的特点进行了分析，对改造主体意愿进行充分调研，在此基础上提出了多维度的城乡更新方案，对规划方法进行了优化，为番禺推进城乡更新工作提供了基础与依据。基于番禺城乡更新总体规划的研究，从规划理论建构、规划技术方法、规划政策工具和存量空间治理四方面提出实现半城市化地区可持续、包容性更新的创新思路：

（1）理论建构创新：构建半城市化地区城乡空间整合，土地集约利用与提质增效的理论框架；

（2）技术方法创新："利益主体意愿调查＋用地适宜性评价＋规划导向"＋"方案情景预测"的规划路线与方法；

（3）政策工具创新："空间政策区划方法→空间调控导则→土地开发权空间转移"的空间政策；

（4）治理模式创新：从"权威型"到"合作型"的存量用地空间治理模式转型。

《城市土地立体化开发利用法律调控规制》

王权典　欧仁山　吕　翾

华南农业大学广东新型城镇化法治研究中心

随着现代城市规划空间发展模式由"增量扩张"向"存量优化"的转型，综合利用空间是城市可持续发展的迫切需要。在土地空间资源有限与城市建设需求之间矛盾日益激烈的背景下，实现存量优化的重要两极即由地上向地下要发展空间。土地立体化利用空间将成为现代化城市发展的新型乃至战略性资源，其利用形态越来越多，法责关系则趋于复杂化。

第十届钱学森城市学金奖城市土地与住房平台金奖获奖作品为广东省法学会华南农业大学新型城镇化法治研究中心基地学者王权典、欧仁山、吕翾合著的《城市土地立体化开发利用法律调控规则》（法律出版社出版，2017年）。本著作是结合深圳前海综合交通枢纽建设中土地立体化开发利用法律问题的研究项目，从创新国土资源综合利用与规范治理的前沿视角，为配合深圳建设中国特色社会主义先行示范区暨大湾区核心区建设服务尝试一种法律制度的诠释探索。本著作作为课题研究成果，结合前海深港合作区的战略定位和发展方针，抓住其作为深圳土地制度改革重点实验区的机遇，探索科学的差别化供地新模式与资本运行机制。深圳前海综合交通枢纽及上盖物业项目位于前海深港合作区桂湾片区西侧，是整个前海地区的核心区域。它将建成为前海地区乃至深圳西部最重要的轨道交通枢纽，承担强化区域联系、整合港深优势资源的纽带作用。

土地立体化利用须以健全的空间权法律制度为保障，加快土地空间立体化利用法律规制建设，是土地法制建设的重要内容和迫切任务。当前我国土地空间开发利用法制建设滞后，不能适应现实发展的需要。根据"急用先立"的原则，从亟待研究解决的现实问题入手，构思完善立法创制框架。其基本思路是：首先以确立空间权为基础，在明晰空间权属及权责关系的基础上，结合地表开发利用既有的法制框架，首要解决规划联通问题；其次要解决"预留设计""应急加固"及"动态防护"的协调机制问题；最后要解决空间开发利用法律关系协调的机制障碍问题。在立法创制领域要体现三个改进：一是立法层面的系统规制，使建设用地分层使用凸显系统规范指引的意义；二是鉴于建设用地分层使用权表现为同一平面空间的横向分层设立，故而明确其适用范围；三是考虑到土地立体化分层利用的时序问题，需要明确建设用地分层设权原则以及权责协调、确权与变更等基本原则。

本著作在于明晰深圳前海以综合交通枢纽及上盖物业项目为基点的土地空间立体化利用诸法律关系的调整规则，围绕着空间权能的依法保障与有效实现的主旨，涉及土地立体化利用中建设用地分层利用设权、宗地划分、开发时序安排、权责协调以及确权登记等基本规则，基于实践探索的经验认识与前瞻性判断，提出贯彻《物权法》《规划法》等相关法则的落实途径、衔接方式及配套规制的建议，重在梳理城市土地空间立体化利用中的权责关系，明确监管权力运作规制及权利保障机制，凸显创制的示范意义。

本著作研究的基本范畴包括：①立体化利用空间的法律属性及其表达；②土地空间立体化利用涉及空间权利类型及运作秩序构建（权利冲突与协调问题）；③土地空间立体化利用的宗地划分、开发时序、空间征收规则；④基于类型化的土地空间权利取得方式与用途、年期、开发指标等确定的具体规则；⑤适应渐进式特征的土地立体化开发合同内容安排与争议解决机制；⑥空间权利登记的对象、方法、效力、程序等，尤其是特殊对象（地铁）的空间权利登记规则；⑦空间权利变更、消灭及续期的参照规则。

同时，本著作就十五个主要相关实践问题进行分析及提出相应的法律规制建议。①关于地下空间的基本权属关系。地下空间的基本权属关系主要包括地下空间所有权、使用权与地下建筑物的所有权，相邻关系，公共利益与私人权利之间的关系等。②关于地下空间开发利用规划编制管理。对于规划编制的管理应做好以下工作：协调编制地下空间利用总体规划与专项规划为先；分层明确地下空间利用的权属关系及其界限；构建完善地下空间利用的指引规制；依法明确地下空间利用管理体制，完善地下空间利用规划管理制度，强化规划统筹指引等。③关于空间建设用地使用权出让管理程序设计。空间建设用地使用权出让审批程序应有特别的设计：一是增加"地质勘察"作为空间建设用地使用权审批的前置程序；二是编制较为详细的城市建设规划；三是将"申请建设用地规划许可证"和"签订空间建设用地使用权出让合同"两个程序对调。④关于空间建设用地使用权的取得方式、使用年限及出让金。一般取得方式包括：符合《划拨用地目录》的地下空间建设项目，其建设用地使用权取得可依法采用划拨方式，而经营性地下空间开发建设则需采用招标、拍卖、挂牌等方式。此外，在符合有关规定的情况下，还可以采用协议出让、租赁等方式。至于出让金，对于采用有偿方式出让的地下空间建设用地使用权，通常根据其所在地块相应用途的基准地价折算，按楼面地价的一定比例收取出让金。就使用年限而言，地下空间建设用地使用权出让年限根据法定用途而定，但不得超过相同用途的地表建设用地使用权出让年限。⑤关于空间建设用地使用权登记制度。空间建设用地使用权的登记参照普通建设用地使用权的规定，其登记的具体内容包括登记权利主体、权属性质、类型、取得时间和使用期限等内容，但空间建设用地使用权与普通建设用地使用权的客体不同，前者的客体是空间，其登记不仅需要明确水平范围，也要明确空间范围。⑥关于地表使用权人开发地下空间的优先权问题。通过创制化解同一宗土地分层设立建设用地使用权并存的矛盾：一是赋予在先建设用地使用权人优先权；二是适用相邻关系的法律原则；三是设立地役权；四是依法主张侵权责任，要求对方赔偿损失或者恢复原状。⑦关于土地空间开发利用的合同（契约）关系。土地空间开发利用所涉及的土地出让、投融资建设、地铁线站等公共设施建设暨项目特许经营、分层设立建设用地使用权、立体式相邻关系、空间役权设立等诸多权责问题，需要创建相关监管规制或者契约规则加以协调。⑧关于城市综合体建设用地范围的确定。应遵循如下原则：有据可查，尊重历史事实，权利平等，公平合理，依时序开发，不留纠纷，适当调整，重叠最大外围边界。⑨关于地下空间土地面积的分摊方法。应区分多层单一用途和多层多用途的土地面积分摊两种情形。⑩关于土地分摊下空间价值的评估。对于分层建设用地使用权的价值评估，一般执行的是城镇土地估价规程，评估方法主要有市场比较法、收益还原法、成本逼近法、剩余法以及基准地价系数修正法等。⑪关于立体化利用的宗地划分。土地分宗基本上按照地上建筑物的土地分宗、空中建筑物的土地分宗、地下建筑物的土地分宗三类组织。建筑物分宗的土地基本可按照按份共有和共同共有两类组织。⑫关于土地立体化利用开发时序安排。城市空间开发将时间作为一个变量融入三维规划，形成包括用地面积（用地长度和宽度）、开发高度、开发现金流量配置和时序在内的有机整体。⑬关于空间开发建设用地政策扶持。各地政府根据实际给予一定的低赋税及使用费减免的优惠政策。⑭关于土地立体化利用空间征收补偿问题。土地空间征收补偿原则一般包括完全补偿说和相当补偿说以及折中说三种。⑮空间权利变更、消灭及续期规则。鉴于空间建设用地使用权在物权变更问题上与普通建设用地使用权基本相同，因而可适用有关建设用地使用权变更的一般规定，但二者就权利的取得与消灭存在某些差异。

本著作就土地立体化利用空间法律规制问题研究，广泛搜集相关文献及材料信息，运用系统研究方法，将理论结合区域实际及域外实证进行比照分析。结合前海深港合作区的战略定位和现代服务业发展要求，充分发挥其体制机制的优势，抓住其作为深圳土地管理制度改革重要实验区的机遇，探索科学规范的差别化供地新模式与土地资产资本运作机制，在实现高质量发展水平上推进节约集约用地，强化市场调控的有效性，为深港合作区建设和现代服务业创新发展提供基础资源保障。

2020 "城市土地与住房问题"
西湖城市学金奖优秀金点子

杭州国际城市学研究中心
浙江省城市治理研究中心

一、"管家＋平台"模式—后疫情时代物业服务质量提升

主要举措： 物业体系在抗击新冠肺炎疫情的过程中起到了巨大的作用，而在此次抗击新冠肺炎疫情的过程中也暴露出物业人手不足等问题。其主要矛盾在于目前物业服务与居民日益增长的个性化服务需求之间的不匹配。传统模式的物业主要包括安保职能和保洁职能，与目前疫情防控要求下的细致管理差距较大。从住户角度看，目前杭州大多数社区物业服务并不能满足住户的多样需求；从物业公司角度看，目前仅靠物业管理费的收入并不能支持多样化服务的提供；而从政府角度来看，政府希望物业能在疫情大背景下提供更好的服务，担负起社区传染病防护问题，同时也希望给予途径进行政策支持。此次疫情持续时间久，人们被迫在家隔离，被动享受了网络购物、物流快递的便利。因此，在很长一段时间内，消费习惯会保持惯性，继续网络消费的模式。为了维护这种消费模式转变，推动我国网络新经济的发展，各类平台的作用至关重要。基于上述，建议建立"管家＋平台"的物业模式，为多位住户安排一位专门的管家，构建专门的物业服务平台并提供的一系列服务。具体而言，管家应当关注于提升住户生活品质和满足个性化需求，平台则应与城市现有物流系统互补，关注于农副食品、蔬菜和奶制品的运输。管家服务方面：①以单元或居住范围为标准，为多户人家设立"管家"职位。②管家作为物业与住户间的沟通纽带，需要了解每一位住户，是日常物业矛盾、邻里纠纷的调解员。③管家可以有偿提供个性化服务，特别是"独居老人""吃药提醒"等特殊服务。平台建设方面：①物业平台提供标准化疫情防控工作。②物业平台与生鲜物流如天猫、盒马等合作，进行更精细化的配送服务。③物流平台与快递服务对接，管理好"快递乱"的最后一步。④与美丽乡村建设对接，让城市居民享受优质新鲜的农产品，让乡村居民分享城市发展经济果实。

创新之处： "管家＋平台"模式是社区适应未来智慧城市发展的方式，也填补了物流网的最后

一步。物业服务质量低下是目前众多小区面临的现实问题，"管家"模式可以大大提升物业服务质量，并拥有正向的外部性；"平台"模式将现有的物流体系、防疫工作和农产品物流对接，可以大大提升各方工作效率。

预期效果： "管家＋平台"模式不但可以有效调整社区邻里关系，协调小区内部氛围，而且可以大大提高物业服务质量，提升小区居住体验。在一些特殊问题上，如老年人问题，该模式可以提供个性化服务，有利于提高老年人居住安全，及时排除安全隐患等。

（作者：陈思博）

二、构建我国智慧社区大数据新法律保护法条

主要举措： 我国智慧城市建设的不断推进，智慧社区的运用将产生大量的数据信息，这些数据信息事关智慧社区居民生活的方方面面。如果数据存放在基层一般数据管理人员手中，若是有人将其盗卖或是发布到网络中，将可能形成我国居民公共信息安全领域的灾难。此外，我国存在大数据信息的多级市场盗卖现象，这使得每一个智慧社区的居民都成为透明人，居民经常收到网络诈骗及非法营销推广的内容。为此，我国在发展智慧社区时，要加快对信息数据的法律保护的细化，要严打一切盗卖数据信息的人群和行为，特别是涉及智慧社区数据信息，要建立严格的智慧社区数据信息非法转入其他产业及其他人群的从严处罚机制。当然，笔者认为，未来我国智慧社区建设必将继续升级，可考虑实施云数据运用与管理、存储的方式，实现集中以区县为单位进行数据管理，而不以单个智慧社区进行管理，这样才可有效保障智慧社区信息数据不被大量盗卖或是流出，从而避免智慧社区数据危机。当前，我国智慧社区系统管理还没有达到以区县为单位建立服务器来管理的条件，还在试点中，因此，需要建立健全相应的法律法规，以保护智慧社区大数据的安全，防止信息被盗卖、被窃取。

创新之处： 加强我国智慧社区信息数据的法律条款保障，并真正由公安及相应的单位执行，严打智慧社区信息数据违法犯罪人员，从而保障智慧社区居民信息安全和公共安全，也为未来大规模实施智慧社区建设打下法律保障基础，并以进一步构建相应的法律骨干体系内容等。

预期效果： 加强智慧社区信息数据的法律保障，降低未来不法分子利用智慧社区数据违法犯罪的可能性，同时也有效防止我国基层居民数据流入海外。这不但可以减少国外敌对势力利用我国智慧社区数据研究制造相应的有害产品来危害我国智慧社区居民的可能性，而且也可以较早地建立数据信息保护法律条款以实现法治保障。

（作者：刘明朗）

深化医药卫生体制改革
加强基层公共卫生体系建设

滕建荣

杭州市卫生健康委员会一级巡视员

由于工业化、城镇化、人口老龄化及疾病谱、生态环境、生活方式不断发生变化，我国仍然面临多重疾病威胁并存、多种健康影响因素交织的复杂局面，我们既要面对发达国家遇到过的卫生与健康问题，也要面对发展中国家面临的卫生与健康问题。医改要解决的根本问题，就是要改造和完善现有的医疗卫生服务体系，从"以治病为中心"转向"以健康为中心"。因此，医改是实现健康中国战略的核心动力。

一、关于公共卫生

公共卫生是全社会的公私机构、大小社群以及所有个人通过有组织的努力与有根据的选择，来预防疾病，延长寿命并促进健康的科学与技术。

（1）公共卫生的使命在于：①疾病未发生时如何预防；②疾病已经发生时如何尽早发现、尽早治疗、尽快康复；③无论是否发生疾病，如何提高生命每一天的质量。

（2）公共卫生所有的实践都要有科学证据的支持，其证据从公共卫生研究来的角度来看，来源于对疾病的认知和对危险因素的判断。

（3）公共卫生强调全社会群体作战，必定需要一支强劲的队伍。公共卫生首先要基于流行病学工作者对危险因素的识别，还要求政府、临床医生等社会各界对危险因素的有效控制，更有赖于群体中每一个人正确调整自己的思想和行为。

二、关于基层公共卫生体系

以健康为中心，县域医疗卫生十分重要，中国70.9%的人口在县域，其中只有10%得大病的患者需要到城市医院就医，90%基本健康人群需要的是预防保健。但是，县域内医疗资源不均衡、难下沉的状况，无法适应以人民健康为中心的需要。

基层医生（农村和社区医生）并不需要诊断大量疾病，他们更重要的工作，第一是要对日常疾病做出准确的诊断；第二是分诊，判断哪些疾病要立即上传；第三是慢病管理；第四是承担康复职能。但是这个体系还未完全建立。

新冠肺炎疫情发生后，医疗资源的总量和结构的矛盾非常突出。三级医院主要是支援疫区，二级医院担任常规的医疗和防控工作，恰恰是社区的服务中心维系了最普通的、常规的、必需的基本医疗服务。三级医疗体系和三级防控体系一个非常好的交汇点就在基层，即社区和农村。因此，基层公共卫生服务体系的建设需放在十分重要和迫切的地位。

目前，大医院和基层医疗机构的矛盾：一是目前大医院和基层是割裂的、没有协调的，甚至是竞争的关系；二是在整个医疗系统内，大家还是认为在大医院担任专科医生更有地位、更有前途。社会怎么给基层医生定位非常重要。仅靠医保报销比例杠杆来解决分级诊疗问题，效果非常有限。中国进行医改决策及整个医疗系统行业内的专业人士，都应来重新研究不同医务人员的社会定位问题。

目前中国的大医院病源最多、医生最受尊重，就会形成虹吸效应。未来五到十年内，中国能否通过综合医改，让患者愿意首诊选择家庭医生，再通过家庭医生的转诊，让病人去合适层级的医疗机构接受适当的诊疗，是影响未来中国医改成效的关键。

这次抗击新冠肺炎疫情的经验再次证明，公共卫生的本质就是要从人群的健康出发，做好健康教育、预防、分级诊疗、康复等，而不是看医保基金的流向、服务量等。医改真正的目标是积极正确建立以预防为主的国家公共卫生防御体系。

理论和实践都得出加强基层公共卫生体系建设重要性和必要性的结论。在这个过程中，要考虑大医院的职能和角色转型，要逐步让CDC在医共体建设中担任主角。在购买医保服务时，要把健康指标纳入，也应把患病率、人均预期寿命等指标纳入医共体、医联体之中。要明确医保购买的是整个区域内人群健康水平的提高，而不是医疗机构服务量的增加。

三、值得关注的几个问题

（1）思想认识层面：一是要重心下移，关口前移，县乡融合；二是要乡村一体，三医联动，六医统筹。

（2）政策引导到位：要进一步改革医保支付方式，调整医疗服务价格，落实公益性财政投入，完善绩效评价体系等。

（3）深度整合融合：要实现从"机构整合"到"内部融合"（县、乡、村，医疗机构＋CDC）的转变、从"管理同源"到"服务同质"的转变，实现思想同心同框、目标同心同向、行动同心同行。

（4）基层能力提升：要围绕治疗疾病向健康管理提升能力进行转变，通过CDC＋临床医学等的协同，管理好签约居民，做好慢病管理、健康管理、医防协同等。

（5）强化互联互通：利用智慧健康信息化，实现人机＋人际结合的动态监控的健康管理和疾病管理。

（6）释放改革红利：要高度重视并统筹协调增量与存量、改革与发展、供给与需求、短板与高峰等重要关系。

健康医疗大数据助力健康中国建设

吴息凤

浙江大学公共卫生学院院长

浙大健康医疗大数据国家研究院院长

党的十九届五中全会提出"四个面向",首次强调了"面向人民生命健康"。"互联网＋"、生命健康、新材料是浙江的三大科创高地。浙江把健康置于优先发展战略地位,全面实施"大健康"战略,强化"三医"联动改革、"六医"统筹发展,高质量高水平建设健康浙江,打造健康中国省域示范区。其中,"数字健康"是未来健康的主要形态,是习总书记寄予高度厚望的浙江"重要窗口"建设的关键内容。

一、公共卫生学科内涵和外延已发生颠覆性改变

当前,公共卫生学科内涵和外延已发生颠覆性改变。公共卫生的内涵,已从预防疾病,逐渐延伸到遗传咨询、循证健康生活建议、政策建议、健康城市、针对性筛查、针对性干预、早筛早诊早治、精准治疗、治疗反应评估、促进康复等。

公共卫生的功能,已经从保障生命健康,逐步延伸到经济、政策、安全等社会发展的各个领域。比如在本次疫情防控中,"传统公卫＋数智化"的"新公卫"为快速控制疫情、助力经济复苏、社会安全和稳定做出了巨大贡献,尤其是公共卫生的"经济功能"不断得到彰显。公共卫生从行业性、小专业为特征,向大国计、大民生的大学科、大专业转变。

二、大数据在疫情防控中的作用

在疫情防控中,大数据主要在疫情传播主动追踪、防疫物资智能调配、分区分级精密智控、医疗救治提质增效和疫情趋势精准预测等方面发挥重要作用。

比如说,我们可以利用大数据构建精准疫情传播预警预测模型,以此预测新型冠状病毒新增确诊人数和累计确诊人数变化趋势等,估计随时间变化的基本再生数,预测人员流动对疫情扩散的影

响，预测不同防控措施对新增确诊人数和累计确诊人数变化趋势的影响，预测新确诊变化率的变化趋势，新型冠状病毒肺炎预警及风险评估模型的构建，并开展复工复学建议、短期疫情发展趋势评估、疫情防控举措评估等工作，量化不同国家输入病例的可能性，针对不同国家地区的来华旅客制定精准的防控政策，多维度助力疫情防控。

三、大数据在慢性病防控中的作用

当前，中国的慢性病患病率已达23%，死亡率已占全部死因的86%，平均每年新增慢性病接近2倍。当前国内外癌症的形势不容乐观。根据中国卫生和计划生育统计年鉴，恶性肿瘤已成为威胁我国人民生命健康的首要原因，过去14年间我国肿瘤的发病人数增加了130.6%。

目前，国际公认的发展数据赋能公共卫生的做法，是建立超大型前瞻性人群队列。预防的关键在于识别危险因素并采取干预措施，这也是队列研究的主要目的之一。

第一，建立标准化的大数据库和大样本库平台。首先整合社区信息、个人信息和基因分子信息。然后利用数据挖掘和机器学习，探索新的疾病生物标志物，为预防介入、筛检、诊断和预测服务；发现和验证可改变的疾病危险因素，为公共卫生政策实施和循证干预服务；建立临床决策支持人工智能工具，为风险分层、针对性筛查、诊断准确性、精准治疗和治疗反应评估等服务。最终实现疾病的精准预测、预防和治疗。

第二，研究可改变的致病危险因素。我们将研究饮食、运动等可改变的致病危险因素，为公共卫生政策实施和循证干预服务。

第三，建立疾病生物标志物以及临床检测平台。在大数据基础上，利用基因型、表现型和整体组学的技术平台，挖掘新型生物标志物，服务于肿瘤的预防、筛检、诊断和治疗。预期成果是人工智能和生物检测相结合的试剂盒。

第四，构建疾病临床决策及医学人工智能平台。利用风险预测AI工具进行个体化风险预测、预防/干预措施、询证筛查、临床决策，回答患病的风险是多少、哪些方法可降低患病风险、如何筛查最适合我、什么是最适合我的治疗方案等问题。

第五，构建"互联网＋医保"的慢病管理平台。通过大数据进行公共政策评估、医疗服务评价等，助力提升医保质量，助力智慧家庭医生打造，服务于智能化未来社区建设。

第六，服务于健康城市研究。通过对城市规划与设计，结合地理信息系统（GIS）、5G技术和卫星，获取人口流动、绿地面积与公园、超市、医院等资源的距离，以及各类污染的水平等数据。结合健康医疗和生物大数据，通过建立大数据库大样本库、寻找可改变的危险因素、挖掘临床生物标志物，以及整合多层次因素的预测模型，来精准地预测、预警、预防、管理和治疗与城市建成环境相关的疾病，降低这些疾病的发生概率和促进公众健康，从而创造更加健康的城市环境，引导人们选择健康的生活方式。

基层、基础、基本保障之杭州实践

徐 玮

杭州市医疗保障局副局长

慢性病如心脑血管疾病、糖尿病、恶性肿瘤、慢性阻塞性肺部疾病、精神疾病等，虽不构成传染，但因为长期累计已形成疾病形态的损害。慢性病会导致巨大危害，一旦防治不及时，会造成经济、生命等方面的危害。基层医疗机构是基本医疗服务的重要提供者，也是基本医疗保障的坚定合作者。

一、杭州市基本医疗保障制度改革历程

杭州市的城镇职工基本医疗保险制度改革起步于2001年4月，2003年开展新型农村合作医疗试点工作和医疗救助工作，2007年实施城镇居民大病住院基本医疗保险办法。2007年年底，出台《杭州市基本医疗保障办法》，整合了前期单独运行的各项医疗保障制度，归并了管理职能，使各项医疗保障政策能有效衔接，基本保障较为公平，基金风险基本可控，日常服务管理更加高效。《杭州市基本医疗保障办法》在2010年、2013年、2017年得到进一步修订完善。城乡统筹、全民覆盖，以基本医疗保险为主体、大病保险为延伸、医疗救助为托底的多层次医疗保障制度体系已基本建立。

截至2020年9月底，全市医疗保险参保人数达1057.60万人（含职工医保700.46万人，城乡居民医保357.14万人），其中市区参保人数884.19万人（含职工医保628.25万人，城乡居民医保255.94万人）。户籍人口参保率维持在99%以上，基本实现在杭工作、学习、生活的人"人人享有基本医疗保障"。杭州正建立完善包括职工基本医疗保险、城乡居民基本医疗保险、大病保险、医疗困难救助和生育保险在内的多层次医疗保障体系。

从报销比例来看，杭州通过降低起付标准、提高报销比例、优化慢病管理等途径，以及促进基层签约服务、引导基层首诊机制、建立有序就诊秩序、购买更有价值服务来支持基层机构发展，从而有效引导分级诊疗，构建有序就医新秩序。

此外，杭州通过互联网技术，实现远程会诊、双向转诊子平台、移动服务子平台、医养护综合

信息服务平台、医保结算平台、医疗康复护理评估系统等平台、系统的互联互通，进而连通了医、保、患。通过患者在不同医疗机构、药店的各种服务结算信息，建立了以人为中心的诊疗信息，然后将诊疗信息反馈给卫健系统的居民健康档案，助力建立了动态的电子化健康档案，等等。

二、充分发展医保在疫情防控中的支撑性作用

一是保障参保人员医保待遇。动态调整医疗保障范围，及时明确费用保障政策，延长医疗费用报销时间，积极引导不见面办事。

二是减少人群积聚降低交叉感染风险，方便参保群众就医配药。开放长处方服务，提供"无卡"非现场结算服务，开通家庭医生"互联网＋医疗"服务。

三是全力支持医疗救治。及时审核拨付定点医药机构的医疗费用，为新冠肺炎诊治定点医疗机构提供周转资金，及时做好一线医务人员的基本医疗保障服务。

四是协同作战联防联控。加强对定点医药机构的政策宣教，开通药品耗材招采绿色通道，协同做好疫情防控的监测预警工作。

五是助力企业复工复产。减征并允许困难企业缓缴医疗保险费。

三、开放长处方、"互联网＋医疗"，便利慢病患者，解放家庭医生

（一）建立健全慢性病病种管理制度

根据"疾病诊断明确、病情稳定、需要持续用药、社区慢病管理依从性好"的原则，暂将高血压、糖尿病、阿尔茨海默病、高脂血症、骨质疏松症、慢性肝炎等17种疾病纳入我市慢性病门诊管理范围。今后根据我市疾病谱变化情况和慢性病管理实际，市人力社保局再会同市卫计委对慢性病病种进行适时调整。

（二）规范慢性病长期处方管理

慢性病服务管理与社区卫生服务签约服务工作相结合。我市基本医疗保险协议定点范围内的社区卫生服务机构，可以根据慢性病诊疗规范和参保人员的需求，在确保安全有效的前提下，由签约家庭医生为在本社区卫生服务机构签约的且患有上述慢性病的本市基本医疗保险参保人员开具慢性病长期处方，一次处方医保用药量可根据病情需要最多放宽至12周。

（三）加强慢性病长期处方调剂配送管理

患者可根据本人意愿选择在开具处方的定点医疗机构配取慢性病药品，也可向处方医生提出在本市定点零售药店调配慢性病药品，定点医疗机构和定点零售药店应认真做好处方调剂工作。患者有药品配送需求的，也可与相关医药机构协商配送物流事宜。提供配送服务的医药机构，应确保药品配送工作安全及时。

中国城市学年会·2020
"城市卫生健康问题"论坛专家观点集萃

杭州国际城市学研究中心
浙江省城市治理研究中心

2020年11月8日，由杭州国际城市学研究中心（浙江省城市治理研究中心）主办的"中国城市学年会·2020"城市卫生健康问题主题论坛在杭州城研中心大楼召开。本次论坛主题为"深化医药卫生体制改革，加强基层公共卫生体系建设"，聚焦医药卫生体制改革与基层公共卫生体系建设。浙江省政协教科卫体委副主任，浙江树人大学校长李鲁，浙江省人民政府参事、浙江省预防医学会会长叶真，浙江医科大学原副校长余海，中华医学会健康管理学分会主任委员郭清，浙江大学公共卫生学院院长、浙江大学健康医疗大数据国家研究院院长吴息凤，复旦大学公共卫生学院党委书记罗力，浙江大学社会治理研究院首席专家顾昕，杭州市卫生健康委员会一级巡视员滕建荣，镇江市高等专科学校党委书记林枫，杭州市医疗保障局副局长徐玮，广东外语外贸大学法学院院长陈云良，首都卫生管理与政策研究基地首席专家王亚东等参加论坛。现将会议研讨成果综述如下。

一、公共卫生的内涵与外延

吴息凤（浙江大学公共卫生学院院长）：当前，公共卫生学科内涵和外延已发生颠覆性改变。公共卫生的内涵，已从预防疾病，逐渐延伸到遗传咨询、循证健康生活建议、政策建议、健康城市、针对性筛查、针对性干预、早筛早诊早治、精准治疗、治疗反应评估、促进康复等。

公共卫生的功能，已经从保障生命健康，逐步延伸到经济、政策、安全等社会发展的各个领域。比如在本次疫情防控中，"传统公卫＋数智化"的"新公卫"为快速控制疫情、助力经济复苏、社会安全和稳定做出了巨大贡献，尤其是公共卫生的"经济功能"不断彰显。公共卫生从行业性、小专业为特征，向大国计、大民生的大学科、大专业转变。

滕建荣（杭州市卫生健康委员会一级巡视员）：公共卫生是全社会的公私机构、大小社群以及所有个人通过有组织的努力与有根据的选择，来预防疾病，延长寿命并促进健康的科学与技术。其使命在于：一是疾病未发生时如何预防；二是疾病已经发生时如何尽早发现，尽早治疗，尽快康复；三是无论是否发生疾病，如何提高生命每一天的质量。

二、基层公共卫生体系的优化路径

罗力（复旦大学公共卫生学院党委书记）：加强公共卫生体系建设，从战略层面看，有两条道路：一是坚持"养兵千日，用兵一时"理念，即全额预算，高薪精兵。这一体系构建需要依靠财政保住高精尖的技术力量，同时必须兜住"网底"，以加强政府购买、匹配有效绩效考核的方式，让顶层的高精尖力量能够为"网底"服务，从而支撑国家、省、市、县区四级疾病预防控制体系。二是坚持"自力更生，平战结合"理念，即差额预算，绩效考核。这一体系构建需要靠自己，通过在科研服务、检测服务、健康服务等方面改革，如防疫专项可列支劳务费、疾控中心可提供收费的检查服务项目、公共卫生执业医生具有处方权等，鼓励自力更生，做好经济补偿。

林枫（镇江市高等专科学校党委书记）：在深化医药卫生体制改革过程中，加强基层公共卫生体系建设必须高度关注"七化"，即一体化、标准化、网格化、人本化、协同化、智能化、全民化。一体化，要搭建横纵向一体化的区域健康服务共同体；标准化，要高度关注全科医生、护理、公卫等适用性人才配置等的标准化；网格化，要通过家庭健康责任团队、初级卫生保健签约服务、三位一体疾病防治模式等创新医疗卫生健康服务模式；人本化，即根据病人需求进行分级诊疗，完善整合型连续健康服务；协同化，要从各个方面共同发力，完善部门联动政策保障体系；智能化，即促进互联互通，大力推进"互联网＋卫生健康"；全民化，要深入开展新时期爱国卫生运动。

三、常态化疫情防控背景下，如何坚持以预防为主

郭清（中华医学会健康管理学分会主任委员）：常态化疫情防控背景下，必须加强公众健康管理。不管是急性传染病流行，还是慢性非传染性疾病蔓延，究其原因是人们生活方式和行为出了问题。因此，一是对外要加强防护，即勤洗手、正确洗手；避免飞沫传播，正确佩戴医用外科口罩；打喷嚏或咳嗽，触摸公共物品时，使用纸巾；不去人多且封闭的场所；保持室内空气流通，开窗通风；不握手（拱手作揖）；使用公筷公勺。二是对内要提升免疫力，即多喝水，睡眠足，好心情，健康饮食，适量运动，戒烟限酒，晒太阳。要坚持健康管理理念，全面推动从环境卫生治理向全面社会健康管理转变。

王亚东（首都卫生管理与政策研究基地首席专家）：突发公共卫生事件的应对，需要公众的支持与配合，而公众的卫生应急素养，往往起到关键作用。卫生应急素养，表现在公众平时的风险意识、事前的充分准备、事发时的从容应对、良好秩序、对专业措施的高度依从等，直接影响到卫生应急的结果。从突发公共卫生事件应对、长远预防等方面看，全面提升公众卫生应急素养具有重大意义

和现实迫切性。卫生应急素养，从"知"开始。

四、加强公共卫生体系建设需要关注的几个重点问题

徐玮（杭州市医疗保障局副局长）：在疫情防控中，杭州市医保在保障参保人员医保待遇、减少人群积聚降低交叉感染风险、方便参保群众就医配药、全力支持医疗救治、协同作战联防联控、助力企业复工复产等方面发挥了积极的支撑性作用。基层医疗机构是基本医疗服务的重要提供者，也是基本医疗保障的坚定合作者。基本医保的重点是从完善政策、优化服务、强化管理等方面促进基层签约，引导基层首诊，建立有序的就医秩序，不断创新医保的"社会治理"理念，深化支付制度改革，用机制的力量购买更有价值的医疗服务。

陈云良（广东外语外贸大学法学院院长）：必须强化公共卫生法治保障，坚持法治化和科学化。疫情初期暴露出的一些不合理、不合法的现象，最突出的问题是医疗机构及专业医生的疫情信息报告没有引起高度重视，医学专家的专业意见、科学家的判断在地方政府的防控疫情决策过程中没有发挥作用，科学决策机制失灵。关于谁能"吹哨"，公民可以在不被追责的前提下向任意机关反映疫情相关信息，但向社会的公开应由专业人士正式发布。

顾昕（浙江大学社会治理研究院首席专家）：加强公共卫生体系建设，需要引入社会治理的理念，加强公共卫生治理能力，让社群机制在社会管理中发挥基础性作用。推动公共卫生治理变革，必须高度关注并妥善处理五对关系，即公共卫生与疾病治疗的关系、公共卫生与健康保险的关系、公共卫生服务与公共卫生教育的关系、专业判断与行政力量的关系。

2020 "城市卫生健康问题"
钱学森城市学金奖获奖作品综述

杭州国际城市学研究中心
浙江省城市治理研究中心

新型冠状病毒疫情是对国家治理体系和治理能力的一次大考。后疫情时代，为进一步贯彻落实"以基层为重点"的卫生与健康工作方针，加强社区健康服务，激发健康细胞活力，以点带面助推健康城市、健康中国建设，自2020年3月起，杭州国际城市学研究中心以"后疫情时代社区健康服务"为主题，开展了第十届"钱学森城市学金奖"征集评选活动。征集评选活动共收到国内外参评作品208篇（部）。经过初选、初评、通讯评审、集中评审等评选程序，2020年11月7日召开的第十届"钱学森城市学金奖"专家评审会，评选产生了"钱学森城市学金奖"作品1篇，"钱学森城市学金奖"提名奖作品10篇。现将部分优秀成果的主要观点综述如下。

一、推动政府对医疗卫生机构的财政补偿制度
从按编制拨款到按绩效购买服务的转型

初级卫生保健或社区卫生服务的发展，离不开组织、制度和治理模式的创新。浙江省县域医共体建设推进县级医院与基层的城乡社区卫生服务机构一体化，从而让医共体内所有组成单位结成一个利益共同体，进而推动医共体真正成为一个责任共同体、管理共同体、服务共同体，是初级卫生保健治理创新的一种尝试。在创新的过程中，由于既有人事、财政、医保和价格体制所构成的制度嵌入性，医共体机构统一目标受到多重体制的制约而难以在短期内达成，其中基于编制的财政补偿体制尤为重要。

浙江省启动了基层医疗卫生机构的财政改革，改变以往依照编制进行财政拨款的机制，改向基层医疗卫生机构购买基本医疗和公共卫生服务，在初级卫生保健体系中引入市场机制，力推从按编制拨款到按绩效购买服务的转型，这正是医疗卫生健康事业公共治理体系创新的集中体现之一。

浙江省基层医疗卫生机构补偿机制改革的总体方向，可以概括为"建设发展靠财政、日常运行

靠市场"，即"建设发展等非经常性支出主要由财政专项安排，日常运行等经常性支出主要通过提供基本医疗卫生服务，由政府或医保（个人）按标准付费购买"。

在浙江省推进的改革中，对于基层医疗卫生机构的政府财政投入，分为两部分：一是财政专项补助；二是财政购买服务。财政专项补助主要包括：①按规定核定的基本建设（含修缮）；②设备购置（含信息化建设）；③人员培养培训经费；④基本人员经费（含基本工资和以基本工资为基数计算的单位缴纳的社会保障费、住房公积金、职业年金部分）等；⑤山区、海岛、人口稀少地区的特别补助。财政购买服务主要包括：①对政府下达由基层医疗卫生机构承担的重大公共卫生服务项目、突发公共卫生事件处置和对口支援任务等指令性工作，政府按定项定额购买的办法给予补偿；②对基层医疗卫生机构提供的基本公共卫生服务和部分收费价格补偿不足的基本医疗服务，由政府统筹整合基本公共卫生服务项目经费和扣除人员培养培训经费、基本人员经费后的经常性收支差额补助，作为改革后政府购买服务的可用资金，采取政府付费购买方式给予补偿；③政府购买计划生育技术服务；④政府购买责任医生（家庭医生）有效签约服务。

财政领域的制度变革，为医共体建设突破制度嵌入性的羁绊、实现初级卫生保健体系的公共治理创新开辟了新的空间。

二、重大突发公共卫生事件中基层数字治理的杭州实践

借助互联网、大数据、区块链、人工智能等新技术，抗疫中各基层快速创新"大数据＋网格化""小程序＋行政服务"等做法，构建以数字治理护民、便民、安民、聚民的杭州经验，积极探索基层治理的数字化转型。

（一）基层网格效能提升，"以数治护民"

2020年1月20日，进入疫情联防联控状态后，杭州市依托城市大脑平台，融合交通枢纽、疾控、医疗、出行等80多个维度的大数据，搭建高危易感染人员模型，高精度锁定确诊患者及其密切接触者，按照风险等级开展滚动研判。大数据赋能，提高了社区抗疫工作的速度、精度，提升了网格工作效能。

（二）基层服务改革提速，"以数治便民"

抗"疫"时期，几百万杭州居家百姓的民生服务、成千上万在家隔离人员的各项保障成了基层难题。杭州数字政府、数字平台、数字企业用快速响应的服务改革解决民众急需。一方面，政府加速行政服务改革，优化服务方式，以掌上办、网上办、自助办"三个办"分类响应基层需求。另一方面，寄身于数字空间的支付宝、微医集团、丁香园集团、盒马鲜生、阿里钉钉、华数等网络平台成为社会"自愈式"治理的重要力量。

（三）基层公开信息提档，"以数治安民"

一是发挥主流媒体公信力高的优势，政府统一发布、定期公开，保障民众知情权。二是透过互

联网、数字媒体大力推动信息公开提质提档。

（四）基层组织动员提效，"以数治聚民"

一是通过杭州城市大脑、数字驾驶舱等，搭建防疫抗疫应急指挥平台，有效组织基层工作。二是"线上＋线下"相结合，高效组织专群结合的"防控网"。三是利用区块链等技术，数字公益助力基层集聚抗疫物资。

三、PCIC框架下整合型医疗卫生服务体系的深圳实践

改革开放以来，我国医疗卫生服务体系日益呈现分层次、多元化和竞争式的格局，同时也逐渐凸显体系碎片化、资源碎片化和服务碎片化等一系列问题。深圳市遵循"以人为本的一体化服务"模式，即PCIC理念和框架，结合本地服务体系改革实践加以改良，形成富有自身特色的"区域医疗中心＋基层医疗集团"的整合型医疗卫生服务体系，不断追求实现PCIC的终极目标"在合适的时间和合适的地点提供适当的服务"。

（一）优化服务体系

一是推动整合式发展。按照网格化管理要求，全市规划布局建设20家基层医疗集团和组建11个综合性区域医疗中心、12家专科专病医疗中心，构建以"区域医疗中心＋基层医疗集团"为主体架构的城市整合型医疗卫生服务体系，实现每个行政区至少有1家区域医疗中心、1家基层医疗集团。二是强化集团管理。成立基层医疗集团理事会，理事长由同级政府主要负责同志担任，负责履行基层医疗集团的财政投入、收支预算、运行监管、绩效考核等重大事项，基层医疗集团各成员单位分工协作，形成管理共同体。坚持"院办院管"的社区健康服务管理体制，建立以"强基层，促健康"为导向的基层医疗集团运行机制、考核评价制度。三是提供系统化服务。完善双向转诊责任机制和转诊流程，全面上线网络版社区健康服务信息系统，发展互联网医疗，打通医疗卫生机构之间的转诊通道、信息流和技术流，提高服务的连续性、协同性和可及性。

（二）创新动力机制

一是创新医保政策引导机制。在各基层医疗集团推行医保基金"总额管理、结余留用"制度，即医保基金管理部门给各基层医疗集团下达健康管理、分级诊疗两大工作目标，以正向激励机制促进基层医疗集团努力做好居民健康管理工作，让其少得病、少生大病；促进基层医疗集团努力做好分级诊疗工作，提高集团医疗卫生服务能力，加强社康机构建设，做实做好家庭医生服务，让市民尽量在基层医疗集团、社康机构首诊，少住院、看好病。二是建立财政投入倾斜机制。建立基本医疗服务的差异性购买机制、家庭医生签约服务和市属专家进社区的定向补助机制，引导工作重心下沉、资源下沉。三是健全价格杠杆引导机制。减免患者费用和提高医务人员收入，强化基层医疗卫生机构吸引力和凝聚力。四是完善人事薪酬激励机制。建立健全基层医疗卫生机构医务人员使用激励机制和评价机制，如对到社康中心工作的医学毕业生，给予最高35万元的一次性生活补助；对基层医疗集团的全科

医生，高级职称聘用不受职数限制；家庭医生签约服务补助用于个人分配部分不纳入绩效工资总额，等等。

（三）不断提升基层卫生服务能力

一是做强社区健康服务机构。制订《深圳市社区健康服务管理办法》，落实社区健康服务机构设置标准，推动社康机构分类管理，从规划布局、设施设备、人才队伍建设、医院社康服务协同等方面持续加强和改善社区健康服务，鼓励社会力量在大型综合楼宇、工业园区、机关事业单位办公楼宇设置社康站，让社康机构成为全方位全周期保障市民健康的服务大平台。二是做实家庭医生签约服务。出台《深圳市家庭医生服务管理办法（试行）》《家庭医生服务规范》，规范家庭医生服务，从规范管理、技术和信息支撑、财政补助、医疗收费和信息对接等方面入手，推动家庭医生服务不断做实做优，让家庭医生团队成为守护市民健康的"守门人"。三是优化基本公共卫生服务。制定《深圳市基本公共卫生服务管理办法》，对基本公共卫生服务实行网格化、契约化、清单化和智能化管理。

财政制度改革与浙江省县域医共体的推进*

顾　昕　郁建兴

浙江大学公共管理学院

摘要： 初级卫生保健或社区卫生服务的发展，离不开组织、制度和治理模式的创新。浙江省县域医共体建设推进县级医院与基层的城乡社区卫生服务机构一体化，让医共体内所有组成单位结成一个利益共同体，这是初级卫生保健治理创新的一种尝试。在创新的过程中，由于既有人事、财政、医保和价格体制所构成的制度嵌入性，医共体机构统一目标受到多重体制的制约而难以在短期内达成，其中基于编制的财政补偿体制尤为重要。浙江省政府启动了基层医疗卫生机构的财政改革，力推从按编制拨款到按绩效购买服务的转型。财政领域的制度变革，为医共体建设突破制度嵌入性的羁绊、实现初级卫生保健体系的公共治理创新、开辟了新的空间。

关键词： 医共体；初级卫生保健；财政补偿；编制；去行政化

健康中国战略实施的关键，在于建立一个强有力的基层医疗卫生服务体系，这凸显了新医改"强基层"战略的重要地位。[①]强基层战略目标的实现，有赖于医疗卫生供给侧去行政化改革的全面推进，为初级卫生保健（primary care or primary health care）的公共治理体系创新，开辟新的道路。人人享有初级卫生保健成为世界卫生组织强力推进、世界各国高度重视的医疗卫生改革与发展的共同目标。[②]中国的社区卫生服务经过近三十年的发展，尽管形成了一个完整的体系，但无论在服务能力上还是服务的公众认可度上，都长期处于积弱不振的境况。中国医疗供给侧的这一格局被学界描绘为医院强、基层弱的"倒三角"或"倒金字塔"[③]。如何从"倒三角"转变为"正三角"，即如何促进基

---

*本文系国家自然科学基金重点招标项目"提升基层医疗卫生服务能力研究"（71734005）；浙江省自然科学基金重大项目"基层医疗卫生机构综合运行机制研究"（D19G030003）。感谢浙江省医共体试点评估组团队的所有成员，包括张永梅、高启胜、涂怡欣、徐烨云、周皓昕、郝姝琦、吴超。

① 有关报道，参见医改重心放在保基本、强基层上[J].瞭望，2010[R](12):13.

② WHO. The World Health Report 2008:Primary Health Care now more than ever. Geneva:World Health Organisation, 2008.

③ 顾昕. 政府购买服务与社区卫生服务机构的发展[J]. 河北学刊，2012(2).

层医疗卫生服务的发展，扩大并夯实中国医疗保健服务体系的基础，实现中国政府早已向世界卫生组织承诺的"人人享有初级卫生保健"的目标，无疑是中国新医改必须面对的严峻挑战。[1]

近五年来，浙江省在促进基层医疗卫生服务方面开展了卓有成效的探索，从试点医疗服务联合体（简称"医联体"）起步，到推进县域医疗卫生服务共同体（简称"医共体"）建设，积累了丰富经验。尤其是医共体建设从试点到推开，正逐步突破既有基层医疗卫生公共治理体系的行政化窠臼，有望在健全初级卫生保健和发展整合健康服务方面实现突破。浙江省医共体建设有其重要特色，足以形成中国医疗供给侧改革的"浙江模式"。

浙江省医共体试点工作是在2017年秋季进行组织动员，从2018年1月1日起开始实施。2017年10月12日，浙江省医改办颁发《关于开展县域医疗服务共同体建设试点工作的指导意见》（浙医改办〔2017〕7号），要求11个地级（及以上）市各选择1个县（市、区）（以下简称"试点县"），开展医共体建设的试点，即"以县级医院为龙头，整合县乡医疗卫生资源，实施集团化运营管理。着力改革完善县级医院、乡镇卫生院（社区卫生服务中心）的管理体制和运行机制，形成服务共同体、责任共同体、利益共同体、管理共同体"[2]。截止到2018年6月30日，浙江省11个试点县（杭州淳安县、衢州常山县、湖州德清县、金华东阳市、丽水缙云县、绍兴柯桥区、台州路桥区、舟山普陀区、温州瑞安市、嘉兴桐乡市、宁波余姚市）共组建了医共体31个。各试点县医共体的数量不一，最少者组建1个医共体，最多者4个医共体。绝大多数医共体有1家牵头单位，但也有2个医共体有2家牵头单位。2018年9月26日，中共浙江省委办公厅、浙江省人民政府办公厅印发了《关于全面推进县域医疗卫生服务共同体建设的意见》（浙委办发〔2018〕67号）[3]，将医共体建设从试点阶段向全省推开阶段迈进。

浙江省政府将医共体建设的政策概括为"三统一、三统筹、三强化"，即医共体内实现机构设置、人员招聘使用、医疗卫生资源调配的"三统一"，财政财务管理、医保支付、信息共享的"三统筹"，分级诊疗、签约服务、公共卫生的"三强化"。其中，"三统一"给出了医共体建设的改革目标，"三统筹"提出了医共体建设的政策工具，"三强化"说明了医共体建设的绩效指标。

作为医共体建设的政策目标之一，机构设置统一的提出是一项具有突破意义的政举，这意味着县级医疗机构（尤其是县医院和县中医院）将同基层城乡社区卫生服务机构（主要包括城镇社区卫生服务机构和乡镇卫生院）实现机构合并，这同包括全国各地都在推进的医联体建设形成了鲜明的对照。医联体建设的特征是政府推进高层级医院（尤其是三甲医院）与低层级医院（尤其是县级医院）结成联盟关系，促使高层级医院对低层级医院展开业务帮扶，从而实现让医疗服务利用率下沉的政策目标。

---

[1] 何子英，郁建兴. 全民健康覆盖与基层医疗保健服务能力提升———个新的理论分析框架[J]. 探索与争鸣，2017(2).

[2] 此政策文本，参见浙江省卫计委官网，http://www.zjwjw.gov.cn/art/2017/10/12/art_1202101_11482882.html.

[3] 此政策文本，参见浙江省卫健委官网，http://www.zjwjw.gov.cn/art/2018/9/26/art_1551291_21698864.html.

医共体建设与医联体建设最大的不同，在于以机构间整合代替了机构间联盟，最根本的目标是让整个医共体成为一个利益共同体。只有当组成单位在利益上形成协调一致的局面，医共体才能真正成为一个责任共同体、管理共同体、服务共同体。唯有真正形成利益共同体，医共体牵头医院面向其他组成机构的能力建设之举，才不再是一种"帮扶"，或者不仅仅是一种"帮扶"，而是整个医共体必不可少的、可持续的、拥有内在动力的业务拓展和业务布局行动。机构设置统一这一创举，突破了医联体建设中各机构联盟关系中利益协调不力的格局。①

从机构间联盟到机构间整合，不仅是医疗供给侧组织模式的一次大变革，也激发了医疗供给侧诸多制度安排的再调整。公共部门中各种公立机构即事业单位之间的合并，与各种市场主体在市场力量推动下所进行的并购行为，有很大的区别。在市场并购中，参与者无论大小、无论名望、无论绩效，地位是平等的，并购行动的要件取决于其管理层之间的谈判，并购决策取决于其公司治理结构的设置。当然，市场并购也受到政府规制的制约，尤其是反垄断法的规制，而这一规制优势不仅在国家层面上还有可能在国际层面上实施。

公立机构或事业单位之间的合并则有所不同。首先，这不是市场机制运作的结构，因此只能称之为"合并"而不能称之为"并购"；其次，这是由行政力量推动的组织行为，而参与者即便拥有法人身份也没有推动合并行为的自主权；再次，事业单位合并不仅受到行政法规的制约，而且受到公共部门内纵横交错的行政隶属关系和业务指导关系的制约，即政府内部的条块关系深刻影响着公共部门的组织变革。

浙江省医共体建设不仅仅致力于推动不同层级公立医疗卫生机构的一体化，而且开始着力于推动医疗供给侧中法人制度、财政制度以及其他领域的体制改革，突破了既有高度行政化体制给初级卫生保健体系发展与改革所设置的重重藩篱，为深化医药卫生体制改革提供了新的契机。

由于医疗供给侧的任何组织变革均涉及法人治理、财政投入、人事薪酬、价格规制、质量监管等多方面的制度调整，限于篇幅，本文仅考察政府财政对公立医疗卫生机构的补偿（或投入）体制（以下简称"财政补偿制度"）对于医共体建设的影响，在此过程中，也会兼及与财政补偿制度密切相关的人事制度改革，尤其是编制制度改革。

一、制度嵌入性：医共体建设中机构统一所处的制度结构

任何一种制度的改变都会影响其他制度因素的变化，反之亦然。这种影响往往出现"牵一发而动全身"的效果，即各种制度因素相互嵌入在一起，形成一个相互关联、相互支撑的套嵌式结构，致使其中任何一种制度的改变都会受到这一制度所在其中的制度结构的制约。对此，学术文献概称为"制度嵌入性"。制度嵌入性在很多情形下会使得某项重要的组织和制度变革异常艰难。这一点对于

① 史明丽. 我国纵向型区域医疗联合体的进展与挑战[J]. 中国卫生政策研究，2013(7).

浙江省医共体建设"三统一"之首要目标"机构统一"的达成，尤为真切。

在社会科学中，有两个学派高度重视对制度嵌入性的分析。一是政治科学中的历史制度主义学派。从一开始，历史制度主义就把"强调制度的关联性特征"作为其主要分析对象之一。[①]从逻辑上看，制度之间的关联性存在着四种理想类型：①互补性，即当一种制度的有效运作能增强另一种制度运作的效率，那么这两种制度就具有互补性；②替代性，即如果一种制度运转不良甚至缺失会提升另一种制度有效运转的可能性，那么这两种制度就具有替代性；③互斥性，即如果一种制度的有效运转会削弱或扭曲另一种制度的运转，那么这两种制度就具有互斥性；④支撑性，即如果一种制度的缺失会导致另一种的运转不良，那么这两种制度就具有支撑性（见表1）。本质上看，互补性和支撑性是同一种关联性的两面，即互补性是正面的支撑性，支撑性是负面的互补性。

表1　制度关联性的四种理想类型

一种制度	运作结果	对另一种制度产生的效应	
		增　强	削　弱
	运作良好	互补性	互斥性
	运转不良	替代性	支撑性

就制度关联性的这四种类型，历史制度主义学派中专门研究市场经济多样性的学者，对制度互补性所产生的深刻影响进行了深入挖掘。他们发现，在经济全球化的冲击下，发达国家中市场经济的制度结构并没有产生趋同的现象，其中的根本性缘由正在于不同领域（例如企业组织、金融市场、就业促进、福利保障等）之间制度的互补性维持了市场经济的多样性。[②]相对来说，对于制度替代性、互斥性和支撑性的研究，尚不充分，而这三种制度关联性在现实世界中比比皆是。在中国四十多年来从计划经济向市场经济转型的改革与开放伟业中，既有多种互补性制度在旧体制之外异军突起从而开辟社会经济生活新天地的成功案例（例如自发性民营企业的兴起，尤其是在新经济领域），也有一些新制度在更大的环境未加改变的情况下替代了旧体制中一些局部性的传统制度而促成了社会经济事业的转型（例如社会保险制度取代了传统的单位制劳动保险制度），还有一些制度的缺失或发育不良导致另一些制度无法发育发展（例如非营利组织制度环境不健全导致包括住房合作社在内的诸多社会企业在中国发育不良），更有一些制度的强势运行削弱并扭曲了新兴制度的正常运转（例如行政力量的全面干预导致自主化公立医院呈现出"行政性市场化"的格局[③]）。

高度重视制度嵌入性的第二个社会科学学派是社会新制度主义，其中一些学者致力于探究"生

---

①　Peter A. Hall,Governing the Economy:The Politics of State Intervention in Britain and France[M]. New York: Oxford University Press, 1986, p. 19.

②　Peter A. Hall and David Soskice(eds.),Varieties of Capitalism: The Institutional Foundations of Comparative Advantage[M]. New York: Oxford University Press, 2001, pp. 17–21.

③　顾昕. "行政型市场化与中国公立医院的改革"[J]. 公共行政评论2011(3):15–31.

产的社会体系"学派，着重研究在市场经济中运行的生产和工作体系如何因为嵌合于更大的制度、社会、经济、政治和文化的结构而呈现多样性。[1]社会新制度主义与历史制度主义的差异在于：第一，前者偏向方法论整体主义，即强调制度所嵌入者往往是一个宏大的、多重因素交织在一起的整体，而后者偏向方法论个体主义，仅关注特定制度的组合所产生的影响；第二，前者强调制度的层次性，而不同层次的制度形成一种套嵌式的结构，相互补充，牵一发而动全身。无论有何细微的差别，社会科学业已发展成熟的制度嵌入性分析，对于我们理解医共体建设中财政补偿制度的深刻影响，无疑是有助益的。

如前所述，在医共体建设中，机构设置统一是首要的改革目标，这是医共体区别于医联体的首要特征。机构设置统一这一目标的落实，在医共体的不同试点县域有不同的实践。具体的实践可分为两种模式：一是单一法人—统一治理模式，又可简称为"法人机构统一"模式，即医共体成为一个单一法人，其组成机构成为新组建医共体的分支机构，简单说，就是出现社区卫生服务机构变成县级医院的分院；二是多元法人—统一管理模式，又可简称为"法人代表统一"模式，即医共体组成机构保留各自的法人地位，但医共体内所有机构的法人代表均由医共体的法人代表兼任，而医共体的法人代表均为医共体牵头医院的院长。

单一法人—统一治理模式只出现在常山县，而其他10个试点县域都采用了多元法人—统一管理模式。法人机构统一对于医共体的健康发展是基础性的条件之一，但其真正实现，需要各级政府在人事、财政、医保和价格体制上推进配套改革，而配套改革的推进一方面需要县政府内部各政府部门的协同，另一方面需要更高层级政府大力推进诸多领域的改革，尤其是需要省政府的顶层设计。人事、财政、医保和价格体制形成的制度嵌入性，以套嵌性和多层性的形式，在医共体机构统一的推进中形成了掣肘。在人事、财政、医保和价格体制配套改革尚不能协调到位的情况下，或者在更高层级政府尚未对此给出配套改革的完整方案之前，医共体建设采取法人代表统一模式不失为一种理性的组织变革过渡方案。这一模式的实践在一定程度上推进了机构统一，但我们在实地调研中获取到的普遍反映是，在这一模式的操作下，医共体尚未成为真正的利益共同体。

（一）以编制为核心的人事薪酬体制

在既有的事业单位人事管理体制中，编制制度及其改革进程对于"三统一"中"机构设置统一"的模式选择，有着相当大的约束。"三统一"要求的第二项是"人员招聘使用"的统一，这直接触及公立医疗机构人事编制和薪酬制度的改革。医共体人事编制制度的变革有两种模式，分别契合于上述法人治理的两种模式。第一种模式与法人机构统一模式相适应，即人事管理权统一到医共体，所有人员（至少是新进人员）均成为医共体的编制，取消社区编制和县域编制的差别，而财政投入将以岗位设置而非编制为基准。所有新进人员的招聘工作均以医共体的名义统一开展，而新招聘人员在医

---

① J. Rogers Hollingsworth and Robert Boyer(eds.), Contemporary Capitalism: The Embeddedness of Institutions[M]. New York:Cambridge University Press, 1997.

共体内统一调配使用。目前,只有常山县采用了这一模式。

第二种模式与法人代表统一模式相适应,即保留县域和社区编制身份差别不变,同时保留基于编制的财政投入方式不变,但新进人员的招聘全部由医共体统一组织实施,并对社区服务人员给予额外补贴。除常山县之外的10个试点县域,均采用这一模式。在第二种模式中,还由于各地推进人事管理一体化的进度有别,各地在新进人员的招聘上又有两种不尽相同的做法:一种是将受招人员的编制身份和岗位安排基本上明确下来,另一种则完全以医共体编制的身份进行人员招聘。前一种做法,实际上在编制改革上没有丝毫的推进。

由于编制改革迟缓的掣肘,医共体在人力资源管理制度一体化上的进展必定相当迟缓,这一点在医共体内新薪酬制度的确立上有所体现。事实上,由于原不同单位的薪酬制度大不相同,绝大多数医共体管理层都在统一化薪酬制度的建立上耗费了极大的心力。

无论是在全国范围内,还是在浙江省内,对于编制改革的必要性和紧迫性,尚未形成共识,这使得不少似是而非的观念束缚了各级政府内部改革者的手脚。实际上,编制改革的深远意义在于打破既有专业人员人力资源配置中行政治理的主导性,并引入市场机制,建立一个统一的专业人员劳动力市场。

(二)财政补偿制度与公立医疗机构的财务管理

在医共体建设"三统筹"财政财务管理统筹并非限于财务管理的一体化,也非医共体内部所能独立完成的任务,而是需要政府推进医疗卫生机构财政补偿制度的改革。政府对医疗卫生机构的财政投入,还同编制制度相互嵌入。长期以来,政府财政投入的很大一部分,依照在编人数核定拨款金额。如果出现"空编"情况,那么政府财政拨款金额少于依照核定编制核拨的金额。

浙江省政府改变以往依照编制进行财政拨款的机制,改向基层医疗卫生机构购买基本医疗和公共卫生服务,在初级卫生保健体系中引入市场机制,这正是医疗卫生健康事业公共治理体系创新的集中体现之一。随着改革的深入,政府对医疗卫生机构的财政补偿制度将实现从按编制拨款到按绩效购买服务的转型。这一转型的实质是在财政拨款或补偿制度中走向了去行政化,并引入了按绩效购买服务的新市场机制。

(三)医保支付制度改革:激励结构的重建

随着医保支付水平的不断提高,医保支付已经成为包括医共体在内的医疗机构的重要收入来源。如果医保支付依然以按项目结算+付费为主,医共体建设将劳而无功,所有组成机构必将陷入三个导致恶性循环的境地:一是不得不参与到"抢病人"的竞争之中;二是缺乏约束与控制过度医疗的积极性;三是缺少积极主动介入促进民众健康的激励,这使得公共卫生服务在医共体的建设有边缘化之虞。由此,医保支付方式的改革对于医共体内组成单位的利益整合至关重要。

各试点县在推进医保支付制度改革上的进展有很大的差异。相当一部分试点只是在既有按项目结算—付费的基础上,加上了总额控制、按人头付费、单病种付费等零星的新支付办法,但新医保支付方式所涉金额在医保总支付中的占比都不高。与此同时，即便引入了以"打包付费"为特征的新医保支付方式，但如果细节性制度设计不当，正确的激励效应并不会自动产生。在按项目付费的基础上实施总额控制，在全国范围内是一种普遍的实践，在浙江省医共体试点县域也不例外。实施总额控制或总额预算的过程中，一些细节性游戏规则设计不当的情形比比皆是。

在浙江省医共体试点县域内，不少地方都进行了多元付费组合的探索。其中，只有少数县域在住院服务的支付上引入了按疾病诊断组（diagnosis-related groups, DRGs）付费。DRGs不仅对医保机构来说是一种医保支付的先进工具，而且是医院绩效考核（尤其是质量控制）、财务管理（尤其是预算管理）、风险控制、物流管理的管理工具。大力推进DRGs的应用，对于医保机构、卫生行政部门和医疗机构管理层来说，是同等重要的。①

为了协调医保和医疗领域的诸多事务，一些医共体试点县建立了医疗保障办公室（简称"医保办"），成为推进医保支付改革的组织保障。县级政府中的医保办，必将随着各级政府医疗保障局的组建而进行相应的机构调整，并在推进医保以及与之相关的价格改革中发挥重要的作用。

（四）价格调整与价格形成方式的转型

在医共体试点县域，很多地方通过与地级市物价局进行协调，开展了幅度不等、程度不等的医疗服务价格调整医疗价格体制改革，短期内以调放结合之策逐步调整价格结构，长期而言则以医保机构、医疗机构和医药企业多方谈判的形式，建立新的价格形成机制。这是一条从行政治理走向市场治理的渐进主义转型之路。药品价格管制改革的根本之道在于去行政化之举，即解除既有的多重管制，转而建立药品的公共定价制度，即由作为医药付费者的公立医保机构与各类医疗机构以及相关企业展开谈判定价。

所有县域的医共体都落实了药品—耗材的集中统一采购制度，并同医药企业开展"二次议价"。没有一个试点县域的医共体联合起来开展药品—耗材的集中统一采购，也没有发现跨县域、跨地区的药招联盟。在药品集中招标采购上未能走出医共体内部统一的局限，走向全县域甚至跨地区的药品集中采购，不仅体现出药品价格管制改革的滞后，也体现出医保支付制度改革的普遍不到位。

二、突破制度嵌入性的羁绊：财政补偿制度改革与医共体建设的推进

前文已述，财务管理统筹，是医共体试点中"三统筹"的第一项要求。实际上，几乎在所有的试点县域，医共体都大力推进财务管理的一体化。不少牵头医院管理能力较强的医共体，甚至将财务管理账号统一起来，而其基层组成单位不再设立单独的财务室，只在行政管理办公室中安排特定的岗位，招聘财务管理员，负责定期向医共体总部报账。

然而，财政财务管理统筹并非限于财务管理的一体化，也非医共体内部所能独立完成的任务，

---

① 杨燕绥，胡乃军，陈少威. 中国实施DRGs的困境和路径[J]. 中国医疗保险，2013(5).

而是需要政府推进医疗卫生机构财政补偿制度的改革。只有系统性地推进财政补偿制度改革，医共体建设才能突破制度嵌入性的羁绊，进入一个全新制度结构的发展之中。

（一）财政体制在制度嵌入性中的核心位置

从财务的角度来看，每一个公共部门的单位都是其所隶属行政系统中的一个预算单位。因此，国际文献常常把苏联、东欧、亚洲等社会主义国家中诸如大学、医院、剧院、博物馆之类的公立机构，即中国通称的事业单位，称为"预算单位"（budgetary units）。[①]毫无疑问，医共体内所有组成单位，原本都是卫生行政部门下属的预算单位。医共体内推进财务管理的一体化，与其组成单位均在财政上是独立的预算单位，有所扞格。

更有甚者，在事业单位分类改革实施之后，中国的事业单位并不像在其他社会主义或前社会主义国家那里是统一的"预算单位"，而是有了身份差别。基层医疗卫生机构属于"公益一类事业单位"，政府财政予以全额拨款，而县级医院则属于"公益二类事业单位"，政府财政只能差额拨款。有一些医疗服务业务量较大的基层医疗卫生机构，还处在全额拨款和差额拨款这两类事业单位的中间地带。就财政补偿，政府对不同医疗卫生机构实施不同的制度，这对于医共体建设中实现财务管理的一体化，是不小的掣肘。

县级医院和城乡社区医疗卫生机构的主要财政投入，源于县政府的统筹。在医共体法人机构统一之后，县政府需要在财政体制上推进配套改革，其核心是落实政府购买服务的公共财政改革原则，将政府购买款项全额拨付给医共体，由医共体统一调配使用。可是，问题在于，既有的财政投入尽管由县级政府统筹管理，但实际上由多级政府来承担，由此，与医共体统一法人改革相配套的很多财政补偿制度改革，就超出了县政府的权限。

在既有的财政体制中，各级政府对原城乡社区卫生服务机构给予一定的财政补贴，其中，这些机构所开展的公共卫生服务由政府财政全额拨款加以补偿，而这些补偿由多级政府承担。在推进医共体的法人机构统一之后，既有的多级财政补贴渠道是否能维持下去，便成为新的问题。

此外，在既有行政化的政府管理体制中，城乡社区医疗卫生机构是街道—乡镇政府推进辖区内公共卫生或健康促进项目的抓手，无论这些项目是以自上而下还是自下而上的方式启动的。一旦城乡社区医疗卫生机构完全并入医共体，一种担心认为，街道—乡镇政府将失去推进当地卫生健康工作的抓手。当然，这一担心对于富裕的街道—乡镇政府来说并不存在，这些政府完全可以向医共体购买服务；但是，对于不富裕的街道—乡镇政府来说，的确是一个新的问题。在实地调研中，我们接触到的较为富裕的街道—乡镇政府，都表示尽管其辖区内的原基层医疗卫生机构现在成为医共体的一员，尤其是在形式上成为县级医院的分院，但当地基层政府还会继续给予一定程度的财政支持。但这种财政投入的有无和多寡，均基于个案性商讨，而不是制度性安排，街道—乡镇政府对基层医疗卫生机构的

---

① 雅诺什·科尔奈.社会主义体制：共产主义政治经济学[M].张安，译，北京：中央编译出版社，2007:70.

财政投入，在很大程度上取决于基层政府领导的个人取向以及他们与基层医疗卫生机构管理者之间的个人关系。

当然，从根本来说，只要财政补偿制度改革以及医保支付改革到位，县级以下财政的问题并不应该构成医共体法人统一的障碍。在新的制度安排所建立的新激励结构下，医共体的业务重心有可能从医疗服务向更加全面的健康促进转型，由此原面向社区的基层医疗卫生机构在成为医共体的分院之后，依然会有更大的积极性为其所在社区的民众提供各种健康保障和健康促进的服务。街道—乡镇政府，无论穷富，都会有更有实力、更具声望的医疗卫生机构，成为其公共卫生或健康促进项目的新抓手。

（二）财政补偿制度与人事编制管理的互补嵌入性

不止如此，政府对医疗卫生机构的既有财政投入制度，还同人事编制管理制度相互嵌入在一起。构成了一对互补性制度。长期以来，政府财政投入的很大一部分，依照在编人数核定拨款金额。如果出现"空编"情况，即对于核定编制，相关单位无法招聘到符合在编人员资质要求的人选，那么政府财政拨款金额就会少于依照核定编制核拨的金额。事实上，很多医疗卫生机构，包括浙江省试点县域医共体的各组成机构，均出现核定编制没有填满却又同时招聘编制外人员的情况。在这种情况下，这些医疗卫生机构实际上是自筹经费，使用非编制人员去完成与编制核定相关的工作。这种"一个机构、两种体制"的二元劳动力市场，不仅会在编外人员塑造强烈不公平感，而且会挫伤医疗卫生机构推进人力资源管理变革的积极性，也使得编制制度不能达成其预期的效果。[①]

在既有的人事管理体制中，政府编办根据事业单位的性质设置编制，一部分原城乡社区卫生服务机构属于全额拨款的事业单位，而几乎所有的县级医疗机构均属于差额拨款的事业单位。随着法人机构的统一，医共体内全额拨款的医疗机构不复存在，原有的编制管理必然发生重大的变化。

在浙江省医共体试点的过程中，有些地方，如常山县，在编制改革上进行了一定的探索，并把编制改革与财政改革关联起来。常山县破除原来基于法人性质的编制管理旧办法，推出了"基于岗位"的编制管理新办法，即政府基于公共财政购买公共服务的新原则设定一定数量的由政府财政补偿的"编制"岗位，而这类岗位的设置与事业单位的性质无关。

再如东阳市，在不触动既有编制体制的前提下，在新人新办法上做出了新的文章，设立"医共体人才池"，实行人才"统招公用"。具体的做法是：改变以往由各基层医疗单位独立招人策略，变为全市统一招录，新招入的专业技术人才和定向培养毕业人员，全部纳入"医共体人才池"管理，经牵头医院共同培养后，由医共体管理中心进行统一调配，在山区、半山区、平原地区、城区进行轮转工作，且调配优先满足山区和半山区乡镇医院的工作需要。

---

① 刘晶霞. 医院编制管理与人力资源配置的分析讨论[J]. 人力资源管理，2014(7):278–279.

（三）浙江省基层医疗卫生机构财政补偿制度改革的新尝试

既有多层级、套嵌式制度格局的种种不尽合理之处，尤其是财政补偿制度与人事编制制度的互补嵌入性，在显示出计划体制遗留下来的事业单位管理体制，早已不再适应民众对公共服务的需求，也不再适应公共服务机构改革与发展的需要。这一点在医共体建设的试点中突出地体现出来。很显然，针对基层医疗卫生机构的财政补偿制度以及与之互补嵌入的人事编制制度，亟待改革。

值得注意的是，在医共体试点中，衢州常山县在财政补偿制度和人事编制制度的改革上取得了一定的突破，这也促使该地初步达成了医共体建设的首要政策目标，即让县级医院与基层医疗卫生服务机构实现机构设置统一。这一突破的背景，在于浙江省在基层医疗卫生机构补偿改革上的新探索。

实际上，就基层医疗卫生机构财政补偿制度，浙江省早就开展了改革部署。早在2015年10月26日，浙江省财政厅和卫生与计划生育委员会就联合颁发了《关于开展基层医疗卫生机构补偿机制改革试点的指导意见》（浙财社〔2015〕133号）[①]，决定于2016年选择嘉兴海盐县、金华义乌市、绍兴嵊州市、衢州江山市进行试点。2017年10月30日，在总结四县市基层医疗卫生机构补偿机制改革试点经验的基础上，两部门颁发了《关于全面推进基层医疗卫生机构补偿机制改革的实施意见》（浙财社〔2017〕63号）[②]，决定从2017年12月1日开始在全省全面启动基层医疗卫生机构补偿机制改革。

浙江省基层医疗卫生机构补偿机制改革的总体方向，可以概括为"建设发展靠财政、日常运行靠市场"，即"建设发展等非经常性支出主要由财政专项安排，日常运行等经常性支出主要通过提供基本医疗卫生服务，由政府或医保（个人）按标准付费购买"。值得注意的是，"日常运行靠市场"中的"市场"，包括政府购买，尤其是政府通过公立医疗保险体系代表参保者对医药服务的购买。在市场经济体中，政府是一个重要的市场参与者，而政府施政不仅要靠以命令与控制为特征的行政机制，也要靠以选择与竞争为特征的市场机制，并在可能的情况下，还要促进以"认同与信任"为核心的社群机制。[③]在公共管理中引入市场机制和社群机制，增进市场、激活社会，并与行政机制形成互补协同之格局，这才是公共治理体系创新之要义。[④]浙江省政府改变以往依照编制进行财政拨款的机制，改向基层医疗卫生机构购买基本医疗和公共卫生服务。

在浙江省推进的改革中，对于基层医疗卫生机构的政府财政投入，分为两部分：一是财政专项补助；二是财政购买服务。

财政专项补助主要包括：①按规定核定的基本建设（含修缮）；②设备购置（含信息化建设）；③人员培养培训经费；④基本人员经费（含基本工资和以基本工资为基数计算的单位缴纳的社会保障费、住房公积金、职业年金部分）等；⑤山区、海岛、人口稀少地区的特别补助。在其中的第

① 该文件文本，参见浙江省财政厅官网，http://www.zjczt.gov.cn/art/2015/12/2/art_1164176_711952.html.
② 该文件文本，参见浙江省财政厅官网，http://www.zjczt.gov.cn/art/2017/11/3/art_1164176_12490607.html.
③ 顾昕."走向协同治理：公立医院治理变革中的国家、市场与社会"[J].苏州大学学报(哲学社会科学版)，2017(5):31–40.
④ 顾昕."中国福利国家的重建：增进市场、激活社会、创新政府"[J].中国公共政策评论，2017(1):1–17.

四项，按编制拨款的旧体制依然在新体制中留下了一个尾巴。

财政购买服务主要包括：①对政府下达由基层医疗卫生机构承担的重大公共卫生服务项目、突发公共卫生事件处置和对口支援任务等指令性工作，政府按定项定额购买的办法给予补偿；②对基层医疗卫生机构提供的基本公共卫生服务和部分收费价格补偿不足的基本医疗服务，由政府统筹整合基本公共卫生服务项目经费和扣除人员培养培训经费、基本人员经费后的经常性收支差额补助，作为改革后政府购买服务的可用资金，采取政府付费购买方式给予补偿；③政府购买计划生育技术服务；④政府购买责任医生（家庭医生）有效签约服务。

就财政购买服务部分，按照（浙财社〔2017〕63号）文件的要求，各地财政部门和卫生计生部门应参照《浙江省基层医疗卫生机构补偿机制改革基本服务项目标化工作当量参考标准》，结合基本公共卫生等服务开展需要与当地实际情况，合理确定购买服务项目，并根据每个服务项目的服务标准、人力成本、资源消耗、风险和难度等因素，确定本地区基本服务项目标化工作当量。对纳入购买范围的基本医疗服务项目，各地还要结合下文即将讨论的价格改革情况对标化工作当量进行适当调整。简言之，这是一种按绩效购买服务的制度安排，即政府付费购买按照基于标准化工作当量确定的财政付费标准和服务数量为主要依据。

然而，在实地调研中，我们也体会到，浙江省各地在推进财政补偿制度和人事编制制度改革的进度上有相当大的差别。因此，在医共体的试点中，大多数试点由于旧财政体制的羁绊，在推进机构统一之时多有束缚。正是由于衢州市在这两方面的改革力度较大，这使得常山县有条件突破制度嵌入性的羁绊，在医共体试点中顺利推进了机构设置的统一。

事实上，在医共体试点之初，财政补偿或投入体制的配套改革并未受到充分的重视。医共体试点指导文件（浙医改办〔2017〕7号）就政府财政投入问题，仅有一句简短而且笼统的指导意见，即"医共体各成员单位的财政投入政策不变，根据医共体建设的需要，适当调整财政投入方式，加大投入力度"。然而，当医共体建设从试点走向全省推开之时，情况发生了变化。医共体推开的指导文件（浙委办发〔2018〕67号），对于财政投入有了两点更加明确的指示：第一，"根据医共体建设发展的需要，加大财政投入力度，科学调整财政投入方式"；第二，"县乡医疗卫生机构整合组建医共体后，要继续按照公立医院和基层医疗卫生机构补偿机制改革要求，按原渠道足额安排对医共体成员单位的财政投入资金，并将资金统一拨付医共体，由医共体结合资金性质和用途统筹使用"。这两点意见显示，医共体建设与基层医疗卫生机构的财政补偿制度改革即将发生全面的共振。

三、结　语

初级卫生保健或社区卫生服务的发展，离不开组织、制度和治理模式的创新。浙江省县域医共体建设就是这样一种创新，其核心是推进县级医院与基层的城乡社区卫生服务机构一体化，从而让医共体内所有组成单位结成一个利益共同体。

然而，在医共体的试点中，机构设置统一的目标并未轻易实现。绝大多数医共体内各组成单位依然保留了各自的独立法人身份，而机构统一仅仅体现在所有组成单位的法人代表由医共体牵头医院的法人代表兼任。简言之，机构设置统一变成了法人代表统一。只要机构统一未能实现，医共体就不可能成为一个真正的利益共同体。

机构统一的目标之所以难以在短期内达成，归根结底在于所有医疗卫生机构都处在一个人事、财政、医保和价格体制所构成的多层级、套嵌式制度结构之中。多种制度相互嵌入在一起，形成了一种牵一发而动全身的格局。制度嵌入性致使原制度结构中各个体制以及相关政策具有互补性，而新组织和制度模式在旧的制度结构之中左右扞格，难免运转不良，甚至难以维系。

在制度嵌入性所构成的羁绊当中，财政补偿体制居于核心位置。既有财政补偿体制与人事编制管理制度相互嵌入在一起，导致多家政府对不同医疗卫生机构的财政拨款依照机构的行政类别和编制数量来实施。当这些不同类别的机构走向一体化之时，既有的财政补偿渠道无法让改变了行政类别的机构获得既有水平下的财政拨款。

浙江省政府从2017年秋就在全省范围内推进基层医疗卫生机构财政补偿制度的单项改革，其核心内容是引入公共治理的新理念，根据服务绩效的监测结果，向所有提供基本医疗和公共卫生服务的机构购买服务。由此，服务机构的行政类别和编制就不再成为政府财政投入的依据。这一转型的实质是在财政拨款或补偿制度中走向了去行政化，具体而言就是去编制化，并引入了按绩效购买服务的新市场机制。这一单项改革在推进过程中与医共体的试点建设发生了共振，从而使一些地方实现了机构设置统一的政策目标。

可以预计，随着改革的深入，政府对医疗卫生机构的财政补偿制度将实现从按编制拨款到按绩效购买服务的转型。这一转型的范围将不限于基层医疗卫生机构，而是适用于各级医疗卫生机构，甚至适用于所有的事业单位。在初级卫生保健体系中引入市场机制，这正是医疗卫生健康事业公共治理体系创新的集中体现之一。如果在绩效指标标准化和政府购买付费标准的确定上引入社群机制，让医疗卫生专业组织和医药商业协会也能参与进来，形成政府、市场、社会三方协同治理的新格局，那么医疗卫生公共治理体系将出现一系列重大创新。[1]一旦这一转型到位，医共体推进"三统一"目标的实现，尤其是其首要的机构设置统一，将变得简单易行。

---

① 顾昕. "新时代新医改公共治理的范式转型——从政府与市场的二元对立到政府—市场—社会的互动协同" [J]. 武汉科技大学学报(社会科学版)，2018(6):589–600.

2020 "城市卫生健康问题" 西湖城市学金奖优秀金点子

杭州国际城市学研究中心
浙江省城市治理研究中心

一、打造"未来健康屋"

主要做法： 未来健康屋分为"检测区、便民区、急救区"三个功能区，为居民提供自助式健康指标监测、寻医问诊、智能药柜、AED救护和健康教育等服务，24小时对外开放。未来健康屋应用"互联网＋健康"技术，通过智能化的健康检测终端，让居民可随时了解自己的健康状态，查看检测报告、量表自评报告，接受健康宣教服务，提高居民健康意识和疾病预防意识，减少发病率，降低医疗总费用。未来健康屋对接"健康江干"和"家庭好医"信息平台，可以将居民的健康信息实时同步到签约医生的智能终端上，帮助医生了解居民的身体状况和用药情况，实现了签约居民健康管理的闭环服务。目前江干区已在街道、社区、商场及火车东站设置建成15个未来健康屋，其中火车东站未来健康屋为全国首个5G健康屋。

主要成效： 未来健康屋，是为家庭医生签约精细化管理和社区卫生健康服务延伸手臂，在服务时间和服务辐射范围上为社区卫生服务中心和站点做了有效补充，打通了医疗服务"最后一公里"，推进区域健康从"单纯医疗服务"转向"全程预防服务"。从已投入使用的15个未来健康屋运行情况来看，得到了广大群众的一致好评。江干区拟用三年时间，建设100个未来健康屋，实现由"15分钟医疗服务圈"向"5分钟健康服务圈"转变。

（作者：江干区卫健局）

二、基于可穿戴设备的慢病管理平台

主要做法：基于可穿戴设备的慢病管理平台，利用数据挖掘和云计算等现代信息技术对慢病患者进行连续监测与数据获取，并进行风险预警与健康状态评估，并配合适当的生活方式的引导，制定个性化诊治方案。

（1）可穿戴设备：利用便捷的可穿戴设备可以实时采集实时监测，一有异常便触发报警系统，同时发出求救信号，便于家属医护人员及时采取救治措施；采集的健康数据是慢病管理App进行分析的基础，能提醒患者进行慢病管理，同时也能从数值上看到慢病管理的成效。

（2）慢病管理App：利用手机端App，慢病患者可随时手动输入或者利用专业的可穿戴设备输入疾病数据，App后台系统对输入的数据做预处理和分析，随之以图像、文字以及图表等可视化展现形式把深入分析后的数据推送给慢病患者，患者再据之做出相应的生活习惯、饮食和用药等方面的调整。

（3）建立慢性病患者健康档案：患者健康档案是记录患者疾病发生情况的电子档案，患者将可穿戴设备的数据自动输入电子健康档案中，持续更新并将其传给专业人员做深入分析，并且根据返回结果给患者做科学的就诊以及生活饮食建议。

（4）健康教育：通过慢病管理平台，医护人员可以进行医学健康知识远程讲座，不受时空限制，患者可以通过网络平台随时随地听健康医疗讲座，学习医疗知识；医疗平台还提供大量各类医学类型的系统化课程学习，患者可以在线观看或者下载学习，过程中有不懂之处可在线与咨询医生，这同时也大大减少了医护人员的健康教育工作量。

（5）患者社区（App社区、QQ群、微信群）：慢病管理平台可以给慢病患者提供在线交流的平台，慢病患者进行在线互动交流病症、抗病过程及分享用药饮食方面的经验，可有效增加其社会支持，并产生积极的心理体验。

主要成效：（1）利用智能App进行慢病管理，极大地突破了时空限制，节省大量时间成本且方便高效。慢病管理平台可以帮助农村、偏远山区慢病患者进行随时随地的管理，不受时空限制，能帮助新医改的实行和医疗卫生资源在慢病领域的优化配置。

（2）基于可穿戴设备的慢病管理平台在患者出现不良趋势时会及时提醒，并且会有用药提醒、就医提醒，有助于提高患者慢病管理依从性，提高患者慢病管理的意识。

（3）慢病管理平台实时监测，并定时进行饮食用药提醒，告诫患者养成良好的饮食作息习惯，戒烟戒酒避免不良生活方式恶化疾病的潜在风险，尽量改善患者生活中的危险因素，改善患者健康状况。

（4）慢病管理平台允许医生利用App实时查看并监控患者健康状况，方便签约的家庭医生对所负责的患者进行慢病管理，有情况可直接通过App、QQ、微信等移动软件沟通，方便高效。

（作者：董巧珍）

三、基于疫情背景下倡议设立"杭州市民健康日（杭州市民健康节）"的建议与方案

主要举措：其一，活动策划：为保证广大市民树立健康理念，营造健康氛围，推进杭州建设"健康之城"，建议每月确定一天作为"杭州市民健康日"，每年选择合适时间举办"杭州市民健康节"活动。其二，主题内容："杭州市民健康日"（杭州市民健康节）活动的主题内容应当围绕大健康话题，做大健康文章。依据欧美国家的实践，广大市民在健康日和健康节期间主要可以开展居家6S活动——清扫（seiso）、整理（seiri）、整顿、清洁（seiketsu）、安全（saffty）、素养（shitsuke）等。其三，媒介传播：一方面，利用杭城主流新闻媒介加大健康日和健康节的资讯传播，注重舆论造势，吸引社会各界的关注和市民群众的积极参与。另一方面，强化互联网意识，重视新媒体新传播，利用网站网页、微信、微博、移动APP、视频直播等传播健康日健康节新闻动态。此外，考虑到突发公共卫生事件发生，依据疫情防控的特殊要求，可以尝试举办"云上健康日""云上健康节"，网上与网下互相联动，主题活动与公众参与协作融合。

创新之处：第一，举办"杭州市民健康日"（杭州市民健康节）活动，是杭州建设中国特色社会主义"重要窗口"、打造独具韵味别样精彩"世界东方名城"的新课题新视角，也是应对新冠肺炎疫情严重冲击与挑战的创新拓展之举。第二，以人为本，全民参与，凝心聚力打造"健康之城"目标。创新举办"杭州市民健康日"（杭州市民健康节）聚焦日常健康行为和健康习惯，研讨健康动态，交流健康资讯，有助于推进杭城广大市民群众的健康意识、健康水平，提高杭州老百姓的幸福感、获得感。

预期效果：首创"杭州市民健康日"（杭州市民健康节），一举多得：一方面，可以通过节会举办普及宣传健康知识，让广大市民百姓了解国内外最新的健康资讯和健康动态，学习借鉴国内外先进的疫情防控经验和疫情科研成果，积极推动提升杭州的医疗卫生与重大疫情工作水准，造福广大市民群众。另一方面，通过"杭州市民健康日"（杭州市民健康节），吸引新闻媒介与社会各界关注，让杭州再次成为新闻报道主角和刷屏流量的网红，借用节会的传播进一步提高杭州城市的知名度和形象力。

（作者：姚小明）

论北京故宫建筑群布局的两种叙述[①]

阙维民

北京大学城市与环境学院

北京故宫，即明清紫禁城，又称大内、宫室、宫殿、宫禁、宫掖等，是中国等级最高的衙署建筑群，也是规模最大的传统院落。

中国传统院落的基本单元是单体四合院，由正房、东西厢房与大门组成；两个以上单体四合院，可南北连接，组合成复合院落（如前、后院；南、中、北院；一院、二院、三院、四院等等）；多个南北复合院落，可东西并列，组合成院落群［如中路、东（左）路、西（右）路，等等］。故宫建筑群布局，完全基于中国传统院落的组合与复合。

因此，叙述故宫的建筑群布局，以中国传统院落为基础，能够把握故宫的肌理。但自1944年始，出现了以西方建筑学为基础的"中轴线"叙述。两种叙述，大相径庭，孰优孰劣，本文试做分析。

一、记载故宫建筑群布局的清代典籍

在中国典籍中，"轴"字的本义为车轮之轴，引申为画卷之轴、竹简书卷之轴。但从未出现过西方建筑学平面对称中心线意义上的"中轴线"概念。

北京故宫建成于清初，故记载故宫建筑群布局的历史典籍均为清代典籍，主要有《大清会典》《清通志》《国朝宫史》《日下旧闻考》《宸垣识略》《（嘉庆）大清一统志》《（光绪）顺天府志》等。这些典籍叙述，均将故宫建筑群分为南部的"外朝之制"与北部的"内庭宫掖"两部分，然后再依次（除《大清会典》外）叙述：外朝中、东、西路；内庭中、东、西路；内庭外东、西路。

《大清会典》（卷七十"工部"）是清代最早记载紫禁城（故宫）建筑群布局的官书。但叙述次序尚未理顺：将外朝东路与外朝西路置于最后叙述，且因成书较早而未述及内庭外东路（因宁寿宫建于康熙二十七年）。

---

① 根据PPT整理。

《清通志》（卷三十二"都邑畧"）与《国朝宫史》（卷十一—卷十三"宫殿"）两著，成书于紫禁城修建完成后的乾隆年间，故清晰地叙述了紫禁城中的每一个院落，也是第一次清晰地依据顺序而叙述，后者还在相应的院落与建筑叙述后，添加了大量相关诗文内容。

《日下旧闻考》（卷九～卷十九"国朝宫室"）与《宸垣识略》（卷二"大内"）分别成书于乾隆与咸丰年间，在《大清会典》与《清通志》所叙的基础上，增加了许多诗文内容。

《大清一统志》（卷一"京师·城池"）仅叙述紫禁城的外朝中、东、西路，而"自乾清门以内，殿廷之制度，中禁严密，不敢详载"。

《（光绪）顺天府志》（卷二"京师二·宫禁上"）以《国朝宫史》与《日下旧闻考》所叙为据，繁简适宜、完整依序地叙述了紫禁城的建筑群布局。此著吸收了前述典籍的研究成果，删除了烦琐的诗文内容，增改为简洁的随文注释。

读者若仅想一般了解故宫建筑群的布局与名称，可读《大清会典》与《清通志》；若欲全面了解北京故宫建筑群布局，当先阅《顺天府志》为宜；若想了解主要宫殿建筑的功能及往事，可细读《国朝宫史》《日下旧闻考》与《宸垣识略》中的诗文；若有志于故宫建筑群及其布局的学术研究，则需进一步掌握清宫档案以及样式雷故宫图纸。

二、故宫建筑群布局的传统叙述

北京故宫，"周六里，南北长二百三十六丈二尺，东西长三百有二丈九尺五寸"（《大清一统志》），宫内的单体建筑通名，包括宫、门、殿、阁、堂、所、斋、轩、馆、楼、库、府、房、院、署、处、庙、祠、花园等。若干单体建筑组成大小不同的院落，而众多院落的组合与复合，构成了故宫建筑群的整体布局，现据上述清代典籍，依次叙述如下：

（一）外朝之制

1. 外朝中路

主要是由午门、太和门、太和殿、中和殿、保和殿及其东西两庑建筑所构成的三进大院。

保和殿之北与乾清门之间构成"外朝之制"与"内庭宫掖"的过渡院落。

2. 外朝东路

主要院落有文华殿、文渊阁、传心殿、南三所，以及内阁大堂、国史馆、清史西馆、上驷院、箭亭等建筑。

3. 外朝西路

主要院落有武英殿、咸安宫、内务府、南薰殿，以及器皿库、方略馆、三通馆等建筑。

（二）内庭宫掖

4. 内庭中路

主要是由乾清门、乾清宫、交泰殿、坤宁宫、坤宁门及其东西两庑建筑所构成的三进院落；以及由坤宁门、钦安殿、永光门、顺贞门及其周边四围建筑所构成的御花园。

5. 内庭东路

主要院落有东六宫、北五所、斋宫、毓庆宫、玄穹宝殿、茶果库房等。

6. 内庭西路

主要院落有西六宫、养心殿、漱芳斋、重花宫、静怡轩、建福宫、延庆殿、延春阁、中正殿、雨花阁等。

7. 内庭外东路

主要院落为奉先殿、宁寿宫与乐奉堂。

8. 内庭外西路

主要院落为慈宁宫、寿康宫、寿安宫、英华殿、慈宁花园、城隍庙等。

故宫建筑群布局的传统叙述，是基于看得见、摸得着的建筑实体。其叙述的建筑空间，是以院落为基础的前后并列立体空间，依次顺序，脉络清晰，遍及每一个院落、每一座殿宇、每一处建筑。

三、"中轴线"叙述的几个问题

故宫建筑群布局的"中轴线"叙述，是基于看不见、摸不着的虚拟建筑中心线，从而出现以下几个问题。

（一）虚拟与现实的问题

"中轴线"是一条看不见、摸不着的虚拟线，这条虚拟线需要依赖其物质载体——现实存在的单体建筑、单个院落或组合院落——才能得以体现。

故宫外朝中路与内庭中路中心线上有15处建筑，自南而北，分别是午门、太和门、太和殿、中和殿、保和殿、乾清门、乾清宫、交泰殿、坤宁宫、坤宁门、天一门、钦安殿、承光门、顺天门、神武门，构成了南北一列建筑群，它们是虚拟"中轴线"的物质载体。若将这列作为物质载体的建筑群视为"中轴线"，显然是成问题的。

（二）二维平面与三维空间的问题

"中轴线"是虚拟二维平面上的一条线，而其物质载体却是现实存在的三维立体空间。组合院落"中轴线"上的前后单体建筑，其立体空间的长度、宽度与高度，也往往不一致。

故宫外朝中路与内庭中路中心线上的15处建筑，其各自的东西宽度不一，若将它们的东西宽度垂直投影在二维平面上并南北相连，必定呈现出一条由14段宽窄不一的带段相连接的"中路带"，若将这条"中路带"视为"中轴线"，显然是成问题的。

（三）对称与失衡的问题

建筑（群）的"中轴线"，依赖建筑（群）的东西（或左右）对称而呈现，若不对称，则不成其为"中轴线"。

所谓故宫的"中轴线"，只是依赖故宫外朝中路与内庭中路中心线上的15处建筑而呈现，而外朝东路与西路、内庭东路与西路、内庭外东路与西路的建筑群，均不呈东西对称分布。即使内庭中路北部御花园内的建筑，也不完全呈东西对称布（如钦安殿西南有四神祠，而钦安殿东南的对称位置无建筑）。

因此，严格地讲，所谓的故宫"中轴线"，只是故宫中路建筑群的"中轴线"，而不是故宫所有建筑群的"中轴线"。

（四）有序与无秩的问题

按"中轴线"的定义，故宫中几乎所有单体建筑、单个院落，甚至南北组合院落，均有其各自的"中轴线"。

在故宫"外朝之制"与"内庭宫掖"的八组建筑群中，仅外朝中路与内庭中路建筑群呈现出统一的"中轴线"，且恰好南北衔接，呈现出贯穿故宫南北的"中轴线"。而其余六组建筑群，均未呈现出统一的"中轴线"。

因此，若依据"中轴线"来叙述故宫的建筑群布局，除了中路建筑群自南而北可依次叙述外，东西两路因无统一"中轴线"，尤其是多组南北向院落东西并列成复合型院落的建筑群（如内庭东、西路），而无法依次叙述。

鉴于上述四个问题，故宫建筑群布局的"中轴线"叙述，往往是有始无终，遇到东西路建筑群时，只能以传统叙述来弥补。

四、结 论

北京故宫建筑群布局，是基于中国传统院落的组合与复合。清代典籍对于故宫建筑群的叙述，符合其布局规律，条理清晰，完整有序。而基于西方建筑学的"中轴线"叙述，仅针对故宫中路建筑群，无法全面有序地叙述完整的故宫建筑群，不符合故宫建筑群布局的原理与现实。

2020历史城市景观保护联盟年会暨"城市文化遗产保护"主题论坛综述

杭州国际城市学研究中心
浙江省城市治理研究中心

习近平总书记在中央政治局第二十三次集体学习时强调："历史文化遗产不仅生动述说着过去，也深刻影响着当下和未来；不仅属于我们，也属于子孙后代。保护好、传承好历史文化遗产是对历史负责、对人民负责。我们要加强考古工作和历史研究，让收藏在博物馆里的文物、陈列在广阔大地上的遗产、书写在古籍里的文字都活起来，丰富全社会历史文化滋养。"为落实习近平总书记系列重要讲话精神和中央城市工作会议，第九届杭州世界文化遗产国际会议、2020历史城市景观保护联盟年会、"城市文化遗产保护问题"主题论坛于2020年11月8日在杭州召开。本次论坛由杭州国际城市学研究中心（杭州研究院、世界遗产保护杭州研究中心）、杭州市园林文物局、浙江大学文化遗产研究院、浙江省城市治理研究中心主办。

会议重点探讨城市发展中文化遗产保护的新理念、新方法、新路径，特别是深入研究如何加强文化遗产与人民群众生活相结合，发现文遗保护的公众参与新路径，将文化遗产的保护与利用纳入城市文化公共政策、城市文化创意产业、城市有机更新等工作进程之中。会议由浙江大学文化遗产研究院院长曹锦炎主持。会议第一阶段为历史城市景观保护联盟年会开幕式。济南市水务局局长李季孝致欢迎词，并举行了联盟优秀研究成果颁奖仪式、丁云川先生捐赠仪式。会议第二阶段为主旨演讲。北京大学城市与环境学院教授阙维民、复旦大学文物与博物馆学系教授杜晓帆、中国文物保护基金会副理事长詹长法、扬州市委宣传部副部长李广春、新华社浙江分社轮值总编方益波等文化遗产保护领域专家作主旨演讲。

阙维民（北京大学世界遗产研究中心副主任）：作了题为"论北京故宫建筑群布局的两种叙述"的学术报告。阙维民教授认为故宫建筑群布局的"中轴线"叙述，是基于看不见、摸不着的虚拟建筑中心线，对于"中轴线"的叙述会出现虚拟与现实的问题、二维平面与三维空间的问题、对称与失衡的问题、有序与无秩的问题。有鉴于此，故宫建筑群布局的"中轴线"叙述，往往是有始无终，遇到东西路建筑群时，只能以传统叙述来弥补。故北京故宫建筑群布局，是基于中国传统院落的组合与复合；清代典籍对于故宫建筑群的叙述，符合其布局规律，条理清晰，完整有序；而基于西方建筑学的"中轴线"叙述，仅针对故宫中路建筑群，无法全面有序地叙述完整的故宫建筑群，不符合故宫建筑群布局的原理与现实。

杜晓帆（复旦大学教授、东亚文化遗产保护学会副会长）：作题为"世界文化遗产视野下的文化自信——理念的交融、实践和发展"的学术报告。主要就四方面提出了疑问：其一，随着全人类遗产保护意识的提高，当面对那些仍旧与普通大众息息相关的文化遗产、那些仍旧生活在文化遗产中的人们时，如何合理处理人与遗产之间的关系，是遗产保护必须解决的问题。其二，所谓世界遗产名录的可信性也就是针对其突出的普遍价值而言的。那么，全世界到底有多少遗产具有突出的普遍价值？世界遗产名录的是否应该有上限？中国还有多少遗产地可以进入世界遗产名录？另外，如何诠释突出的普遍价值，如何认识它与真实性、完整性之间的关系？其三，文化景观的发展势头已经远远超过了文化与自然混合遗产。文化景观与混合遗产有何异同？是否会像有些专家所指出的，文化景观将会取代混合遗产？其四，在工业遗产的保护日益得到重视的今天，工业遗产的再利用与它作为遗产的真实性的问题如果没有得到妥善处理，其遗产价值的判断将会变得模糊不清。

詹长法（中国文物保护基金会副会长）：作题为"历史遗址与城市文化景观的保护展示策略"的报告。提出了遗产保护防护还是展示问题，究竟怎样去谈美的问题和保护的有效性以及公众展示问题。西方做艺术精品展示时利用一个大的空间，放进小的一件艺术作品时，能够带给人一种震撼和吸引，这正是值得我们去思考的。另外，我们还应更关注的文物数字化问题。中国的国宝数非常大，5058处的遗址当中，部分遗址已经遭受了严重损失，在数字化的助推之下，我们也可以做到数字回归、重合、重构。例如，浙江大学刁老师的团队也在全国做了不少这方面的案例，比较有影响的是龙门石窟，这正是文物数字化保存展示的未来方向。

李广春（扬州市委宣传部副部长）：就大运河文化带的建设做了汇报，提出大运河文化带的建设已进入一个新阶段，在下个阶段的任务中，我们要充分准确地领会中央文化的要求，在文化带建设新起点上，以更多的办法推动，使大运河文化带、旅游带、生态带"三带"融为一体，成为中华文化的金名片。

方益波（新华社浙江分社轮值总编）就其亲身参与的文化遗产案例报道做了汇报，通过其亲身经历的西溪湿地保护工程、老香格里拉饭店、宁波张苍水故居等报道案例，揭示了遗产发展是个你中有我、我中有你、融会贯通、不可分割的机制。

朱炳仁（国家级非遗传承人）：在会议最后从建筑、艺术、文创方面介绍了我国的铜文化的现状与发展。

与会专家学者、联盟单位和获奖作者对杭州城研中心（浙江省城市治理研究中心）致力于推动城市学研究工作、推进城市可持续发展、破解"城市病"做出的重要贡献给予了充分肯定和高度评价。

2020 "城市文化遗产保护问题"
钱学森城市学金奖获奖作品综述

杭州国际城市学研究中心
浙江省城市治理研究中心

为研究探讨城市文化遗产保护问题之道，自2020年1月起，杭州国际城市学研究中心以"遗产活化与城市发展"为主题，开展了第十届"钱学森城市学金奖"征集评选活动。征集评选活动共收到国内外参评专业作品238篇（部），其中专著21部。经过初选、初评、通讯评审、集中评审等评选程序，2020年11月7日召开的第十届"钱学森城市学金奖"专家评审会，评选产生了"钱学森城市学金奖"作品1篇（部），"钱学森城市学金奖"提名奖作品10篇（部）。现将部分优秀成果的主要观点综述如下：

一、文化遗产保护的案例分析

周淼（浙大城市学院）：建筑遗产保护是一项多学科、多行业共同参与的事业，其中，最基础的工作是对历史真实的揭示和对历史价值的阐释。只有明确了保护对象的历史价值、全面获取了保护对象的历史信息，保护工作才能有针对性地有序展开。而历史建筑的调查、研究、价值阐释，都需要借助建筑考古学与建筑史学的研究方法才能实现。建筑考古学重在实证，建筑史学则重在系统性阐释，二者互相促进、互相渗透。《唐宋建筑转型与法式化：五代宋金时期晋中地区木构建筑研究》是关于唐宋时期木构建筑研究的一部专著，综合运用多种建筑考古学研究方法，揭示古代建筑发展史中唐宋建筑转型与法式化问题。

关于唐宋时期木构建筑的研究在中国建筑考古学、建筑历史学研究中一直是重要的课题，并具有独特的意义。几代研究者不断地开展实物调查工作，并结合对北宋官方建筑技术书《营造法式》的专项研究，基本形成了针对唐宋时期木构建筑的研究方法体系。近年来，宋金遗构大量发现、测绘勘察技术改进、考古学研究方法引入、文物建筑保护技术国际交流增加，使得调查过程中可以获得更多新线索，以进行深入研究，研究的思路和方法都发生了巨大的变化。新案例、新视角、新方法有助于研究者发现大量技术现象和细节，选取典型地域和典型案例进行区域建筑技术史的梳理，成为深入研究早期木构建筑的基本途径。

该著作致力于建筑考古学理论与方法、中国古代木构建筑技术史研究，在参加国家文物局指南针计划"中国古代建筑精细测绘——晋祠圣母殿精细测绘"项目过程中，发现各种线索，在此后的五年中，详细调查晋祠圣母殿所处的太原盆地及周边山区保存的五代宋金时期木构建筑，撰写完成此书。通过木构建筑技术史研究，解答自五代至金代后期晋中地区木构建筑形制与技术的历时性变化的问题，从而揭示唐宋时期建筑转型与《营造法式》做法在华北地区传播、融合的一些片段。

王军（中国城市规划设计院）：我国工业遗产和工业历史地段是世界工业遗产的重要组成部分，同时具有鲜明的中国特色，是中国特色社会主义道路模式的物证，是激发自力更生、艰苦奋斗、树立核心价值观、爱国主义教育的重要物化教材，具有丰富的遗产价值和文化意义。随着中国特色社会主义进入新时代，遗产保护利用成为实现中华民族伟大复兴的重要抓手。作为特殊的遗产类型，退出生产功能的工业历史地段是新时代城市转型的特色资源，对工业遗产和工业历史地段的保护更新、活化利用是拓展遗产保护视野、提升城市功能活力的重要手段。

为此，在工业文化遗产的保护上，我们首先要做到以文明传承为导向，科学构建保护体系，避免保护的盲目性。工业历史地段作为一种特殊的遗产类型，保护的前提是对其承载的多元价值的系统认知。对于工业历史地段的价值认知，要破除"以古为贵"的传统思想束缚，跳出工业建构筑物本身，从人类文明发展进步的视角，重新审视工业文明对人类发展的贡献，深入研究工业文明的核心价值。以文明传承为导向，科学评估甄别保护对象和保护方法，避免工业历史地段和工业遗产保护的盲目性。其次是要以城市转型为目标，合理确定功能业态，避免改造的随意性。工业历史地段的更新再利用，是城市存量用地更新优化的重要方向之一，应当深入研究新时代城市转型提质的典型特征和基本需求，准确把握城市发展的客观规律，引导工业历史地段由最初形成的"以生产为核心"模式向新时代"以特色适宜功能为核心"模式转变，进而针对性地引导适应城市发展需求的合理功能业态布局，避免工业历史地段和工业遗产改造利用的随意性。最后要以环境安全为前提，加大棕地污染治理，实现生态持续修复。未来凡涉及工业历史地段的保护利用，除执行规划建设、遗产保护领域的相关规定外，还应严格执行环保部门的要求，加大棕地污染治理和生态修复力度。

张松（同济大学）：回顾历史，在现代社会之前，由于卫生条件太差，城市经常遭受疾病和瘟疫的"光顾"。历史上的城市化进程给病毒传播也提供了"捷径"，带来过风险和灾害。在经济社会全面高速发展"风调雨顺"的时期，人们似乎忘记了城市的另一面。现代城市规划的诞生缘于公共健康，"规划是为塑造或保护建成环境和自然环境而制定的策略"。城市规划在保护、保存和资源管理方面有着悠久的历史，其目的是维护和节约重要的环境资产，诸如生境、景观、水资源、开放空间和农田、空气质量、历史建筑等等。

痛定思痛，面对突发事件给城市带来的危机和巨大挑战，未来的国土空间规划需要从发展战略到整体措施加强城市保护（urban conservation）。空间规划既要重新认识城市，也要反思规划实践的意义。规划被经济利益主导作为实用主义的管理工具已经太久，以至于我们忘记了城市设计和空间规划的"初心"。人们通常都会认为城市比乡村、村镇具有更强的可塑性，仿佛城市具有无限的可能性，却没有意识到"可塑性既是一种力量，也是极为致命的弱点"。城市是有机生命体，规划需要从社会、经济、环境和文化等维度保护城市可持续性。生态文明建设不只是山水林田湖草的问题，更需要在城市空间规划管理过程中全面落实绿色发展理念，城市环境状况直接影响到经济持续健康发展，也关系政治和社会建设。城市是人类生存发展的主要人居环境，当我们要"像对待生命一样对待生态环境"，并"实行最严格的生态环境保护制度"。可持续的城市是其中不可或缺的重要方面，城市建成环境的保护管理必须置于未来可持续发展的核心位置。保护我们的城市和人居环境，与现代化发展并驾齐驱，切实做到"在保护中发展，在发展中保护"。生态环境资源和历史文化资源是支撑城市持续发展的重要方面，城市保护与可持续发展的理念和目标高度一致，它具有维护生态环境资源和历史文化资源的双重使命。城市保护可以有效地管理城市的变化，保护城市的可持续性（sustainability），保持城市的连续性（continuity）。狭义的城市保护是在城市建成环境中保护绿地和自然资源的生态实践，今天，城市越来越多地依赖于城市以外的生态系统。国土空间规划需要从城市生态环境的整体性、系统性和复杂性出发，实行整体保护、系统修复、综合治理，逐步形成良好的城市生态环境系统。

在空间规划和城市设计技术层面，需要重新学习吸收传统城市的空间设计理念，学习借鉴欧洲等发达国家和地区在空间规划和资源管理方面的经验。事实上，经过30余年工业化、现代化的快速发展，我国城市化水平已超常规持续提升，2019年末我国常住人口城镇化率达到60.60%。在新的城市时代，沿海发达地区大城市已经进入存量规划和土地"零增长""负增长"阶段，在这一背景下，针对城市保护管理和有机更新政策研究就显得尤为重要和迫切。未来，无论是落实推进《新城市议程》，还是贯彻中央城市工作会议精神，需要重新审视现行的发展规划理论、方法和政策措施，重新认识和理解城市的本质与属性，认识到城市发展与经济发展的差异性、城市文化与日常生活的关联性，需要关注作为整体的城市和人居环境，及其社会、经济、文化和生态等综合价值。

二、文化遗产保护的政策分析

岳小花（中国社会科学院法学研究所）：自然与人文遗迹资源是全人类的财富。党的十九大报告提出，新时代我国社会主要矛盾已经转化为人民日益增长的美好生活需要和不平衡不充分的发展之间的矛盾。人民的美好生活是多方面的，不仅局限于物质生活需要，还包括优美的自然环境、保存良好的历史文化氛围等等。自然与人文遗迹作为大自然和先祖遗留下来的宝贵财富，能够为人民生活及社会建设提供重要的文化与精神支撑。当前形势下，我们亟须加强对自然与人文遗迹保护的保护力度，优化立法体系，以更好地发挥法律的指引、评价、教育及其强制功能，运用法治的力量推动自然与人文遗迹保护的良性发展。

王思渝（北京大学）：近年来，"文化遗产"日益成为一个"风靡"的概念，在现代社会生活当中，我们常提所谓的"文化遗产热"。在面对这样的现象的时候，我们是否考虑过这样一个问题：这些我们日渐熟悉了的"文化遗产"，是生来便理应被理解为一种保护或展示对象吗？抑或"文化遗产"更类似于一种身份，是由隐藏在其背后的主体赋予的呢？

从城市乃至区域发展与文化遗产保护传承的现实角度来看，单纯地考虑遗产本体保护或激进地寻求活化开发利用，成了业界已尝试过并且遭遇了重重挑战的两极，今天更多的思想和实践都在主张在一个区域整体语境当中去寻求这两极之间的平衡。但是，具体如何来做？对于不同类型的文化遗产来说，恐怕需要做出不同的答案。而大型考古遗址在此方面所面临的问题尤显严峻。原因在于，一是城市发展最基本的问题还是用地，而大型考古遗址在用地问题上往往要求严、面积大甚至面临着高度的不可预测性；二是在管理体制和专业壁垒上，城市发展部门与建设部门的关系往往更为密切，而面对地下考古遗址之时，仍有诸多体制不顺、专业不通的问题，这类文化遗产的保护也是在近20年来才愈发得到重视，因此，也成了一个地方管理者所不熟悉的"新"问题；三是在现有的保护和展示技术上，大型考古遗址仍然面临着投入大、可逆性差、可观赏性差的问题，由此甚至会衍生出一系列公共参与度低、可转换为公众福利的比率低等问题。基于此，在过去的20年间，以国家文物局为倡导、各级地方积极响应的"大遗址"政策以及考古遗址公园，可谓试图解决上述问题的一次重要尝试。那么，这样的尝试究竟成效如何？其过程当中，出现过怎样的经验与徘徊？这正是需要着力回应的一个现实问题。在解决这个问题时，我们有必要跳出单一的文物部门、考古部门、城市规划部门乃至政府部门的限制来看问题，从主体各自的价值立场与权力关系出发，构造一个更为完整的图景。

刘爱河（中国文化遗产研究院）：社会力量参与文物保护利用是我国长期以来坚持的工作理念和方法，只是不同时期的参与方式、参与的深度与广度有所不同。新中国历史上社会力量参与文物保护利用有3个明显的高峰期：一是20世纪50到60年代中期，为支持博物馆建设，收藏大家纷纷将自己的收藏珍品无偿捐赠给国家；二是20世纪80年代，邓小平、习仲勋同志为长城保护工作题词"爱我中华　修我长城"后，社会各界纷纷捐款捐物，在全国范围内掀起了社会力量参与长城保护的热潮；三是第三次全国文物普查期间，各地志愿者积极提供线索，绘制地图，为普查队员带路甚至开路，帮助普查队员寻找遗迹，还提供族谱、家谱、地方志等文字资料，为普查工作提供全方位的支持，发挥了非常重要的作用。社会力量参与文物保护利用真正掀起高潮并持续发力是在改革开放之后。在体制上，国家打破了计划经济体制下国家对文物保护利用大包大揽的体制机制，从计划经济体制向市场经济体制转换，文物保护利用的主体趋于多元化；在法律政策层面，国家陆续出台了一系列支持非公经济、社会组织发展，支持社会力量、社会资本参与文物保护利用的政策措施；在实践层面，考古勘探、古建维修、博物馆策展布展、大遗址保护利用、文物保护单位安防消防等的社会化步伐明显加快，文物保护利用进入国家主导、社会参与的多元化时代。

在国家治理体系和治理能力现代化不断推进的大背景下，文物行业也应该加快推进治理体系和治理能力的现代化，这就要求文物行政管理部门、市场和社会重新定位，互相加强沟通协调，形成良性互动、合作共赢的良性循环局面。政府不能大包大揽，要进一步简政放权，更多地向市场、向社会放权，充分调动市场和社会的积极性，激发市场和社会的活力和潜力，由管理型向服务型转变，在引导市场和社会发挥好各自作用的同时，做好管理和监督工作。

当前，我国文物行业人力和财力严重不足，迫切需要社会力量提供更多支持，社会力量参与文物保护利用是新时代文物事业发展的必然要求；随着物质生活水平明显提高，人们开始追求更丰富的精神文化生活，对传统文化和文物工作的关注度越来越高，社会力量参与文物保护利用也是满足人民日益增长的美好生活需要的必然要求。国务院和相关部门已经出台一系列政策举措，推动文物保护利用法治化、制度化、社会化。近年来出现的新的业态、新的领域、新的保护利用方式充分表明，社会力量正在悄然改变着文物保护利用的队伍构成、资金构成、技术构成，改变着文物保护利用的传统模式。随着社会主要矛盾的变化，新的发展理念的要求，特别是党和国家关于鼓励、支持、引导非公有制经济发展，使市场在资源配置中起决定性作用等系列新政的推出，社会力量、社会资本参与文物保护利用的法律环境、政策环境、社会环境将更加宽松，社会力量参与文物保护利用将成为大势所趋、事业所需、民心所向。

三、文化遗产保护的对策建议

杜骞（上海交通大学）：《意大利文化遗产保护与利用的公众参与激励机制》一文提出，意大利的文化遗产保护一直走在世界前列，与其完备的法律体系、行之有效的管理体制、根植于国民内心的保护意识有密切关系。在公众参与方面，意大利多管齐下，出台一系列新政策，充分调动企业和个人的积极性。这些政策之所以能够取得较好效果，一个重要的基础条件在于意大利较为完善的税收制度。在立法层面，意大利税收法律非常完备，在执法层面，意大利自上而下设立了完整的税收征管体系。在这一前提下，税收分配对文化遗产保护与文化活动领域给予了倾斜，并从具体的法令和项目上给予实施保障。意大利政府根据当时的经济状况或是重大自然灾害情况进行调整，发挥税收的杠杆作用，从而保证文化遗产事业的常规支出和应急支出。在这一机制下，不同的手段又展现了各自的特点。"千分之五"项目和"千分之八"项目是国家在宏观部署的前提下，把财政的分配权有条件地交给纳税人。数额虽小，也不能给纳税人带来直接的利益，但是促进了公众对公共文化事业的认知和参与度，在一定程度上体现了民主意愿。对于纳税个体而言，金额虽小，但"众人拾柴火焰高"，对于受捐对象却是极大的支持，尤其是保障中小型、地方性机构可以开展形式多样的文化遗产保护活动。捐赠这一手段对于参与主体的最直接利益在于税收抵免。

事实上，中国也有类似条文，企业和个人对公益事业的捐款，均可在报税中给予一定比例的扣除。区别在于，文化遗产在中国税法体系中并不是明确的资助对象。近几年，意大利推行的一系列捐款项目中，"艺术补贴"的参与度和影响力最大，可将其本质理解为把众筹与所得税减免相结合的一种做法。特点在于实施过程中的操作便捷性与透明度，捐款人信息公开、资金使用方式公开，防止文物保护工程与文化活动成为洗钱的渠道，并及时使捐款人获得社会认可。不论是捐款还是租赁，意大利都相当重视文化遗产保护与活化利用的结合。在资金分配中，用于保护修缮的只是一部分，另一部分是用于文化场所的提升与在文化场所内开展的活动。这一做法有利于文化遗产在当代社会发挥新的作用，公众在分享文化遗产的价值的同时，也会加深对文化遗产的认知，提升对文化遗产保护工作的满意度，进而更加积极地参与文化遗产保护，最终在全社会形成"保护—利用—认知"三个过程彼此促进的良性循环。

楼舒（杭州市历史建筑保护管理中心）：近年来，我国不断提高对历史建筑保护利用的重视程度。2016年住建部印发《历史文化街区划定和历史建筑确定工作方案》，提出"用五年左右时间，完成所有城市历史文化街区和历史建筑确定工作"。据统计，目前全国已公布的历史建筑有247万处，数量激增。大量老建筑列入保护名录，加大了各地保护管理的责任。但从机构和人员配置上看，与承担的繁重任务极不相称，专职管理机构和专业管理人员紧缺是普遍现象。以杭州为例，2015年公布的历史建筑数量为336处，截止到2020年7月底公布的数量为1644处，增加了近五倍。公布范围也从老城区扩大到覆盖富阳、临安、建德、桐庐、淳安等所有区、县（市）。由于机构改革，撤销原有的历史建筑保护专职管理机构，合并至新成立的文物遗产和历史建筑保护中心。合并后的新机构不仅承担文物遗产的保护职责，还要承担历史街区、历史建筑等历史文化名城保护管理职责，而其中的历史建筑保护从业人员仅为6人。各区、县（市）历史建筑的保护职责一般由属地住建部门或文广部门、规资部门承担，这些单位均未设专职的科室，一般由园林文物科或村镇处等相关科室兼管，从业工作人员一般只有1~2名，还要兼顾园林绿化、文物保护、老旧小区改造等主业。因此，无论机构设置还是人员保障，都很难满足当下历史建筑保护利用工作的实际需要。

资金方面，各地历史建筑保护资金主要是由地方政府财政支付。然而许多历史建筑资源较为丰富的地区属于贫困地区，地方财力有限，保护投入资金不足，导致不少历史建筑保存质量不佳，有些甚至处于濒危状态。此外，历史建筑与文物相比，产权情况更为复杂，不少历史建筑为私有产权，或居住着低收入阶层。大多数所有者或居住者不愿为修缮买单，寄希望于政府搬迁改变命运，或政府全额出资修缮。同时，各地法规政策也都明确，历史建筑的产权人或保护责任人有承担修缮和保护历史建筑的责任义务，政府一般只支持较少比例的修缮补贴。因此，不少私有产权的历史建筑因缺少费用得不到有效修缮和保护。

解决这些长期存在的难题，需要我们打开思路，探索"共治共享"的保护利用机制。2017年底，住建部发布了《关于将北京等10个城市列入第一批历史建筑保护利用试点城市的通知》，提出："要逐步形成部门协同、公众参与、法制保障的历史建筑保护利用机制，形成良好共享共管共建的良好格局"；"破解政府单一资金投入的资金模式，鼓励多元投资主体、社会力量和居民参与历史建筑保护投入和经营，形成风险共担、利益共享的投资机制"。鼓励社会力量参与文化遗产保护是全球文化事业的一种发展趋势。例如，法国在推动社会力量修缮、使用国有文物方面积累了不少经验，活跃着一类商业性质的文化遗产管理公司，它们通过聘用文物保护、艺术史、文化遗产管理等专业技术人员，修缮、维护、管理、使用文物，在文物行政管理部门的监管和社会的监督下，发挥文物的文化和经济社会价值。

董新林（中国社会科学院考古研究所）：唐朝以后，中国都城制度出现了两套系统。以"日"字形平面布局为特征的"辽上京规制"的形成，堪称中国北方草原游牧文化传统和中原农耕文化传统在都城规划设计方面相融合的杰作，是北方少数民族统治以汉人为多数的帝国时"因俗而治"政治制度的物化表象形式。这似乎反映出北方民族建立的帝国初期还存在民族隔阂的色彩。辽、金、元、清诸帝国都城规划或使用理念一脉相承。以"回"字形平面布局为特征的"北宋东京模式"，是汉族皇帝建立的帝国突出"皇权至上"思想的物化表象形式，折射出中国古代政治文化的核心要素——中央集权为特色的官僚体制。辽帝国和金帝国中期以后的辽中京和金中都二城，以及元大都城都明显表现出更好地承继了"北宋东京模式"，更为强调"中国威仪之尊"的情况，展现了以汉文化为主旋律的中华传统文化强大的影响力和兼容性，反映了胡汉民族不断融合和走向统一的大趋势。明清北京城更是统一多民族的中华帝国形成的象征。

2020 "城市文化遗产保护问题"
西湖城市学金奖优秀金点子

杭州国际城市学研究中心
浙江省城市治理研究中心

一、探索建立城市文化遗产"认养"制

主要举措：城市文化遗产归根到底是人民的遗产、群众的遗产。要最大化发动群众力量，探索建立城市文化遗产"认养"制度，找到真正的共建共治共享的良方。建议从三个层面开展"认养"活动，从三项"福利"中激发社会参与度。一是开展企业认养，给予广告福利。对一些城市文化遗产，可以让企业来投入全部或者部分资金进行运维、保护。同时，为鼓励企业参与，可在不影响文物完整和安全的前提下，在附近为企业设置一定的广告位，让企业定期发布相关广告。二是开展机关单位及学校认养，给予学习福利。一些城市文化遗产，可设立"产长制"，即鼓励机关单位或者学校来"结对"保护。前期对机关单位及学校开展保护培训，了解文化遗产特点，掌握保护知识。有条件的可以组织单位"捐款"来为保护文化遗产做贡献。同样，对结对单位，可以提供一年限定次数的免费学习、参观。三是开展民间认养，给予体验福利。一些城市文化遗产，可以对民间开放"认养"。可以多人共同出资"认养"，也可以众筹"认养"，更可以采取"云认养"，通过网络捐款的方式，颁发网络认养证书，以资鼓励。同时，可开展定期抽奖活动，对参与认养的人员提供免费参观体验的机会。

创新之处：一是打通群众参与"壁垒"。以往群众只能作为参观者、旁观者来观看城市文化遗产，但举办"认养日"颁发认养证书、认养感谢信的方式，能够让群众切实参与进来，更能发挥"主人翁"意识。让城市文化遗产也能像居民小区一样，受到广大群众的共同保护。二是引入企业"资金活水"。能引入社会资金来保护城市文化遗产，进一步而言，更能引入社会先进技术，避免了在保护城市文化遗产上政府部门单打独斗。

预期效果：一是能有效缓解财政负担。减少财政在城市文化遗产上的维护开支，个别城市文化遗产还能创造一定利润，推动城市文化遗产的更广泛宣传。二是让城市文化遗产真正姓"公"。激发群众参与保护的热情，用颁发"认养"证书、认养感谢信，举办认养日等具有仪式感的方式，让更多人参与其中，实现人人为城市文化代言，人人都能体验城市文化遗产。三是促进更多企事业单位特别是学校参与，能够在一定时期内，实现城市文化遗产企事业单位和学校知晓率、参与率全覆盖。

（作者：吴昊）

二、弘扬街巷地名文化助推城市文化遗产保护

主要举措：街巷地名记录了社会的变迁，是历史的化石、沧桑的见证，往往寄寓了当地的人情世故，是重要的城市文化资源，也是杭州城市悠久历史和灿烂文化最好的体现。一是沿用稳定不变。杭州拥有2200年的历史，见证城市发展的街巷地名不能因为"城改热"而随意注销或更改，应该长期沿用，保持其稳定性。二是启用消失地名。要注重原有道路命名的历史文化传统，要对已灭失但有使用价值的历史地名进行恢复，例如杭州"归德弄""杭氧街""慧云巷"，以唤醒当地文化传统。三是重点派生扩展。以街巷地名文化背景为核心，延伸挖掘周围文化古迹和特色景点，形成系统有序的地名带，例如杭州的河坊街沿线就有知名的胡雪岩故居和江南铜屋，再加上两边的古建筑，仿佛昔日的杭州城就在眼前，也使河坊街得到很好的延续。四是延伸服务工作。在特色街巷地名主要道路设置二维码地名标识，创新通过"互联网＋"模式，以最新、最全的地名数据库及浙江天地图作为依托，将重要历史地名故事宣传及"吃、穿、游、娱"等大众服务功能融入二维码中，方便外来游客了解和使用。

创新之处：杭州作为历史文化名城，其街巷地名有着深厚的文化底蕴，充分结合杭州互联网发展的优势，将地名文化进行网络化，从而以更好的方式进行传播和呈现。

预期效果：街巷地名文化保护让历史与现实相结合、传统与现代相融汇、纸上与网络相补充，成为城市文化遗产传承和保护的又一张金名片。

（作者：张波）

城市绿度空间遥感

——让城市生活更美好

孟庆岩

中国科学院空天信息创新研究院研究员

"美丽中国"和生态文明建设是国家发展的重大需求。如何从空间角度研究城市自然—社会—经济复合系统是城市生态系统研究的前沿问题。我国高分辨率对地观测系统的快速发展是城市精细化管理、美丽城市建设、城市学发展的重要助推力。在此背景下，我们希望通过促进"遥感＋生态＋规划"的学科交叉，把城市看得更快、更细、更准。城市陆表环境遥感挖掘天—空—地观测优势，从绿度、热度、灰度、湿度、亮度等多维度、多视角研究城市，探索其时空演变规律、互作机制，为城市学研究提供支撑。

一、城市绿度空间研究背景与理念

城市绿度空间是指城市范围内为植被覆盖且具备一定生态服务效益，对城市环境有积极的影响，具有方便可达性的区域，较城市绿地而言更突出其三维特征。如何科学度量城市绿地分布和城市居民感知绿地的概率以及如何构建"遥感＋评价＋规划"多学科交叉的研究体系已成为解决诸多城市环境问题的迫切需求。《城市绿度空间遥感》通过挖掘"卫星遥感＋航空遥感＋近地遥感"的技术优势，构建城市植被多维信息提取—多方法绿度空间度量—多尺度感知—空间优化配置—遥感综合评价的完整技术体系，促进城市植被研究由二维向三维立体观测发展，可实现对城市植被数量、质量和人文感知量的定量度量。开展应用示范，促进城市绿度空间遥感的实用化、业务化，为城市规划、园林绿化、环境保护和城市精细化管理提供参考和决策支持。

二、多维度城市植被提取

（一）植被二维信息提取

植被信息提取是城市绿度空间遥感研究的基础。在遥感影像上，阴影常被视为地物识别的干扰信息，在一些城市植被遥感研究中直接忽略阴影区域的植被信息，降低了植被信息提取精度。研究分离阴影区/非阴影区，分别通过阈值法和机器学习方法，实现基于高空间分辨率遥感影像的城市植被二维信息高精度提取。城市植被生态效益的发挥不仅与绿地面积有关，还与植被生理生态参数有关，因此提取植被生物量、叶面积等参数能更好地指示城市绿度空间。

（二）城市植被三维结构信息提取

城市植被研究由二维向三维立体观测方向发展已成重要趋势。激光雷达（Light Detection and Ranging, LiDAR）拥有的全自动、高精度立体扫描技术，使快速直接获取地形表面模型成为可能，尤其适合获取植被等具有三维空间结构且立体形态不规则的地物信息。LiDAR技术的发展应用正逐步推动城市植被研究由二维向三维立体方向拓展。在此基础上，提出一套适用于不同单体树种的树冠边缘检测、树冠体积估算、冠层结构信息提取的技术流程。

三、多角度城市绿度感知

城市居民在工作、生活中，通过建筑物接触城市绿度空间。建筑物周围植被的数量、质量和分布及建筑物的结构决定了居民享受城市绿度空间的效率（见图1、图2）。伏案工作时，通过窗户接触城市绿度空间，观看附近植被是接触自然的重要方式。散步出行时，行道树的景观质量和空间分布决定着居民出行的舒适度，对行道树的日常目视接触可以提升城市居民的积极情绪。对城市绿度空间人文感知量的度量也将从建筑物尺度、楼层尺度和街道尺度展开。

图1　在不同楼层看绿度空间的视角感受

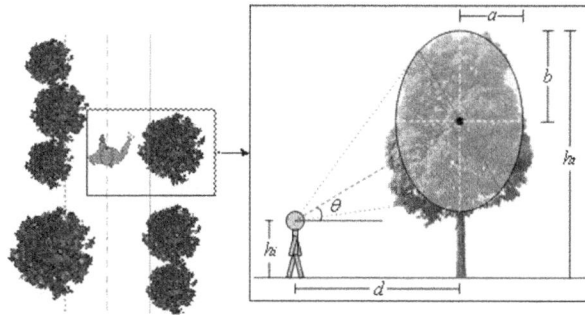

图2 观察者与行道树的空间几何关系示意

（一）建筑物尺度城市绿度感知

建筑物尺度的绿度感知量与绿地总量、绿地辐射受益量、建筑物高度和密度有关，通过构建建筑物邻域绿度指数（Building Neighborhood Green Index, BNGI）模型，反映城市居民在单体建筑物邻域内享受城市绿度空间的程度（见图3）。统计分析每个特征区域中的BNGI的分布特征，能更好地理解不同区域居民享受城市绿度空间的效益大小及分布。该模型突破格网法不能客观指示居民享受城市绿度效益大小的限制，可为城市环境宜居性研究提供参考。

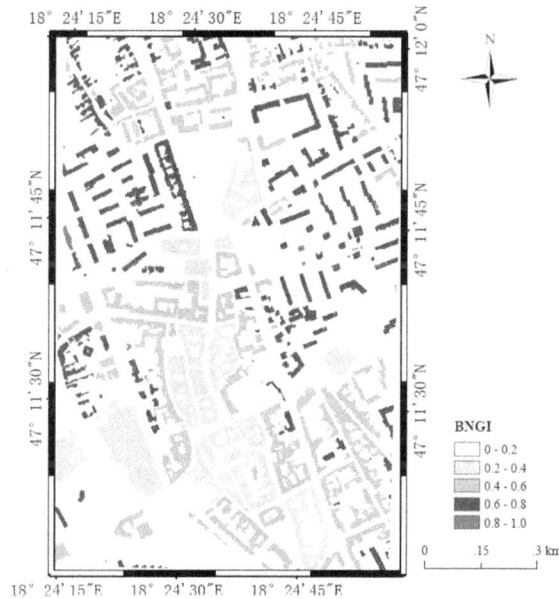

图3 研究区建筑物邻域绿度指数分布

（二）楼层尺度城市绿度感知

人们喜欢居住在拥有丰富绿地的社区，但拥挤的城市建筑却使人们远离了自然。针对不同楼层居民在室内对绿度空间的感知，提出一种新的指数——绿色开敞指数（exposure opportunity index, EOI），以评估不同楼层的城市绿度开敞水平（见图4）。该指数考虑了建筑物楼层和周边绿地的三维空间关系，分析计算了研究区超过200个建筑楼层的EOI，结果表明该指数能够评估居民在室内生活环境方面的绿度感知，并有望成为城市园林规划和住宅舒适度评估的有效工具。

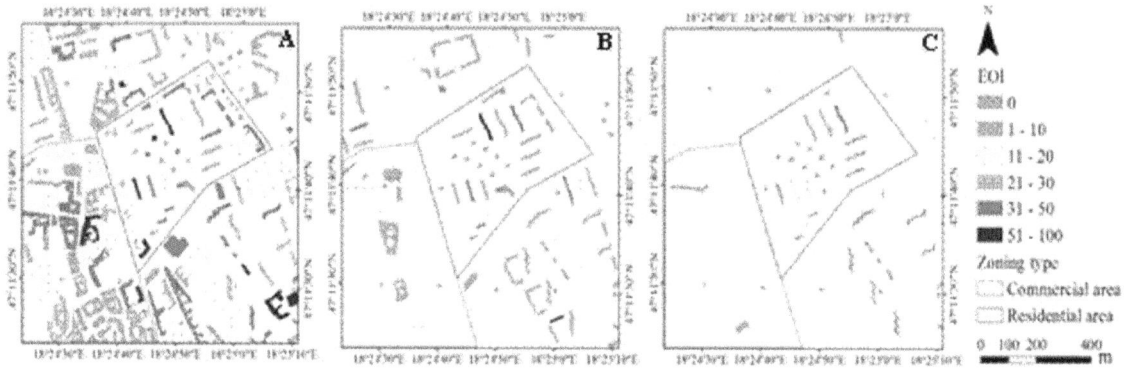

图4　三个采样楼层（三层、五层、七层）的EOI分布

生态学研究表明，绿地的降温增湿效应与绿量成正相关，叶面积指数是决定冠层蒸腾作用的重要参数，绿地的垂直结构对绿地生态效应有影响。研究构建一种模拟植被蒸散效应的计算模型，用于描述位于不同缓冲范围内绿辐射受益量在指定高度层上的含量及分布规模。该模型包括三个基本输入参数：生态效益源、扩散梯度和阻碍物。融合城市绿度空间的结构性和功能性为一体，在度量时将生态效益源（叶面积指数）和绿辐射空间（空间生态效益）两部分考虑在内，既可以准确描述城市绿度空间的三维分布特征，同时还能定量区分城市居民在享受城市绿度空间效益上的差异（见图5）。故从度量范畴角度判断，更具参考价值。

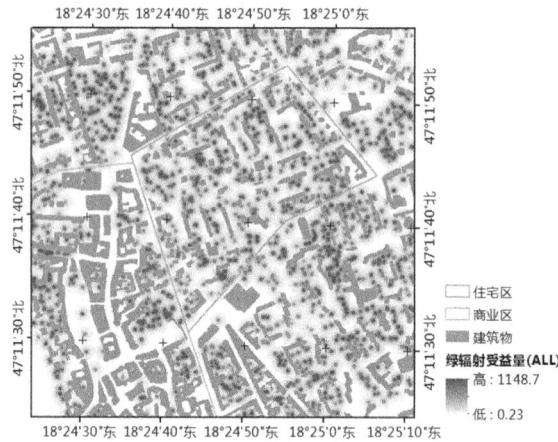

图5　绿辐射受益量结果

（三）街道尺度城市绿度感知

行道树是指排列分布在城市道路邻域内具有生态属性的自然廊道网络。目前我国尚缺乏能准确描述街道级绿地空间分布的指标和量化城市居民在街道绿化视觉体验上的差异的指数模型。研究以行人的视觉直观感受为出发点，探索多源遥感技术应用于出行环境评估的有效性。

针对街景分类精度低和结果不确定性问题，提出一种结合光谱、纹理和空间关系的街景图像分类方法，在实现行道树信息高精度提取的基础上，构建基于街景数据的行道树绿视率计算模型。同时，基于机载LiDAR数据提出一种用于衡量城市行道树的绿视面积的绿视量指数，用于定量描述行人视角下所能捕获的行道树绿视面积，以及这种目视接触概率的空间分布差异。该模型基于机载LiDAR数据，辅以航空影像，提取树冠三维结构参数，还原可视绿色面积主体，并通过视域分析确定目视可及的行道树位置，基于对行人的目视姿态估计及其与行道树的位置关系，计算行人视角下的行道树绿视量。

（四）三维绿度空间配置研究

随着城镇化进程的加快，城市住宅建设与绿地资源的配置矛盾日益凸显，合理规划绿地的空间布局显得尤为重要。垂直立体绿化已成为发展趋势。如何客观评价城市化过程中城市绿度空间的分布格局与配置关系，对维持城市区域可持续发展具有重要意义。我们从垂直配置视角出发，提出"三维配置曲线"（见图6），用以描述绿度空间和建筑空间在垂直方向上的数量差异，突破了传统度量方式在认知绿度空间分布上的局限性。绿度空间与建筑空间配置曲线的多维信息展现，可全方位服务于城市绿化垂直分布特征及其与建筑物配置关系的定量分析，可以有效揭示并弥补因认知不足而产生的规划盲点，为环境规划、城市绿化提供参考依据。

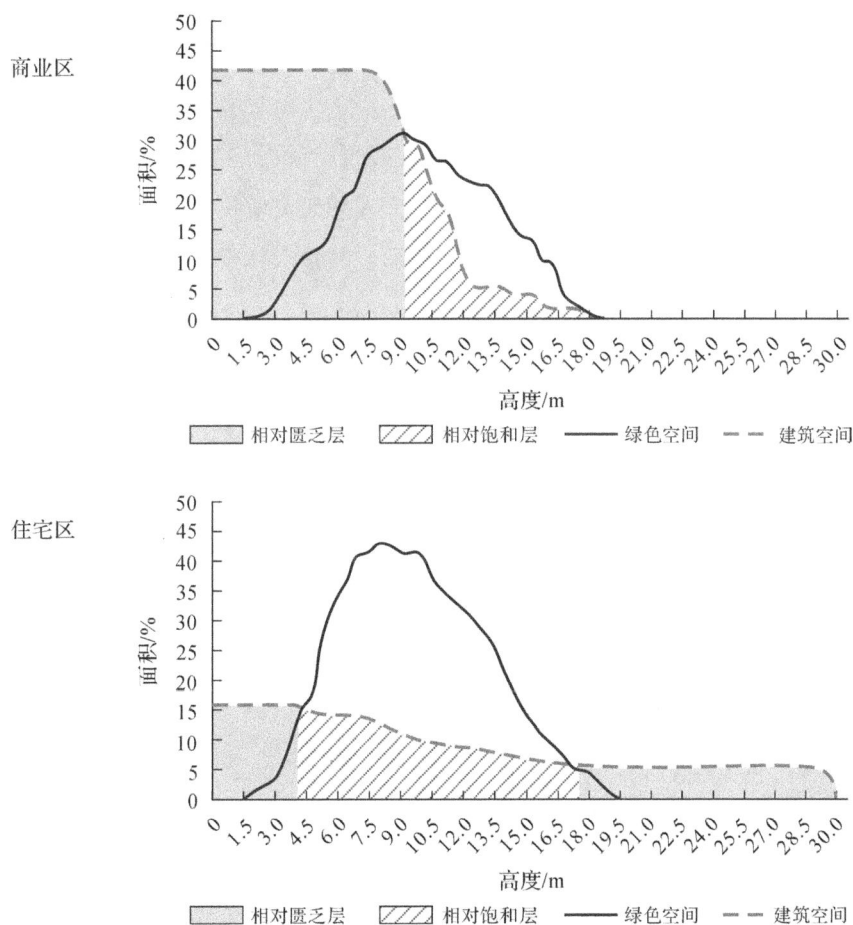

图6　绿度空间和建筑空间三维配置曲线

四、城市绿度空间可达性研究

针对绿度空间可达性综合度量模型缺乏，对中国典型城市绿度空间可达性研究不足的问题，以遥感植被信息提取为基础，深入研究基于因子分析的绿度空间景观格局度量方法，构建基于路径距离，综合考虑绿度空间数量、景观结构和生长状况的绿度空间可达性度量模型。以北京市为例，以市中心为圆心，半径一次增加6km，共布设20个梯次环；以北京市1至6环路为分界线，布设2环内、2—3环、3—4环、4—5环、5—6环共5个环路样带。计算各环带上的绿度空间可达性，可以发现：绿度空间可达性由城市边缘向城市中心先增加后减少，呈现"较低—高—低"的分布趋势。

五、科学意义与应用前景

城市绿度空间遥感为探索人—绿地—建筑物内在互作机理提供了新视角和研究工具，从空间观测领域科学认知城市发展，助力于新型城镇化建设，促进"遥感＋城市＋环境＋景观生态"等学科的融合和交叉。城市绿度空间的准确度量可以为智慧城市规划与建设决策提供支撑，通过绿度空间结构的分布进行评价、定量计算和比较不同城市宜居性。

城市绿度空间是城市规划与生态领域研究和实践可持续发展的产物，多源遥感数据也为大尺度空间探测提供了新的视角和研究方向。城市绿度空间遥感研究解决了城市绿地对人居质量贡献度科学量化度量问题，形成一套完善的城市绿度空间遥感研究与技术体系，成为城市环境监测的重要手段和决策参考依据，具有重要研究意义和实用价值。

城市绿度空间遥感可在园林城市评估、生态城市评估、园林规划、支撑智慧城市和生态城市、城市建筑规划以及海绵城市建设中起到重要作用。可对城市发展水平与宜居度进行评估，在生物量及碳估算、城市景观规划、住宅享绿评价、城市垂直绿化格局评价等方面均有广泛的应用价值。

生态文明建设的几点思考

孟东军

浙江大学中国西部发展研究院发展中心主任

2005年，习近平总书记在浙江余村首次提出"绿水青山就是金山银山"科学论断。时隔十五年，2020年3月，习近平总书记再次考察余村，强调"余村现在取得的成绩证明，绿色发展的路子是正确的，路子选对了就要坚持走下去"。绿水青山和金山银山，是习近平总书记在论述我国经济发展与生态环境保护的关系时多次使用的两个概念。可以看出，深化生态文明建设是习近平总书记始终关注的大事。

一、全球疫情防控与生态文明建设

2020年4月10日，习近平在中央财经委员会第七次会议上的讲话中指出，"当今世界正经历百年未有之大变局，这次疫情也是百年不遇，既是一次危机，也是一次大考。当前，我国疫情防控形势已经越过拐点，但疫情全球大流行仍处在上升期，外部形势非常严峻，我们要切实做好外防输入、内防反弹工作，决不能让疫情卷土重来。同时，我们要举一反三，进行更有长远性的思考，完善战略布局，做到化危为机，实现高质量发展"。

全球疫情暴发凸显生态文明理念的几个缺失：一是生物安全法立法的缺失；二是食品市场及安全监管的缺失；三是生态危机认知的缺失；四是生态健康消费意识的缺失。

疫情不仅是医学问题，也是政治、经济、哲学、伦理及心理问题，需要加快深化生态文明建设，完善生态环境治理体系，提高治理能力现代化。全球防疫下加快深化生态文明建设，一是要完善生态安全立法，二要构建物种生态红线，三要加大行政执法力度，四要提升乡村振兴内涵，五是提倡生态绿色消费。

二、"绿水青山就是金山银山"转化与生态产品价值实现

习近平总书记立足于马克思主义生产力发展的基本理论，应对新时代经济社会发展，强调"绿水青山就是金山银山"，提出保护生态环境就是保护生产力、改善生态环境就是发展生产力的全新价值理念，把自然生态环境视为推动生产力发展的活跃因素。可以说，"绿水青山就是金山银山"理念是基于唯物辩证法和自然辩证法的科学论断，深刻体现了经济发展与生态建设的统一价值理念，体现了党和国家推进生态文明建设的鲜明态度和坚定决心，提供了解决新时代人民日益增长的美好生活需要和不平衡不充分发展之间的矛盾的实现路径。

（一）"绿水青山就是金山银山"的理念理解

"绿水青山就是金山银山"是科学论断，是对马克思主义生产力理论的创新发展；"绿水青山就是金山银山"是担当意识，写入党章，体现了我党的担当意志和价值取向；"绿水青山就是金山银山"是路径实践，"绿水青山就是金山银山"转化路径和生态价值实现机制的探索实践开拓了生态文明建设新路径，构建"以产业生态化和生态产业化为主体的生态经济体系"；"绿水青山就是金山银山"是发展理念，是生态文明建设的重要理念和形象阐释，成为新时代习近平生态文明思想和治国理政思想的重要组成部分；"绿水青山就是金山银山"是国际共识，具有中国特色的理论与实践范式给各国带来启示，开始走向世界。"绿水青山就是金山银山"是重要窗口，"把绿水青山建的更美，把金山银山做得更大，让绿色成为浙江发展最动人的色彩"，展示习近平生态文明思想和美丽中国建设成果的"重要窗口"。

（二）"绿水青山就是金山银山"转化与生态产品价值实现

习近平在阐述"绿水青山就是金山银山"时经常强调："保护生态环境就是保护生产力、改善生态环境就是发展生产力"，这就明确了生态环境是重要的生产力要素、标志性生产工具。原始文明称为"蓝色文明"，以石器出现为标志。农业文明称为"黄色文明"，以铁器出现为标志。工业文明称为"黑色文明"，以碳、硅为标志。我们已经历三次工业革命，正在迎来第四次工业革命与产业革命。

如果下一个人类文明产生，很可能就是——生态文明，可以称为"绿色文明"，标志性生产工具是生态，生态环境资源成为生产力要素。我认为这是最粗浅最原始的形态。

（三）生态文明与第四次工业革命

前三次科技革命，都是在围绕着能源、信息和物质这三种要素的互联互通、传递和运输而展开。第四次工业革命是以人工智能、清洁能源、机器人技术、量子信息技术、可控核聚变、虚拟现实以及生物技术为主的技术革命。第四次工业革命是促进绿色发展、低碳发展，促进从生态赤字转向生态盈余，开创一条绿色工业革命的新路。

（四）自然资源资产负债表

自然资源资产负债表是党的十八届三中全会提出的崭新课题。自然资源资产负债表是用于自然

资源资产管理的统计管理报表体系,反映被评估区域或部门在某时点间所占有的可测量、可报告、可核查的自然资源资产状况,以及某时点被评估区域所应承担的自然资源负债状况。

国家统计局会同发展改革委、财政部、自然资源部、生态环境部、水利部、农业部、审计署、林业局,研究扩大自然资源资产负债核算范围,2018年底前编制出自然资源资产负债表。同时,研究探索主要自然资源资产负债价值量核算技术。编制自然资源资产负债表是实行干部离任审计制度、倒逼生态文明建设的需要。编制自然资源资产负债表是摸清自然资源家底、科学决策的需要。编制自然资源资产负债表是开展自然资源投资的需要,可用于政府投资项目决策、自然资源投资指导、自然资源投资项目验收考核。

(五)生态产品价值实现机制试点

"绿水青山就是金山银山"转化的关键在于促进生态优势向经济优势转化,也就是生态产品价值转化。生态产品是人类从自然界获取的物质产品和生态服务的总称。生态产品价值实现是指通过一定的机制设计,使生态产品价值在市场上得到显现和认可。

2018年4月,习近平总书记在深入推动长江经济带发展座谈会上的讲话提出,"要选择具备条件的地区开展生态产品价值实现机制试点"。2019年以来,国家先后在浙江丽水市、江西抚州市开展生态产品价值实现机制试点。2017年开始,生态环境部设立"绿水青山就是金山银山"实践创新基地、国家生态文明建设示范县。全国几十个"绿水青山就是金山银山"实践创新基地和数百个生态文明建设示范县纷纷探索"绿水青山就是金山银山"转化新路径,涌现出了一大批生动鲜活的成功案例。

2020年4月23日,自然资源部办公厅印发《关于生态产品价值实现典型案例的通知》(第一批),其中包括福建省厦门市五缘湾片区生态修复与综合开发等11种典型做法。主要做法包括生态资源指标及产权交易、生态修复及价值提升、生态产业化经营、生态补偿等。关键环节涉及坚持规划引领,科学合理布局;管控创造需求,培育交易市场;清晰界定产权,促进产权流转发展生态产业,激发市场活力;制定支持政策,实现价值外溢等。

生态资源指标及产权交易是指针对生态产品的非排他性、非竞争性和难以界定受益主体等特征,通过政府管控或设定限额等方式,创造对生态产品的交易需求,引导和激励利益相关方进行交易,是以自然资源产权交易和政府管控下的指标限额交易为核心,将政府主导与市场力量相结合的价值实现路径。

福建省南平市借鉴商业银行"分散化输入、整体化输出"的模式,构建"森林生态银行"这一自然资源管理、开发和运营的平台,对碎片化的森林资源进行集中收储和整合优化,转换成连片优质的"资产包",引入社会资本和专业运营商具体管理,打通了资源变资产、资产变资本的通道,提高了资源价值和生态产品的供给能力,促进了生态产品价值向经济发展优势的转化。重庆市通过设置森林覆盖率约束性考核指标,形成了森林覆盖率达标地区和不达标地区之间的交易需求,搭建了生态产品直接交易的平台。同时,以地票制度为核心,拓展地票生态功能,建立了市场化的"退建还耕还林还草"机制，实现了统筹城乡发展。重庆市以地票制度为核心，将地票的复垦类型从单一的耕地，拓宽到林地、草地等类型，拓展了地票的生态功能，建立了市场化的"退建还耕还林还草"机制，减少了低效的建设占用，增加了生态空间和生态产品，实现了统筹城乡发展、推动生态修复、增加生态产品、促进价值实现等多重效益。

生态产品价值实现经典企业案例就是"大自然的搬运工"农夫山泉。农夫山泉目前有浙江千岛湖、吉林长白山、湖北丹江口、广东万绿湖、宝鸡太白山、新疆天山玛纳斯、四川峨眉山，以及贵州武陵山八大优质水源基地，其中一半水源基地在西部地区。《2007百度风云榜·饮料行业报告》中，最受网民关注的饮用水品牌农夫山泉位列第一，其成功之处，就是在已有自然资源基础上，通过市场化、规模化的运作，打造出生态、自然的品牌效应，从而抢占市场份额，奠定行业龙头的地位。2009年，农夫山泉提出"做大自然的搬运工"的广告语，更是迎合了人们对生活质量的提高和想要亲近自然、回归自然的渴望。2010年，农夫山泉亲水寻源活动从水深25米处取水，让体验者直接饮用，感受千岛湖水的甜美，让消费者感觉到了它的绿色、生态、健康。2017年，农夫山泉年销售额达130亿，领跑中国饮用水市场。2020年9月农夫山泉在香港上市，董事长钟睒睒成了中国新的首富，也创造了生态产品价值实现的奇迹和经典。农夫山泉的成功为生态产品价值实现提供了典型案例支持，让生态企业可以实现经济效益、生态效益和社会效益的统一，同时，可以进一步促进当地农业发展和农民收入水平提高。生态水产品的经验可以推广到其他生态产品，即按照生态学原理和经济学原理，运用现代科学技术成果和现代管理手段以及传统有效经验，以"先进的技术设施""生态化经营""企业化管理"，获得较高的经济效益、生态效益和社会效益的"绿水青山就是金山银山"转化。

（六）"绿水青山就是金山银山"转化与生态产品价值实现机制研究

浙江是习近平生态文明思想的重要萌发地，是"绿水青山就是金山银山"理念的发源地和率先实践地。生态产品价值实现既是一场深刻的绿色革命，又是一次全新的实践探索。

践行"绿水青山就是金山银山"的理念，关键在于促进生态优势向经济优势转化，也就是经济学意义上的生态产品的价值实现。将"绿水青山"蕴含的生态系统服务"盈余"和"增量"转化为"金山银山"，在满足人民群众日益增长的优美生态环境需要的同时增加经济财富和社会福利。

习近平总书记指出，"要积极探索推广绿水青山转化为金山银山的路径，选择具备条件的地区开展生态产品价值实现机制试点，探索政府主导、企业和社会各界参与、市场化运作、可持续的生态产品价值实现路径"。习近平总书记对浙江的嘱托：要践行"绿水青山就是金山银山"发展理念，推进浙江生态文明建设迈上新台阶，把绿水青山建得更美，把金山银山做得更大，让绿色成为浙江发展最动人的色彩。

三、区域协调发展与生态文明建设

1999年11月，中央经济工作会议敲定"西部大开发"，目的是"把东部沿海地区的剩余经济发展能力，用以提高西部地区的经济和社会发展水平、巩固国防"。2000年1月，国务院成立了西部地区开发领导小组。时任国务院总理温家宝于2004年8月3日提出"东北振兴"战略。2004年3月5日，时任国务院总理温家宝在政府工作报告中首次明确提出促进中部地区崛起。2006年4月15日，《中共中央国务院关于促进地区的若干意见》（中发〔2006〕10号）和《国民经济和社会发展第十一个五年规划纲要》提出："坚持实施推进西部大开发，振兴东北地区等老工业基地，促进中部地区崛起，鼓励东部地区率先发展的区域发展总体战略，健全区域协调互动机制，形成合理的区域发展格局。"

西部地区的下一步发展，不再是"打基础"，而是逐步减少国家和东部沿海地区的帮助，培育经济发展的内生动力，以及把握"一带一路"机遇，提升对外开放度，即"大开放与经济的高质量发展"。

2013年9月和10月，习近平主席分别提出建设"新丝绸之路经济带"和"21世纪海上丝绸之路"的合作倡议。每两年举办高峰论坛，共建"绿色丝路"。长江经济带横跨中国东中西三大区域，以共抓大保护、不搞大开发为导向，以生态优先、绿色发展为引领，依托长江黄金水道，推动长江上中下游地区协调发展和沿江地区高质量发展。习近平在黄河流域生态保护和高质量发展座谈会上的讲话指出，黄河经济带横跨中国东中西三大区域，治理黄河，重在保护，要在治理。共同抓好大保护，协同推进大治理。

区域协调发展的新态势新动向是区域格局从"东西差异"走向"南北差异"的态势和动力渐趋明显。客观规律包括自然资源、气候地理、文化习俗、经济发展（新技术、新业态、新模式）。以人力资本为依托的新经济、新业态的迅速发展，在人口密集、生态环境本底条件相对优越的南方，迎来了更大成长空间，这种过程和规律在西南省市表现得尤为明显。"流空间"持续发育推动区域空间和功能联系日益网络化后工业化社会、信息化社会，"流空间"网络化的高度发育，成为新时代区域一体化发展的基础动力。部分欠发达区域在经济和科技条件组合与创新加速背景下赶超和跨越的可能性显著增加服务经济时代区域"中心"与"边缘"关系进一步分化。一二三产融合发展，经济由工业经济向服务经济全面转型，提供"产品"向输出"服务"转变。

2020 "城市环境问题"
钱学森城市学金奖征集作品综述

杭州国际城市学研究中心
浙江省城市治理研究中心

党的十九大报告明确指出："加大生态系统保护力度。实施重要生态系统保护和修复重大工程，健全耕地草原森林河流湖泊休养生息制度，建立市场化、多元化生态补偿机制。"国务院和自然资源部、国家发改委相继发布了《国务院办公厅关于健全生态保护补偿机制的意见》和《建立市场化、多元化生态保护补偿机制行动计划》，提出了建立市场化、多元化生态保护补偿机制的总体要求、重点任务、配套措施等。《浙江省推进长江三角洲区域一体化发展行动方案》提出："协同创新生态环境联保共治机制。推动共建新安江—千岛湖生态补偿试验区，探索建立太湖流域生态补偿机制，加快完善省内流域生态补偿机制，强化实施生态环境损害赔偿制度。"

生态环境是人类生存与发展的基本条件，是经济发展和社会进步的基础。因此，保护和建设人类赖以生存的生态环境，实现经济、社会、环境的协调发展和可持续发展，是当今社会发展必须遵循的原则。生态环境建设在地区发展中的作用日益重要，逐渐成为一个地区健康、可持续发展的决定性问题。立足后疫情时代新背景，依托O2O新模式，为建构"以人民为中心"的城市治理新秩序，加快推进城市治理体系和治理能力现代化，杭州国际城市学研究中心以"城市环境问题"为主题，杭州国际城市学研究中心开展了第十届"钱学森城市学金奖"征集评选活动。征集活动收到国内外参评作品207篇（部），其中专著5部、论文202篇。经过初评、通讯评审、集中评审等评选程序，2020年11月7日召开的第十届"钱学森城市学金奖"专家评审会，评选产生了"钱学森城市学金奖"作品1篇，"钱学森城市学金奖"提名奖作品10篇，优秀奖作品39篇。现将部分优秀成果的主要观点综述如下。

一、流域生态补偿的探索与实践

曹莉萍（上海社会科学院生态与可持续发展研究所研究员）：生态补偿机制是保护自然资源和增值生态系统服务的一种有效的工具。但大流域及其城市群生态补偿机制不是一个独立的制度，其补偿模式和顺利运行取决于所处的制度环境。要使补偿对象实现生态环境与社会经济同步发展，需要将补偿项目延伸至"造血"机制，对于城市群产业布局，需要形成优势互补的产业集群，或完整的基于城市群的产业链集群，并通过循环经济形成基于城市群的国家重点发展战略型新兴产业。首先，建议我国新成立的自然资源部、生态环境部和农业农村部联合构建基于城市群的流域生态补偿交易平台，便于指导流域内跨城市群的补偿机制设计；城市群内的流域生态补偿可以构建或依托已有的环保合作平台（如长江流域内的长三角环保合作协议）开展补偿交易。其次，城市群内地方政府要转变角色和明确职能，在纵向跨界生态补偿模式中地方政府成为生态补偿的主体或客体，地方政府的上一级区域政府或中央政府将在纵向生态补偿模式中起到机制监管作用和财政转移的第三方支付作用；而在横向生态补偿模式中政府仅作为生态补偿的主体或客体，其行为在生态补偿资源环境权市场上变得更为自由，但仍需要上一级区域政府或中央政府起到监管作用。最后，企事业单位、居民社区和NGO在流域和城市群横向生态补偿机制中作为纯粹的补偿主客体数量较少，需要我国在顶层设计上制定流域生态补偿奖惩机制激励生态补偿中企事业单位、居民社区、NGO等补偿客体积极参与市场化流域城市群生态补偿项目，并约束补偿主体的补偿行为。

陈伟（中国人民大学博士生研究生）：长江经济带在实施生态补偿的过程中，应以"稳增长、缩差距"为主要目标，逐渐清晰政府、市场的角色定位和分工，并根据不同城市、不同补偿阶段提供针对性的生态补偿，具体包括以下三点：其一，建立和完善流域生态补偿的顶层设计，促进跨行政区域的合作机制重构和政策创新，以解决流域生态补偿效率均等化问题；其二，构建流域生态补偿效率评价体系，参照负面清单管理模式选择负向性指标，划定符合流域生态补偿现状的红线，并以间接生态补偿效率为突破口提升发达城市流域生态补偿质量；其三，定期优化流域生态补偿效率评价体系，参照评价结果适时改进生态补偿机制、市场机制在流域生态补偿不同阶段的应用，并以直接生态补偿效率为重点提高欠发达城市生态补偿效率。

张慧（生态环境部南京环境科学研究所研究员）：建立长江经济带生态环境协同保护机制，统筹开展岸线开发与保护、水资源开发利用、水生态环境修复、水污染防治、水生生物保护等工作。划分长江经济带生态功能分区，制定不同生态功能区的产业政策与生态风险管控措施。划分大气、水和土壤多要素环境容量约束下的环境分区，基于环境分区、循环经济、清洁生产技术提出环境准入负面清单，明确不同区域在空间布局、污染物排放、环境风险、资源开发利用等方面的差异化禁止和限制要求。提出长江三角洲城市群、长江中游城市群、成渝城市群产业准入负面清单和产业生态化转型升级路线图。

刘玉龙（中国水利水电科学研究院水资源研究所高级工程师）：生态补偿的实质，一方面指对整个流域带来正的经济外部性的地区和部门进行补贴，另一方面指对产生负的经济外部性的地区和部门需要进行赔偿。以新安江流域为例，测算结果表明：在流域的社会经济发展和人民生活质量提高的过程中，要保持良好的生态质量，所需生态建设和保护投入水平越来越高。应在上下游各行政区域协商一致的基础上，制定全流域生态与环境保护的规划目标，包括林草覆盖率、允许水土流失量、各类污染物允许排放量、水环境质量与水功能区水质达标要求等，明确界定各方的责、权、利，逐步建立和完善全流域生态共建、资源共享、经济共赢的长效机制，实现流域生态共建共享。

二、生态补偿价值评估及效率研究

王玉涛（复旦大学环境科学与工程系研究员）：代谢是城市复合生态系统的重要特征之一，而生态资产以不同形式在复合生态系统内流转代谢是其重要方面。在城市群复合生态系统的框架内，生态资产具有空间流转与网络代谢的特征。区域间生态资产禀赋与经济发展不均衡是生态资产空间流转的重要原因，生态资产往往从经济欠发达地区向经济发达地区流转，并被后者免费或者廉价使用，造成生态资产的损失或过度开发。当前有关生态补偿机制研究多基于静态生态系统服务价值评价结果，较少从生态资产空间流转代谢视角出发构建生态补偿机制研究，未来应考虑兼顾反映生态与经济特征的评估方法，并在对生态资产代谢流转机理的准确把握的基础上，综合考虑将宏观分析与微观分析相结合，为生态资产评估核算与补偿机制的建立提供科学基础。

陈伟（中国人民大学经济学院博士研究生）：近10年来，长江经济带生态补偿综合效率以约4.7%的年平均速度上升，但核心城市与重要城市之间，以及两者各自内部城市之间的生态补偿综合效率差异明显。长江经济带生态补偿直接效率呈先降后升、总体上升的"U"形变化趋势，但核心城市间生态补偿直接效率水平，以及重要城市间生态补偿直接效率变化幅度的均等化水平普遍偏低。长江经济带生态补偿间接效率显著上升，但差异化水平却呈倒"U"形变化趋势，核心城市在社会、经济、文化三大系统的补偿效率差距逐年扩大。近年来，政府主导型的长江经济带生态补偿效率有所提高，但仍面临着差异化问题显著的问题。因此，长江经济带在实施生态补偿的过程中，应以"稳增长、缩差距"为主要目标，逐渐清晰政府、市场的角色定位和分工，并根据不同城市、不同补偿阶段提供针对性的生态补偿。

刘玉龙（中国水利水电科学研究院水资源研究所高级工程师）：生态补偿标准的计算是确立生态补偿量的关键，也是流域生态共建共享机制中的重点和难点。水源涵养与生态保护补偿成本构成，从直接成本与间接成本两个方面考虑。直接成本考虑的是进行水源涵养与生态保护所开展的各项措施，包括在林业建设、水土流失治理和污染防治方面的人力、物力、财力的直接投入；间接成本则是为保护水源涵养区的水源涵养与生态维护功能，当地限制部分行业发展，关、停、并、转部分企业所遭受的潜在发展损失，还包括水源涵养与生态保护所涉及的移民安置费用。经济发展的滞后严重削弱了上游地区对保护和建设成本的承受能力，与长期维持优良生态系统的需求差距很大。

三、生态补偿政策及机制研究

沈满洪（浙江农林大学党委书记、长三角生态文明研究中心主任，教授）：生态保护补偿机制就是通过制度创新实行生态保护外部性的内部化、解决好生态产品这公共产品消费中的"搭便车"现象、解决好生态投资者的合理回报的一种制度。生态补偿机制可以从不同角度进行分类，例如从补偿对象可划分为对为生态保护做出贡献者给以补偿、对在生态破坏中的受损者进行补偿等；从条块角度可划分为"上游与下游之间的补偿"和"部门与部门之间的补偿"；从补偿效果角度可分为"输血型"补偿和"造血型"补偿等。生态补偿资金可以通过政府财政转移支付、生态受益者付费、生态使用者付费、社会捐赠和国际援助等方式筹集。制定区域生态补偿政策法律，制定生态补偿的规则，为区际生态补偿活动提供补偿依据、补偿原则、补偿纪律、程序和实施细则，使区际生态补偿活动在法律和政策指导下，有条不紊地进行。

孙新章（中国科学院地理科学与资源研究所博士后）：单一的融资渠道使得生态补偿仅能在一些重大的生态项目或生态问题上展开，且不能充分体现"受益者付费"的原则。参考国际经验并结合中国实际，我国生态补偿的融资方式应该向国家、集体、非政府组织和个人共同参与的多元化投融资机制转变，拓宽生态环境保护与建设投入渠道。同时加强对外合作交流，争取国际性金融机构优惠贷款和民间社团组织及个人捐款，进行生态环境建设。政府在近期内应根据机会成本来制定生态补偿标准，同时加强对生态系统服务功能的价值化研究扶持力度，逐步向根据生态服务订立补偿标准的方向过渡。

霍艳丽（东北师范大学政法学院中共党史专业博士研究生）：生态补偿机制是以保护生态环境、促进人与自然和谐为目的，根据生态系统服务价值、生态保护成本、发展机会成本，综合运用行政和市场手段，调整生态环境保护和建设相关各方之间利益关系的环境经济政策。主要针对区域性生态保护和环境污染防治领域，是一项具有经济激励作用、与"污染者付费"原则并存、基于"受益者付费和破坏者付费"原则的环境经济政策。要探索建立生态补偿标准体系，以及生态补偿的资金来源、补偿渠道、补偿方式和保障体系，健全生态补偿的法律制度，完善生态补偿税收政策和加强环境绩效考核。

曹莉萍（上海社会科学院生态与可持续发展研究所研究员）：在生态环境治理方面，环保政策尤其是区域性生态补偿政策，如法国生物多样性抵消制度有时候往往比资金更高效、更具导向性；而地方生态补偿政策能够引导公众参与城市跨界生态补偿机制，并与政府、企业主体形成合力，落实城市跨界生态补偿机制。此外，国外的市场化生态补偿模式，如美国的湿地缓解银行制度通过私人市场补偿主体自给自足的补偿方式实现区域生态补偿，补偿主体通过从缓解银行购买"信用"来履行补偿义务。若我国流域跨界生态补偿机制采用缓解银行制度这种第三方补偿机制，则需要流域和城市群通过府际联席会制定城市群内外有别的生态补偿规则制度，来规避城市群补偿市场所带来的道德风险。

周小平（北京师范大学政府管理学院教授）：当前中国"委托—代理"型的城市生态空间保护

制度客观造成了城市区域间和层级间的不公平，致使城市生态空间保护面临窘境，城市开发边界和生态保护红线"双线"无法落地。科学有效的保护机制应当强调公平。结合"双线"管控要求，以外部性理论和机会成本理论为指导，提出了"纵向委托有限责任"纵向补偿和"城市生态空间"横向补偿坐标系。根据外部性内部化原理，明晰了补偿方和受偿方；明确是从补偿方向受偿方补偿；提出了城市生态空间补偿"金字塔"模型。提出正外部性是补偿上限，机会成本损失是补偿下线，确立补偿有效区间；提出纵向财政补偿、横向多元补偿的补偿途径和方法。构建了基于"金字塔"模型的城市生态空间补偿机制，系统回答了为什么补、由谁补、补给谁、补多少、怎样补五个关键问题。城市生态空间补偿实施方案的有效落实，还需要在明晰自然资源产权、准确核算自然资源资产、完善效果评估机制和补偿监督机制、强化市场主体和公众参与等方面进行完善，以促进全国城市生态空间保护补偿工作科学有效地推进，推动"双线"顺利落地。

四、绿色发展及低碳城市规划

孟庆岩（中国科学院遥感与数字地球研究所所务助理、博士、研究员、博士生导师，对地观测应用系统工程研究室主任，国家航天局航天遥感论证中心办公室主任）：以城市宜居性为出发点，从城市绿度供给体和需求体两个层次，基于遥感技术构建城市绿度景观格局评价因子体系具有创新意义。作为依附于城市土地资源的一种重要的有生命力的城市基础设施形态，城市绿度空间是城市生态系统中具有自净功能的重要组成部分，是解决城市空间发展与生态环境耦合问题的关键。城市绿度空间遥感综合植被类型、三维空间分布特征等从多维度深入研究城市植被，可为城市植被分类、多维信息提取和生理参量定量反演提供范例。创新城市植被三维空间信息提取方法，有助于揭示植被—居民—建筑物间的互作关系，推动植被遥感基础理论和作用机理研究的突破，是对城市植被定量遥感的有效拓展。

周扬（南京工业大学建筑学院副教授，加拿大英哥伦比亚大学访问学者）：长而封闭式的边界形式会对居民步行、自行车等低碳出行方式产生一定影响。街区边界空间形态中，街区尺度、边界界面、街区出入口密度以及慢行出行环境指标与居民出行行为有着密切的关系。根据指标与居民出行方式之间存在的线性相关关系，估算出低碳出行导向街区的理想指标建议值：低碳出行导向的居住街区尺度宜控制在125m—200m以内。若街区的边长为125m，该面域内的商业界面则建议为283m及以上，且出入口数量应控制在3—4个及以上；慢行道路的宽度宜达街道总宽度的一半。

朱凯（浙江工业大学设计与建筑学院）：生态资源与城市空间的关系其背后是生态资源属性与城市发展诉求相互耦合、演绎空间利用机理的过程。在城市发展过程中，曾经发挥着重要作用的生态资源并未随着城市空间利用机理的进化而走向没落，相反地，其随着固有属性的演绎而发挥着越来越为广泛的影响。究其原因，一方面传统山水林田湖等大生态资源的属性由自然地理属性演绎出工业经济属性，之后再是现代社会属性，逐步适应了城市空间利用机理的进化过程；另一方面，传统生态资源在属性演绎中还会进一步引导新的生态资源加入，共同适应不同时代的城市发展诉求和巩固生态资源在城市发展中的地位。这一思路一以贯之至微观层次，则是改善城市粗放式扩张时代遗留的缺乏人性化设计及现代服务配套的街区，将小微型绿地、公园等生态资源延伸至社区，从而在更细微之处优化现有城市存量空间和提升城市的宜居性，并同步启示城市中特色小镇、未来社区等新型微观载体的建设，这也是生态文明时代品质城市建设的必经环节。

潘海啸（同济大学建筑与城市规划学院教授）：城镇体系的规划与区域性公共交通体系结合，建立区域性公共交通发展走廊，才能在未来有效地控制无序出行，降低交通的能耗。鼓励用地的有效混合，避免巨型或单一化的功能分区，提高短距离出行的比例。未来中国可持续低碳城市的结构是建立在以骨干公交为基础、自行车环境友好的城市框架下的，放弃自行车就是放弃中国城市可持续发展的未来。在城市空间结构的理论依据应当从中心地理论转向多极网络嵌套的理论模式，大型公共设施的建设要与公共交通枢纽相结合，空间耦合一致度可以用来度量城市公共活动中心与公共交通枢纽的协调。地块开发强度取决于公共交通的可达性，这也是确定控制性详细规划指标的一个基本依据。在城市规划中应该坚持如下"五个面向"的原则，即POD＞BOD＞TOD＞XOD＞COD。

霍艳丽（东北师范大学政法学院中共党史专业博士研究生）：绿色发展是在传统发展基础上的一种模式创新，是建立在生态环境容量和资源承载力的约束条件下，将生态保护作为实现可持续发展重要支柱的一种新型发展模式。生态经济与绿色发展具有内在的一致性，生态经济建设是绿色发展的基本内容、基本目标、基本途径。绿色发展在本质上就是要解决经济发展和环境保护之间的矛盾，要使经济发展与生态环境间的关系由对抗性向促进性转化，使经济活动不超过生态环境的承载力。

中国城市学年会·2020
"城市环境问题" 论坛专家观点集萃

杭州国际城市学研究中心
浙江省城市治理研究中心

  2020年11月8日，作为中国城市学年会·2020的主题论坛之一，由杭州国际城市学研究中心主办的"城市环境问题"主题论坛暨2020"发现城市之美"论坛召开在杭州召开，论坛主题为"后疫情时代生态补偿、公共安全与环境立市"。杭州市人民政府副秘书长、市数据资源管理局局长徐青山，杭州市政协城市建设和人口资源环境委员会原主任杨营营，杭州市城市管理局巡视员丁景元，杭州市环境保护科学研究院院长陈超教授，杭州师范大学科研院副院长陈礼珍教授，浙江省生态环境科学设计研究院副总工，正高工谭湘萍，浙江大学环境与资源学院教授张清宇，杭州西溪国家湿地公园生态研究中心主任刘想以及第十届"钱学森城市学金奖"和"西湖城市学金奖"获奖代表、城市环境平台有关合作单位及企业界、市民界、政府界代表共60余人参加论坛。论坛采用主旨报告和对话交流的方式开展。

  论坛由杭州师范大学生命与环境科学学院执行院长张杭君教授主持，特别邀请到中国科学院遥感与数字地球研究所所务助理、博士、研究员、博士生导师，对地观测应用系统工程研究室主任，国家航天局航天遥感论证中心办公室主任孟庆岩，浙江农林大学经济管理学院教授、浙江省重点培育智库—浙江省乡村振兴研究院首席专家孔凡斌，宁波大学商学院教授、宁波大学东海研究院副院长谢慧明，浙江大学中国西部发展研究院发展中心主任孟东军做主旨报告。现将与会专家的发言观点摘要如下。

一、城市绿度空间遥感

  孟庆岩（中国科学院遥感与数字地球研究所所务助理、博士、研究员、博士生导师，对地观测应用系统工程研究室主任，国家航天局航天遥感论证中心办公室主任）：随着城镇化进程的加快，城市住宅建设与绿地资源的配置矛盾日益凸显，合理规划绿地的空间布局显得尤为重要。科学度量城市绿地分布和城市居民感知绿地的概率以及构建"遥感＋评价＋规划"多学科交叉的研究体系已成为解决诸多城市环境问题的迫切需求。通过城市绿度空间三维分析，可以综合考虑城市中建筑物和城市绿地的空间配置关系，构建多尺度上的绿度空间模型，能更好地突出城市植被的空间特征、水平尺度上的空间分布，以及高度维上的分布特征。

楼层尺度城市绿度感知为描述城市三维绿化布局及其潜在生态效益空间提供一种定量化的度量方法，弥补了因认知不足而产生的规划盲点。城市居民在工作、生活中，通过建筑物接触城市绿度空间。建筑物周围植被的数量、质量和分布及建筑物的结构决定了居民享受城市绿度空间的效率。针对不同楼层居民在室内对绿度空间的感知，绿色开敞指数（exposure opportunity index, EOI）能够评估居民在室内生活环境方面的绿度感知，并有望成为城市园林规划和住宅舒适度评估的有效工具。

客观评价城市化过程中城市绿色空间的分布格局与配置关系，对维持城市区域可持续发展具有重要意义。绿度空间与建筑物三维配置曲线的多维信息展现，可全方位定量评价人与绿地的接触概率，以及接触概率的空间分布，在未来城市绿度景观评价与规划方面具有较好应用前景。城市绿度空间遥感为探索人—绿地—建筑物内在互作机理提供了新视角和研究工具，从空间观测领域科学认知城市发展，助力于新型城镇化建设，促进"遥感＋城市＋环境＋景观生态"等学科的融合和交叉。城市绿度空间的准确度量可以为智慧城市规划与建设决策提供支撑，通过绿度空间结构的分布进行评价、定量计算和比较不同城市宜居性。

赖齐贤（浙江省农业农村规划研究院常务副院长）：与城市生态景观相对应，乡村生态景观包括水、土、气、生、废、经、文、聚八个方面。"水"是水体，"土"是土壤，"气"是空气，"生"是生物多样性，"废"是农业废弃物，主要包括种植秸秆的资源化处理，"经"是社会经济指标，"文"是农业文化、乡村文化，"聚"则是村庄、聚落。乡村生态景观评价系统，可以借助空间遥感技术解决数据壁垒、数据鸿沟，建立统一的数据采集标准以及数据评价标准。

张清宇（浙江大学环境与资源学院教授）：城市发展的本质是人类对自然环境占有和改造的过程，也是人类对自身赖以生存的自然生态环境的认识与适应过程。"公园城市"作为新时代城乡人居环境建设和理想城市建构模式的理念创新，是指导新时代城乡规划建设的生态文明观和城市治理观。同时，"公园城市"理念在指标体系、规划和建设体系方面仍需不断探索和总结经验。其中，生态人居就包括蓝绿空间指数、人均绿道长度、城市智慧化水平、幸福指数等指标。城市蓝绿空间直接影响着城市生态宜居环境与生态建设水平。城市三维绿量的测量研究是城市绿化环境效益评价的基本前提，也是城市生态系统研究的重要内容之一。城市绿度空间遥感为城市蓝绿空间规划、绿地效益评估提供了一种更为客观的评价工具。

二、流域生态补偿

孔凡斌（浙江农林大学经济管理学院教授、博士生导师浙江省重点培育智库—浙江省乡村振兴研究院首席专家）：在中国的行政管理体制下，流域作为一个整体性较强、关联度很高的区域，往往被不同的行政区所分割，在市场经济条件下，作为经济利益相对比较独立的各区域地方政府，其经济活动一般主要以追求本地区内的经济利益最大化为目标，在流域水资源保护和开发利用过程中，就难免会在不同行政区域之间产生各种利益冲突。特别是流域上下游地区之间在环境治理、生态建设和水资源保护开发利用等方面存在着实施主体与受益主体不一致的矛盾，需要建立上中下游地区之间的流域生态补偿机制，以实现流域内各行政区的共赢和共享，推动流域内各地区之间的协调发展。

以新安江、福建、江西等地流域生态补偿试点实践为例，流域生态补偿国家试点、地方实践的实施困境主要来源于资金来源模式、资金数量、权利与义务关系、长效性问题等方面，体现在补偿主体确定、资金来源、资金分配、奖罚机制等实施环节。如何完善流域生态补偿机制，应加大湿地生态效益补偿实施力度，加快建立自然保护区生态补偿制度，强化实施监管、创新补偿模式，确保流域生态补偿资金使用的高效安全和稳定。

谢慧明（宁波大学商学院教授，宁波大学东海研究院副院长）：设计生态补偿机制的三种方式，一是按照主体功能定位设计生态补偿机制，越是禁止开发区域和限制开发区域，越要给以补偿。限制越多，补偿越多。二是按照多主体协作原则建立组合式生态补偿机制，将政府补偿、市场补偿与社会补偿相结合，上级政府补偿与上下游政府补偿相结合，生态补偿与战略合作相结合。三是按照责权利结合原则建立生态保护补偿与环境损害赔偿联动机制。生态保护补偿机制是以生态经济化的重要制度，是促进区域经济协调发展的重要机制。建立多主体协作的生态补偿机制和生态保护补偿与环境损害赔偿联动的机制，符合中国国情的制度安排。建立生态补偿机制的困难主要在于技术障碍和制度障碍，因此技术创新（生态环境价值的评价等）和制度创新（生态产权制度的变革等）显得尤为重要。

谭湘萍（浙江省生态环境科学设计研究院副总工、正高工）：生态产品价值实现是通过市场交易或者政府管理将生态系统服务转化为经济价值的过程，这一实现过程应体现公平性和科学性。以新安江生态补偿为例，现在新安江流域生态补偿更多关注资金补偿。这是一种生态补偿的输血型补偿，应该从输血型补偿向造血型补偿转化，比如政策倾向性补偿、技术补偿、人才补偿、生产生活要素补偿等形式，生态补偿的机制应该是多样性的。

杨营营（杭州市政协城市建设和人口资源环境委员会原主任）：从2012年起，由财政部和原环保部牵头，皖浙两省共同推进，新安江流域生态补偿机制试点正式实施，涉及6个流域、10个省份。2018年新安江—千岛湖生态补偿试验区全面升级。在合作方式上，由单一的资金补偿向产业共建、多元合作转型，实现绿色产业化、产业绿色化。同时，深化新安江流域上下游横向生态补偿机制，鼓励其他受益对象明确、双方补偿意愿强烈的相邻县（市、区）开展生态补偿。新安江生态补偿试点实施九年以来，上下游坚持实行最严格生态环境保护制度，倒逼发展质量不断提升，实现了环境效益、经济效益、社会效益多赢。

陈超（杭州市环境保护科学研究院院长，教授）：从生态补偿的实践来看，建立生态补偿机制存在一定的困难性。以杭州现有生态补偿资金资助范围来看，目前的生态补偿资金仅仅局限于对建德、淳安、临安等大杭州地区的县市进行补偿。对这些上游县市的上游地区如富春江上游的金华、衢州地区以及新安江上游安徽省的县市是否应当进行补偿？再次，如何评估生态补偿资金的实际绩效？换句话说，生态补偿资金真的起到其作用了吗？淳安、临安的大面积森林和水域所带来的生态效益对全省乃至周边省份的生态环境都有贡献，生态保护所带来的区域性效益应该由谁来买单？这些问题既是生态补偿实践中遇到的困难，也是建立生态补偿机制必须破解的问题。

张杭君（杭州师范大学科研处处长、教授）：生态补偿是以保护和可持续利用生态系统服务为目的，以经济手段为主调节相关者利益关系，促进补偿活动、调动生态保护积极性的各种规则、激励和协调的制度安排。在未来一段较长时期内，政府依然会主导生态补偿的地区实践。因此，在处理当地政府与国家电网关系时应以千岛湖功能变化为依据收归管理权限，至少是水资源的调度权限。在处理当地政府与居民关系时应以提高百姓获得感为标准配置补偿资金，至少让淳安居民在配水工程补偿中有实质性获得。在处理当地政府与市场的关系时应以市场化为原则提高补偿标准，至少可以局部试点市场化补偿标准，包括推进产业富民、实行水权交易、完善"飞地"模式等。此外，对淳安县而言，即使给以每年20亿元的生态补偿资金，仍然不能解决淳安的所有问题。因此，还需要两大政策予以支持：一是生态补偿以外的财政转移支付，以解决加快发展县和沿湖整治的托底资金所需；二是支持淳安县在坚持保护优先的前提下走绿色发展之路，例如以生态旅游为主的绿色服务业、以生态水业为主的绿色工业、以生态农产品为主的绿色农业等。

三、生态文明建设

孟东军（浙江大学中国西部发展研究院发展中心主任）：生态环境是重要的生产力要素、标志性生产工具。原始文明称为"蓝色文明"，以石器出现为标志。农业文明称为"黄色文明"，以铁器出现为标志。工业文明称为"黑色文明"，以碳、硅为标志。已经历三次工业革命，正在迎来第四次工业革命与产业革命。如果下一个人类文明产生，很可能就是——生态文明，可以称为"绿色文明"，标志性生产工具为生态，生态环境资源成为生产力要素。前二次科技革命，都是在围绕着能源、信息和物质这三种要素的互联互通、传递和运输。第四次工业革命是以人工智能、清洁能源、机器人技术、量子信息技术、可控核聚变、虚拟现实以及生物技术为主的技术革命。第四次工业革命是促进绿色发展、低碳发展，促进从生态赤字转向生态盈余，开创一条绿色工业革命的新路。

"绿水青山就是金山银山"转化的关键在于促进生态优势向经济优势转化，也就是生态产品价值转化。针对生态产品的非排他性、非竞争性和难以界定受益主体等特征，通过政府管控或设定限额等方式，创造对生态产品的交易需求，引导和激励利益相关方进行交易，是以自然资源产权交易和政府管控下的指标限额交易为核心，将政府主导与市场力量相结合的价值实现路径。综合利用国土空间规划、建设用地供应、产业用地政策、绿色标识等政策工具，发挥生态优势和资源优势，推进生态产业化和产业生态化，以可持续的方式经营开发生态产品，将生态产品的价值附着于农产品、工业品、服务产品的价值中，并转化为可以直接市场交易的商品，是市场化的价值实现路径。

陈超（杭州市环境保护科学研究院院长、教授）：加速城市化是我国全面建设小康社会目标的必然进程。在城市化建设中，处理好环境保护问题，是关系到现代化建设的社会系统工程。城市发展与环境保护并不存在根本的利害冲突，两者之间的可持续协调发展才是必然选择。一方面城市环境问题的解决离不开经济发展的支撑，另一方面只有遵循自然规律，保持生态平衡才能求得城市的永续发展。在追求高质量快速发展的过程中，应坚守发展和生态两条底线，持续坚持发展循环经济的探索和实践，切实做到经济发展与生态环境保护、资源节约的高效统一，最终实现生态环境保护与经济发展的双赢。

刘想（杭州西溪国家湿地公园生态研究中心主任）：党的十九大报告总结了十八大以来生态文明建设取得的显著成效，对加快生态文明体制改革、建设美丽中国进行了全面部署，提出要"强化湿地保护和恢复"。杭州西溪湿地通过实施自然生态修复、动植物多样性保护、水环境改善、传承人文生态修复等四大措施，构筑科学的生态保护体系，践行"良好生态环境就是最普惠的民生福祉"这一核心要义，探索了湿地保护和利用的最大"公约数"，努力将"绿水青山"转化为"金山银山"。下一步，西溪湿地国家公园要做好国际化文章，进一步提升游客美誉度和国际影响力，做好"大西溪"文章。

陈礼珍（杭州师范大学科研院副院长，教授）：真正用生态文明的力量托起美丽中国，需要切实践行生态文明理念，尤其是要利用市场机制有效地解决环境问题，以便高效地推进生态文明建设。碳排放权交易的实施具有明显的成本与收益效应，能够以较低的成本解决环境治理，是人类社会应对气候变暖的高效制度，能够克服资源环境对经济发展所形成的硬约束，从而有助于提高我国经济发展的质量，拓宽经济发展的空间和释放经济发展的潜力，进而实现经济增长和环境保护的良性互动。

丁景元（杭州市城市管理局巡视员）：水资源是全世界重要的资源，城市的地表水资源对于人类生存和城市经济可持续发展有着直接或者间接的影响。快速发展的城市经济和日益提高的人民生活水平，给地表水造成了巨大的压力，城市河流一度污染严重，湖库富营养状况严重，发展与保护的矛盾日益加剧，从长远角度来看，必将出现水资源的短缺问题，因而做好水资源保护工作极为重要。目前，杭州对现有城镇污水处理厂全部实行"一厂一策"改造，探索供水、排水、河道水质和水量一体化监管体系和污泥资源和再生水利用信息系统，着力提升污水处理专业化、规范化运营能力。

徐青山（杭州市政府副秘书长，市数据资源管理局局长）：生态文明的核心有软硬建设两方面，硬的方面就是继续改善生态环境，保障生态安全；软的方面就是制度和意识建设。制度是他律，意识是自律。制度促进意识的产生，意识推动生产方式的变革，生产方式的变革促进产业的转型。其主体是决策层，而技术线路是自上而下建设生态型城市与生态文明的目标和任务。从硬的方面来讲，主要涉及生态安全与环境及质量改善。目前城市灾害频发，农业面源污染加剧，加快产业转型，坚决淘汰落后产能，改善能源结构，建立污染土地恢复基金和河道治理和城市截污纳管工程体系就成为必然。从软的方面来讲，主要涉及政策、机制、体制。要研究完善地方政府生态环保政绩考核办法，深化绿色信贷制度，探索建立环境责任险制度和环保法庭、环境公益诉讼制度。同时加强自律，将生态教育纳入国民教育体系，对干部群体，应将其纳入公务员考试和干部任前培训及干部竞职考试。

2020 "城市环境问题"
西湖城市学金奖优秀金点子

杭州国际城市学研究中心
浙江省城市治理研究中心

一、创建工业企业用地年金提留补偿土壤治理机制

主要举措： 当前，我国工业企业用地没有实施土地污染治理创新机制，从而出现企业从该地块上搬出后，留下了大量的污染土地源而只能靠政府财政资金支持进行土壤修复再利用，或是转为其他企业继续经营又持续污染。笔者认为，我国工业企业用地应建立企业年金提留补偿土壤治理机制，主要操作如下：一是只要购买土地从事工业用地的企业，每一年必须按年金提留补偿土壤治费用，其标准为企业营业收入的千分之一，每一年提留的金额自动由银行在该基本户里进行冻结该笔款项，企业日常不准使用。二是企业每一年用地年金提留补偿款平时不用，当企业退出该地块经营时，则银行进行解冻，环境保护局再对其土地评估恢复需要的资金，如果解冻资金超过企业应缴的补偿土壤治理费用，超出部分退回企业，如果小于应补偿土壤治理费用的则企业再补缴，该笔已解冻金额转划给政府代为土壤治理。三是如企业出现对土壤重大污染，费用昂贵的，平时环境保护局审查又是合格的，说明企业在恶意隐藏事实，要对企业加征土壤补偿费；同时，针对严重问题进行评估土壤治理费用，由企业买单，还给企业降低信用等级，对未来经营环境保护进行全面严格审查，或是预先缴纳与上次违规的土地治理总费用。四是对严重失信的企业，且使用过的土壤根本无法修复的，平时又没有上报的，强制吊销营业执照，并追究企业法责任。五是企业提留年金土壤治理费，由银行统一进行管理，银行可以用于购买稳定型基金或是股票，使其增值，促进未来土壤治理资金需求得到满足。为了保障其不巨亏，银行应建立保本经营模式，即未来不管如何投资，年金提留的费用成本不少，如果银行赚钱则按5∶5分成，赚的钱作为我国工业企业土壤治理公共的费用。

创新之处： 创建工业企业用地年金提留补偿土壤治理机制。目前，我国没有推行这一制度，浙江可以试点，最终促进城市工业用地土壤修复或恢复，又让工业企业因引进生产过程中假报瞒报而严重污染

土壤的行为而付出代价。我国当前工业企业用地退出时，对土壤恢复治理费用往往政府买单，企业逃跑得无影无踪。

预期效果：工业企业年金提留土壤治理费用按年收入的千分之计提，然后企业在搬迁或是退出时，就算被处罚或是无钱治理土壤时，有这提留年金进行抵减，从而一方面可以减少政府出资治理费用，另一方也减少企业被处罚时无钱可出的困境，还能使得工业企业平时都予以重视，以便未来退出时大量的年金提留费用能够退回企业等，这样对更有效地减少土壤污染能发挥一定价值作用。

（作者：杨克胜）

二、杭州创办"国"字号垃圾分类文化博物馆的构想

主要举措：为实现绿色发展和可持续发展，宣传垃圾分类的工作迫在眉睫。目前，我国的垃圾分类存在强制力弱、群众分类意识淡薄、相关制度不完善、工作机制不成熟、新兴技术结合程度低等弊病。针对这些问题，我们提出了杭州创办"国"字号垃圾分类文化博物馆的构想。具体构想如下：

（1）垃圾分类简史长廊：介绍国内外的垃圾治理发展历程，加深游客对垃圾分类文化的认识。

（2）历史记忆回溯展馆：展出不同时期的关于垃圾处理的物件。

（3）垃圾处理流程展馆：设置垃圾家族分类馆（垃圾分类知识传播）、运输工具展示馆（展出垃圾运输车辆的模型）、分拣现场观摩馆（可现场观看垃圾分拣流程)、变废为宝体验馆（废旧物品制作成工艺品或者小饰品）。

（4）垃圾治理新模式展馆：展出新型的垃圾处理工具和相关物件，体现垃圾分类与新兴技术的结合。

（5）垃圾创意展示馆：推出环保系列产品，扩大宣传的范围，增强宣传的力度。

（6）浙江垃圾治理成果展馆：展示浙江省垃圾治理成果，彰显特色垃圾分类文化。

创新之处：垃圾分类文化博物馆的设想是绿色发展理念在文化产业的贯彻，是适应时代文化新趋势的可持续型的环保理念。文化博物馆作为垃圾分类文化传播的载体，将博物馆的文化产业与生态环保概念相结合，是此设想的亮点之处。垃圾分类文化博物馆以垃圾分类历史为基础，以中国和浙江特色为重点，设置了简史长廊、处理流程展馆、创意展示馆等场所，以趣味化方式传播垃圾分类思想。

预期效果：垃圾分类文化博物馆作为创意型绿色文化产业，成立之后，势必引起社会大众的注意。其本身作为博物馆的公共教育功能，有助于宣传垃圾分类知识，推动垃圾分类在杭州的进一步实施，提高社会的垃圾分类意识，促进垃圾减量化、环境绿色化。不仅如此，此创新设想还满足了新时代文化需求，冲击了垃圾分类文化的传统模式，对垃圾分类的制度及文化发展有积极影响，同时弘扬了美丽浙江文化，有利于城市形象的塑造。

（作者：杨逢银）

图书在版编目（CIP）数据

城市学研究. 2021年. 第1辑 / 《城市学研究》编委
会编. -- 杭州：浙江大学出版社，2021.10（2022.2重印）
ISBN 978-7-308-21755-2

Ⅰ. ①城… Ⅱ. ①城… Ⅲ. ①城市学—研究 Ⅳ.
①C912.81

中国版本图书馆CIP数据核字（2021）第191530号

城市学研究2021年第1辑

《城市学研究》编委会　编

策划编辑	吴伟伟
责任编辑	马一萍
责任校对	陈逸行
封面设计	时代艺术
出版发行	浙江大学出版社
	（杭州天目山路148号　邮政编码：310007）
	（网址：http://www.zjupress.com）
排　　版	浙江时代出版服务有限公司
印　　刷	广东虎彩云印刷有限公司绍兴分公司
开　　本	889 mm × 1194 mm　1/16
印　　张	18.25
字　　数	424千
版 印 次	2021年10月第1版　2022年2月第2次印刷
书　　号	ISBN 978-7-308-21755-2
定　　价	128.00元